BIEN CHOISIR SON ÉCOLE D'INGÉNIEURS

Émilie Weynants

l les éditions de l'Etudiant

Sommaire

PARTIE 1

Une école d'ingénieurs, c'est quoi ?

Il est ici question de vous aider à choisir votre école d'ingénieurs selon votre projet professionnel, vos aptitudes et vos envies. Mais au fait, c'est quoi une école d'ingénieurs ? Anne-Marie Jolly, vice-présidente de la CTI (Commission des titres d'ingénieurs) la définit ainsi : « C'est une institution qui peut être indépendante, publique (interne ou non à une université) ou privée, et qui délivre, en cinq ans, un titre d'ingénieur diplômé. Ce dernier, reconnu par la CTI, permet d'être immédiatement opérationnel et de pouvoir se reconvertir au fil du temps. »

Sommaire

Préalables

CLASSÉES PAR NIVEAU D'ENTRÉE

À la rentrée 2016, quelque 206 écoles d'ingénieurs étaient habilitées par la CTI. Ce sont ces dernières que nous avons détaillées en fiche tout au long de cet ouvrage. Nous avons choisi de les classer par niveaux de recrutement : postbac, postprépa, postbac+2, bac+3 et plus. Il est aujourd'hui difficile de référencer les établissements par secteur d'activité uniquement. Si ceux-ci proposent souvent un diplôme phare (historique ou prédominant en termes d'effectifs), tous tendent vers la pluridisciplinarité et proposent des cursus ouverts et des spécialités diverses. Aujourd'hui, le métier d'ingénieur se veut polyvalent et les écoles ont évolué en ce sens. « En 2017, il est important de savoir qu'il y a des formations adaptées à tous les niveaux et à tous les métiers d'ingénieur. *Via* son parcours, il doit être sûr de trouver un travail, et de savoir se reconvertir si besoin. Le titre d'ingénieur reste un sacré sésame ! » insiste Anne-Marie Jolly, vice-présidente de la CTI. Grâce à ce classement des écoles par niveau d'admission, vous pouvez facilement vous situer, prendre connaissance des parcours auxquels vous avez accès et vous informer sur les sélections : concours commun, tests écrits et/ou oraux, dossier scolaire, entretien de motivation…

Dans ce guide, vous trouverez les procédures détaillées des concours communs. Il en existe des dizaines postbac, postprépa et quelques-uns après un bac+2, 3 ou 4, en admission principale ou parallèle. Pour chacun d'eux, nous avons répertorié les écoles participantes. Vous les retrouverez toutes indexées à la fin de cet ouvrage. Y figure également un carnet d'adresses. Il recense toutes les écoles dont les formations en ingénierie de 3 ou 5 ans, ne sont pas habilitées par la CTI.

Comment lire nos fiches ?

Les fiches sont toutes conçues selon le même modèle présenté ci-dessous.

Sigle de l'école et ville d'implantation

Développement du nom, adresse, téléphone, site internet.

Statut : public, privé, privé sous contrat (école rattachée à l'enseignement catholique), consulaire (école rattachée à une chambre de commerce) • **Frais d'inscription :** frais d'inscription en vigueur pour l'année 2016-2017 qui s'ajoutent parfois aux frais de scolarité ou les remplacent. Les frais de sélection à l'entrée des écoles ne sont pas précisés dans la fiche mais dans les textes consacrés aux concours communs • **Frais de scolarité :** frais de scolarité en vigueur pour l'année 2016-2017.

Type de diplôme délivré : diplôme d'ingénieur habilité par la CTI (vous retrouverez alors le signe CTI entre parenthèses) • **Durée des études :** trois, quatre ou cinq ans. Les sigles FCP ou FCA signifient, respectivement, que la formation peut se dérouler sous contrat de professionnalisation ou d'apprentissage.

Admission en cycle préparatoire première année, deuxième année, normale en première année ingénieur, parallèle en première année ingénieur, deuxième année ingénieur, troisième année ingénieur • **Type de prépa ou diplôme requis :** modalités de recrutement (concours commun, dossier...).

Les critères qui comptent pour choisir son école

Comment entrer dans une école d'ingénieurs ? Faut-il absolument passer par une classe prépa ? Les stages à l'étranger sont-ils obligatoires ? Et si je veux opter pour l'apprentissage ? En quatorze critères, nous tentons ici de dresser le portrait-robot de l'école d'ingénieurs.

LA RECONNAISSANCE DE L'ÉCOLE

Le titre d'ingénieur diplômé ne peut être délivré que par des écoles habilitées par la CTI. C'est le seul « label » qui certifie aujourd'hui une formation. Les établissements formulent une demande d'habilitation directement auprès de l'organisme qui diligente une mission d'expertise composée de 16 personnes issues du monde de l'entreprise, et du monde académique. Qualité, formation, gouvernance, enseignement, tout est passé en revue. Après examen du dossier, la CTI accepte ou non d'habiliter l'établissement pour cinq ans. « "Habilitation" ne veut pas forcément dire "établissement d'excellence", prévient Anne-Marie Jolly, vice-présidente de la CTI. Mais sachez que les entrepreneurs y sont sensibles. »

Les critères majeurs

La CTI a publié son référentiel 2016 dans lequel figurent les critères majeurs d'accréditation. Une formation d'ingénieur doit ainsi comporter :

- **De mille huit cents à deux mille heures de formations encadrées durant les trois dernières années.**
- **Un temps significatif de formation délivrée par des enseignants issus du monde de l'entreprise.**

• Un temps significatif de formation académique directement lié à la spécialité mais aussi à des enseignements comme les langues, la gestion, l'économie, la communication, l'entrepreneuriat, l'éthique, la propriété intellectuelle, etc.
• Un socle de connaissances en sciences humaines et sociales et une sensibilisation à la diversité culturelle.
• Une partie de pédagogie par projet.
• Au moins vingt-huit semaines de stage, dont un minimum effectué en entreprise.
• Une dimension innovation et une initiation à la recherche.
• Un niveau d'anglais certifié attesté par un test reconnu (niveau C1 du cadre européen de référence pour les langues du Conseil de l'Europe souhaitable, niveau B2 minimum).
• Une dimension internationale forte (enseignement des langues, mobilité internationale des élèves, accueil des élèves étrangers, internationalisation de l'école).

Source : « Formation initiale sous statut étudiant », Référentiel de la CTI, édition 2016.

LES CLASSEMENTS

Chaque année des magazines d'informations généralistes ou spécialisés publient des classements d'écoles selon des critères qui leur sont propres. À *l'Etudiant*, nous avons choisi de vous proposer un palmarès interactif et personnalisable. Les podiums en sont alors bousculés. Les écoles les plus prestigieuses, habituées des premières places, n'arrivent pas toujours en tête. Vous pouvez ainsi visiter la rubrique Palmarès sur notre site internet www.letudiant.fr pour modeler à votre convenance les critères de classement et faire ressortir les écoles qui sont faites pour vous.

LES RÉSEAUX D'ÉCOLES

On parle régulièrement des INSA (Instituts nationaux des sciences appliquées), de ParisTech, des écoles Centrale… Derrière la plupart des écoles d'ingénieurs habilitées par la CTI se cache un réseau, comprenez une entité dans laquelle se sont regroupés plusieurs établissements (de 3 à plus de 30). Le réseau peut être de marque (Institut Mines-Télécom, ENI par exemple), thématique (les écoles de chimie sont rassemblées au sein de la FGL, les écoles aéronautiques au sein du GEA), il peut aussi avoir un recrutement commun (c'est le cas des écoles Centrale, ou de Polytech), ou partager un même statut (la FESIC fédère 19 écoles d'ingénieurs privées associatives). Certaines écoles sont aussi membres ou associées d'une Comue (communauté d'universités et d'établissements) instaurée par la loi Fioraso de juillet 2013. C'est le cas de l'ENTPE ou de CPE Lyon. D'autres s'inscrivent au sein d'un PRES (pôle de recherche et d'enseignement supérieur) qui rassemble universités, grandes écoles et organismes de recherche.

Pour les établissements, « souvent plus petits que les structures étrangères, c'est l'occasion d'accroître leur visibilité en développant des synergies », assure la CTI. Pour les étudiants, cela entraîne la multiplication des partenariats à l'international, des relations étroites avec les entreprises et des passerelles plus aisées d'un établissement à l'autre. Les élèves de Télécom ParisTech peuvent ainsi obtenir un double diplôme avec HEC ou l'ENSAE, membres du même réseau, identifié comme un établissement public de coopération scientifique. Enfin, les groupements entraînent une relation facilitée entre anciens et actuels élèves, un atout pour étoffer son carnet d'adresses.

LE RECRUTEMENT

Plus encore que les écoles de commerce, les écoles d'ingénieurs multiplient les voies d'accès. S'il n'est pas toujours facile de s'y retrouver, c'est un moyen de tenter plusieurs fois sa chance !

Postbac

Une entrée en école d'ingénieurs, cela se prépare dès le lycée. Car quasiment la moitié d'entre elles accueillent des jeunes postbac, en cycle préparatoire. La majorité des candidats recrutés viennent encore d'un bac S (scientifique), mais, ces dernières années, les établissements ont largement ouvert leur recrutement en direction des bacheliers technologiques : STI2D (sciences et technologies de l'industrie et du développement durable) en tête, suivi de STL (sciences et technologies de laboratoire) option SPCL (sciences physiques et chimiques en laboratoire) et d'une poignée de STAV (sciences et technologies de l'agronomie et du vivant) dans les écoles agronomes. Les bacheliers ES option maths peuvent aussi se frayer un passage ! Si vous êtes admis, vous passez alors deux années de cycle préparatoire, avant d'entrer en cycle ingénieur pour trois ans, et ce, sans passer par la case concours.

Après une prépa

Si vous hésitez, souhaitez encore réfléchir à votre projet professionnel et que vos résultats scolaires le permettent, vous pouvez vous inscrire en CPGE (classe préparatoire aux grandes écoles) avant de rejoindre une école en première année de cycle ingénieur pour trois ans de formation. Huit prépas scientifiques et technologiques permettent l'accès à ces établissements, parmi lesquels les plus prestigieux. Vous suivez alors un premier semestre (parfois même une première année) général (dit de tronc commun ou BCI pour « bases de connaissances indispensables ») avant de choisir une matière dominante qui dicte votre orientation en deuxième année. Vous ne passez pas les mêmes concours et n'avez pas accès aux mêmes écoles si vous vous inscrivez en prépa MP (mathématiques-physique), PC (physique-chimie), PSI (physique et sciences de l'ingénieur), TSI (technologies et sciences industrielles), PT (physique et technologie), BCPST (biologie, chimie, physique et sciences de la terre), TPC (technologie, physique et chimie) ou TC (techniques de commercialisation) (voir le détail à la page 152 de ce guide).

Votre choix doit se faire en toute connaissance de cause : ce n'est pas une légende, les classes prépas sont difficiles. Le programme est riche et demande beaucoup de travail personnel, de la motivation, de la rigueur et de l'autonomie. Si vous ne réussissez pas du premier coup votre entrée en école, vous pouvez redoubler votre deuxième année (dans le jargon, on emploie le terme « cuber »), mais si vous échouez une seconde fois, vous risquez de devoir recommencer votre parcours supérieur à zéro…

Après un bac+2 ou plus

Certains étudiants font le choix de privilégier une formation professionnalisante après le baccalauréat, comme un DUT (diplôme universitaire de technologie) ou un BTS (brevet de technicien supérieur). Par un jeu d'équivalence, il leur est possible de rejoindre ensuite une première année de cycle ingénieur. On parle alors d'admissions parallèles ou d'admissions sur titres. Votre premier diplôme devient une sorte de passeport qui vous ouvre les portes (ou non…) d'un établissement.

Comme pour les concours postbac ou postprépa, certaines écoles se sont fédérées et proposent des modalités de recrutement communes, quand d'autres font cavalier seul. Pensez à vérifier que votre spécialité de DUT ou autres est bien acceptée. En général, ce sont les formations à dominante scientifique qui sont privilégiées. L'IMT Lille Douai et les Mines Alès acceptent par exemple une dizaine de spécialités de DUT, quand l'IMT Atlantique et les Mines Albi les refusent.

Vous pouvez aussi rejoindre un cycle ingénieur après une deuxième ou une troisième année de licence (120 ou 180 ECTS [*European Credit Transfer System*]) si votre spécialité est proche de celle enseignée dans l'établissement.

Quelques places sont aussi ouvertes chaque année aux titulaires d'un M1 (ou M2). Ils rejoignent alors une deuxième année de cycle. Quant aux intégrations en troisième année, elles sont rares et étudiées au cas par cas.

Si vous tentez de rejoindre une première année de cycle, intéressez-vous aussi aux formations en apprentissage. Chaque année, une dizaine de nouveaux parcours voient le jour dans des établissements généralistes ou spécialisés. Si vous étiez déjà alternant, voyez cela comme une continuité dans votre parcours, demandez à votre employeur actuel si un nouveau contrat l'intéresse. Si vous ne connaissez pas l'apprentissage, c'est peut-être l'occasion de vous y mettre.

Dans tous les cas, en choisissant l'une de ces options, vous avez l'assurance d'avoir déjà un bagage en poche lors de votre candidature en école d'ingénieurs. Si cette dernière n'est pas retenue, vous pouvez alors plus facilement vous retourner et choisir une nouvelle orientation, ou vous insérer dans la vie active…

Les modalités de sélection

Les modalités de sélection varient selon votre niveau. Mais lorsqu'il s'agit d'écoles d'ingénieurs, on parle beaucoup de concours dits communs. Des écoles (de 7 à plus de 30) se rassemblent pour mutualiser des épreuves écrites et/ou orales. Certaines utilisent juste l'une ou l'autre partie de la sélection, on parle alors de banque d'épreuves. En fonction de vos résultats et des vœux que vous avez formulés, vous pouvez intégrer tel ou tel établissement.

Les concours communs présentent l'avantage de pouvoir postuler à plusieurs écoles en ne passant qu'une série d'épreuves écrites et/ou orales. Ainsi, un candidat passé par le concours GEIPI Polytech pour intégrer l'ENSGSI (École nationale supérieure en génie des systèmes et de l'innovation) Nancy peut rejoindre Télécom Saint-Étienne si la proposition lui est faite et l'intéresse.
Il est donc fortement conseillé de classer dans sa liste de vœux (sur APB [admission postbac]) plusieurs écoles rassemblées dans un même concours…

Le dossier

Si vous candidatez postbac ou après un bac+2 en admission parallèle, l'admissibilité se fait d'abord sur dossier : relevés de notes, diplômes, lettres de recommandation, de motivation, etc. Des épreuves écrites peuvent y être ajoutées, c'est le cas si vous vous inscrivez au concours Alpha par exemple. Après une CPGE, l'admissibilité se fait généralement sur épreuves écrites. Vous êtes évalué dans des matières scientifiques, en français, en anglais et sur le TIPE (travail d'initiative personnelle encadré) réalisé durant deux ans. La sélection peut s'étaler sur plusieurs jours : vous vous engagez dans un véritable marathon qui vous demande rigueur, repos et motivation ! Soyez d'attaque ! Quel que soit votre niveau de recrutement, vous passerez quasiment à tous les coups par des épreuves orales : entretiens de motivation et tests d'anglais sont les plus proposés.

Les femmes de plus en plus présentes dans les promotions

L'enquête nationale d'IESF (ingénieurs et scientifiques de France), publiée en 2016, est claire : la population d'ingénieurs croît de 4 % par an et se féminise. En 2015, 29 % des diplômés ingénieurs étaient des femmes, « alors qu'elles représentent 20,5 % toutes générations confondues et 22,3 % parmi les moins de 65 ans », précise l'enquête.

La progression est constante ces trente dernières années : + 13,3 % depuis 2010, + 42,2 % depuis 2006, + 222 % en vingt-cinq ans ! On retrouve des proportions plus importantes d'étudiantes dans les écoles qui dépendent d'un ministère technique ou d'une collectivité locale et dans les secteurs de l'agroalimentaire, du développement durable, de la chimie, de la biologie, des biotechnologies... Là, le taux d'étudiantes atteint, voire dépasse, régulièrement 50 %.

LES ENSEIGNEMENTS

Le métier d'ingénieur évolue. Les maquettes pédagogiques aussi. « Nous tenons compte des besoins des entreprises et des progrès de la connaissance. Ainsi, des cours, options ou projets sont créés, modifiés ou supprimés », précise-t-on à Mines ParisTech. Que vous arriviez du lycée, d'une école postbac, de classe prépa, de DUT, de BTS ou de licence, la première semaine en école d'ingénieurs risque donc bien de vous surprendre. Pas tant au niveau de la forme, en première année, les cours sont construits en travaux dirigés, travaux pratiques ou cours magistraux, mais davantage sur le fond. Les enseignants attendent de vous que vous soyez acteur de votre formation. Au fil du temps, les élèves doivent tendre vers davantage d'autonomie.

Un enseignement de tronc commun

Ainsi en première année, les enseignements dits de tronc commun, appelés aussi « BCI = base de connaissances indispensables », proposés à tous et obligatoires, visent à vous donner des fondamentaux solides, techniques, scientifiques, managériaux, indispensables pour l'exercice du métier d'ingénieur. Sur les trois années de cycle ingénieur, le tronc commun représente environ mille trois cents heures de cours. On retrouve des mathématiques appliquées, de la physique, des sciences économiques, humaines et sociales, des langues vivantes, de l'informatique, etc.

Dans certaines écoles, la première année est déjà teintée de spécialités : mécanique, signaux et systèmes à l'ISAE-Supaero (Institut supérieur de l'aéronautique et de l'espace) à Toulouse, chimie et polymérisation à l'ECPM Strasbourg (École européenne de chimie, polymères et matériaux) où les enseignements de tronc commun s'étendent sur trois semestres. À Grenoble INP-Phelma (École nationale supérieure de physique, électronique, matériaux), vous devez choisir dès votre entrée dans l'établissement une orientation : physique, matériaux et procédés ou physique, électronique et télécoms.

Les spécialités

Les enseignements de spécialité, options ou modules, ponctuent les dernières années de formation. Finalement, en école d'ingénieurs, aucun parcours ne se ressemble. Jean Delbecque, ex-étudiant à l'ISEN (Institut supérieur de l'électronique et du numérique) Lille, penchait plutôt pour le développement informatique en entrant en prépa intégrée. En deuxième année de cycle ingénieur, il a finalement choisi la majeure « haute technologie et design de l'innovation ». « On parlait de créativité, plus que de technique, ça me correspondait mieux. » Sur ses deux dernières années de formation, son emploi du temps se divisait entre des enseignements obligatoires en innovation, quelques enseignements de tronc commun (anglais, communication, éthique) et des modules à choisir librement. « Il y avait du langage informatique, mais aussi des cours de communication ou d'entreprise comme "Comment réussir ses quatre premiers mois en entreprise ?". » Car se spécialiser signifie aussi affiner son projet professionnel. Votre choix détermine par exemple l'identité de votre stage de fin d'études, et vous travaillez sur des projets qui collent au plus près de ce qui pourra vous être demandé dans un bureau d'études ou de méthodes. À l'EPF Sceaux, les étudiants de la filière mécanique, orientation mécanique des matériaux et des structures, planchent sur la vérification de la tenue mécanique d'un navire pétrolier. Tout le semestre 9 est consacré à la conception de constructions solides et durables quand la mécanique (associée aux sciences de l'ingénierie et à l'automatisme) ne comptait que pour 20 % du programme de première année !

Ces modules ou options sont généralement à choisir quelques mois avant de les commencer. Veillez à vous inscrire rapidement : les places sont chères car les élèves de toutes les majeures peuvent être mélangés.

La pédagogie par projet

La grande nouveauté en école d'ingénieurs, c'est la pédagogie par projet. Il s'agit de travaux concrets que vous réalisez en petits groupes, pendant plusieurs semaines, à la demande de l'école, d'une entreprise (dans ce cas-là, ce peut être une véritable commande) ou d'un laboratoire. L'objectif est de placer l'élève en situation concrète, de l'amener à réfléchir en équipe, de s'autoévaluer, d'ajuster son problème à l'aide de ses connaissances avant de soumettre un résultat. La pédagogie par projet est très présente dans les deux dernières années de formation. Mais certains établissements l'abordent bien plus tôt.

À l'ESILV (École supérieure d'ingénieurs Léonard-de-Vinci), qui forme ses élèves en cinq ans, on parle de pédagogie par projet dès la première année. Enfin, de « PIX » pour projet d'imagination et d'exploration. « C'est inscrit dans la culture de l'école. Chaque année, un projet vient structurer la formation de nos étudiants », rappelle Jérôme Da-Rugna, directeur adjoint de l'établissement. Répartis par petits groupes, les élèves ingénieurs planchent sur des projets aux thèmes imposés ou libres. Les objectifs pédagogiques varient et évoluent : méthodologie du travail d'équipe, gestion de budget, de projet, leadership, travail de communication, adaptation… Avec, à chaque fois, des modules qui viennent « donner des clés ». En fait, avec la pédagogie par projet, on part d'un cas pratique avant de remonter vers la théorie. Et on se tourne progressivement vers le monde de l'entreprise ou de la recherche. « Il y a deux ans, des étudiants de cinquième année ont travaillé avec Heineken à la mise en place d'une application mettant en relation les commerciaux et les clients (bar, restaurant…) pour redynamiser la relation *B to B* », illustre

Quel niveau de langues ?

En tant qu'ingénieur, vous êtes amené à collaborer avec des partenaires étrangers, ou à travailler directement sur un terrain international. C'est pourquoi les établissements insistent dès votre intégration sur l'importance de maîtriser des langues étrangères. D'ailleurs, pour entrer en école, vous passez généralement au minimum une, voire deux épreuves d'anglais. Pas étonnant donc que cette langue fasse partie des enseignements obligatoires pendant le cycle ingénieur. À la fin de votre parcours, vous devrez décrocher une certification attestant de votre niveau : TOEIC (*test of english as a foreign language*), TOEFL (*test of english for international communication*), Cambridge CPE (*certificat of proficiency in english*), etc.

Dans certains établissements, vous devez opter pour une seconde langue vivante au choix. « À Télécom Saint-Étienne, 25 % de nos étudiants étudient le chinois », détaille Jacques Fayolle, président de l'école. À Mines ParisTech, l'enseignement des langues vivantes représente 20 % du programme de tronc commun. À Centrale Marseille, c'est une heure trente à deux heures de cours par semaine.

Jérôme Da-Rugna. Ce sont autant d'expériences professionnelles à mettre en avant sur un CV ou à vanter en entretien. « Cela montre que vous êtes capable de mener un projet de A à Z et atteste de vos compétences scientifiques », conclut le directeur adjoint de l'ESILV.

LES ÉQUIPEMENTS

Les écoles d'ingénieurs françaises installées dans de grandes villes revendiquent souvent des campus à l'américaine. Tout est mis en œuvre pour que les étudiants aient sous le coude les moyens nécessaires à leur apprentissage et à leur épanouissement : cadre verdoyant, hébergement et restauration sur place, locaux spacieux, *FabLabs* (voir le témoignage de Guillaume Hillion ci-après), salles informatiques à volonté, etc.

Parmi les équipements incontournables, citons les bibliothèques bien fournies, qui mettent l'accent sur les publications des enseignants-chercheurs de l'école, voire du réseau auquel elle appartient. La bibliothèque historique de Polytechnique propose quelque 300 000 ouvrages et 380 abonnements papiers à des périodiques. À Mines ParisTech, en plus des documents imprimés, on trouve près de 14 000 revues électroniques. Les *learning center*, ce sont les bibliothèques de demain. « Notre centre de documentation numérique est un lieu ouvert, avec des espaces modulaires que les élèves aménagent librement selon leurs objectifs de travail. L'endroit est équipé de tablettes, d'écrans et nous les aiguillons vers les bonnes ressources, comme des centres qualifiés », précise Jacques Fayolle, directeur de Télécom Saint-Étienne.

Concernant les moyens techniques et le matériel, difficile de généraliser, car il dépend des spécialisations de chaque établissement : Grenoble INP-Phelma est ainsi doté d'une plateforme technologique de haut niveau avec synchrotron, réacteur à neutrons, équipements de physique nucléaire… *Idem* dans l'établissement stéphanois où trois plateformes de pointe font le bonheur des étudiants. À l'ISAE-Supaero, les étudiants toulousains ont sous la main une flotte de dix avions !

Avant de faire votre choix, vous devez aussi regarder comment l'école s'inscrit dans la ville dans laquelle elle est implantée. Il arrive que des moyens soient mutualisés entre établissements (écoles supérieures, universités), ou avec les technopôles de la région, c'est plutôt bon signe. Une école d'ingénieurs ne doit pas fonctionner en vase clos ! Polytechnique bénéficie ainsi d'un environnement privilégié. Implantés sur le plateau de Saclay, les étudiants peuvent aisément côtoyer des établissements et institutions scientifiques, des organismes publics de recherche (CNRS [Centre national de la recherche scientifique], INRA [Institut national de la recherche agronomique], INSERM [Institut national de la santé et de la recherche médicale], etc.), des centres de recherche privés, etc.

Le *FabLab* : un atout

Focus sur Guillaume Hillion, président du *FabLab* de la faculté de Compiègne depuis février 2015 et membre de l'association depuis 2013.

« La présence d'un *FabLab* a orienté mon choix postbac, c'est certain. J'avais eu l'occasion d'entendre parler du concept à la télévision et sur Internet quand j'étais au lycée. L'émission *FutureMag* sur Arte et le magazine *Usbek & Rica* m'ont donné le goût des nouvelles technologies, mais il était pour moi nécessaire de passer à la pratique un jour ou l'autre. En arrivant à l'UTC, je me suis vite tourné vers cet espace où tout utilisateur peut profiter d'outils et emprunter des appareils. Pouvoir dire à un recruteur que l'on sait utiliser une imprimante 3D, une découpeuse laser, une fraiseuse à commande numérique, mais aussi que l'on a des bases en électronique, c'est un atout majeur. Certains étudiants de la JE (Junior entreprise) utilisent même les machines du *FabLab* pour réaliser des commandes d'entreprises qui ont besoin de prototypes. Pour eux c'est un moyen de se former sur les machines et de rajouter des lignes sur un CV. »

STAGES ET PROXIMITÉ ENTREPRISE

En écoles d'ingénieurs, les stages évoluent en même temps que les enseignements et les projets. « En cycle préparatoire, nous proposons un stage ouvrier de quatre semaines. Celui-ci a une visée sociale et managériale. L'étudiant, appelé à devenir cadre, découvre une organisation professionnelle et son fonctionnement », développe Fabrice Guérin, directeur de l'ISTIA (Institut des sciences et techniques de l'ingénieur d'Angers). « Ce stage doit servir à mesurer votre engagement dans le travail et à mûrir votre projet professionnel », ajoute-t-on à l'ENSTA (École nationale supérieure de techniques avancées) Bretagne.

En cycle ingénieur, c'est à un poste d'assistant que vous avez accès. Et, en dernière année, place au PFE (projet de fin d'études). Libre à vous de le réaliser dans une entreprise ou un organisme de recherche selon l'orientation que vous voulez donner à votre formation. Et libre à vous de le prolonger. Car plus vous multiplierez les expériences, plus votre CV sera enrichi et votre réseau étoffé.

Un stage à l'étranger ?

De plus en plus d'écoles incitent leurs étudiants à opter pour un stage à l'international. « C'est une spécificité des établissements français, alors les entreprises étrangères sont ravies d'accueillir nos étudiants. Ces derniers sollicitent souvent des sociétés françaises qui ont des sites à l'international ou des filiales », a remarqué Fabrice Guérin, à l'ISTIA. La durée des stages obligatoires à l'étranger oscille entre un et neuf mois.

L'entreprise, très présente pendant la formation

Il n'y a pas que pendant les stages que vous vous familiarisez avec le monde de l'entreprise. De nombreux partenariats rapprochent ce dernier du monde académique. Que ce soit par la présence de vacataires dans les effectifs, par la mise en place de visites d'entreprises ou par l'implantation de forums, vecteurs d'offres de stages, de contrats d'apprentissage, voire d'emploi. « En quatrième année, j'ai choisi un module autour du développement et de la sécurité informatique dispensé par un entrepreneur. J'ai gardé son contact et en cinquième année, je l'ai sollicité pour un stage. Il se souvenait de moi et m'a recrutée ! » rapporte Chahnez Azzaz, jeune diplômée de l'ISEN Lille.

Pour aller plus loin sur letudiant.fr : rendez-vous sur www.letudiant.fr/palmares/palmares-des-ecoles-d-ingenieurs/proximite-avec-les-entreprises-2.html pour découvrir le palmarès « Proximité avec les entreprises ».

L'APPRENTISSAGE

À la rentrée 2015, on dénombrait 40 % de titres accessibles par la voie de l'apprentissage, soit quelque 243 formations. « En 1991, on recensait 10 formations, 20 en 1995 et 30 en 1997. L'apprentissage correspond à un vrai besoin de la société », souligne Jean-Louis Allard, chargé de mission alternance à la CDEFI. « Ces dernières années, la progression a été importante aussi bien en termes de flux d'étudiants que d'offre de formations », poursuit Évelyne Bouchon, déléguée générale du CEFI (Centre d'études sur les formations et l'emploi des ingénieurs). En 2015, 38 893 ingénieurs ont été diplômés, 4 605 l'ont été par la voie de l'apprentissage.

Un peu d'histoire

C'est le rapport Decomps, remis en juillet 1989, qui a donné une impulsion à ce qu'on a appelé à l'époque Les « nouvelles formations d'ingénieurs », les NFI. Elles sont mises en place à la demande des entreprises pour « former rapidement des ingénieurs à profil nouveau plus ouverts à la technologie, à la production et au management des équipes, et pour offrir une réponse sociale à la demande d'évolution des bac+2 ».

Les premiers établissements à opter pour l'alternance sont le CESI (Centre d'études supérieures industrielles), le CNAM (Conservatoire national des arts et métiers) et les Mines Saint-Étienne. Suivent les Arts et Métiers ParisTech, l'ECAM (École centrale des arts et métiers), puis les universités. Aujourd'hui, environ 130 écoles sont habilitées à délivrer un ou plusieurs diplômes d'ingénieurs par la voie de l'apprentissage. Cette dernière a acquis ses lettres de noblesse et fait ses preuves. « Les diplômés ont des responsabilités immédiates plus fortes. Quasiment la moitié d'entre eux sont embauchés dans leur entreprise d'alternance », précise Jean-Louis Allard.

Un contrat pour trois ans

Être apprenti, ça veut dire signer un contrat d'apprentissage pendant trois ans dans une même entreprise, soit toute la durée de votre cycle ingénieur. C'est la règle, et ce n'est, en théorie, pas négociable. Certaines écoles, par un jeu de dérogations, acceptent d'intégrer un étudiant en deuxième année, mais les cas sont rares. Pour candidater, vous êtes libre de trouver vous-même votre entreprise ou de bénéficier du réseau de l'école. Plusieurs établissements disposent de clubs entreprises, vecteurs de contrats. La procédure est souvent réglée comme du papier à musique. Vous envoyez CV et lettre de motivation (manuscrite si possible) avant de passer, si vous êtes retenu, un ou deux entretiens. N'hésitez pas à relancer par un coup de téléphone si vous n'avez pas de nouvelle de vos interlocuteurs. « J'ai passé un premier entretien avec la direction des ressources humaines d'Airbus Group à l'ENSAM, puis un deuxième en entreprise, à Saint-Nazaire. À chaque fois, il a été question de ma motivation et des raisons pour lesquelles je voulais rejoindre le groupe. C'est indispensable de connaître l'entreprise où on postule ! Aujourd'hui, je travaille dans un service de 10 personnes », rapporte Fatoumata Seye, étudiante en deuxième année à l'ENSAM, à Angers.

Bien cerner ses missions

Veillez à bien lire les fiches de poste pour vous assurer que l'emploi proposé convient à votre profil. Trois ans dans la même entreprise, ce peut être long. Il faut donc bien identifier les missions qui vous seront confiées et savoir les faire évoluer. En demandant à changer de service par exemple, ou en prenant en charge un projet de A à Z, sur du long terme. Cela doit être défini avant votre prise de poste, entre votre référent école et votre tuteur entreprise.

N'hésitez pas à évoquer votre salaire. Si le sujet peut sembler délicat, tout repose sur la manière de l'aborder. Ne dites pas franco que vous voulez gagner plus, mais essayer d'analyser si votre investissement peut être davantage valorisé. Si vous avez plusieurs propositions de contrat, ces fiches de poste peuvent vous aider à faire votre choix.

Quel rythme ?

Le rythme d'alternance dépend des établissements. Une chose est sûre : en apprentissage vous n'aurez plus de vacances scolaires. L'apprenti ingénieur est soumis au même cadre que les salariés de l'entreprise, dont il fait partie, avec cinq semaines de congés payés par an.

Comment choisir son école et son entreprise ?

Regardez d'abord ce qui existe autour de vous. Quelles formations sont proposées par quelles écoles et qui recrute ? « Pour ouvrir une formation en apprentissage, les besoins des entreprises doivent être trois fois supérieurs à l'effectif de la promotion. C'est une règle de la Commission des titres d'ingénieurs », précise Jean-Louis Allard, chargé de mission alternance à la CDEFI. Veillez également à choisir une entreprise proche de votre école, pour des raisons pratiques et économiques. « Un

de nos étudiants de Télécom Saint-Étienne a sa famille à Paris et son entreprise à Brest. Pour lui, le rythme est vraiment éprouvant », reconnaît Jacques Fayolle, directeur de l'établissement stéphanois.

Enfin, vous pouvez trouver une entreprise avant de choisir votre école, mais vous ne serez pas exempt des tests d'admission.

Quels enseignements à l'école ?

Sur les bancs de l'école, les étudiants apprentis travaillent en petits groupes. Pour eux, le volume horaire de formation ne peut excéder mille huit cents heures. « Ils ont besoin d'un rapport concret au savoir. On ne va pas les mettre dans de grands amphis en leur demandant d'apprendre par cœur. Ils doivent avoir un rapport particulier avec l'enseignant, des allers-retours entre théorie et pratique, entre un modèle et son expérimentation », poursuit Jean-Louis Allard, également directeur du CESI. Dans son établissement, il propose une pédagogie par projet adapté aux apprentis et baptisée A2P2 (apprentissage actif par projets). Un exemple de problème ? La création d'une canette de Coca autoréfrigérante pour des soldats qui en ont ras le bol de boire un soda chaud. Au programme : thermodynamique, mécanique et prototypage réalisé au FabLab. Les apprentis ont quatre à cinq semaines pour mener à bien ce projet.

Pour aller plus loin sur letudiant.fr : rendez-vous sur www.letudiant.fr/palmares/palmares-des-ecoles-d-ingenieurs/excellence-academique-2.html pour découvrir le palmarès « Excellence académique ».

L'INTERNATIONAL

Un ingénieur doit avoir une culture internationale et parler anglais. D'année en année, les écoles s'internationalisent autour de plusieurs axes.

La mobilité internationale

La mobilité internationale est fortement encouragée. De plus en plus d'établissements obligent leurs étudiants à partir à l'étranger, dans le cadre d'un stage en entreprise, d'un projet de recherche, ou d'un échange académique. La durée varie. À Centrale Lyon, les élèves français doivent effectuer un séjour de trois mois au minimum dans une université ou une entreprise étrangère pour obtenir leur diplôme. À l'ESAIP, école privée répartie sur deux campus, Angers (49) et Grasse (06), les élèves s'envolent dès la première année de cycle ingénieur pour un échange académique de trois mois. « En fin de cursus, nos étudiants ont passé entre neuf et dix-huit mois à l'étranger. On leur demande alors de rédiger un mémoire en trois langues : français, anglais et allemand, espagnol ou italien », précise Axelle Poujade, responsable de communication de l'établissement.

Jetez un œil aux partenariats liés par votre école avec les universités réparties dans le monde. Par le biais de programme type Erasmus ou BCI (pour les échanges interuniversitaires entre France et Québec), de réseaux, comme le RMEI (réseau méditerranéen des écoles d'ingénieurs) et le TIME (*Top Industrial Managers for Europe*) ou de regroupements d'écoles, des dizaines, voire des centaines, d'échanges sont proposés.

Une filière internationale

En France, il est possible de teinter sa formation en optant pour une filière internationale. Plusieurs établissements ont développé des corpus d'enseignement en anglais (c'est le cas à Centrale Lyon), ou des sections internationales comme à l'ECE Paris où des cours sont accessibles en anglais, mais aussi en allemand, russe, italien, portugais, arabe... Dans le groupe INSA, les étudiants français et étrangers (environ 50 % de la promotion) sont réunis au sein de filières mêlant programme scientifique et pédagogie tournée vers l'étranger. Neuf filières existent aujourd'hui (Amerinsa, Deutchinsa, Enrinsa, Norginsa, Euromedinsa, etc.) dans ce groupe qui accueille 3 600 étudiants internationaux. Pour vous, étudiant français, ce melting-pot, renforcé par la présence d'enseignants étrangers, est un formidable avantage, aussi bien culturel que scientifique, sociologique…

Un double diplôme étranger

Vous pouvez enrichir votre CV par l'obtention d'un double diplôme étranger. Cela nécessite de partir un an ou deux dans une université partenaire, en deuxième ou troisième année. Dans certains établissements, cela rallonge votre durée d'études. À l'issue de la formation, vous décrochez le diplôme de votre école, et celui de l'établissement étranger. Votre candidature se fait bien en amont de votre départ, en général six mois avant, et vous devez présenter au jury de sélection d'excellents résultats scolaires. Vous devez défendre un niveau de langue correct. Certaines écoles partenaires exigent le TOEFL.

Une année de césure

Enfin, certaines écoles d'ingénieurs permettent aux étudiants qui voudraient concrétiser un projet personnel (humanitaire, artistique, politique) ou professionnel de partir en année de césure. Cela a généralement lieu entre les première et deuxième années, ou les deuxième et troisième années de formation. La CTI insiste pour que cette année ne se fasse pas sous statut étudiant (ce qui prolonge la durée des études d'une année, engendre des frais de scolarité…). Sachez donc que, si vous optez pour une césure, vous ne gagnerez pas de crédit ECTS, mais vous n'en perdrez pas non plus. À votre retour, vous pouvez reprendre vos études là où vous les avez arrêtées en partant. Renseignez-vous auprès de la direction des relations internationales de votre établissement, chargée de vous informer sur les parcours proposés à l'étranger. Dans le cadre d'une césure, vous devrez monter un dossier détaillant votre projet et vos motivations. Les notes n'entrent pas en compte ici, contrairement à une candidature en double diplôme.

Pour aller plus loin sur letudiant.fr : rendez-vous sur www.letudiant.fr/palmares/palmares-des-ecoles-d-ingenieurs/ouverture-internationale-2.html pour découvrir le palmarès « Ouverture internationale ».

ZOOM SUR LES DOUBLES DIPLÔMES FRANÇAIS

Deux pour le prix d'un ! Comme il existe des doubles diplômes étrangers, il existe des partenariats français qui vous permettent de décrocher deux diplômes. Les plus répandus se font avec une autre école d'ingénieurs, une école de commerce ou une université. L'école Centrale Nantes propose, depuis 2007, un cursus ingénieur/manager en lien avec Audencia. De même que Mines ParisTech et HEC par exemple.

Sachez que si vous optez pour un double diplôme, votre cursus sera peut-être allongé. La CTI précise en effet que, « dans le cas d'un cursus bidiplômant entre deux écoles d'ingénieurs, 4 semestres devront impérativement être passés dans chacune des écoles, ce qui induit un allongement du parcours global qui devra donc comporter au moins 12 semestres après le baccalauréat. » C'est aussi le cas pour le double cursus ingénieur architecte de l'INSA, Centrale Lyon, l'ENTPE et l'ENSAL, mené en sept ans.

Attention. Soyez vigilants, certaines écoles proposent des modules dans des établissements partenaires, des cursus parfois appelés bidiplômants, à tort. Car vous n'obtenez pas deux diplômes, mais seulement une attestation confirmant votre présence aux cours. Renseignez-vous auprès des responsables de formation, interrogez-les sur la double diplômation : entendent-ils bien deux diplômes délivrés ?

LA RECHERCHE

« Découvrir et inventer sont les moteurs de l'activité scientifique, au cœur du monde académique et du monde scientifique », présente-t-on à l'ESPCI ParisTech. Comme tout bon établissement d'enseignement supérieur, les écoles d'ingénieurs ont une activité de recherche marquée. Et c'est devenu un point d'attraction et de compétitivité à l'international.

Deux types de recherche

On distingue deux types de recherche : la recherche fondamentale menée au sein de laboratoire, et la recherche partenariale pour le compte d'entreprise.

Les UMR (unités mixtes de recherche). Les enseignants-chercheurs et les étudiants travaillent au sein de laboratoires. On parle parfois d'UMR lorsque les établissements sont associés à d'autres structures, tels le CNRS, l'INSERM, l'INRA, des universités, etc. Les travaux menés sont en lien direct avec les spécialités des écoles : production végétale ou gestion des ressources à Agrocampus Ouest ; physique, optique, informatique à Télécom Saint-Étienne… « La recherche fondamentale est très importante et riche en école d'ingénieurs. Elle amène des outils sur lesquels s'appuyer », assure Jacques Fayolle, chargé de la commission recherche à la CDEFI.

La recherche partenariale. Les entreprises ont également vu dans la technicité des ingénieurs une opportunité à ne pas laisser passer. De plus en plus d'industriels « passent commande » aux établissements. On parle alors de recherche partenariale. « Une grande société de textiles médicaux a fait appel à nous pour mettre en place un système de capteurs et de remontée d'information sur la manière dont le textile interagit avec le corps humain. Les enseignants-chercheurs ont fait de l'expertise, les étudiants du prototypage », rapporte Jacques Fayolle. Ici, la recherche fait figure d'intermédiaire avec le monde de l'entreprise. « Les activités doivent être largement tournées vers les besoins de l'économie et de la société », encouragent les responsables de la CTI, qui demandent aux établissements d'inclure dans leur programme au moins une initiation à la recherche. Elle doit aller de pair avec l'innovation. Si vous envisagez d'entreprendre, vous trouverez avec elle des clés intéressantes.

Vers le doctorat

Les statistiques liées au nombre d'élèves poursuivant en thèse sont très variables d'une spécialité à l'autre, d'un établissement à l'autre. Logiquement, c'est dans les écoles de chimie de la FGL que l'on trouve le plus fort taux de diplômés poursuivant en doctorat. Les écoles ParisTech se distinguent elles aussi par des taux régulièrement supérieurs à 20 %. Dans les écoles Centrale : entre 18 et 33 % des diplômés 2014 ont poursuivi en thèse.

Pour aller plus loin sur letudiant.fr : rendez-vous sur www.letudiant.fr/palmares/palmares-des-ecoles-d-ingenieurs/importance-de-la-recherche.html pour découvrir le palmarès « Importance de la recherche ».

LA VIE ASSOCIATIVE

Les écoles communiquent beaucoup sur la vie associative et étudiante, comprenez toutes les activités qui vous permettent de faire une parenthèse dans votre formation : pratiques culturelles ou sportives, soirées, jeux inter-établissements, etc. Sur les sites internet des écoles, il y a même bien souvent un onglet dédié et des événements sont régulièrement mis en avant sur la page d'accueil. Ainsi, à l'EPITA, on vante : « La vie associative comme étant une composante fondamentale du projet pédagogique de l'école ! »

La communication de terrain, c'est d'abord le BDE (bureau des étudiants) qui s'en charge. Il vient à vous dès vos premiers jours à l'école (voire même avant lors des journées portes ouvertes, ou directement sur des salons orientation). Ses responsables font une présentation des activités et des événements à venir, ce qui ne vous empêche pas de jeter un coup d'œil à tous les clubs qui existent dans votre établissement. Il y en a pour tous les goûts : sport, art, humanitaire, découverte, informatique, robotique. À l'ESME Sudria, il y a même un club mangas et bandes dessinées ! L'association met à la disposition de ses adhérents de nombreux ouvrages et organise des jeux de rôle, de plateaux, des tournois d'échecs…

Un plus sur votre CV

Face à un recruteur, un engagement fait bonne figure. Cela montre que vous savez monter des projets, élaborer des budgets, travailler en équipe, développer des liens humains. De nombreux établissements disposent aussi de JE. « C'est une association étudiante dans laquelle les élèves mettent en pratique leurs enseignements théoriques en répondant à la demande de vrais clients », précise-t-on à la CNJE (Confédération nationale des juniors entreprises). Plus de la moitié des étudiants (55 %) inscrits dans une JE viennent aujourd'hui d'écoles d'ingénieurs, contre 21 % d'universitaires et 18 % d'étudiants en école de commerce.

Et après ?

Une fois diplômé, vous pouvez garder un lien avec votre établissement *via* l'association des anciens élèves, aussi appelés « Alumni ». Toutes les écoles en comptent. Pour ces dernières, c'est l'occasion de voir ce que deviennent leurs diplômés et de faire appel à eux lors de journées portes ouvertes, de tables rondes, de conférences. Ces associations d'anciens ont généralement un site internet, hébergé par l'école, et ses adhérents sont répertoriés *via* un annuaire en ligne. Vous pouvez aussi régulièrement y trouver des offres de stage, d'alternance, d'emploi, des informations sur l'actualité d'un secteur, etc. Dans certains établissements, les associations d'anciens sont très puissantes.

CE QU'UNE ÉCOLE D'INGÉNIEURS VA VOUS COÛTER

Le coût de la scolarité dépend du statut de l'école. « Les écoles publiques dépendent en majorité du ministère chargé de l'enseignement supérieur et de la recherche, mais les ministères "techniques" (agriculture, défense, industrie, communications électroniques, économie et développement durable) assurent aussi la tutelle d'une quarantaine d'écoles d'ingénieurs, conjointement avec le ministre chargé de l'enseignement supérieur », peut-on lire dans le référentiel de la CTI.

Établissements publics

La plupart des établissements sont publics, donc financés par l'État. Pour ceux-ci, vous devez vous acquitter chaque année de frais d'inscription, aussi appelés droits pour les écoles universitaires. Pour l'année 2016-2017, ils étaient de 610 €. Pour les élèves boursiers, la scolarité est gratuite.

Pour les écoles d'ingénieurs publiques rattachées au ministère de la Défense, les choses sont un peu différentes.
Sont ici concernées : l'École polytechnique, l'École de l'air à Salon-de-Provence, l'ENSTA Bretagne, l'École navale, l'ESM (toutes écoles militaires), l'ENSTA ParisTech et l'ISAE-Supaero à Toulouse. Pour ces deux dernières, les élèves (civils) se voient demander des droits d'inscription, entre 2 100 et 2 700 €. Pour les autres, ils sont nuls et les élèves sont rémunérés lorsqu'ils suivent les cursus militaires. De 747 € à Polytechnique à quelque 2 000 € pour un étudiant IETA (ingénieur des études et techniques de l'armement) à l'ENSTA Bretagne.

Établissements consulaires ou privés

Pour les établissements consulaires (rattachés à une chambre de commerce et d'industrie) ou privés, là encore les frais d'inscription fluctuent. À 3iL (Institut d'ingénierie informatique de Limoges), chaque année de cycle ingénieur coûte 5 500 €, 6 850 € à l'EBI Cergy-Pontoise (École de biologie industrielle), jusqu'à 8 100 € à l'ESIEE Paris.

Autres frais

Où que vous vous inscriviez, vous devrez ajouter 215 € de sécurité sociale étudiante, à compléter par une mutuelle. Prévoyez aussi dans votre budget : votre loyer, d'éventuels frais de transport, une adhésion à une association (BDE ou autre)... Pensez aux frais de concours ou aux frais de dossier... Avant de vous inscrire, faites le calcul de vos charges mensuelles. Votre budget ne doit pas être source de tracas au quotidien. Renseignez-vous aussi sur le programme détaillé du cycle ingénieur. Si vous devez partir une année à l'étranger, regardez où vous devrez payer votre inscription. Histoire de ne pas avoir de mauvaise surprise.

Quid des boursiers et des apprentis ?

Dans les écoles reconnues par l'État, c'est-à-dire toutes celles habilitées par la CTI, vous pouvez être accueilli en tant qu'étudiant boursier. Vous serez alors exonéré de frais d'inscription dans les établissements publics et bénéficierez d'aménagements dans les établissements privés ou consulaires. Pensez aussi à l'alternance. Les frais de scolarité sont pris en charge par l'entreprise par l'intermédiaire de la taxe d'apprentissage, et il n'y a pas de frais de sélection.

ET APRÈS ?

Les maquettes pédagogiques des écoles d'ingénieurs sont régulièrement ajustées afin de coller au plus près des demandes des employeurs. La multiplication des parcours proposés par la voie de l'alternance répond également à un besoin identifié de branches professionnelles diverses. Parmi les métiers auxquels vous pouvez accéder après une école d'ingénieurs, citons pêle-mêle : chargé de projet, ingénieur (R&D, études, essais, méthode, fabrication, production, qualité, affaire, sécurité, conseil...), directeur technique, entrepreneur, manager, consultant, etc. Tous ont un point commun, ce sont des postes d'encadrement, à responsabilités.

La dernière enquête insertion, publiée par la CGE (Conférence des grandes écoles) en juin 2016, s'est intéressée à la situation des diplômés 2015, trois à cinq mois après leur sortie d'école. On y apprend que 65,2 % d'entre eux ont un emploi, 14,4 % sont en recherche, 7 % ont poursuivi en thèse, 3,3 % sont partis en volontariat international et 2,4 % ont un projet entrepreneurial. Ce dernier chiffre a pratiquement triplé en une année.

Huit diplômés sur dix en emploi ont décroché leurs jobs dans les deux mois suivant leur diplômation, et un an après leur sortie d'école, 80 % de ces diplômés ont signé un CDI. Le stage de fin d'études montre son rôle d'accélérateur dans l'insertion professionnelle. Dans un tiers des cas, les élèves ont été embauchés à la suite de cette expérience. Internet (sites spécialisés, sites des entreprises, réseaux sociaux, etc.) apparaît également comme un outil de recherche efficace pour décrocher un job.

Des pratiques qui évoluent

Si la situation professionnelle des ingénieurs est proche du plein emploi, leurs missions sont en perpétuel mouvement. C'est valable sur le fond, mais aussi sur la forme. Une enquête publiée par IESF (Ingénieurs et scientifiques de France) montre que les nouvelles technologies amènent une transformation des modes de travail. « Elle est vécue comme un facteur de liberté dans l'équilibrage d'une vie professionnelle intense et d'une vie personnelle à laquelle les ingénieurs sont attachés », peut-on lire. Travail à distance, mobilité, nomadisme, aujourd'hui, les deux tiers des ingénieurs travaillent une partie de leur temps hors d'un cadre classique : bureau, entreprise, chantier, etc.

L'industrie en tête

Les ingénieurs représentent 4 % de la population française ! Plus de 44 % d'entre eux sont recrutés dans le secteur de l'industrie. Viennent ensuite les activités tertiaires et de service. 2,1 % des recrutements se font dans le secteur de l'agriculture, de la sylviculture ou de la pêche. Le taux de chômage des ingénieurs est près de trois fois inférieur à celui de la population globale, environ 4,1 %.

Des inégalités hommes-femmes

Si vous êtes un homme ou une femme, vous ne serez pas logé à la même enseigne. En effet, des inégalités persistent. Les femmes signent davantage de contrats précaires, type CDD ou intérim, et ont des salaires moins importants (environ 5 % d'écart). « Les femmes sont davantage présentes dans les secteurs de l'agriculture, de l'industrie pharmaceutique, de l'industrie agroalimentaire et de l'enseignement », peut-on lire dans une enquête socioprofessionnelle d'IESF. Les écoles d'ingénieurs et les DRH se sont néanmoins engagés à plus de mixité dans leurs promotions et services. Pour preuve : une femme de moins de 30 ans a aujourd'hui 13 fois plus de chances d'être ingénieur que dans les années 1980 !

La rémunération

Côté salaire, on note des variations importantes selon que vous exercez en province, en Île-de-France ou à l'étranger. Le salaire médian d'un ingénieur débutant est de 35 000 €. En 2015, environ 16 % des ingénieurs travaillent à l'étranger, souvent à la demande de leur entreprise. Parmi les pays les plus plébiscités, on retrouve le Royaume-Uni, la Suisse et l'Allemagne. En fin de carrière, un ingénieur travaillant dans une entreprise privée peut atteindre 100 000 € de revenus bruts par an, principalement dans les secteurs industriels et tertiaires. Les diplômés des écoles les plus prestigieuses sont souvent ceux qui ont les revenus les plus confortables.

Paroles d'anciens

Ils ont été diplômés en 1994 et 2011. Dharman Sury a choisi le monde de la finance. Estelle Mossely est championne olympique de boxe. Deux parcours distincts qui reflètent la polyvalence de l'ingénieur moderne. Voici leurs conseils.

« ALLER AUX PORTES OUVERTES, C'EST ESSENTIEL »

Estelle Mossely, diplômée de l'ESILV en 2015 (mécanique et modélisation), championne olympique de boxe.

« Est-ce que je sais vers quoi m'orienter ? Est-ce que mon projet d'avenir est bien défini ? Ce sont les premières questions à se poser lorsqu'on veut entrer en école d'ingénieurs, car certaines sont plus spécialisées que d'autres. Mon projet était défini dès le départ, je voulais faire de l'informatique. J'aurais pu m'orienter vers des écoles moins généralistes, mais je devais trouver une école qui accepte les sportifs de haut niveau. C'est important d'essayer d'articuler tous nos critères de choix. Ensuite, je conseillerais de regarder les ouvertures proposées par l'établissement : les stages, les doubles diplômes, les parcours à l'étranger. Il faut profiter de sa formation pour multiplier les expériences, pour gagner en maturité et en connaissances. Enfin, il faut laisser une place à la première impression. Celle que l'on a eue en entrant dans les locaux de l'école, lors des portes ouvertes, par exemple. D'où l'importance d'y aller, c'est essentiel. »

« CHOISIR L'ÉCOLE QUI OFFRE LE PLUS DE POSSIBILITÉS »

Dharman Sury, diplômé de Mines ParisTech en 1994, directeur financier de Data4 Group.

« Aujourd'hui plus encore qu'hier, je dirai qu'un ingénieur doit être polyvalent, multiculturel, multicompétent. Il peut se spécialiser, mais il ne faut pas perdre de vue un secteur. Il faut toujours avoir de l'intérêt pour ce qui nous entoure, chercher comment approfondir un champ de compétences, rester ouvert. Je donnerai trois conseils aux futurs ingénieurs. Le premier, c'est de ne pas s'enfermer dans une filière. Si un jeune ne sait pas ce qu'il veut faire, il doit choisir l'école qui lui offre le plus de possibilités. Le deuxième conseil est en lien direct avec le premier : il faut essayer plein de choses différentes, donc faire des stages ! Même plus que préconisé. Ils doivent permettre aux élèves ingénieurs de confirmer qu'un secteur les intéresse ou non. Troisième et dernier conseil : partir à l'international. Devenir ingénieur sans avoir mis un pied en dehors du territoire me semble compliqué. J'ai vécu dans quatre pays différents de 0 à 10 ans, je suis bilingue et je me rends compte aujourd'hui qu'on ne rentre plus dans de grosses entreprises comme on y entrait il y a quelques années. Le boulot d'ingénieur classique n'existe plus. »

Quelle école d'ingénieurs pour moi ?

Près de 38 000 ingénieurs sont diplômés chaque année et on recense quelque 100 000 recrutements d'ingénieurs par an. Les concours sont réputés sélectifs, mais il existe aujourd'hui des voies diverses pour intégrer un établissement. Vous êtes intéressé, mais vous n'êtes pas sûr d'avoir le profil pour réussir ? Ce test devrait vous aider !

1. Au lycée, vous suivez ou avez suivi :

- ● Un bac S
- ▲ Un bac techno ou un bac ES
- ■ Un bac professionnel ou un bac littéraire

2. Votre projet professionnel, c'est plutôt :

- ▲ Lentement, mais sûrement !
- ● Emballé, c'est pesé !
- ■ Comme chercher une aiguille dans une botte de foin !

3. Les cours que vous préférez, ce sont :

- ● Les cas pratiques, en petits groupes
- ■ Les cours théoriques, en cours magistral. Comme ça, pas besoin d'intervenir, le prof ne vous voit pas !
- ▲ Les travaux dirigés dans les matières scientifiques

4. Votre prof d'anglais a choisi de vous passer un document audio. Votre réaction :

- ■ Vous faites autre chose. De toute façon, vous êtes nul en compréhension orale

• Vous adorez. Ça vous rappelle quand vous regardez des séries en VO sous la couette !

▲ Chouette, mais vous espérez qu'il y aura plusieurs écoutes

5. Dans un groupe, vous êtes plutôt :

• Leader

■ Suiveur

▲ Ni l'un ni l'autre

6. Lorsque vous aimez quelque chose, vous êtes du genre à :

▲ Foncer tête baissée et vous investir à 200 %

• Toujours garder un œil sur ce qui se passe autour, au cas où il faudrait ajuster

■ Cela ne m'est encore jamais arrivé !

7. Projetez-vous dans dix ans. Vous êtes ingénieur méthodes dans un grand groupe. Valérie, à la production a besoin d'un coup de main :

■ Pas question, ça ne rentre pas dans la mission qui vous a été confiée

• Vous êtes toujours prêt à aider les collègues. Après tout, c'est un bon moyen d'élargir ses compétences

▲ OK pour cette fois, mais que cela ne se reproduise pas !

8. Partir loin de chez vous, longtemps, c'est :

• Où ? Quand ? Comment ? Vous êtes prêt !

▲ Vous aimeriez bien, mais vous ne savez pas si vous en serez capable

■ Difficile. Vous avez une famille très soudée et vous ne pouvez pas passer une semaine sans vous voir

9. Pour vous, les stages durant les études, c'est :

• Essentiel et idéal pour trouver sa voie

▲ Un bon moyen de se construire un réseau

■ Une perte de temps

10. Quel adjectif vous correspond le mieux ?

- ● Déterminé
- ▲ Rêveur
- ■ Borné

11. Votre temps libre, vous aimez le passer à :

- ■ Faire du shopping pour ne plus penser aux cours
- ● Vous occuper du BDE, que vous présidez, et fréquenter le *FabLab*
- ▲ Faire du sport, pour toujours repousser vos limites

12. Pour vous, Python, c'est :

- ● Un langage de programmation informatique
- ▲ Un serpent, non ?
- ■ Une matière pour les sacs à main !

13. Pour vous, la carrière idéale, c'est :

- ▲ La sécurité de l'emploi avec un poste longue durée
- ● Des missions longues, mais pas trop. C'est bien de voir autre chose
- ■ Un CDI ? Jamais, ça me fait peur !

Vous avez une majorité de ●

Vous êtes fait pour une école d'ingénieurs, et vous savez laquelle.

Vous avez une idée en tête depuis votre plus jeune âge et vous n'en démordrez pas ! Vous voulez être ingénieur. Vous visez un domaine, mais vous êtes ouvert à tous secteurs. Vous comptez sur votre école postbac pour vous faire découvrir toutes les facettes du métier. Car vous avez bien compris qu'en 2016, être ingénieur, ça ne veut pas dire la même chose qu'il y a vingt, trente ou cinquante ans. Aujourd'hui, ce qui prime dans le métier, c'est la polyvalence. Alors, vous savez que pour décrocher le graal, en cinq ans normalement, sauf si vous optez pour un double diplôme (titre auquel vous n'êtes pas fermé), il faudra peut-être faire quelques concessions. D'ailleurs le mot est fort, pour vous, parlons plutôt d'opportunités : séjour à l'international, investissement associatif, travail en équipe, multiplication des stages. Vous espérez aussi participer à des concours interécoles pour évaluer votre niveau. Et vous comptez sur les anciens de votre école pour qu'ils vous révèlent tous les secrets de la formation !

Vous avez une majorité de ▲

Une école d'ingénieurs, pourquoi pas ?

Vous y pensez, mais réfléchissez encore. Selon votre niveau et vos envies, vous lorgnez sur un BTS, un DUT ou une classe prépa après le bac. Ce qui vous laisse deux ans pour mûrir votre projet professionnel et vous familiariser avec l'enseignement supérieur où vous serez forcément moins cocooné qu'au lycée. Si vous envisagez vraiment de rejoindre une école d'ingénieurs, il va aussi falloir mettre le paquet sur les langues, indispensables aujourd'hui pour exercer le job, de plus en plus tourné vers l'international. Si vous optez pour un DUT par exemple, renseignez-vous sur les programmes Erasmus. C'est une première expérience bonne à prendre, et qui vous habituera à vous éloigner de vos proches. On parie que vous ne voudrez plus revenir ? Profitez également de ces deux années d'études pour découvrir le monde du travail. Vous ne le maîtrisez pas encore, et c'est normal. Multipliez les jobs d'été et les stages si vous bénéficiez de convention. Il est primordial de varier les secteurs d'activités et les postes pour éliminer des pistes. Un conseil : au bout de votre première année postbac, refaites ce test !

Vous avez une majorité de ■

Vous n'avez pas encore le déclic.

Disons-le, pour vous, après le bac, c'est le trou noir ! Vous aviez pensé à une école d'ingénieurs… mais finalement vous hésitez. Les matières scientifiques dominent dans ces établissements, et ce n'est pas votre tasse de thé. Si les établissements ont diversifié leur voie de recrutement, ils ne sont pas encore ouverts aux bacs pros. Et les places accordées aux bacheliers littéraires se comptent sur les doigts d'une main. Ça, c'est pour le fond. Sur la forme, les études de cas par petits groupes demandent aux élèves d'être force de proposition. Finie ici la planque au fond de la classe… Un conseil : affinez d'abord votre projet professionnel. Et optez pour une discipline qui vous séduit. Ça ne vaut pas le coup de vous lancer dans des études longues, rigoureuses, et parfois coûteuses, si vous n'êtes pas sûr de pouvoir les mener à bien ! Et ce, même si votre famille vous y pousse ! Pourquoi ne pas opter pour un BTS ou un DUT et tenter les admissions parallèles ? Une formation postbac en diététique, métiers des services à l'environnement, ou packaging, emballage et environnement peuvent aussi vous ouvrir les portes d'une école d'ingénieurs. Jetez aussi un œil du côté des prépas et mises à niveau. La prépa ATS (adaptation technicien supérieur) est par exemple proposée dans une trentaine de lycées publics. Il existe aussi des prépas privées, mais plus coûteuses.

PARTIE 2

Niveau d'admission et recrutement

[V]ous pouvez rejoindre une école d'ingénieurs à plusieurs moments de votre vie : après votre baccalauréat, après une prépa scientifique ou technologique, mais aussi après un premier diplôme universitaire (DUT, licence, master, etc.) ou un BTS. Année après année, les établissements ont ouvert leurs recrutements pour diversifier leurs promotions, à la demande des employeurs. Selon votre niveau, vous vous engagez alors pour trois ou cinq années d'études. Les recrutements sont aussi divers que les niveaux d'admission : concours communs ou procédures propres aux écoles, regroupements ou loups solitaires... Nous avons ici tenté de vous détailler tous les concours communs proposés pour rejoindre une école d'ingénieurs (profil, sélection, frais d'inscription, nombre de places) et de vous lister les écoles qui ont choisi de gérer elles-mêmes leurs intégrations.

Sommaire

Intégrer une école d'ingénieurs postbac

« Les écoles postbac correspondent aux lycéens qui ont déjà une idée de ce qu'ils veulent faire et de la spécialité qu'ils choisiront en fin de deuxième année », souligne Anne-Marie Jolly, vice-présidente de la CTI. Près d'une centaine d'écoles d'ingénieurs sont accessibles dès la sortie du lycée, sous réserve d'avoir obtenu son baccalauréat. Les inscriptions se font, sauf cas particuliers, sur APB (admission postbac), entre janvier et mars.

À QUI S'ADRESSENT LES ÉCOLES POSTBAC ?

Vous êtes attiré par l'informatique, le bâtiment, la biologie, la chimie, etc., vous avez un projet professionnel étoffé et déjà clair, alors une école postbac est faite pour vous. La formation se décompose en deux temps : un cycle préparatoire de deux ans et un cycle ingénieur de trois ans. Une poignée d'écoles (ESA Angers, ESITC, Caen, etc.) ont choisi de se caler sur un rythme LMD (licence, master, doctorat), soit trois ans de cycle préparatoire (socle de connaissances générales, scientifiques et technologiques) et deux années de spécialisation. Sachez que dans certaines écoles, vous pouvez choisir une spécialité dès la première année de cycle préparatoire, c'est le cas à 3iL, où les étudiants peuvent teinter leur parcours avec une option internationale.

En intégrant un établissement après le baccalauréat, vous évitez la pression des concours. Si la sélection postbac se fait sur dossier, entretien et parfois épreuves écrites, le passage de la deuxième à la troisième année repose sur du contrôle continu. À l'EBI, vous avez la possibilité de redoubler votre deuxième année, si vos résultats sont trop faibles. D'où l'importance de bien mûrir son choix en terminale. Votre école postbac ne doit pas être choisie à la légère.

Quels bacs ?

Près de 8 élèves-ingénieurs sur 10 sont titulaires d'un bac S. Si la série scientifique reste « la norme » pour accéder aux écoles d'ingénieurs (les bac S options mathématiques et physique-chimie sont les plus nombreux), on note des différences importantes selon les spécialités des écoles intégrées.

Quelques établissements recrutent ainsi des bacs ES, spécialités mathématiques. À l'Efrei (École d'ingénieur généraliste en informatique et technologies du numérique), par exemple, ces derniers bénéficient d'un programme scientifique particulier. Objectif : qu'ils aient le même socle de connaissances que les bacs S à l'issue des deux années de prépa intégrée. Il en est de même pour les bacheliers STI2D. Depuis une dizaine d'années, les écoles d'ingénieurs se sont ouvertes aux bacs technologiques, STI2D en tête, suivi par le bac STL options SPCL et le bac STAV dans les écoles spécialisées, comme Agrocampus Ouest. Pour candidater, les élèves des bacs technologiques bénéficient souvent de procédures sur mesure : concours propres ou épreuves simplifiées.

En cas d'échec

Si vos résultats ne sont pas suffisants pour poursuivre en cycle ingénieur, vous pouvez vous réorienter, à l'université par exemple. Certaines écoles ont noué des partenariats pour proposer des cursus adaptés aux élèves en difficulté. C'est le cas à Télécom Saint-Étienne ou à l'ISTY où les ex-étudiants de cycle préparatoire peuvent rejoindre une licence scientifique. À l'ENI Tarbes, les élèves issus de bac STI2D suivent leurs deux premières années à l'IUT de leur choix (Tarbes ou Bayonne). Ils peuvent intégrer l'ENI Tarbes en troisième année, après avoir obtenu

Le cas particulier des PACES (première année commune aux études de santé)

À Polytech Nancy, l'entrée en première année est ouverte aux élèves redoublant leur PACES (première année commune aux études de santé) et ayant décroché leur bac S en 2015. Ce recrutement (sur dossier et entretien) est propre à Polytech Nancy. Impossible de basculer dans un autre établissement du réseau à l'issue des deux premières années. Le candidat intègre donc la première année de cycle préparatoire de l'école (PeiP [parcours des écoles d'ingénieurs Polytech]) dans laquelle il suit toute sa scolarité (les cinq ans nécessaires à l'obtention du titre d'ingénieurs).

Dans les autres écoles du réseau Polytech, les élèves sont acceptés en deuxième année de PeiP par deux voies : la voie conventionnée, les étudiants intègrent l'école partenaire de leur faculté d'origine, ou la voie nationale, ouverte à tous. Veillez à ce que les spécialités que vous visez soient bien accessibles, ce n'est pas toujours le cas selon les écoles du réseau.

Pour les élèves qui lâcheraient le fil en cours d'année, HEI (Hautes études d'ingénieur) a ouvert une prépa rebond. Les élèves peuvent la rejoindre après un premier semestre malheureux en médecine. Ils suivent alors une formation intensive en mathématiques (calée sur le programme d'une prépa PCSI [physique, chimie et sciences de l'ingénieurie]) avant de rejoindre la deuxième année de cycle prépa, à HEI ou à l'ISEN. La passerelle inspire aujourd'hui de nombreux établissements (comme certains du concours Avenir +). En général, la sélection se fait sur dossier et éventuel entretien.

Liste des écoles qui accueillent des PACES : EBI, ECE Paris, EIGSI La Rochelle, Efrei, EME (École des métiers de l'environnement) Rennes, Ensim (École nationale supérieure d'ingénieurs du Mans), EPF, EPITA, ESCOM (École supérieure de chimie organique et minérale), ESEO (École supérieure d'électronique de l'Ouest), ESIEA (École supérieure d'informatique, électronique, automatique), Esigelec (École supérieure d'ingénieurs en génie électrique), Esilv, ESME Sudria, HEI, INP-EI Purpan, IPSA (Institut polytechnique des sciences avancées), ISAE-

ESTACA (École supérieure des techniques aéronautiques et de construction automobile), ISARA (Institut supérieur d'agriculture et d'agroalimentaire Rhône-Alpes) Lyon, ISEN (Brest, Lille, Nantes, Toulon), ISTIA, ISTY, Polytech (Clermont-Ferrand, Grenoble, Lille, Lyon, Marseille, Montpellier, Nancy, Orléans, Paris-Sud, Paris-UMPC et Tours), Sup'Biotech et UniLaSalle Beauvais.

leur DUT et validé certaines conditions. Mais s'ils le souhaitent, ils peuvent aussi poursuivre à l'université. D'ailleurs, vous verrez plus loin qu'il est toujours possible de retenter sa chance en école d'ingénieurs, par le biais des admissions parallèles.

LES PRÉPAS INTÉGRÉES

À l'ESEO, on parle de P1 et P2 ; dans le réseau Polytech, de PeiP ; à Sup Galilée, de CP2i pour cycle préparatoire ingénieur intégré... Les cycles préparatoires, proposés postbac en école d'ingénieurs, sont connus sous différents noms selon les établissements, mais plus familièrement et quasiment partout on peut parler de « prépa intégrée ». Accessible postbac, sur dossier et/ou épreuves écrites ou orales, le cycle préparatoire se déroule généralement en deux ans. Seules quelques écoles ont choisi de le dérouler sur trois années. C'est le cas dans les ISEN de Brest, Lille et Toulon, qui voient la troisième année comme une année de transition vers le cycle ingénieur, en y intégrant du management et de la connaissance de l'entreprise. À l'ESA, les trois années de premier cycle sont utiles pour acquérir « connaissances, méthodes scientifiques, techniques et premières expériences en management », précisent les responsables.

Des cursus aménagés

Dans les écoles du groupe INSA, ou à l'ESISAR, membre de Grenoble INP, par exemple, les artistes et sportifs de haut niveau peuvent aménager leur cursus (trois ans au lieu de deux), pour maintenir le rythme de leurs entraînements. Renseignez-vous sur cette possibilité, car à l'instar des INSA et ses filières à thèmes (ingénieur/sport, ingénieur/théâtre, etc.), plusieurs écoles sont favorables à cet aménagement, il serait dommage de mettre de côté une source de plaisir qui pourrait être utile dans votre emploi du temps chargé d'étudiant !

Des prépas intégrées aux allures différentes

Renseignez-vous également sur l'implantation et le déroulement des cycles préparatoires. Selon l'établissement, ils ne s'organisent pas tous de la même manière. Voici les différents cas de figure que vous pouvez trouver. **Schéma 1 :** la prépa intégrée est propre à l'établissement et se tient dans ses locaux. **Schéma 2 :** la prépa intégrée est propre à l'établissement, mais se déroule dans les locaux d'un lycée voisin ou d'une université proche. Les quatre campus ECAM ont ainsi fait le choix de dérouler leur prépa selon le programme de CPGE scientifiques classiques dans des lycées du territoire : Lazaristes à Lyon, Assomption à Rennes, Strasbourg-Europe à Saint-Étienne… **Schéma 3 :** la prépa intégrée est commune à plusieurs écoles d'ingénieurs et se déroule dans un de ces établissements, dans une université ou dans un lycée partenaire. On parle alors de CPC (cycle préparatoire commun) (lire aussi page 54). Enfin, **schéma 4,** plus rare et pour l'instant proposé uniquement aux bacheliers scientifiques, l'établissements propose dès la première année de cycle prépa d'opter pour une section internationale. La formation mêle étudiants français et étrangers, titulaires d'un bac S, et met l'accent sur des questions géopolitiques et géo-économiques contemporaines. Deux langues étrangères sont obligatoirement étudiées.

Quels enseignements en prépa intégrée ?

En écoles d'ingénieurs, la prépa intégrée, qu'elle soit propre à un établissement ou commune à plusieurs, ressemble, sur certains points, et se différencie, sur d'autres, des classes préparatoires aux grandes écoles classiques.

Pour les ressemblances, il faut vous attendre à une formation rigoureuse, d'une trentaine d'heures par semaine, où l'on vous demandera beaucoup de travail personnel. Côté enseignement, on se rapproche d'une CPGE PTSI (physique, technologie et sciences industrielles), puisqu'on retrouve des cours de mathématiques (algèbre, géométrie, calcul intégral, séries complexes, etc.), de physique (mécanique, optique, thermodynamique), de chimie, des SI (sciences de l'ingénieur), de l'informatique, des langues vivantes, etc. Les deux premières années ont un tronc commun d'enseignements fondamentaux plus important que durant le cycle master.

Ce qui n'empêche pas la formation d'être teintée de cours de management, de sciences humaines, de communication, d'enseignements techniques ou de spécialité propres à l'établissement : biologie, numérique, sciences aéronautiques et spatiales, etc. Vous pouvez aussi être familiarisé à la pédagogie par projet dès la première année de cycle prépa. À l'ESIEE Amiens, elle représente quatre-vingt-quatre heures d'enseignements en deux ans.

Autre particularité des écoles d'ingénieurs : vous baignez très tôt dans le monde professionnel. Le premier stage se tient souvent entre la première et la deuxième année de cycle préparatoire. C'est souvent un stage ouvrier qui vous est demandé. Formulez votre candidature dans une entreprise proche de chez vous, sur un territoire que vous connaissez bien ; vous pourrez ainsi mieux percevoir les rouages d'une économie locale. Notez qu'à Elisa Aerospace, un stage à l'international est recommandé dès la première année, de même qu'à l'ESAIP Angers (lire aussi « Stages et proximité entreprise » dans la partie 1).

Des stages de langue et du tutorat

Certains établissements proposent des stages intensifs de langues. Pensez-y sérieusement si vous jugez votre niveau insuffisant et renseignez-vous aussi sur le tutorat. Des élèves des promotions supérieures peuvent vous proposer de l'aide dans des matières où vous en ressentez le besoin. Ça se passe souvent après les cours, en séances individuelles ou collectives, une heure ou deux par semaine. C'est un bon moyen de progresser, mais aussi de tisser des liens avec des élèves plus âgés qui connaissent bien l'école.

LES CPC (CYCLES PRÉPARATOIRES COMMUNS)

Vous êtes au lycée, et hésitez entre intégrer une école d'ingénieurs (ce qui vous semble encore prématuré) ou opter pour une CPGE (mais vous n'êtes pas sûr d'avoir le niveau)... Regardez de plus près les cycles préparatoires communs, c'est peut-être là que se trouve la solution.

Il existe en effet des parcours de deux années permettant aux candidats de mûrir leur choix et de se constituer un socle solide de connaissances théoriques et scientifiques. Les écoles qui se sont fédérées autour d'un cycle commun partagent souvent un statut, un domaine de spécialité ou un territoire.

La sélection se fait sur dossier et entretien de motivation, elle ne passe pas par un concours, excepté pour les écoles du réseau Polytech qui recrutent *via* le concours GEIPI Polytech. Durant les deux années de formation, l'évaluation se fait en contrôle continu. À l'issue du cycle, en fonction de vos résultats et de vos vœux, vous pouvez rejoindre une école. Sur ce modèle, il existe aujourd'hui : la prépa des INP, les CPI (cycles préparatoires intégrés) des écoles de la FGL (Fédération Gay-Lussac) et le parcours PeiP du réseau Polytech (détaillé dans le concours GEIPI Polytech). Il existe aussi des cycles universitaires préparatoires aux grandes écoles (CUPGE) : le cycle renforcé de l'université de Poitiers et le CPBx (cycle préparatoire de l'université de Bordeaux 1). Tous sont détaillés ci-après.

Dans la majorité des cas, vous choisissez votre école au départ, suivez vos deux années de formation et intégrez votre établissement sans avoir à passer par la case concours. La seule condition à respecter est d'avoir une moyenne minimale, fixée par les établissements, sur les deux années de formation (11/20 pour le CPBx, où chaque année, 80 à 85 % de la promotion intègre une école d'ingénieurs).

La prépa des INP

La prépa des INP est implantée dans six villes (Bordeaux, Grenoble, Nancy, Saint-Denis de la Réunion, Toulouse et Valence) et fédère une trentaine d'écoles d'ingénieurs publiques du groupe INP. Les écoles d'ingénieurs de Grenoble INP : ENSE3 (École nationale supérieure de l'énergie, l'eau et l'environnement), Ensimag (École nationale supérieure d'informatique et de mathématiques appliquées), ESISAR, Génie industriel, Pagora et Phelma.

Les écoles d'ingénieurs de Lorraine INP : EEIGM (École européenne d'ingénieurs en génie des matériaux), ENSAIA (École nationale supérieure d'agronomie et des industries alimentaires), ENSEM (École nationale supérieure d'électricité et de mécanique), ENSG (École nationale des sciences géographiques), ENIM (École nationale d'ingénieurs de Metz), ENSGSI, ENSIC (École nationale supérieure des industries chimiques), Mines Nancy, ESSTIN, Télécom Nancy et l'ENSTIB (École nationale supérieure des technologies et industries du bois).

Les écoles d'ingénieurs de Bordeaux INP : ENSC (École nationale supérieure de cognitique), ENSCBP (École nationale supérieure de chimie, de biologie et de physique), Enseirb-Matmeca (École nationale supérieure d'électronique, informatique, télécommunications, mathématiques et mécanique de Bordeaux), ENSTBB (École nationale supérieure de technologie des biomolécules de Bordeaux), ENSEGID (École nationale supérieure en environnement, géoressources et ingénierie du développement durable), ENSGTI (École nationale supérieure en génie des technologies industrielles) et ISA BTP (Institut supérieur aquitain du bâtiment et des travaux publics).

Les écoles d'ingénieurs de Toulouse INP : ENSAT (École nationale supérieure agronomique de Toulouse), ENSEEIHT (École nationale supérieure d'électrotechnique, d'électronique, d'informatique, d'hydraulique et des télécommunications), ENSIACET (École nationale supérieure des ingénieurs en arts chimiques et technologiques), ENI Tarbes, EI Purpan et ENM (École nationale de la magistrature). Autres formations d'ingénieurs affiliées à Toulouse INP : ENAC (École nationale de l'aviation civile), ISAE-Supaero et UA (Université des Antilles).

Pour qui ?

La prépa des INP est ouverte aux candidats en passe de décrocher un bac S, STI2D ou STL. 405 places ont été ouvertes en 2017 sur l'ensemble des sites : Bordeaux (70 places), Grenoble (120 places), Nancy (70 places), Saint-Denis de la Réunion (20 places), Toulouse (95 places) et Valence (30 places).

La sélection

L'inscription se fait sur www.admission-postbac.fr entre janvier et mars.

L'admissibilité repose sur l'analyse du dossier scolaire. Ce sont vos notes de première et de terminale qui intéressent les jurés. Ils portent une attention particulière aux mathématiques, aux langues vivantes, à la philo et à la PC (pour les bacs S), aux matières technologiques (pour les bacs STI2D et STL). Les candidats retenus passent un entretien de motivation où ils sont amenés à analyser un texte d'actualité scientifique tiré au sort.

Les frais d'inscription

Ils s'élevaient, en 2017, à 80 €, que vous postuliez pour un ou plusieurs sites ; gratuit pour les boursiers.

Renseignements

Tél. : 04.76.57.47.62 – Site : www.la-prepa-des-inp.fr

La Fédération Gay-Lussac et ses CPI

Plus communément appelé FGL, la Fédération Gay-Lussac regroupe 20 écoles de chimie réparties sur le territoire français. Après le bac, vous pouvez prétendre à la prépa classique des écoles de Lille, Rennes, Clermont-Ferrand, Pau et Strasbourg.

Pour qui ?

Les CPI de la FGL sont exclusivement réservées aux bacheliers scientifiques. « Cette filière est conseillée aux étudiants qui ont choisi de faire une école d'ingénieurs en chimie ou en génie climatique mais qui ne sont pas fixés sur une école en particulier », souligne-t-on à Pau. 50 à 80 places sont ouvertes chaque année selon les établissements.

La sélection

Les inscriptions se font sur APB, www.admission-postbac.fr. La sélection repose d'abord sur un dossier comprenant les résultats obtenus en classe de première et de terminale en sciences physiques, mathématiques et langue vivante. Une attention particulière est portée aux notes obtenues à l'épreuve anticipée de français. Un seul dossier suffit pour postuler aux cinq CPI, et, depuis 2016, tout se fait sur APB, de manière dématérialisée. Plus besoin d'envoyer un dossier papier à l'ENSC de Rennes, qui centralisait jusqu'à présent toutes les candidatures. Seul impératif : classez vos vœux par ordre de préférence sur APB, dans la rubrique « Formation d'ingénieurs ». Un entretien complète la sélection, quel que soit le nombre de CPI auxquels vous postulez.

Durant la formation, l'évaluation des élèves se base uniquement sur le contrôle continu. Le passage en deuxième année de CPI ainsi que l'intégration en cycle ingénieur sont prononcés par un jury. Pas de redoublement possible.

Trois écoles de la FGL proposent aussi leurs propres cycles préparatoires. Ils permettent de ne rentrer que dans l'école choisie : CPE Lyon, Itech

Lyon (Institut textile et chimique) et l'ESCOM à Compiègne. Pour CPE Lyon et l'ESCOM, l'admission se fait *via* le concours Puissance 11, toujours avec une inscription sur APB. L'Itech a sa propre procédure de recrutement. Deux écoles de la Fédération (ENSIC et ENSIACET) sont aussi accessibles *via* la prépa des INP.

La FGL a également ouvert un programme baptisé Chem.I.St (*Chemistry International Studies*), à destination des candidats qui ont obtenu l'équivalent du baccalauréat français à l'étranger. Donnant ainsi naissance à des promotions internationales de jeunes bacheliers scientifiques.

Les frais d'inscription

En 2017, ils s'élevaient à 95 € (50 € pour les boursiers) que vous classiez un ou cinq sites sur APB.

Renseignements

Site : www.20ecolesdechimie.com

Le parcours renforcé de l'université de Poitiers

La formation, qui a fêté ses dix ans en 2016, permet d'entrer, sur titres, dans neuf écoles d'ingénieurs : ENSCI (École nationale supérieure de création industrielle) ; Enseirb-Matmeca ; ENSTA Bretagne ; ENSMA (École nationale supérieure de mécanique et d'aérotechnique) ; ENSIP (École nationale supérieure d'ingénieurs de Poitiers) ; ENSIAME (École nationale supérieure d'ingénieurs en informatique, automatique, mécanique, énergétique et électronique) ; ENSMM (École nationale supérieure de mécanique et des microtechniques) ; Supméca (Institut supérieur de mécanique) et SeaTech.

Un minimum de 12/20 est requis sur les deux années de formation pour entrer en école d'ingénieurs. Si vous n'êtes pas admis ou souhaitez changer de parcours, vous pouvez intégrer plusieurs spécialités de licence.

Pour qui ?

Les élèves de terminale S peuvent être candidats. En 2016-2017, 28 étudiants formaient la promotion de L1 ; 21 constituaient la promotion de L2.

La sélection

Le recrutement se fait sur dossier, constitué des notes de première et de terminale et d'une lettre de motivation. Les candidats retenus sont convoqués à un entretien individuel.

Sachez qu'en 2015, sur les 23 étudiants inscrits en L2, 18 ont intégré une école d'ingénieurs partenaire et 5 ont poursuivi en L3 de mathématiques, physique ou mécanique.

Les frais d'inscription

S'appliquent ici les frais au titre d'une année universitaire, soit 184 € pour 2016-2017. Les boursiers en sont exonérés.

Renseignements

Site : www.supinge.ensma.fr

Le CPBx (cycle préparatoire de l'université de Bordeaux 1)

Ce cycle préparatoire permet d'intégrer huit écoles d'ingénieurs d'Aquitaine. Sept établissements, internes ou sous convention, de Bordeaux INP : ENSC ; ENSCBP ; Enseirb-Matmeca ; ENSTBB ; ENSEGID, ENSGTI et Bordeaux Sciences Agro, et l'ESTIA (École supérieure des technologies industrielles avancées) Bidart. Il se déroule en deux ans (trois ans pour les artistes et sportifs de haut niveau). Aucun redoublement n'est possible.

Pour qui ?

Le cycle préparatoire est ouvert aux bacheliers de l'année, et à ceux de l'année précédente. En 2017, 95 places ont été ouvertes.

La sélection

Un jury analyse votre dossier scolaire (composé des notes de première et de terminale en sciences, français et anglais) et votre lettre de motivation. Si vous formulez plusieurs candidatures, vous ne devez constituer qu'un seul dossier, mais écrire une lettre de motivation par école. Pour les bacheliers de l'année précédente, ce sont les résultats du bac et ceux obtenus durant votre première année de supérieur qui comptent.
À l'issue des deux années de formation : soit vous intégrez l'école d'ingénieurs choisie lors de votre inscription en CPBx, sans passer de concours (l'évaluation repose sur du contrôle continu en première année, et sur deux sessions d'examen en seconde) ; soit vous rejoignez une troisième année de licence sciences, technologies, santé qu'il est d'ailleurs possible de rattraper à tout moment de votre parcours. Sachez aussi qu'il est possible, en première année, de bénéficier d'une passerelle vers l'IUT.

Les frais d'inscription

Ce sont ceux d'une année universitaire, soit 184 € en 2016. Gratuit pour les boursiers.

Renseignements

Site : https://jechoisis.u-bordeaux.fr/

LES CONCOURS COMMUNS

Comme pour les CPI, des écoles ont choisi de se rassembler pour mutualiser leur sélection. On parle alors de concours communs. Certains établissements n'utilisent pas toutes les épreuves du concours, mais seulement une partie (souvent écrite), on parle alors de banques de notes. Nous vous détaillons ci-après : le concours Alpha postbac, le concours Advance, le concours Avenir bac, le concours GEIPI Polytech, le concours Puissance 11, le concours des écoles de la FESIA (Fédération des écoles supérieures d'ingénieurs en agriculture), puis les concours pour intégrer les ICAM (Institut Catholique d'Arts et Métiers), ENI, INSA, ECAM et le réseau UT (Université de technologie).

Le concours Alpha

Il regroupe six écoles d'ingénieurs : 3iL, l'EBI, l'Efrei, l'Esigetel, Elisa Aerospace et l'ESIEA. Au total, 1 000 places sont à pourvoir chaque année.

Pour qui ?

Les titulaires d'un bac S (toutes spécialités) peuvent candidater, et, dans certaines écoles, les lycéens qui ont décroché un bac STI2D, STL, ou ES spé maths.

NOMBRE DE CANDIDATS PAR FILIÈRE D'ORIGINE

6 ÉCOLES	VOTRE CURSUS			
	S	STI2D	ES (spé maths)	STL
EBI	100	–	–	10
Efrei Esigetel (prépa commune)	210	20*	15*	–
Efrei Esigetel (section inter)	70	–	–	–
Efrei (prépa bio et numérique)	35	–	–	–
Elisa Aerospace (St Quentin)	70	5	–	–
Elisa Aerospace (Bordeaux)	30	–	–	–
ESIEA (Paris)	150	20*	20*	5*
ESIEA (section internationale)	40	–	–	–
ESIEA (Laval)	66	20*	5*	10*

6 ÉCOLES	VOTRE CURSUS			
	S	STI2D	ES (spé maths)	STL
3iL ingénieurs	35	25*	10*	–
3iL ingénieurs (section inter)	30	–	–	–

*prépa spécifique

La sélection

La sélection commence par l'étude de votre dossier. Il comprend : vos résultats de première et des deux premiers trimestres de terminale, vos notes aux épreuves anticipées du bac et l'avis du conseil de classe pour la poursuite d'étude. Les candidats déclarés « grands classés » sont dispensés d'épreuves écrites. Les autres sont convoqués aux épreuves communes du groupe Alpha sur une journée. Au programme : mathématiques et raisonnement logique (2 h), sciences d'application (1 h 30), anglais (1 h), culture générale (30 min), expression et motivation (45 min). À l'exception de cette dernière, toutes les épreuves sont des QCM (questionnaires à choix multiples). Les sujets sont parfois différents selon votre série de bac. Une bonne réponse vaut deux points, chaque réponse inexacte vous enlève un point, une case blanche compte pour zéro.

Les frais d'inscription

Ils s'élèvent à 100 €, toutes filières confondues. Les élèves boursiers se voient rembourser leurs frais (30 €) s'ils se présentent à toutes les épreuves écrites.

Renseignements

Concours Alpha
9, rue Vésale –75005 Paris
Tél. : 02.79.16.01.15 – Mail : contact@concours-alpha.fr
Site : www.concours-alpha.fr

3iL Limoges

Institut d'ingénierie informatique de Limoges, 43, rue Sainte-Anne, BP 834, 87015 Limoges cedex 1, tél. 05.55.31.67.27, Web : www.3il-ingenieurs.fr

Statut : consulaire • **Frais d'inscription :** 25 € • **Frais de scolarité :** 3 000 € en 1re année, 3 000 € en 2e année, 5 500 € en 3e année, 5 500 € en 4e année, 5 500 € en 5e année.

■ **Ingénieur diplômé** de 3iL spécialités réseaux avancés, développement orienté objet, systèmes embarqués et mobiles, développement Web - Web marketing, sécurité informatique, création et innovation, administration et architectures des systèmes, développement d'interface graphique, bases de données, robotique et intelligence artificielle (CTI) • **Durée des études :** 5 ans. **Fca possible :** 3 ans en cycle ingénieur. **Année de césure :** de 9 à 12 mois entre la 4e et la 5e année.

Admission en cycle préparatoire 1re année • Bac S, STI2D, ES spé. mathématiques, STL, STAV (selon les écoles du concours) ; concours Alpha ; dossier, épreuves écrites.

Admission en cycle préparatoire 2e année • Maths sup ou L1 validée pour le cycle préparatoire scientifique et informatique, 1re année de BTS SIO pour le cycle préparatoire technologique et informatique ; dossier, entretien, tests.

Admission en 1re année du cycle ingénieur • Maths spé MP, PC, PSI ; concours sur banque de notes e3a • Maths spé PT ; concours sur banque filière PT • Maths spé TSI ; concours sur banque d'épreuves du concours commun polytechnique • DUT, BTS ; banque d'épreuves DUT-BTS • BTS SIO, maths spé ATS, L2 sciences et technologies, DUT QLIO, statistique et informatique décisionnelle ; dossier, entretien, tests.

Admission parallèle en 2e année du cycle ingénieur • Bac+4 informatique ou équivalent ; dossier, entretien, tests.

EBI Cergy

École de biologie industrielle, 49, av. des Genottes, CS 90009, 95895 Cergy cedex, tél. 01.85.76.66.90, Web : www.ebi-edu.com

Statut : privé • **Frais d'inscription :** 140 € • **Frais de scolarité :** 5 200 € en 1re année, 5 200 € en 2e année, 6 850 € en 3e année, 6 850 € en 4e année, 6 850 € en 5e année.

■ **Ingénieur diplômé** de l'école de biologie industrielle (EBI) majeures recherche et application, conception et développement, procédés et production, qualité et réglementation, marketing et management (CTI) • **Durée des études :** 5 ans.

Admission en cycle préparatoire 1re année • Bac S, STI2D, ES spé. mathématiques, STL, STAV (selon les écoles du concours) ; concours Alpha ; dossier, épreuves écrites • PACES, maths sup BCPST non admis en maths spé ; dossier, entretien.

Admission en cycle préparatoire 2e année • Maths sup BCPST admis en maths spé, L1 de biologie ou équivalent ; dossier, entretien.

Admission en 1re année du cycle ingénieur • Maths spé BCPST et TB, L2 ou L3 de biologie, DUT génie biologique options ABB, IAB ou génie de l'environnement, BTS bioanalyses et contrôles, biotechnologie, biophysicien, qualité dans les industries alimentaires et les bio-industries ; dossier, entretien.

Efrei Villejuif

École d'ingénieurs généraliste en informatique et technologies du numérique, 30-32, av. de la République, 94800 Villejuif, tél. 01.46.77.46.77, Web : www.efrei.fr

Statut : association loi 1901 • **Frais d'inscription :** 1 290 € • **Frais de scolarité :** 6 300 € en 1re année, 7 300 € en 2e année, 7 300 € en 3e année, 7 600 € en 4e année, 7 600 € en 5e année.

■ **Ingénieur diplômé** de l'Efrei majeures architecture des systèmes d'information et Cloud, Business Intelligence, Software Engineering, sécurité, Information Technology for Finance, image et réalité virtuelle, bio-informatique (CTI) • **Durée des études :** 5 ans obtention de la licence sciences et technologies mention mathématiques et informatique en 3e année en partenariat avec l'université de Marne-la-Vallée. Possibilité de suivre une filière internationale avec 3 majeures enseignées .

Admission en cycle préparatoire 1re année • Bac S, STI2D, ES spé. mathématiques, STL, STAV (selon les écoles du concours) ; concours Alpha ; dossier, épreuves écrites.

Admission en cycle préparatoire 2e année • Bac+1 scientifique, BTS SIO ou SN, PACES ; dossier, entretien.

Admission en 1re année du cycle ingénieur • Maths spé MP, PC, PSI ; concours sur banque de notes e3a • Maths spé PT ; concours sur banque filière PT • L2 ou L3 scientifique, maths spé TSI ou ATS, DUT ; dossier, entretien • Pour le cursus en apprentissage : bac+2 ; dossier, entretien.

Admission parallèle en 2e année du cycle ingénieur • M1 scientifique ; dossier, entretien.

ELISA Aerospace Saint-Quentin

École d'ingénieurs des sciences aérospatiales, 48, rue Raspail, 02100 Saint-Quentin, tél. 03.23.68.06.11, Web : www.elisa-aerospace.fr

Statut : association loi 1901 • **Frais d'inscription :** 700 € • **Frais de scolarité :** 5 900 € en 1re année, 5 900 € en 2e année, 6 900 € en 3e année, 6 900 € en 4e année, 6 900 € en 5e année.

■ **Ingénieur diplômé** de l'école d'ingénieurs des sciences aérospatiales (ELISA Aerospace) options ingénierie des systèmes aéronautiques, ingénierie des missiles et des systèmes spatiaux (CTI) • **Durée des études :** 5 ans.

Admission en cycle préparatoire 1re année • Bac S, STI2D, ES spé. mathématiques, STL, STAV (selon les écoles du concours) ; concours Alpha ; dossier, épreuves écrites.

Admission en cycle préparatoire 2e année • Maths sup, L1, BTS ; dossier, entretien, épreuves écrites, test d'anglais.

Admission en 1re année du cycle ingénieur • Maths spé MP, PC, PSI ; concours sur banque de notes e3a • Maths spé PT ; concours sur banque filière PT • DUT, L2 ou L3, prépa ATS ; dossier, entretien, épreuves écrites, test d'anglais.

Admission parallèle en 2e année du cycle ingénieur • M1, M2 ; dossier, entretien.

ESIEA campus de Laval

École d'ingénieurs du monde numérique, parc universitaire de Laval-Changé, 38, rue des Docteurs-Calmette-et-Guérin, BP 0339, 53003 Laval, tél. 02.43.59.24.24, Web : www.esiea.fr

Statut : privé • **Frais d'inscription :** aucun • **Frais de scolarité :** 7 100 € en 1re année, 8 100 € en 2e année, 8 100 € en 3e année, 8 300 € en 4e année, 8 300 € en 5e année.

■ **Ingénieur diplômé** de l'ESIEA (CTI) • **Durée des études :** 5 ans. **Fca possible :** 3 ans en cycle ingénieur.

Admission en cycle préparatoire 1re année • Bac S, STI2D, ES spé. mathématiques, STL, STAV (selon les écoles du concours) ; concours Alpha ; dossier, épreuves écrites • Bac+1 ou PACES ; dossier, entretien.

Admission en cycle préparatoire 2e année • Maths sup, L1 scientifique, 1re année de BTS ou de DUT, PACES ; dossier, entretien.

Admission en 1re année du cycle ingénieur • Maths spé MP, PC, PSI ; concours sur banque de notes e3a • Maths spé PT ; concours sur banque filière PT • DUT, BTS ; banque d'épreuves DUT-BTS • Maths spé ATS ; concours ATS • L2 scientifique ou autre bac+2, licence de mathématiques, physique, électronique ou informatique ; dossier, entretien.

Admission parallèle en 2e année du cycle ingénieur • Bac+4 en physique, électronique, informatique, automatique, mathématiques ; dossier, entretien.

ESIEA campus de Paris

École supérieure du monde numérique, 74 bis, av. Maurice-Thorez, 94200 Ivry-sur-Seine, tél. 01.43.90.21.21, Web : www.esiea.fr

Statut : privé • **Frais d'inscription :** aucun • **Frais de scolarité :** 7 100 € en 1re année, 8 100 € en 2e année, 8 100 € en 3e année, 8 300 € en 4e année, 8 300 € en 5e année.

■ **Ingénieur diplômé** de l'ESIEA (CTI) • **Durée des études :** 5 ans. **Fca possible :** 3 ans en cycle ingénieur.

Admission en cycle préparatoire 1re année • Bac S, STI2D, ES spé. mathématiques, STL, STAV (selon les écoles du concours) ; concours Alpha ; dossier, épreuves écrites • PACES ou bac + 1 ; dossier, entretien.

Admission en cycle préparatoire 2e année • Maths sup, L1 scientifique, 1re année de BTS ou de DUT, PACES ; dossier, entretien.

Admission en 1re année du cycle ingénieur • Maths spé MP, PC, PSI ; concours sur banque de notes e3a • Maths spé PT ; concours sur banque filière PT • DUT, BTS ; banque d'épreuves DUT-BTS • Maths spé ATS ; concours ATS • L2 scientifique ou autre bac+2, licence de mathématiques, physiques, électronique ou informatique ; dossier, entretien.

Admission parallèle en 2e année du cycle ingénieur • Bac+4 en physique, électronique, informatique, automatique, mathématiques ; dossier, entretien.

Esigetel Villejuif

École d'ingénieur des sciences du numérique, 30-32, av. de la République, 94800 Villejuif, tél. 01.45.15.03.20, Web : www.esigetel.fr

Statut : privé • **Frais d'inscription :** 1 290 € • **Frais de scolarité :** 6 300 € en 1re année, 7 300 € en 2e année, 7 300 € en 3e année, 7 600 € en 4e année, 7 600 € en 5e année.

■ **Ingénieur diplômé** de l'Esigetel parcours avionique et espaces, droïdes et drones, réseaux et virtualisation, énergies nouvelles et réseaux intelligents, architecture sécurité et technologies des réseaux (CTI) • **Durée des études :** 5 ans obtention de la licence parcours informatique de l'université Paris Marne-la-Vallée en 1re année du cycle ingénieur ; 1re année du cycle ingénieur renforcée pour les BTS. **Fca possible :** 3 ans pour le parcours architecture sécu.

Admission en cycle préparatoire 1re année • Bac S, STI2D, ES spé. mathématiques, STL, STAV (selon les écoles du concours) ; concours Alpha ; dossier, épreuves écrites.

Admission en cycle préparatoire 2e année • Maths sup, L1 scientifique, BTS ; dossier, entretien.

Admission en 1re année du cycle ingénieur • Maths spé MP, PC, PSI ; concours sur banque de notes e3a • Maths spé PT ; concours sur banque filière PT • DUT, BTS, maths spé TSI, prépa ATS, L2 scientifique ; dossier, entretien • Pour la formation en apprentissage : bac+2 scientifique ; dossier, entretien.

Admission parallèle en 2e année du cycle ingénieur • Licence informatique, M1 scientifique ; dossier, entretien.

ISMANS Le Mans

Institut supérieur des matériaux et mécaniques avancés, 44, av. Frédéric-Auguste-Bartholdi, 72000 Le Mans, tél. 02.43.21.40.00, Web : www.ismans.fr

Statut : association loi 1901 • **Frais d'inscription :** 130 € • **Frais de scolarité :** 5 000 € par an.

■ **Ingénieur diplômé** de l'ISMANS options génie mécanique, génie industriel, génie des matériaux (CTI) • **Durée des études :** 5 ans. Fcp possible : 1 an en dernière année.

Admission principale • Bac S, STI2D, STL ; dossier, entretien.

Admission en 1re année du cycle ingénieur • Maths spé MP, PC, PSI ; concours sur banque de notes e3a • Maths spé PT ; concours sur banque filière PT • Maths spé TSI ; concours sur banque de notes Centrale-Supélec filière TSI • DUT, BTS, maths spé ATS, L2 ou L3, diplôme étranger équivalent ; dossier, entretien.

Admission parallèle en 2e année du cycle ingénieur • M1 ou M2 scientifique, diplôme étranger équivalent ; sur titre.

Le concours Advance

Il regroupe 4 écoles d'ingénieurs : EPITA, ESME Sudria, IPSA et Sup'Biotech. Il s'étend sur 13 campus dans 7 villes : Paris, Bordeaux, Lille, Lyon, Rennes, Strasbourg et Toulouse.

Pour qui ?

En 2017, 1 250 places étaient ouvertes *via* le concours : 1 200 aux bacheliers scientifiques, toutes options, 40 aux bacs STI2D et 10 aux STL.

4 écoles	VOTRE CURSUS		
	S	STI2D	STL
EPITA Paris Toulouse Lyon Rennes Strasbourg	400 (dt 50 en section inter)	15	–
ESME Sudria Paris Lille Bordeaux Lyon	380	25	–
IPSA Paris Toulouse	320	–	–
Sup'Biotech	100 places aux élèves de terminale S-SVT	–	10

La sélection

Pour les scientifiques, la sélection se fait en trois temps. Étape 1 : l'étude de votre dossier scolaire (notes de première, du bac de français, celles obtenues aux deux premiers trimestres de terminale…). Les candidats qui ont les meilleurs dossiers sont déclarés « grands classés » et sont exempts

d'épreuves écrites et orales. Étape 2 : les épreuves orales. Elles sont individuelles, durent trente minutes, et se décomposent en trois temps : un examen d'anglais, un de mathématiques et un entretien de synthèse et de motivation (qui compte pour 15 points, autant dire que c'est là-dessus qu'il faut tout miser). À cette étape, un deuxième classement fait ressortir les « grands classés supplémentaires », dispensés d'épreuves écrites, la troisième étape. Elle se déroule sur une journée et porte sur le programme de terminale. Au menu, sous forme de QCM : un examen de mathématiques de 1 h 30 ; un de physique de 1 heure ; un de compréhension et d'expression de 1 heure et un d'anglais, de 30 minutes.
Les candidats de Sup'Biotech passent également une épreuve de sciences du vivant de 1 heure. À noter que les épreuves comptent plus de questions que de réponses attendues, histoire de maximiser vos chances de réussite.

Pour les STI2D et STL, la sélection se décompose en deux temps. Le dossier est le même que celui des scientifiques : notes de première et des deux premiers trimestres de terminale et notes obtenues à l'épreuve anticipée de français. À l'oral, vous passez des épreuves : d'anglais, de mathématiques (STI2D), de chimie-biochimie-sciences du vivant et mathématiques (STL) et un entretien de synthèse et de motivation. Tous durent 30 minutes. Un classement final est réalisé après pondération selon un barème fixé : coefficient 2 pour chaque étape, dossier et oraux.

Les frais d'inscription

Les frais d'inscription au concours Advance s'élevaient, en 2017, à 85 € pour les élèves de terminale S et à 42 € pour les élèves de STI2D et STL. Gratuits pour les boursiers.

Renseignements

Concours Advance
40, rue du Docteur-Roux – 75015 Paris
Tél. : 01.44.08.00.46 – Mail : contact@concours-advance.fr
Site : www.concours-advance.fr

EPITA Le Kremlin-Bicêtre

École pour l'informatique et les techniques avancées, 14-16, rue Voltaire, 94270 Le Kremlin-Bicêtre cedex, tél. 01.44.08.01.01, Web : www.epita.fr

Statut : privé • **Frais d'inscription :** 990 € • **Frais de scolarité :** 6 652 € en 1re année, 6 652 € en 2e année, 8 623 € en 3e année, 8 623 € en 4e année, 8 623 € en 5e année.

■ **Ingénieur diplômé** de l'EPITA majeures multimédia et technologies de l'information, sciences cognitives et informatique avancée, calcul scientifique et image, systèmes réseaux et sécurité, génie informatique des systèmes temps réel et embarqués, télécom et réseaux, Global IT Management, systèmes d'information et génie logiciel (CTI) • **Durée des études :** 5 ans la majeure Global IT Management est dispensée intégralement en anglais. **Fca possible :** 3 ans en cycle ingénieur.

Admission en cycle préparatoire 1re année • Bac S, STI2D ; concours Advance ; dossier, oral, QCM (pour bac S) • Élèves de maths sup, PACES, L1 scientifique ou informatique désirant se réorienter au 2e semestre ; dossier, entretien, tests.

Admission en cycle préparatoire 2e année • Maths sup, L1 ; dossier, entretien, tests • DUT, BTS (intégration en année préparatoire spécifique) ; dossier, entretien, tests.

Admission en 1re année du cycle ingénieur • Maths spé ; concours EPITA/IPSA ; épreuves écrites et orales • 1re sup ENS B/L ; Sélection GEIDIC via la banque BLSES ; concours, entretien • L2 ou L3 STI, SM, MASS, MIAS ou informatique, DUT informatique, maths spé ATS ; dossier, entretien, tests.

Admission parallèle en 2e année du cycle ingénieur • M1 ou M2 scientifique ou informatique, diplôme d'ingénieur ; dossier, entretien, examen.

EPITA Lyon

École pour l'informatique et les techniques avancées, 156, rue Paul-Bert, 69003 Lyon, tél. 04.84.34.02.61, Web : www.epita.fr

Statut : privé • **Frais d'inscription :** 990 € • **Frais de scolarité :** 6 652 € en 1re année, 6 652 € en 2e année, 8 623 € en 3e année, 8 623 € en 4e année, 8 623 € en 5e année

■ **Ingénieur diplômé** de l'EPITA (CTI) • **Durée des études :** 5 ans le cycle ingénieur est dispensé sur le campus de Paris

Admission en cycle préparatoire 1re année • Bac S, STI2D , concours Advance ; dossier, oral, QCM (pour bac S) • Élèves de maths sup, PACES, L1 scientifique ou informatique désirant se réorienter au 2e semestre ; dossier, entretien, tests.

Admission en cycle préparatoire 2e année • Maths sup, L1 ; dossier, entretien, tests • DUT, BTS (intégration en année préparatoire spécifique) ; dossier, entretien, tests.

Admission en 1re année du cycle ingénieur • Maths spé ; concours EPITA/IPSA ; épreuves écrites et orales • 1re sup ENS B/L ; Sélection GEIDIC via la banque BLSES ; concours, entretien • L2 ou L3 STI, SM, MASS, MIAS ou informatique, DUT informatique, maths spé ATS ; dossier, entretien, tests.

Admission parallèle en 2e année du cycle ingénieur • M1 ou M2 scientifique ou informatique, diplôme d'ingénieur ; dossier, entretien, examen.

EPITA Rennes

École pour l'informatique et les techniques avancées, 19-22, bd Saint-Conwoïon, 35000 Rennes, tél. 02.57.22.08.11, Web : www.epita.fr

Statut : privé • **Frais d'inscription :** 990 € • **Frais de scolarité :** 6 652 € en 1re année, 6 652 € en 2e année, 8 623 € en 3e année, 8 623 € en 4e année, 8 623 € en 5e année.

■ **Ingénieur diplômé** de l'EPITA (CTI) • **Durée des études :** 5 ans le cycle ingénieur est dispensé sur le campus de Paris.

Admission en cycle préparatoire 1re année • Bac S, STI2D ; concours Advance ; dossier, oral, QCM (pour bac S) • Élèves de maths sup, PACES, L1 scientifique ou informatique désirant se réorienter au 2e semestre ; dossier, entretien, tests.

Admission en cycle préparatoire 2e année • Maths sup, L1 ; dossier, entretien, tests • DUT, BTS (intégration en année préparatoire spécifique) ; dossier, entretien, tests.

Admission en 1re année du cycle ingénieur • Maths spé ; concours EPITA/IPSA ; épreuves écrites et orales • 1re sup ENS B/L ; Sélection GEIDIC via la banque BLSES ; concours, entretien • L2 ou L3 STI, SM, MASS, MIAS ou informatique, DUT informatique, maths spé ATS ; dossier, entretien, tests.

Admission parallèle en 2e année du cycle ingénieur • M1 ou M2 scientifique ou informatique, diplôme d'ingénieur ; dossier, entretien, examen.

EPITA Strasbourg

École pour l'informatique et les techniques avancées, 4, rue du Dôme, 67000 Strasbourg, tél. 03.67.18.04.01, Web : www.epita.fr

Statut : privé • **Frais d'inscription :** 990 € • **Frais de scolarité :** 6 652 € en 1re année, 6 652 € en 2e année, 8 623 € en 3e année, 8 623 € en 4e année, 8 623 € en 5e année.

■ **Ingénieur diplômé** de l'EPITA (CTI) • **Durée des études :** 5 ans le cycle ingénieur est dispensé sur le campus de Paris.

Admission en cycle préparatoire 1re année • Bac S, STI2D ; concours Advance ; dossier, oral, QCM (pour bac S) • Élèves de maths sup, PACES, L1 scientifique ou informatique désirant se réorienter au 2e semestre ; dossier, entretien, tests.

Admission en cycle préparatoire 2e année • Maths sup, L1 ; dossier, entretien, tests • DUT, BTS (intégration en année préparatoire spécifique) ; dossier, entretien, tests.

Admission en 1re année du cycle ingénieur • Maths spé ; concours EPITA/IPSA ; épreuves écrites et orales • 1re sup ENS B/L ; Sélection GEIDIC via la banque BLSES ; concours, entretien • L2 ou L3 STI, SM, MASS, MIAS ou informatique, DUT informatique, maths spé ATS ; dossier, entretien, tests.

Admission parallèle en 2e année du cycle ingénieur • M1 ou M2 scientifique ou informatique, diplôme d'ingénieur ; dossier, entretien, examen.

EPITA Toulouse

École pour l'informatique et les techniques avancées, 40, bd de la marquette, 31000 Toulouse, tél. 05.64.13.05.31, Web : www.epita.fr

Statut : privé • **Frais d'inscription :** 990 € • **Frais de scolarité :** 6 652 € en 1re année, 6 652 € en 2e année, 8 623 € en 3e année, 8 623 € en 4e année, 8 623 € en 5e année.

■ **Ingénieur diplômé** de l'EPITA (CTI) • **Durée des études :** 5 ans le cycle ingénieur est dispensé sur le campus de Paris.

Admission en cycle préparatoire 1re année • Bac S, STI2D ; concours Advance ; dossier, oral, QCM (pour bac S) • Élèves de maths sup, PACES, L1 scientifique ou informatique désirant se réorienter au 2e semestre ; dossier, entretien, tests.

Admission en cycle préparatoire 2e année • Maths sup, L1 ; dossier, entretien, tests • DUT, BTS (intégration en année préparatoire spécifique) ; dossier, entretien, tests.

Admission en 1re année du cycle ingénieur • Maths spé ; concours EPITA/IPSA ; épreuves écrites et orales • 1re sup ENS B/L ; Sélection GEIDIC via la banque BLSES ; concours, entretien • L2 ou L3 STI, SM, MASS, MIAS ou informatique, DUT informatique, maths spé ATS ; dossier, entretien, tests.

Admission parallèle en 2e année du cycle ingénieur • M1 ou M2 scientifique ou informatique, diplôme d'ingénieur ; dossier, entretien, examen.

ESME Sudria, campus de Bordeaux

51, rue Camille-Godard, 33000 Bordeaux, tél. 06.58.41.16.01, Web : www.esme.fr

Statut : privé • **Frais d'inscription :** aucun • **Frais de scolarité :** 7 395 € en 1re année, 7 395 € en 2e année, 8 970 € en 3e année, 8 970 € en 4e année, 8 990 € en 5e année.

■ **Ingénieur diplômé** de l'ESME Sudria (CTI) • **Durée des études :** 5 ans la 4e année s'effectue à l'étranger et la 5e sur le campus de Paris Ivry. **Année de césure :** 1 an en entreprise ou autre organisme entre la 4e et la 5e année.

Admission en cycle préparatoire 1re année • Bac S, STI2D ; concours Advance ; dossier, oral, QCM (pour bac S) • Bac étranger, L1, 1re année de DUT ou de BTS scientifique ou technologique ; dossier, entretien, épreuves orales • PACES, maths sup, L1 scientifique pour une rentrée décalée en mars ; dossier.

Admission en cycle préparatoire 2e année • L2 scientifique ou technologique, BTS, 1re année de DUT, maths sup ; dossier, entretien, épreuves orales.

Admission en 1re année du cycle ingénieur • Maths spé MP, PC, PSI ; concours sur banque de notes e3a • Maths spé PT ; concours sur banque filière PT • Licence scientifique ou technologique, DUT, M1 ; dossier, entretien, épreuves orales.

Admission parallèle en 2e année du cycle ingénieur • M1 ou équivalent, M2 ; dossier, entretien, épreuves orales.

ESME Sudria, campus de Lille

60, bd de la Liberté, 59000 Lille, tél. 03.20.15.84.44, Web : www.esme.fr

Statut : privé • **Frais d'inscription :** aucun • **Frais de scolarité :** 7 395 € en 1re année, 7 395 € en 2e année, 8 790 € en 3e année, 8 790 € en 4e année, 8 990 € en 5e année.

■ **Ingénieur diplômé** de l'ESME Sudria (CTI) • **Durée des études :** 5 ans. **Année de césure :** 1 an en entreprise ou autre organisme entre la 4e et la 5e année.

Admission en cycle préparatoire 1re année • Bac S, STI2D ; concours Advance ; dossier, oral, QCM (pour bac S) • Bac étranger, L1, 1re année de DUT ou de BTS scientifique ou technologique ; dossier, entretien, épreuves orales • PACES, maths sup, L1 pour une rentrée décalée en mars ; dossier.

Admission en cycle préparatoire 2e année • L2 scientifique ou technologique, BTS, 1re année de DUT, maths sup ; dossier, entretien, épreuves orales.

Admission en 1re année du cycle ingénieur • Maths spé MP, PC, PSI ; concours sur banque de notes e3a • Maths spé PT ; concours sur banque filière PT • Licence scientifique ou technologique, DUT, M1 ; dossier, entretien, épreuves orales.

Admission parallèle en 2e année du cycle ingénieur • M1 ou équivalent, M2 ; dossier, entretien, épreuves orales.

ESME Sudria, campus de Lyon

16, rue de l'Abbaye d'Ainay, 69002 Lyon, tél. 04.37.23.19.95, Web : www.esme.fr

Statut : privé • **Frais d'inscription :** aucun • **Frais de scolarité :** 7 395 € en 1re année, 7 395 € en 2e année, 8 970 € en 3e année, 8 970 € en 4e année, 8 990 € en 5e année.

■ **Ingénieur diplômé** de l'ESME Sudria (CTI) • **Durée des études :** 5 ans. **Année de césure :** 1 an en entreprise ou autre organisme entre la 4e et la 5e année.

Admission en cycle préparatoire 1re année • Bac S, STI2D ; concours Advance ; dossier, oral, QCM (pour bac S) • Bac étranger, L1, 1re année de DUT ou de BTS scientifique ou technologique ; dossier, entretien, épreuves orales • PACES, maths sup, L1 scientifique pour une rentrée décalée en mars ; dossier.

Admission en cycle préparatoire 2e année • L2 scientifique ou technologique, BTS, 1re année de DUT, maths sup ; dossier, entretien, épreuves orales.

Admission en 1re année du cycle ingénieur • Maths spé MP, PC, PSI ; concours sur banque de notes e3a • Maths spé PT ; concours sur banque filière PT • Licence scientifique ou technologique, DUT, M1 ; dossier, entretien, épreuves orales.

Admission parallèle en 2e année du cycle ingénieur • M1 ou équivalent, M2 ; dossier, entretien, épreuves orales.

ESME Sudria, campus de Paris

38, rue Molière, 94200 Ivry-sur-Seine, tél. 01.56.20.62.00, Web : www.esme.fr

Statut : privé • **Frais d'inscription :** aucun • **Frais de scolarité :** 7 395 € en 1re année, 7 395 € en 2e année, 8 790 € en 3e année, 8 790 € en 4e année, 8 990 € en 5e année.

■ **Ingénieur diplômé** de l'ESME Sudria (CTI) • **Durée des études :** 5 ans. **Fca possible :** 3 ans en cycle ingénieur. **Année de césure :** 6 mois en entreprise ou autre organisme entre la 4e et la 5e année.

Admission en cycle préparatoire 1re année • Bac S, STI2D ; concours Advance ; dossier, oral, QCM (pour bac S) • Bac étranger, L1, 1re année de DUT ou de BTS ; dossier, entretien, épreuves orales • PACES, maths sup, L1 pour rentrée décalée en mars ; dossier.

Admission en cycle préparatoire 2e année • L2 scientifique ou technologique, BTS, 1re année de DUT, maths sup ; dossier, entretien, épreuves orales.

Admission en 1re année du cycle ingénieur • Maths spé MP, PC, PSI ; concours sur banque de notes e3a • Maths spé PT ; concours sur banque filière PT • Licence scientifique ou technologique, DUT, M1 ; dossier, entretien, épreuves orales.

Admission parallèle en 2e année du cycle ingénieur • M1 ou équivalent, M2 ; dossier, entretien, épreuves orales.

IPSA Ivry-sur-Seine

Institut polytechnique des sciences avancées, 15-21, rue Maurice-Grandcoing, 94200 Ivry-sur-Seine, tél. 01.56.20.62.60, Web : www.ipsa.fr

Statut : privé • **Frais d'inscription :** 990 € • **Frais de scolarité :** 7 300 € en 1re année, 7 300 € en 2e année, 7 600 € en 3e année, 7 000 € en 4e année, 7 000 € en 5e année.

■ **Ingénieur diplômé** de l'institut polytechnique des sciences avancées (IPSA) spécialités conception des systèmes aéronautiques, conception des systèmes spatiaux, management et logistique industrielle (CTI) • **Durée des études :** 5 ans.

Admission en cycle préparatoire 1re année • Bac S, STI2D ; concours Advance ; dossier, oral, QCM (pour bac S) • Bac S ou STI2D et être inscrit en PACES, maths sup ou L1 en réorientation, bacheliers étrangers ; dossier, entretien, test.

Admission en cycle préparatoire 2e année • Math sup, 1re année de DUT, L1 ou L2 scientifique, BTS scientifique validé ; dossier, entretiens, tests.

Admission en 1re année du cycle ingénieur • Maths spé ; concours EPITA/IPSA ; épreuves écrites et orales • L2 ou L3 scientifique, DUT scientifique, prépa ATS ; dossier, entretien, tests.

Admission parallèle en 2e année du cycle ingénieur • M1 aéronautique, M2 scientifique ou équivalent ; dossier, entretiens, tests.

IPSA Toulouse

Institut polytechnique des sciences avancées, 40, bd de la Marquette, 31000 Toulouse, tél. 05.67.70.67.10, Web : www.ipsa.fr

Statut : privé • **Frais d'inscription :** 990 € • **Frais de scolarité :** 7 300 € en 1re année, 7 300 € en 2e année, 7 600 € en 3e année, 7 600 € en 4e année, 7 600 € en 5e année.

■ **Ingénieur diplômé** de l'institut polytechnique des sciences avancées (IPSA) spécialités conception des systèmes aéronautiques, conception des systèmes spatiaux, management et logistique industrielle (CTI) • **Durée des études :** 5 ans les deux dernières années de la formation sont dispensées à l'IPSA Paris-Ivry.

Admission en cycle préparatoire 1re année • Bac S, STI2D ; concours Advance ; dossier, oral, QCM (pour bac S).

Admission en cycle préparatoire 2e année • Maths sup, 1re année de DUT, L1 ou L2 scientifique, BTS scientifique ; dossier, entretiens, tests.

Admission en 1re année du cycle ingénieur • Maths spé ; concours EPITA/IPSA ; épreuves écrites et orales • L2 ou L3 scientifiques, DUT scientifiques, prépa ATS ; dossier, entretiens, tests.

Sup'Biotech Villejuif

L'école des experts en biotechnologies, 66, rue Guy-Môquet, 94800 Villejuif, tél. 01.80.51.71.08, Web : www.supbiotech.fr

Statut : privé • **Frais d'inscription :** 990 € • **Frais de scolarité :** 6 150 € en 1re année, 6 150 € en 2e année, 8 130 € en 3e année, 8 130 € en 4e année, 8 130 € en 5e année.

■ **Ingénieur diplômé** de l'institut supérieur des biotechnologies de Paris (CTI) • **Durée des études :** 5 ans.

Admission en cycle préparatoire 1re année • Bac S, STI2D ; concours Advance ; dossier, oral, QCM (pour bac S) • Bac STL, PACES non reçu collé ; dossier, épreuves orales et écrites.

Admission en cycle préparatoire 2e année • Maths sup BCPST, PACES reçu collé, BTS, L1 sciences du vivant ; dossier, épreuves orales et écrites.

Admission en 1re année du cycle ingénieur • Maths spé BCPST, TB, L2 ou L3 sciences du vivant, DUT génie biologique ; dossier, épreuves orales et écrites.

Admission parallèle en 2e année du cycle ingénieur • Bachelor of Biological Sciences ; dossier, épreuves orales et écrites.

Le concours Avenir bac

Le concours Avenir bac est accessible aux terminales S et STI2D, et adapté en fonction de votre profil. Il ouvre les portes de sept écoles d'ingénieurs postbac, réparties sur 11 campus : ECE Paris, ESILV, EIGSI La Rochelle, EISTI, EPF, ESTACA et Esigelec Rouen depuis la rentrée 2017.

Pour qui ?

Peuvent candidater au concours Avenir bac les bacheliers scientifiques, toutes options, et les bacheliers STI2D. En 2016, plus de 8 000 candidats se sont présentés pour 1 490 places. En 2017, 1 668 places ont été offertes aux S, 95 aux STI2D.

7 écoles	Votre cursus	
	S	STI2D
ECE	320	20
EIGSI La Rochelle	120	5
EISTI Cergy	150	–
EISTI Pau	68	5
EPF Montpellier	60	20
EPF Sceaux	170	–
EPF Troyes	55	–
ESILV	250	20
ESTACA Laval	90	20
ESTACA SQY	260	–
Esigelec Rouen	125	5
TOTAL	**1 668**	**95**

La sélection

Pour les bacheliers scientifiques, la sélection se fait d'abord sur dossier (notes de première, des deux premiers trimestres de terminale et notes obtenues au bac de français). Une première sélection est opérée et les candidats déclarés « grands classés » sont exempts d'épreuves écrites. Les autres sont convoqués pour une journée d'épreuves écrites : mathématiques, 1 h 30, coefficient 5 ; physique, 1 h 30, coefficient 5 ; français, 30 minutes, coefficient 3 et anglais, 30 minutes, coefficient 3. À noter qu'il n'y a aucun quota prédéfini pour les « grands classés », cela dépend du nombre de candidats, de la qualité des dossiers reçus... La note finale est constituée à 80 % des notes obtenues aux épreuves écrites et à 20 % de la note de dossier. Les STI2D doivent aussi déposer un dossier. Comme pour les bacheliers scientifiques, une première liste de grands classés dispense certains candidats de l'épreuve orale, la deuxième étape. Les admissibles sont convoqués à un entretien. Rien à préparer, il est surtout question de motivation.

Les élèves issus de la filière STI2D, admis en première année à l'EIGSI et à l'EISTI, suivent leurs deux premières années du CPI à l'EPF Montpellier.

Le concours Avenir bac propose une plateforme d'entraînement en ligne et les annales des années précédentes. Une journée de préparation aux épreuves écrites, payante, est aussi proposée aux candidats scientifiques (18 dates en 2017).

Les frais d'inscription

En 2017, ils s'élevaient à 110 € pour les S et à 50 € pour les STI2D. Gratuits pour les boursiers.

Renseignements

Site : www.concoursavenir.fr

Les écoles du concours Avenir, en fiches

ECE Paris

37, quai de Grenelle, Immeuble Pollux, CS 71520, 75725 Paris cedex 15, tél. 01.44.39.06.00, Web : www.ece.fr

Statut : association loi 1901 • **Frais d'inscription :** 60 € • **Frais de scolarité :** 8 900 € en 1re année, 8 900 € en 2e année, 9 100 € en 3e année, 9 100 € en 4e année, 9 100 € en 5e année.

■ **Ingénieur diplômé** de l'ECE majeures nouvelles énergies et environnement, finance et ingénierie quantitative, systèmes embarqués aéronautique et automobile, systèmes d'information cybersécurité et Big Data, objets connectés réseaux et services, santé et technologie, transports et mobilité (CTI) • **Durée des études :** 5 ans prépa commune avec l'ESILV. **Fca possible :** 3 ans en cycle ingénieur dans les majeures systèmes embarqués, systèmes d'information ou télécommunication et réseaux.

Admission en cycle préparatoire 1re année • Bac S ; concours Avenir bac S ; dossier, épreuves écrites • Bac STI2D ; concours Avenir bac STI2D ; dossier, tests, entretien • Bac scientifique étranger ; dossier, entretien • Être inscrit en PACES, maths sup, L1 scientifique ou 1re année de DUT pour une réorientation en mars ; concours Avenir + (rentrée décalée) ; dossier, entretien.

Admission en cycle préparatoire 2e année • Bac+1, maths sup ; concours Avenir + ; dossier, entretien.

Admission en 1re année du cycle ingénieur • Maths spé MP, PC, PSI ; concours sur banque de notes e3a • Maths spé PT ; concours sur banque filière PT • Bac+2, maths spé, licence ; concours Avenir + ; dossier, entretien • Pour la formation en apprentissage : maths spé TSI, ATS, bac+2, licence ; dossier, entretien.

Admission parallèle en 2e année du cycle ingénieur • M1 sciences et technologies ou équivalent ; concours Avenir + ; dossier, entretien.

École d'ingénieurs EIGSI La Rochelle

26, rue de Vaux-de-Foletier, 17041 La Rochelle cedex 1, tél. 05.46.45.80.00, Web : www.eigsi.fr

Statut : privé • **Frais d'inscription :** aucun • **Frais de scolarité :** 6 290 € par an.

■ **Ingénieur diplômé** de l'EIGSI dominantes mécatronique, conception et industrialisation des systèmes mécaniques, énergie et environnement, intégration des réseaux et systèmes d'information, bâtiment et travaux publics, management et ingénierie des systèmes industriels, logistique et organisation des transports, management des systèmes d'information et de la Supply Chain (en apprentissage) (CTI) • **Durée des études :** 5 ans. **Fca possible :** 3 ans en cycle ingénieur pour la dominante management des systèmes d'information et de la Supply Chain. **Année de césure :** 1 an entre la 4e et la 5e année.

Admission en cycle préparatoire 1re année • Bac S ; concours Avenir bac S ; dossier, épreuves écrites • Bac STI2D ; concours Avenir bac STI2D ; dossier, tests, entretien • Être inscrit en PACES, maths sup, L1 scientifique ou 1re année de DUT pour une réorientation en mars ; concours Avenir + (rentrée décalée) ; dossier, entretien.

Admission en cycle préparatoire 2e année • Bac+1, maths sup ; concours Avenir + ; dossier, entretien.

Admission en 1re année du cycle ingénieur • Maths spé MP, PC, PSI ; concours sur banque de notes e3a • Maths spé PT ; concours sur banque filière PT • Maths spé ATS ; concours ATS • Bac+2, maths spé, licence ; concours Avenir + ; dossier, entretien.

Admission parallèle en 2e année du cycle ingénieur • M1 scientifique à dominante technologique ou diplôme équivalent ; dossier, entretien.

EISTI Cergy-Pontoise

École internationale des sciences du traitement de l'information, av. du Parc, 95000 Cergy-Pontoise cedex, tél. 01.34.25.10.10, Web : www.eisti.fr

Statut : privé • **Frais d'inscription :** 50 € • **Frais de scolarité :** 4 800 € en 1re année, 4 800 € en 2e année, 7 300 € en 3e année, 7 300 € en 4e année, 7 300 € en 5e année.

■ **Ingénieur diplômé** de l'EISTI, spécialités : génie informatique options ingénierie du Cloud Computing, informatique embarquée, intégration ERP, sécurité informatique, Visual Computing, Business Intelligence, Smart Systems • génie mathématique options ingénierie financière, Data Science, ingénierie mathématique et simulation numérique (CTI) • **Durée des études :** 5 ans. Fcp possible : 1 an en dernière année.

Admission en cycle préparatoire 1re année • Bac S ; concours Avenir bac S ; dossier, épreuves écrites.

Admission en cycle préparatoire 2e année • Bac+1, maths sup ; concours Avenir + ; dossier, entretien.

Admission en 1re année du cycle ingénieur • Maths spé MP ; concours commun polytechnique MP • Maths spé PC ; concours commun polytechnique PC-Physique • Maths spé PSI ; concours commun polytechnique PSI • Maths spé PT ; concours commun polytechnique filière PT • Bac+2, maths spé, licence ; concours Avenir + ; dossier, entretien.

Admission parallèle en 2e année du cycle ingénieur • M1 scientifique ou technologique ; dossier, entretien.

EISTI Pau

École internationale des sciences du traitement de l'information, 2, bd Lucien-Favre, CS 77563, 64075 Pau cedex, tél. 05.59.05.90.90, Web : www.eisti.fr

Statut : association loi 1901 • **Frais d'inscription :** 50 € • **Frais de scolarité :** 1 800 € en 1re année, 4 800 € en 2e année, 7 300 € en 3e année, 7 300 € en 4e année, 7 300 € en 5e année.

■ **Ingénieur diplômé** de l'EISTI, spécialités : génie mathématique options ingénierie financière, ingénierie mathématique et simulation informatique, Data Science • génie informatique options Business Intelligence, ingénierie du Cloud Computing, informatique embarquée, sécurité informatique, intégration ERP, Visual Computing, Smart Systems (CTI) • **Durée des études :** 5 ans. Fcp possible : 1 an en 5e année.

Admission en cycle préparatoire 1re année • Bac S ; concours Avenir bac S ; dossier, épreuves écrites • Bac STI2D ; concours Avenir bac STI2D ; dossier, tests, entretien.

Admission en cycle préparatoire 2e année • Bac+1, maths sup ; concours Avenir + ; dossier, entretien.

Admission en 1re année du cycle ingénieur • Maths spé MP ; concours commun polytechnique MP • Maths spé PC ; concours commun polytechnique PC-Physique • Maths spé PSI ; concours commun polytechnique PSI • Maths spé PT ; concours commun polytechnique filière PT • Bac+2, maths spé, licence ; concours Avenir + ; dossier, entretien.

Admission parallèle en 2e année du cycle ingénieur • M1 sciences et technologies ou équivalent ; concours Avenir + ; dossier, entretien.

EPF École d'ingénieurs Montpellier

21, bd Berthelot, 34000 Montpellier, tél. 04.99.65.41.81, Web : www.epf.fr

Statut : privé sous contrat • **Frais d'inscription :** 50 € • **Frais de scolarité :** 7 600 € par an 4995 € pour la préparation accélérée PACES.

■ **Ingénieur diplômé** de l'EPF filière énergie : énergie-eau-environnement, énergies conventionnelles et durables (CTI) • **Durée des études :** 5 ans possibilité dès la fin de la 2e année pour les meilleurs dossiers d'intégrer une formation internationale bi-diplômante.

Admission en cycle préparatoire 1re année • Bac S ; concours Avenir bac S ; dossier, épreuves écrites • Bac STI2D ; concours Avenir bac STI2D ; dossier, tests, entretien • Être inscrit en PACES, maths sup, L1 scientifique ou 1re année de DUT pour une réorientation en mars ; concours Avenir + (rentrée décalée) ; dossier, entretien • Bac scientifique étranger ; dossier, entretien.

Admission en cycle préparatoire 2e année • Bac+1, maths sup ; concours Avenir + ; dossier, entretien.

Admission en 1re année du cycle ingénieur • Maths spé MP, PC, PSI ; concours sur banque de notes e3a • Maths spé PT ; concours sur banque filière PT • Bac+2, maths spé, licence ; concours Avenir + ; dossier, entretien.

Admission parallèle en 2e année du cycle ingénieur • M1 sciences et technologies ou équivalent ; concours Avenir + ; dossier, entretien.

EPF École d'ingénieurs Rosières-près-Troyes

2, rue Fernand-Sastre, 10430 Rosières-près-Troyes, tél. 03.25.70.77.19, Web : www.epf.fr

Statut : privé sous contrat • **Frais d'inscription :** 50 € • **Frais de scolarité :** 7 600 € par an.

■ **Ingénieur diplômé** de l'EPF filière urbanisme : bâtiment durable (CTI) • **Durée des études :** 5 ans. Fcp possible : 1 an en 5e année.

Admission en cycle préparatoire 1re année • Bac S ; concours Avenir bac S ; dossier, épreuves écrites • Bac scientifique étranger ; dossier, entretien • Être inscrit en PACES, maths sup, L1 scientifique ou 1re année de DUT pour une réorientation en mars ; concours Avenir + (rentrée décalée) ; dossier, entretien.

Admission en cycle préparatoire 2e année • Bac+1, maths sup ; concours Avenir + ; dossier, entretien.

Admission en 1re année du cycle ingénieur • Maths spé MP, PC, PSI ; concours sur banque de notes e3a • Maths spé PT ; concours sur banque filière PT • Bac+2, maths spé, licence ; concours Avenir + ; dossier, entretien.

Admission parallèle en 2e année du cycle ingénieur • M1 sciences et technologies ou équivalent ; concours Avenir + ; dossier, entretien.

EPF École d'ingénieurs Sceaux

3 bis, rue Lakanal, 92330 Sceaux, tél. 01.41.13.01.51, Web : www.epf.fr

Statut : privé sous contrat • **Frais d'inscription :** 50 € • **Frais de scolarité :** 7 600 € par an.

■ **Ingénieur diplômé** de l'EPF filière environnement: Environnement and Innovative Engineering ou génie industriel pour l'environnement, filière mécanique: aéronautique et espace ou mécanique des matériaux et des structures, filière TIC: e-santé ou management des systèmes d'information, filière Engineering Management: ingénierie industrielle et logistique ou Business Decision Engineering (CTI) • **Durée des études :** 5 ans. Fcp possible : 1 an en 5e année.

Admission en cycle préparatoire 1re année • Bac S ; concours Avenir bac S ; dossier, épreuves écrites • Bac scientifique étranger ; dossier, entretien • Être inscrit en PACES, maths sup, L1 scientifique ou 1re année de DUT pour une réorientation en mars ; concours Avenir + (rentrée décalée) ; dossier, entretien.

Admission en cycle préparatoire 2e année • Bac+1, maths sup ; concours Avenir + ; dossier, entretien.

Admission en 1re année du cycle ingénieur • Maths spé MP, PC, PSI ; concours sur banque de notes e3a • Maths spé PT ; concours sur banque filière PT • Bac+2, maths spé, licence ; concours Avenir + ; dossier, entretien.

Admission parallèle en 2e année du cycle ingénieur • M1 sciences et technologies ou équivalent ; concours Avenir + ; dossier, entretien.

ESILV Paris-La Défense

École supérieure d'ingénieurs Léonard-de-Vinci, Pôle universitaire Léonard-de-Vinci, 92916 Paris-La Défense cedex, tél. 01.41.16.71.72, Web : www.esilv.fr

Statut : privé • **Frais d'inscription :** 40 € • **Frais de scolarité :** 7 200 € par an de 8950 € à 10200 € pour le double diplôme ingénieur manager.

■ **Ingénieur diplômé** de l'école supérieure d'ingénieurs Léonard-de-Vinci (ESILV) spécialités ingénierie financière, informatique Big Data et objets connectés, mécanique numérique et modélisation, nouvelles énergies, entreprendre (CTI) • **Durée des études :** 5 ans cycle préparatoire commun avec l'ECE Paris. **Fca possible :** 3 ans pour les spécialités informatique Big Data et objets connectés, mécanique numérique et modélisation, nouvelles énergies. Fcp possible : 1 an en dernière année.

Admission en cycle préparatoire 1re année • Bac S ; concours Avenir bac S ; dossier, épreuves écrites • Bac STI2D ; concours Avenir bac STI2D ; dossier, tests, entretien • Être inscrit en PACES, maths sup, L1 scientifique ou 1re année de DUT pour une réorientation en mars ; concours Avenir + (rentrée décalée) ; dossier, entretien.

Admission en cycle préparatoire 2e année • Bac+1, maths sup ; concours Avenir + ; dossier, entretien.

Admission en 1re année du cycle ingénieur • Maths spé MP, PC, PSI ; concours sur banque de notes e3a • Maths spé PT ; concours sur banque filière PT • DUT, prépa ATS, TSI, L2 ou L3, BTS (uniquement pour la formation en apprentissage) ; dossier, entretien, épreuves écrites.

Admission parallèle en 2e année du cycle ingénieur • Bac+4 scientifique sous réserve de validation des compétences en mathématiques, informatique, sciences de l'ingénieur et anglais ; dossier, entretiens, épreuves écrites.

ISAE-ESTACA Montigny-le-Bretonneux

École supérieure des techniques aéronautiques et de construction automobile, 12, av. Paul-Delouvrier, RD 10, 78180 Montigny-le-Bretonneux, tél. 01.75.64.50.41, Web : www.estaca.fr

Statut : privé • **Frais d'inscription :** 50 € • **Frais de scolarité :** 7 650 € par an.

■ **Ingénieur diplômé** de l'ESTACA filières aéronautique, automobile, spatial, transports urbains et ferroviaires (CTI) • **Durée des études :** 5 ans.

Admission en cycle préparatoire 1re année • Bac S ; concours Avenir bac S ; dossier, épreuves écrites • Être inscrit en PACES, maths sup, L1 scientifique ou 1re année de DUT pour une réorientation en mars ; concours Avenir + (rentrée décalée) ; dossier, entretien.

Admission en cycle préparatoire 2e année • Bac+1, maths sup ; concours Avenir + ; dossier, entretien.

Admission en 1re année du cycle ingénieur • Maths spé MP, PC, PSI ; concours sur banque de notes e3a • Maths spé PT ; concours sur banque filière PT • Bac+2, maths spé, licence ; concours Avenir + ; dossier, entretien.

Admission parallèle en 2e année du cycle ingénieur • M1 sciences et technologies ou équivalent ; concours Avenir + ; dossier, entretien.

ISAE-ESTACA Laval

École supérieure des techniques aéronautiques et de construction automobile, campus Ouest, parc universitaire de Laval-Changé, rue Georges-Charpak, BP 76121, 53061 Laval cedex 9, tél. 02.43.59.47.00, Web : www.estaca.fr

Statut : privé • **Frais d'inscription :** 50 € • **Frais de scolarité :** 7 650 € par an.

■ **Ingénieur diplômé** de l'ESTACA filières aéronautique, automobile, spatial, transports urbains et ferroviaires (CTI) • **Durée des études :** 5 ans.

Admission en cycle préparatoire 1re année • Bac S ; concours Avenir bac S ; dossier, épreuves écrites • Bac STI2D ; concours Avenir bac STI2D ; dossier, tests, entretien • Être inscrit en PACES, maths sup, L1 scientifique ou 1re année de DUT pour une réorientation en mars ; concours Avenir + (rentrée décalée) ; dossier, entretien.

Admission en cycle préparatoire 2e année • Bac+1, maths sup ; concours Avenir + ; dossier, entretien.

Admission en 1re année du cycle ingénieur • Maths spé MP, PC, PSI ; concours sur banque de notes e3a • Maths spé PT ; concours sur banque filière PT • Bac+2, maths spé, licence ; concours Avenir + ; dossier, entretien.

Admission parallèle en 2e année du cycle ingénieur • M1 sciences et technologies ou équivalent ; concours Avenir + ; dossier, entretien.

Le concours GEIPI Polytech

Le concours GEIPI Polytech rassemble 31 écoles d'ingénieurs publiques et 130 spécialités. La dernière à l'avoir rejoint est l'ENSIBS (École nationale supérieure d'ingénieurs de Bretagne-Sud) Lorient-Vannes, en 2017.

Pour qui ?

3 174 places ont été ouvertes lors du concours 2017 : 2 895 aux bacheliers S, 279 aux bac STI2D et STL (option SPCL), acceptés dans 15 écoles.

31 écoles	Votre cursus	
	S	STI2D ou STL (SPCL)
Agrosup Dijon	25	–
EEIGM Nancy – gpe INP	60	–
ENI Tarbes – gpe INP	160	12
ENSGSI Nancy – gpe INP	42	–
ENSIBS Lorient-Vannes	30	–
ENSIM Le Mans	45	12
ESGT Le Mans	35	–
ESIREM Dijon	50	–

31 écoles	Votre cursus	
	S	STI2D ou STL (SPCL)
ESIROI la Réunion	36	4
ESISAR Valence – Grenoble INP	60	–
ESSTIN – Polytech Nancy	130	16
ISAT Nevers	90	–
ISEL Le Havre	45	–
ISTIA Angers	96 + 24 places bio	12
ISTY Mantes-Vélizy	41	–
Polytech Annecy-Chambéry	120	24
Polytech Clermont-Ferrand	110 + 25 places bio	–
Polytech Grenoble	120	24
Polytech Lille	120 + 25 places bio	6
Polytech Lyon	90	–
Polytech Marseille	150	24
Polytech Montpelier	150 + 20 places bio	–
Polytech Nantes	108	40
Polytech Nice-Sophia	120	–
Polytech Orléans	150	36
Polytech Paris-Sud	96	24
Polytech Paris UPMC	150 + 30 places bio	–
Polytech Tours	120	18
Sup Galilée Paris	50	–
IMT Lille DOUAI	115	–
Télécom Saint-Étienne	57	3
TOTAL	2 895	279

La sélection

C'est d'abord le dossier qui compte. Pour les S, il doit comporter les notes de mathématiques et de PC de première et de terminale, les notes obtenues au bac de français et les notes d'anglais de terminale. Pour les bacs technos, vous devez fournir en plus : les notes des enseignements technologiques transversaux de première et de terminale (STI2D) ; ou les notes de SPCL de première et de terminale (STL). En fonction de la note de dossier, les bacheliers S sont répartis en deux groupes. Ceux qui ont obtenu les meilleures notes sont convoqués à un entretien de motivation (environ 30 % des élèves). Il s'agit en fait d'une discussion de 25 minutes entre le candidat et un jury de deux personnes. Il y est question de projet professionnel, d'ouverture d'esprit... Bref, aucune préparation scolaire préalable n'est nécessaire ici. Les autres candidats sont convoqués à une épreuve écrite de 3 heures qui mêle mathématiques et PC et prend la forme d'exercices (et non de QCM). Elle s'appuie sur le programme de terminale. Depuis 2017, les candidats technos retenus sur dossier sont convoqués à un entretien de motivation.

À l'instar de l'ISEL Le Havre, certaines écoles organisent leur propre recrutement pour les bacheliers technologiques (et parfois les séries ES). La sélection se fait alors sur dossier et épreuves écrites (maths, anglais et français).

Les frais d'inscription

En 2017, l'inscription au concours était de 60 €, quels que soit votre série et le nombre d'écoles choisies, gratuit pour les boursiers.

Renseignements

Service concours GEIPI Polytech
2, rue Jean-Lamour – 54 500 Vandœuvre-lès-Nancy Cedex
Tél. : 03.83.68.50.50/51 – Mail : concours@geipi-polytech.org
Site : www.geipi-polytech.org

Les écoles du concours GEIPI Polytech, en fiches

AgroSup Dijon

Institut national supérieur des sciences agronomiques, de l'alimentation et de l'environnement, 26, bd du Docteur-Petitjean, BP 87999, 21079 Dijon cedex, tél. 03.80.77.25.25, Web : www.agrosupdijon.fr

Statut : public • **Frais d'inscription :** aucun • **Frais de scolarité :** 615 € en 1re année, 615 € en 2e année, 1 601 € en 3e année, 1 601 € en 4e année, 1 601 € en 5e année.

■ **Ingénieur diplômé** d'Agrosup Dijon, spécialité agroalimentaire spécialités conception raisonnée des procédés alimentaires, Formulation of Food : from Consumer Expectations to Prototype, NutriSensAs : nutrition sensorialité alimentation santé sécurité, microbiologie industrielle et biotechnologie, Qualipack : les emballages à contact alimentaire, stratégies et organisation des fiières et entreprises agricoles et agroalimentaires (CTI) • **Durée des études :** 5 ans. Fcp possible : 1 an possible en dernière année. **Année de césure :** 1 an non obligatoire et motivée par le projet professionnel (stage en entreprise ou mobilité académique).

Admission en cycle préparatoire 1re année • Bac S ; concours Geipi Polytech bac S ; dossier, entretien ou épreuve écrite.

Admission en 1re année du cycle ingénieur • Maths spé BCPST ; concours A bio ; épreuves écrites et orales • Maths spé TB ; concours A TB bio ; épreuves écrites et orales, entretien • Licence ou licence professionnelle dans les domaines sciences de la vie, de la Terre ou de la matière ; concours B bio ; épreuves écrites et orales, entretien • BTSA toutes options, BTS ou DUT dans les spécialités appropriées ; concours C bio ; épreuves écrites et orales • DUT chimie, génie biologique, GCGP, HSE ; concours C2 ; dossier, épreuves orales.

Admission parallèle en 2e année du cycle ingénieur • Bac+4 étranger ; concours DE sur dossier et entretien.

EEIGM Nancy

École européenne d'ingénieurs en génie des matériaux, 6, rue Bastien-Lepage, CS 10630, 54010 Nancy cedex, tél. 03.72.74.39.00, Web : www.eeigm.univ-lorraine.fr

Statut : public • **Frais d'inscription :** 30 € • **Frais de scolarité :** 615 € par an.

■ **Ingénieur diplômé** de l'EEIGM de l'université de Lorraine (CTI) • **Durée des études :** 5 ans. **Fca possible :** 3 ans en cycle ingénieur.

Admission en cycle préparatoire 1re année • Bac S ; concours Geipi Polytech bac S ; dossier, entretien ou épreuve écrite.

Admission en 1re année du cycle ingénieur • Maths spé MP, PC, PSI ; concours sur banque de notes des concours communs polytechniques, oral propre • BTS, DUT, licence scientifique dans les domaines de la physique-chimie ou science des matériaux ou diplôme étranger équivalent ; dossier, entretien • Prépa des INP (CPP).

Admission parallèle en 2e année du cycle ingénieur • M1 scientifique ; dossier, entretien.

ENSGSI Nancy

École nationale supérieure en génie des systèmes et de l'innovation, 8, rue Bastien-Lepage, BP 90647, 54010 Nancy cedex, tél. 03.72.74.35.00, Web : www.ensgsi.univ-lorraine.fr

Statut : public • **Frais d'inscription :** aucun • **Frais de scolarité :** 610 € par an.

■ **Ingénieur diplômé** de l'ENSGSI de l'université de Lorraine (CTI) • **Durée des études :** 5 ans.

Admission en cycle préparatoire 1re année • Bac S ; concours Geipi Polytech bac S ; dossier, entretien ou épreuve écrite.

Admission en 1re année du cycle ingénieur • Maths spé MP, PC, PSI, TSI ; concours sur banque d'épreuves écrites des concours communs polytechniques, oral propre • Prépa des INP (CPP) ; dossier, entretien • DUT MPh, GMP, GTE, QLIO, SGM, GCGP, chimie option chimie industrielle, GIM, maths spé ATS, licence scientifique ; dossier, entretien.

Admission parallèle en 2e année du cycle ingénieur • M1 ou M2 scientifique ; dossier, entretien.

ENSIM Le Mans

École nationale supérieure d'ingénieurs du Mans, rue Aristote, 72085 Le Mans cedex 9, tél. 02.43.83.35.93, Web : ensim.univ-lemans.fr

Statut : public • **Frais d'inscription :** aucun • **Frais de scolarité :** 615 € par an.

■ **Ingénieur diplômé** de l'ENSIM de l'université du Mans, spécialités : informatique options interaction personnes systèmes (IPS), architecture des systèmes temps réel et embarqués (ASTRE) • vibrations, acoustique, capteurs (VAC) options vibration et acoustique (VA), systèmes et procédés pour la mesure et l'instrumentation (SPMI) (CTI) • **Durée des études :** 5 ans.

Admission en cycle préparatoire 1re année • Bac S ; concours Geipi Polytech bac S ; dossier, entretien ou épreuve écrite • Bac STI2D ou STL spé. sciences physiques et chimiques en laboratoire ; Concours Geipi Polytech bac STI2D-STL ; dossier, entretien ou épreuve écrite.

Admission en cycle préparatoire 2e année • Maths sup, PACES, L1, DUT, BTS à dominante physique, mécanique, mathématiques, informatique ou électronique ; dossier, entretien.

Admission en 1re année du cycle ingénieur • Maths spé MP, PC, PSI ; concours Polytech via le concours e3a • Maths spé PT ; concours Polytech sur banque filière PT • Maths spé TSI, ATS, L2 ou L3, DUT MPh, GEII, informatique, MMI, DEUST, BTS systèmes numériques option informatique et réseaux ; dossier, entretien, tests • 1re sup ENS B/L ; Sélection GEIDIC via la banque BLSES ; concours, entretien • Étudiants d'Afrique Centrale (Cameroun en particulier) ayant effectué 2 à 3 ans d'études supérieures scientifiques ou autres étudiants étrangers titulaires d'un bac+2 ou 3 dans le domaine de la physique, mécanique, mathématiques, électronique ou informatique ; concours intégrer en France pour les étudiants d'Afrique Centrale, sur dossier pour les autres.

Admission parallèle en 2e année du cycle ingénieur • M1 de physique, mécanique, électronique ou informatique ou diplôme étranger équivalent ; dossier, entretien, tests d'anglais.

ESGT Le Mans

École supérieure des géomètres et topographes, 1, bd Pythagore, 72000 Le Mans, tél. 02.43.43.31.00, Web : www.esgt.cnam.fr

Statut : public • **Frais d'inscription :** aucun • **Frais de scolarité :** 1 030 € par an.

■ **Ingénieur diplômé** du Cnam, spécialité géomètre et topographe (CTI) • **Durée des études :** 5 ans.

Admission en cycle préparatoire 1re année • Bac S ; concours Geipi Polytech bac S ; dossier, entretien ou épreuve écrite.

Admission en 1re année du cycle ingénieur • BTS géomètre topographe, L2 sciences et technologies à dominante mathématique, physique, informatique, maths spé MP, PC, PSI, PT, BCPST, ATS ; dossier, entretien, épreuves orales.

ESIREM Dijon

École supérieure d'ingénieurs en matériaux et informatique/électronique, 9, av. Alain-Savary, aile des sciences de l'ingénieur, bât. Mirande, BP 47870, 21078 Dijon cedex, tél. 03.80.39.60.09, Web : esirem.u-bourgogne.fr

Statut : public • **Frais d'inscription :** aucun • **Frais de scolarité :** 610 € par an.

■ **Ingénieur diplômé** de l'ESIREM de l'université de Bourgogne, spécialités : informatique et électronique • matériaux (CTI) • **Durée des études :** 5 ans le cycle préparatoire est commun avec Agrosup Dijon et se déroule à Dijon. Fcp possible : 1 an en dernière année.

Admission en cycle préparatoire 1re année • Bac S ; concours Geipi Polytech bac S ; dossier, entretien ou épreuve écrite.

Admission en cycle préparatoire 2e année • L1 mathématiques, physique, chimie, maths sup MPSI, PCSI, TPSI, TSI ; dossier, entretien.

Admission en 1re année du cycle ingénieur • Maths spé MP, PC, PSI ; concours Polytech via le concours e3a • Maths spé PT ; concours Polytech sur banque filière PT • Maths spé TSI ; concours du groupe TSI sur banque d'épreuves écrites et orales du concours commun polytechnique • Maths spé ATS ; concours ATS • DUT, BTS ; banque d'épreuves DUT-BTS • L2 ou L3 sciences et technologies, DUT MPh, GEII, réseaux et télécommunications, informatique, SGM, chimie, maths spé PT, BTS scientifique ou industriel ; dossier, entretien.

Admission parallèle en 2e année du cycle ingénieur • M1 scientifique et technique ; dossier, entretien.

ESIROI Sainte-Clotilde

École supérieure d'ingénieurs Réunion océan Indien, Parc technologique universitaire, bât. 4 et 5, 2, rue Joseph-Wetzell, 97490 Sainte-Clotilde, tél. 02.62.48.33.05, Web : esiroi.univ-reunion.fr

Statut : public • **Frais d'inscription :** aucun • **Frais de scolarité :** 615 € par an.

■ **Ingénieur diplômé** de l'ESIROI de l'université de la Réunion, spécialités : agroalimentaire • bâtiment et énergie • informatique et télécommunications (CTI) • **Durée des études :** 5 ans semestre 9 en mobilité obligatoire.

Admission en cycle préparatoire 1re année • Bac S ; concours Geipi Polytech bac S ; dossier, entretien ou épreuve écrite • Bac STI2D ou STL spé. sciences physiques et chimiques en laboratoire ; Concours Geipi Polytech bac STI2D-STL ; dossier, entretien ou épreuve écrite.

Admission en 1re année du cycle ingénieur • Maths spé BCPST ; concours Polytech A bio • DUT génie biologique, L2 ou L3 scientifique, BTS ou équivalent ; dossier, entretien.

Grenoble INP-Esisar Valence

École nationale supérieure en systèmes avancés et réseaux, 50, rue Barthélemy-de-Laffemas, BP 54, 26902 Valence cedex 9, tél. 04.75.75.94.00, Web : esisar.grenoble-inp.fr

Statut : public • **Frais d'inscription :** 100 € • **Frais de scolarité :** 615 € par an.

■ **Ingénieur diplômé** de Grenoble INP - Esisar filières électronique informatique et système (EIS), informatique et réseaux (IR) (CTI) • **Durée des études :** 5 ans.

Admission en cycle préparatoire 1re année • Bac S ; concours Geipi Polytech bac S ; dossier, entretien ou épreuve écrite.

Admission en 1re année du cycle ingénieur • Maths spé MP ; concours commun polytechnique MP • Maths spé PC ; concours commun polytechnique PC-Physique • Maths spé PSI ; concours commun polytechnique PSI • Maths spé PT ; concours commun polytechnique filière PT • Prépa des INP (CPP) • DUT GEII, MPh, GIM, MMI, réseaux et télécommunications, licence électronique, automatique, informatique et réseaux, mathématiques, mathématiques appliquées, MASS, MIAS, signal, maths spé ATS, TSI ; dossier, entretien.

Admission parallèle en 2e année du cycle ingénieur • M1 électronique, automatique, informatique et réseaux ; dossier, entretien.

IMT Lille Douai Villeneuve-d'Ascq

École nationale supérieure Mines-Télécom Lille Douai, Cité scientifique, rue Guglielmo-Marconi, BP 20145, 59653 Villeneuve-d'Ascq cedex, tél. 03.20.33.55.77, Web : www.telecom-lille.fr

Statut : public • **Frais d'inscription :** aucun • **Frais de scolarité :** 1 800 € en 1re année, 1 800 € en 2e année, 2 300 € en 3e année, 2 300 € en 4e année, 2 300 € en 5e année.

■ **Ingénieur diplômé** de Télécom Lille spécialité sciences et technologies de l'information et de la communication (CTI) • **Durée des études :** 5 ans. **Fca possible :** 3 ans en cycle ingénieur. Fcp possible : 1 an en dernière année du cycle ingénieur.

Admission en cycle préparatoire 1re année • Bac S ; concours Geipi Polytech bac S ; dossier, entretien ou épreuve écrite.

Admission en 1re année du cycle ingénieur • Maths spé MP, PC, PSI ; concours Mines-Télécom • DUT GEII, MPh, réseaux et télécommunications, informatique, SRC, BTS électronique, systèmes numériques uniquement pour la formation en apprentissage ; dossier, entretien, épreuves écrites • Licence scientifique ou équivalent ; dossier, entretien, épreuves écrites.

Admission parallèle en 2e année du cycle ingénieur • M1 scientifique ou équivalent ; dossier, entretien, épreuves écrites.

INP-ENIT Tarbes

École nationale d'ingénieurs de Tarbes, 47, av. d'Azereix, BP 1629, 65016 Tarbes cedex, tél. 05.62.44.27.00, Web : www.enit.fr

Statut : public • **Frais d'inscription :** aucun • **Frais de scolarité :** 610 € par an.

■ **Ingénieur diplômé** de l'ENIT (CTI) • **Durée des études :** 5 ans. **Fca possible :** 3 ans en cycle ingénieur. Fcp possible : 1 an en dernière année. **Année de césure :** 1 semestre.

Admission en cycle préparatoire 1re année • Bac S ; concours Geipi Polytech bac S ; dossier, entretien ou épreuve écrite • Bac STI2D ou STL spé. sciences physiques et chimiques en laboratoire ; Concours Geipi Polytech bac STI2D-STL ; dossier, entretien ou épreuve écrite.

Admission en 1re année du cycle ingénieur • Maths spé MP, PC, PSI ; concours sur banque de notes e3a • Maths spé PT ; concours sur banque filière PT • Maths spé TSI ; concours sur banque d'épreuves du concours commun polytechnique • Prépa des INP, préparation aux formations d'ingénieurs de Toulouse ingénierie (PACES-TI) de l'UPS ; dossier • Maths spé, bac+2 ; concours ENI niveau bac+2 ; dossier, entretien éventuel.

Institut Galilée Villetanneuse

99, av. Jean-Baptiste-Clément, 93430 Villetanneuse, tél. 01.49.40.36.50, Web : galilee.univ-paris13.fr

Statut : public • **Frais d'inscription :** aucun • **Frais de scolarité :** 189 € en 1re année, 189 € en 2e année, 615 € en 3e année, 615 € en 4e année, 615 € en 5e année.

■ **Ingénieur diplômé** de l'université Paris 13, spécialités : énergétique options efficacité énergétique pour l'industrie, efficacité énergétique pour le bâtiment • informatique options aide à la décision et optimisation, communication homme-machine et documents électronique • mathématiques appliquées et calcul scientifique • télécommunications et réseaux (CTI) • **Durée des études :** 5 ans. **Fca possible :** 3 ans en cycle ingénieur. Fcp possible : de 1 à 2 ans en cycle ingénieur.

Admission en cycle préparatoire 1re année • Bac S ; concours Geipi Polytech bac S ; dossier, entretien ou épreuve écrite.

Admission en cycle préparatoire 2e année • PACES ; dossier.

Admission en 1re année du cycle ingénieur • Maths spé MP, PC, PSI ; concours Polytech via le concours e3a • Maths spé PT ; concours Polytech sur banque filière PT • L2 ou L3 scientifique, DUT, maths spé ATS ; dossier, entretien.

Admission parallèle en 2e année du cycle ingénieur • M1 ou M2 scientifique ; dossier, entretien.

ISAT Nevers

Institut supérieur de l'automobile et des transports, 49, rue Mademoiselle-Bourgeois, BP 31, 58027 Nevers cedex, tél. 03.86.71.50.00, Web : www.isat.fr

Statut : public • **Frais d'inscription :** aucun • **Frais de scolarité :** 610 € par an.

■ **Ingénieur diplômé** de l'ISAT options matériaux et structure, confort et comportement des véhicules, design et procédé, véhicule intelligent, énergétique véhicule et environnement, infrastructures et réseaux des transports (CTI) • **Durée des études :** 5 ans. **Année de césure :** 1 an.

Admission en cycle préparatoire 1re année • Bac S ; concours Geipi Polytech bac S ; dossier, entretien ou épreuve écrite.

Admission en cycle préparatoire 2e année • BTS en chimie, physique, électronique, mécanique, BTP, informatique ; dossier, entretien.

Admission en 1re année du cycle ingénieur • Maths spé MP, PC, PSI ; concours Polytech via le concours e3a • Maths spé PT ; concours Polytech sur banque filière PT • Maths spé TSI ; concours sur banque d'épreuves écrites du concours commun polytechnique, oral propre • DUT, BTS ; banque d'épreuves DUT-BTS • Maths spé ATS ; concours ATS • DUT SGM, GCGP, GMP, GTE, chimie option chimie des matériaux, informatique, réseaux et télécommunications, BTS moteurs à combustion interne, licence ou licence professionnelle à dominante mécanique et/ou thermodynamique ; dossier, entretien.

Admission parallèle en 2e année du cycle ingénieur • M1, M2 de mécanique ou équivalent ; dossier, entretien.

ISEL Le Havre

Institut supérieur d'études logistiques, quai Frissard, BP 1137, 76063 Le Havre cedex, tél. 02.32.74.49.00, Web : www.isel-logistique.fr

Statut : public • **Frais d'inscription :** aucun • **Frais de scolarité :** 610 € par an.

■ **Ingénieur diplômé** de l'ISEL de l'université du Havre (CTI) • **Durée des études :** 5 ans.

Admission en cycle préparatoire 1re année • Bac S ; concours Geipi Polytech bac S ; dossier, entretien ou épreuve écrite • Bac ES, STI2D ; concours.

Admission en cycle préparatoire 2e année • Bac+1 scientifique validé, maths sup ; concours.

Admission en 1re année du cycle ingénieur • Maths spé MP, PC, PSI ; concours Polytech via le concours e3a • Maths spé PT ; concours Polytech sur banque filière PT • Bac+2 en sciences et technologies, DUT MPh, QLIO, réseaux et télécommunications, GMP, GLT, informatique, GEII, GTE, PEC, HSE ; 2 langues vivantes obligatoires (dont l'anglais), concours.

ISTIA - École d'ingénieurs de l'université d'Angers

62, av. Notre-Dame-du-Lac, 49000 Angers, tél. 02.44.68.75.00, Web : www.istia.univ-angers.fr

Statut : public • **Frais d'inscription :** aucun • **Frais de scolarité :** 610 € par an.

■ **Ingénieur diplômé** de l'ISTIA de l'université d'Angers, spécialités : bâtiment et sécurité • génie des systèmes industriels parcours automatique et génie informatique, qualité et sûreté de fonctionnement, ingénierie de l'innovation (CTI) • **Durée des études :** 5 ans.

Admission en cycle préparatoire 1re année • Bac S ; concours Geipi Polytech bac S ; dossier, entretien ou épreuve écrite • Bac STI2D ou STL spé. sciences physiques et chimiques en laboratoire ; Concours Geipi Polytech bac STI2D-STL ; dossier, entretien ou épreuve écrite.

Admission en cycle préparatoire 2e année • Maths sup, PACES, 1re année de DUT validée ; dossier, entretien.

Admission en 1re année du cycle ingénieur • Maths spé MP, PC, PSI ; concours Polytech via le concours e3a • DUT, BTS, maths spé ATS, TSI, L2 ou L3 ; dossier, épreuves orales • Maths spé PT ; concours Polytech sur banque filière PT.

Admission parallèle en 2e année du cycle ingénieur • M1 ou équivalent ; dossier, épreuves orales.

ISTY Vélizy-Villacoublay

Institut des sciences et techniques des Yvelines, 10-12, av. de l'Europe, bât. Mermoz, 78140 Vélizy-Villacoublay, tél. 01.39.25.38.50, Web : www.isty.uvsq.fr

Statut : public • **Frais d'inscription :** aucun • **Frais de scolarité :** 610 € par an.

■ **Ingénieur diplômé** de l'ISTY de l'université de Versailles-Saint-Quentin-en-Yvelines, spécialité informatique (CTI) • **Durée des études :** 5 ans.

Admission en cycle préparatoire 1re année • Bac S ; concours Geipi Polytech bac S ; dossier, entretien ou épreuve écrite.

Admission en cycle préparatoire 2e année • Maths sup, L1 scientifique, 1re année de BTS ou DUT, PACES validée ; dossier, entretien.

Admission en 1re année du cycle ingénieur • Maths spé MP, PC, PSI ; concours Polytech via le concours e3a • Maths spé PT ; concours Polytech sur banque filière PT • DUT, BTS, L2 ou L3 d'informatique, diplôme étranger équivalent ; dossier, entretien.

Admission parallèle en 2e année du cycle ingénieur • Bac+4 scientifique, diplôme étranger équivalent ; dossier, entretien.

Polytech Annecy-Chambéry Annecy-le-Vieux

École polytechnique universitaire d'Annecy-Chambéry, campus universitaire d'Annecy-le-Vieux, BP 80439, 74944 Annecy-le-Vieux cedex, tél. 04.50.09.66.00, Web : www.polytech.univ-savoie.fr

Statut : public • **Frais d'inscription :** aucun • **Frais de scolarité :** 610 € par an.

■ **Ingénieur diplômé** de Polytech Annecy-Chambéry, spécialités : environnement bâtiment énergie parcours génie de l'environnement, ingénierie du bâtiment, énergie • instrumentation automatique informatique • mécanique-matériaux (CTI) • **Durée des études :** 5 ans.

Admission en cycle préparatoire 1re année • Bac S ; concours Geipi Polytech bac S ; dossier, entretien ou épreuve écrite • Bac STI2D ou STL spé. sciences physiques et chimiques en laboratoire ; Concours Geipi Polytech bac STI2D-STL ; dossier, entretien ou épreuve écrite.

Admission en 1re année du cycle ingénieur • Maths spé MP, PC, PSI ; concours Polytech via le concours e3a • Maths spé BCPST ; concours sur banque d'épreuves G2E • Maths spé TSI ; concours Polytech sur banque d'épreuves du concours commun polytechnique TSI • Maths spé PT ; concours Polytech sur banque filière PT • Maths spé ATS ; concours ATS • L2 ou L3, DUT scientifique ; concours Polytech sur dossier et entretien.

Admission parallèle en 2e année du cycle ingénieur • Bac+4 ; concours Polytech sur dossier et entretien.

Polytech Clermont-Ferrand Aubière

École polytechnique de l'université Clermont Auvergne - Collegium technologies, sciences pour l'ingénieur, campus universitaire les Cézeaux, 2, av. Blaise-Pascal, TSA 60206, CS 20206, 63178 Aubière cedex, tél. 04.73.40.75.00, Web : polytech.univ-bpclermont.fr

Statut : public • **Frais d'inscription :** aucun • **Frais de scolarité :** 184 € en 1re année, 184 € en 2e année, 610 € en 3e année, 610 € en 4e année, 610 € en 5e année.

■ **Ingénieur diplômé** de Polytech Clermont-Ferrand, spécialités : génie biologique options bioprocédés pour l'industrie alimentaire, bioprocédés pour l'industrie pharmaceutique, bioprocédés pour les industries de l'environnement, énergie, logistique • génie civil options structures et ouvrages, ingénierie et architecture, énergie, logistique • génie électrique options conversion d'énergie et robotique, systèmes informatiques embarqués, énergie, logistique • génie mathématique et modélisation options modélisation et stimulation numérique, modélisation aléatoire statistique et finance, informatique logistique recherche opérationnelle, énergie, logistique • génie physique options physique et ingénierie des matériaux, énergie, logistique (CTI) • **Durée des études :** 5 ans. Fcp possible : 1 an en dernière année.

Admission en cycle préparatoire 1re année • Bac S ; concours Geipi Polytech bac S ; dossier, entretien ou épreuve écrite • Bac STI2D ou STL spé. sciences physiques et chimiques en laboratoire ; Concours Geipi Polytech bac STI2D-STL ; dossier, entretien ou épreuve écrite.

Admission en cycle préparatoire 2e année • 1re année commune aux études de santé (PACES) ; concours Polytech ; dossier, entretien.

Admission en 1re année du cycle ingénieur • Maths spé MP, PC, PSI ; concours Polytech via le concours e3a • Maths spé BCPST ; concours Polytech A bio • Maths spé TB ; concours Polytech A TB • Maths spé PT ; concours Polytech sur banque filière PT • Maths spé TSI ; concours Polytech sur banque d'épreuves du concours commun polytechnique TSI • Maths spé ATS ; concours ATS • L2 ou L3, DUT, BTS, maths spé ATS, TPC, diplôme étranger équivalent ; dossier, entretien Polytech.

Admission parallèle en 2e année du cycle ingénieur • Bac+4 ; dossier, entretien Polytech.

Polytech Grenoble Saint-Martin-d'Hères

École polytechnique de l'université Grenoble Alpes, 14, place du Conseil national de la Résistance, 38400 Saint-Martin-d'Hères, tél. 04.76.82.79.02, Web : www.polytech-grenoble.fr

Statut : public • **Frais d'inscription :** aucun • **Frais de scolarité :** 184 € en 1re année, 184 € en 2e année, 611 € en 3e année, 611 € en 4e année, 611 € en 5e année.

■ **Ingénieur diplômé** de Polytech Grenoble, spécialités : géotechnique et génie civil • informatique industrielle et instrumentation • matériaux • prévention des risques • réseaux informatiques et communication multimédia • technologies de l'information pour la santé (CTI) • **Durée des études :** 5 ans.

Admission en cycle préparatoire 1re année • Bac S ; concours Geipi Polytech bac S ; dossier, entretien ou épreuve écrite • Bac STI2D ou STL spé. sciences physiques et chimiques en laboratoire ; Concours Geipi Polytech bac STI2D-STL ; dossier, entretien ou épreuve écrite.

Admission en cycle préparatoire 2e année • 1re année commune aux études de santé (PACES) ; concours Polytech ; dossier, entretien.

Admission en 1re année du cycle ingénieur • Maths spé MP, PC, PSI ; concours Polytech via le concours e3a • Maths spé BCPST ; concours Polytech A bio • Maths spé BCPST ; concours sur banque d'épreuves G2E • Maths spé TB ; concours Polytech A TB • Maths spé PT ; concours Polytech sur banque filière PT • Maths spé TSI ; concours Polytech sur banque d'épreuves du concours commun polytechnique TSI • Maths spé ATS ; concours ATS • Bac+2, maths spé ATS ; entretien Polytech.

Admission parallèle en 2e année du cycle ingénieur • Bac+4, diplôme d'ingénieur ou diplôme étranger équivalent ; entretien Polytech.

Polytech Lille Villeneuve-d'Ascq

École polytechnique universitaire de Lille, Cité scientifique, av. Paul-Langevin, 59655 Villeneuve-d'Ascq cedex, tél. 03.28.76.73.00, Web : www.polytech-lille.fr

Statut : public • **Frais d'inscription :** aucun • **Frais de scolarité :** 184 € en 1re année, 184 € en 2e année, 610 € en 3e année, 610 € en 4e année, 610 € en 5e année.

■ **Ingénieur diplômé** de Polytech Lille, spécialités : génie agroalimentaire • génie civil • génie électrique et informatique industrielle • génie électrique et informatique industrielle • informatique et mathématiques appliquées • instrumentation • matériaux • mécanique (CTI) • **Durée des études :** 5 ans. **Fca possible :** 3 ans en cycle ingénieur. Fcp possible : 1 an en dernière année.

Admission en cycle préparatoire 1re année • Bac S ; concours Geipi Polytech bac S ; dossier, entretien ou épreuve écrite • Bac STI2D ou STL spé. sciences physiques et chimiques en laboratoire ; Concours Geipi Polytech bac STI2D-STL ; dossier, entretien ou épreuve écrite.

Admission en cycle préparatoire 2e année • 1re année commune aux études de santé (PACES) ; concours Polytech ; dossier, entretien.

Admission en 1re année du cycle ingénieur • Maths spé MP, PC, PSI ; concours Polytech via le concours e3a • Maths spé BCPST ; concours Polytech A bio • Maths spé TB ; concours Polytech A TB • Maths spé PT ; concours Polytech sur banque filière PT • Maths spé ATS ; concours ATS • DUT, L2, BTS, maths spé ATS ; entretien Polytech • Pour le cursus en apprentissage : BTS, DUT L2, maths spé ; dossier, entretien, test d'anglais.

Admission parallèle en 2e année du cycle ingénieur • Bac+4 scientifique ; entretien Polytech.

Polytech Lyon Villeurbanne

École polytechnique universitaire de l'université Lyon 1, Domaine scientifique de la Doua, 15, bd André-Latarjet, 69622 Villeurbanne cedex, tél. 04.26.23.71.42, Web : polytech.univ-lyon1.fr

Statut : public • **Frais d'inscription :** aucun • **Frais de scolarité :** 184 € en 1re année, 184 € en 2e année, 610 € en 3e année, 610 € en 4e année, 610 € en 5e année.

■ **Ingénieur diplômé** de Polytech Lyon, spécialités : génie biomédical • génie industriel • informatique • matériaux • mathématiques appliquées et modélisation • mécanique • **Durée des études :** 5 ans.

Admission en cycle préparatoire 1re année • Bac S ; concours Geipi Polytech bac S ; dossier, entretien ou épreuve écrite.

Admission en cycle préparatoire 2e année • 1re année commune aux études de santé (PACES) ; concours Polytech ; dossier, entretien.

Admission en 1re année du cycle ingénieur • Maths spé MP, PC, PSI ; concours Polytech via le concours e3a • Maths spé PT ; concours Polytech sur banque filière PT • Maths spé TSI ; concours Polytech sur banque d'épreuves du concours commun polytechnique TSI • Maths spé ATS ; concours ATS • L2, DUT ou BTS scientifiques ou techniques, maths spé ATS ; dossier, entretien.

Admission parallèle en 2e année du cycle ingénieur • Bac+4 scientifique ; dossier, entretien.

Polytech Marseille

École polytechnique universitaire de Marseille, 163, av. de Luminy, case 925, 13288 Marseille cedex 9, tél. 04.91.82.85.00, Web : www.polytech-marseille.fr

Statut : public • **Frais d'inscription :** aucun • **Frais de scolarité :** 610 € par an.

■ **Ingénieur diplômé** de Polytech Marseille, spécialités : génie biologique • génie biomédical • génie civil parcours bâtiments et développement durable, structures et ouvrages, travaux publics • génie civil parcours bâtiments et développement durable, structures et ouvrages, travaux publics • génie industriel et informatique parcours automatique ou informatique • informatique, réseaux et multimédia parcours ingénierie des systèmes d'information, réalité virtuelle et augmentée, systèmes informatiques critiques et applications • matériaux • mécanique et énergétique parcours énergies, simulation avancée en mécanique et thermique, risques industriels et naturels • mécanique et énergétique parcours énergies, simulation avancée en mécanique et thermique, risques industriels et naturels • microélectronique et télécommunications parcours systèmes électroniques nomades, systèmes électroniques dans les secteurs automobile aérospatial et aéronautique, systèmes optiques et photoniques, systèmes intelligents pour le bâtiment (CTI) • **Durée des études :** 5 ans.

Admission en cycle préparatoire 1re année • Bac S ; concours Geipi Polytech bac S ; dossier, entretien ou épreuve écrite • Bac STI2D ou STL spé. sciences physiques et chimiques en laboratoire ; Concours Geipi Polytech bac STI2D-STL ; dossier, entretien ou épreuve écrite.

Admission en cycle préparatoire 2e année • 1re année commune aux études de santé (PACES) ; concours Polytech ; dossier, entretien.

Admission en 1re année du cycle ingénieur • Maths spé MP, PC, PSI ; concours Polytech via le concours e3a • Maths spé BCPST ; concours Polytech A bio • Maths spé PT ; concours Polytech sur banque filière PT • Maths spé TSI ; concours Polytech sur banque d'épreuves du concours commun polytechnique TSI • Maths spé ATS ; concours ATS • Bac+2, licence, maths spé ATS ; concours Polytech sur dossier et entretien.

Admission parallèle en 2e année du cycle ingénieur • Bac+4 ; concours Polytech sur dossier et entretien.

Polytech Montpellier

École polytechnique universitaire de Montpellier, place Eugène-Bataillon, 34095 Montpellier cedex 5, tél. 04.67.14.31.60, Web : www.polytech-montpellier.fr

Statut : public • **Frais d'inscription :** aucun • **Frais de scolarité :** 611 € par an.

■ **Ingénieur diplômé** de Polytech Montpellier, spécialités : électronique et informatique industrielle • génie biologique et agroalimentaire • génie de l'eau • informatique • matériaux • mécanique (CTI) • **Durée des études :** 5 ans. **Fca possible :** 3 ans en cycle ingénieur. Fcp possible : 1 an en dernière année.

Admission en cycle préparatoire 1re année • Bac S ; concours Geipi Polytech bac S ; dossier, entretien ou épreuve écrite.

Admission en cycle préparatoire 2e année • 1re année commune aux études de santé (PACES) ; concours Polytech ; dossier, entretien.

Admission en 1re année du cycle ingénieur • Maths spé MP, PC, PSI ; concours Polytech via le concours e3a • Maths spé BCPST ; concours Polytech A bio • Maths spé BCPST ; concours sur banque d'épreuves G2E • Maths spé TSI ; concours Polytech sur banque d'épreuves du concours commun polytechnique TSI • Maths spé PT ; concours Polytech sur banque filière PT • L2, DUT, maths spé ATS, TPC ; sur dossier Polytech.

Admission parallèle en 2e année du cycle ingénieur • Bac+4 ; sur dossier Polytech.

Polytech Nancy Vandœuvre-lès-Nancy

École polytechnique universitaire de Nancy, 2, rue Jean-Lamour, 54519 Vandœuvre-lès-Nancy cedex, tél. 03.83.68.50.00, Web : www.esstin.univ-lorraine.fr

Statut : public • **Frais d'inscription :** aucun • **Frais de scolarité :** 625 € par an.

■ **Ingénieur diplômé** de l'ESSTIN de l'université de Lorraine, spécialités : énergétique et mécanique • génie industriel et gestion des risques • systèmes et technologies de l'information (CTI) • **Durée des études :** 5 ans. Fcp possible : 1 an possible en dernière année.

Admission en cycle préparatoire 1re année • Bac S ; concours Geipi Polytech bac S ; dossier, entretien ou épreuve écrite • Bac STI2D ou STL spé. sciences physiques et chimiques en laboratoire ; Concours Geipi Polytech bac STI2D-STL ; dossier, entretien ou épreuve écrite • Bac scientifique étranger, PACES ; dossier, entretien.

Admission en cycle préparatoire 2e année • BTS ; dossier, entretien.

Admission en 1re année du cycle ingénieur • Maths spé MP, PC, PSI ; concours Polytech via le concours e3a • Maths spé PT ; concours Polytech sur banque filière PT • Maths spé TSI ou ATS, DUT, L2 ou L3 sciences et technologies ; dossier, entretien • Prépa des INP ; dossier.

Admission parallèle en 2e année du cycle ingénieur • M1 ou équivalent ; dossier, entretien.

Polytech Nantes

École polytechnique de l'université de Nantes, site de la Chantrerie, rue Christian-Pauc, CS 50609, 44306 Nantes cedex 3, tél. 02.40.68.32.00, Web : www.polytech.univ-nantes.fr

Statut : public • **Frais d'inscription :** aucun • **Frais de scolarité :** 188 € en 1re année, 188 € en 2e année, 611 € en 3e année, 611 € en 4e année, 611 € en 5e année.

■ **Ingénieur diplômé** de Polytech Nantes, spécialités : électronique et technologies numériques • génie civil • génie des procédés • génie électrique • informatique options informatique décisionnelle, systèmes informatiques logiciels et réseaux • matériaux • thermique énergétique (CTI) • **Durée des études :** 5 ans. Fcp possible : 1 an en dernière année.

Admission en cycle préparatoire 1re année • Bac S ; concours Geipi Polytech bac S ; dossier, entretien ou épreuve écrite • Bac STI2D ou STL spé. sciences physiques et chimiques en laboratoire ; Concours Geipi Polytech bac STI2D-STL ; dossier, entretien ou épreuve écrite.

Admission en 1re année du cycle ingénieur • Maths spé MP, PC, PSI ; concours Polytech via le concours e3a • Maths spé BCPST ; concours Polytech A bio • Maths spé TB ; concours Polytech A TB • Maths spé TSI ; concours Polytech sur banque d'épreuves du concours commun polytechnique TSI • Maths spé PT ; concours Polytech sur banque filière PT • Maths spé ATS ; concours ATS • bac+2, maths spé ATS ; dossier, entretien.

Admission parallèle en 2e année du cycle ingénieur • M1 ; dossier, entretien.

Polytech Nice Sophia-Antipolis

École polytechnique de l'université Nice Sophia-Antipolis, 930, route des Colles, BP 145, 06903 Sophia-Antipolis cedex, tél. 04.92.96.50.50, Web : www.polytech.unice.fr

Statut : public • **Frais d'inscription :** aucun • **Frais de scolarité :** 610 € par an.

■ **Ingénieur diplômé** de Polytech Nice Sophia-Antipolis, spécialités : bâtiment • électronique • génie biologique • génie de l'eau • informatique • mathématiques appliquées et modélisation (CTI) • **Durée des études :** 5 ans.

Admission en cycle préparatoire 1re année • Bac S ; concours Geipi Polytech bac S ; dossier, entretien ou épreuve écrite.

Admission en 1re année du cycle ingénieur • Maths spé MP, PC, PSI ; concours Polytech via le concours e3a • Maths spé BCPST ; concours Polytech A bio • Maths spé BCPST ; concours sur banque d'épreuves G2E • Maths spé TB ; concours Polytech A TB • Maths spé PT ; concours Polytech sur banque filière PT • Maths spé ATS ; concours ATS • Bac+2, licence ; dossier, entretien.

Admission parallèle en 2e année du cycle ingénieur • Bac+4 scientifique ; dossier, entretien.

Polytech Orléans

École polytechnique de l'université d'Orléans, 8, rue Léonard-de-Vinci, 45072 Orléans cedex 2, tél. 02.38.41.70.50, Web : www.polytech-orleans.fr

Statut : public • **Frais d'inscription :** aucun • **Frais de scolarité :** 615 € par an.

■ **Ingénieur diplômé** de Polytech Orléans, spécialités : énergétique technologies pour l'énergie l'aérospatial et la motorisation (TEAM) • génie civil et environnement • génie industriel appliqué à la cosmétique la pharmacie et l'agroalimentaire • génie physique et systèmes embarqués options vision embarquée, ingénierie photonique et des plasmas • matériaux et mécatronique innovations en conception et matériaux, options mécatronique et éco-conception, modélisation et simulation numérique, matériaux de structure (CTI) • **Durée des études :** 5 ans. Fcp possible : 1 an en dernière année.

Admission en cycle préparatoire 1re année • Bac S ; concours Geipi Polytech bac S ; dossier, entretien ou épreuve écrite • Bac STI2D ou STL spé. sciences physiques et chimiques en laboratoire ; Concours Geipi Polytech bac STI2D-STL ; dossier, entretien ou épreuve écrite.

Admission en cycle préparatoire 2e année • 1re année commune aux études de santé (PACES) ; concours Polytech ; dossier, entretien.

Admission en 1re année du cycle ingénieur • Maths spé MP, PC, PSI ; concours Polytech via le concours e3a • Maths spé BCPST ; concours sur banque d'épreuves G2E • Maths spé BCPST ; concours Polytech A bio • Maths spé TB ; concours Polytech A TB • Maths spé PT ; concours Polytech sur banque filière PT • Maths spé TSI ; concours Polytech sur banque d'épreuves du concours commun polytechnique TSI • Maths spé ATS ; concours ATS • L2 ou L3, DUT, BTS selon parcours initial et projet personnel ; concours Polytech sur dossier et entretien.

Admission parallèle en 2e année du cycle ingénieur • M1 ou M2 ; concours Polytech sur dossier et entretien.

Polytech Paris-Sud Orsay

École polytechnique universitaire de l'université Paris-Sud, rue Louis-de-Broglie, Maison de l'ingénieur, plateau de Moulon, bât. 620, 91405 Orsay cedex, tél. 01.69.33.86.00, Web : www.polytech.u-psud.fr

Statut : public • **Frais d'inscription :** aucun • **Frais de scolarité :** 610 € par an.

■ **Ingénieur diplômé** de Polytech Paris-Sud, spécialités : électronique option électronique énergies systèmes • informatique • matériaux • photonique (CTI) • **Durée des études :** 5 ans.

Admission en cycle préparatoire 1re année • Bac S ; concours Geipi Polytech bac S ; dossier, entretien ou épreuve écrite • Bac STI2D ou STL spé. sciences physiques et chimiques en laboratoire ; Concours Geipi Polytech bac STI2D-STL ; dossier, entretien ou épreuve écrite.

Admission en cycle préparatoire 2e année • 1re année commune aux études de santé (PACES) ; concours Polytech ; dossier, entretien.

Admission en 1re année du cycle ingénieur • Maths spé MP, PC, PSI ; concours Polytech via le concours e3a • Maths spé ATS ; concours ATS • Bac+2 ; dossier, entretien.

Admission parallèle en 2e année du cycle ingénieur • M1 ; dossier, entretien.

Polytech Paris-UPMC Paris

École polytechnique universitaire Pierre-et-Marie-Curie, 4, place Jussieu, bât. Esclangon, case courrier 135, 75252 Paris cedex 5, tél. 01.44.27.73.13, Web : www.polytech.upmc.fr

Statut : public • **Frais d'inscription :** aucun • **Frais de scolarité :** 184 € en 1re année, 184 € en 2e année, 610 € en 3e année, 610 € en 4e année, 610 € en 5e année.

■ **Ingénieur diplômé** de Polytech Paris-UPMC, spécialités : agroalimentaire • électronique et informatique • informatique et mathématiques appliquées • matériaux • robotique • sciences de la Terre options géotechnique pour la construction, géosciences environnementales, gestion des ressources (CTI) • **Durée des études :** 5 ans.

Admission en cycle préparatoire 1re année • Bac S ; concours Geipi Polytech bac S ; dossier, entretien ou épreuve écrite.

Admission en cycle préparatoire 2e année • 1re année commune aux études de santé (PACES) ; concours Polytech ; dossier, entretien.

Admission en 1re année du cycle ingénieur • Maths spé MP, PC, PSI ; concours Polytech via le concours e3a • Maths spé BCPST ; concours Polytech A bio • Maths spé BCPST ; concours sur banque d'épreuves G2E • Maths spé PT ; concours Polytech sur banque filière PT • Bac+2, maths spé ATS ; dossier, entretien.

Admission parallèle en 2e année du cycle ingénieur • M1 ; dossier, entretien.

Polytech Tours

École polytechnique de l'université de Tours, 64, av. Jean-Portalis, 37200 Tours, tél. 02.47.36.14.14, Web : www.polytech.univ-tours.fr

Statut : public • **Frais d'inscription :** aucun • **Frais de scolarité :** 189 € en 1re année, 189 € en 2e année, 610 € en 3e année, 610 € en 4e année, 610 € en 5e année.

■ **Ingénieur diplômé** de Polytech Tours, spécialités : électronique et génie électrique • génie de l'aménagement et de l'environnement options urbanisme et ingénierie territoriale, ingénierie des milieux aquatiques • informatique • mécanique et génie mécanique • **Durée des études :** 5 ans.

Admission en cycle préparatoire 1re année • Bac S ; concours Geipi Polytech bac S ; dossier, entretien ou épreuve écrite • Bac STI2D ou STL spé. sciences physiques et chimiques en laboratoire ; Concours Geipi Polytech bac STI2D-STL ; dossier, entretien ou épreuve écrite.

Admission en cycle préparatoire 2e année • 1re année commune aux études de santé (PACES) ; concours Polytech ; dossier, entretien.

Admission en 1re année du cycle ingénieur • Maths spé MP, PC, PSI ; concours Polytech via le concours e3a • Maths spé BCPST ; concours sur banque d'épreuves G2E • Maths spé PT ; concours Polytech sur banque filière PT • Maths spé TSI ; concours Polytech sur banque d'épreuves du concours commun polytechnique TSI • Maths spé ATS ; concours ATS • L2, DUT, BTS, prépa ATS ; concours Polytech sur dossier et entretien.

Admission parallèle en 2e année du cycle ingénieur • M1 scientifique ; concours Polytech sur dossier et entretien.

Télécom Saint-Étienne

25, rue du Docteur Rémy-Annino, 42000 Saint-Étienne, tél. 04.77.91.58.88, Web : www.telecom-st-etienne.fr

Statut : public • **Frais d'inscription :** aucun • **Frais de scolarité :** 610 € par an.

■ **Ingénieur diplômé** de Télécom Saint-Étienne de l'université de Saint-Étienne (CTI) • **Durée des études :** 5 ans le cycle préparatoire en partenariat avec la faculté des sciences et l'IUT de St Étienne permet d'obtenir un DUT GEII, un DU cycle initial en technologie de l'information de St Étienne (CITISE) et de valider une L2 scientifique. .

Admission en cycle préparatoire 1re année • Bac S ; concours Geipi Polytech bac S ; dossier, entretien ou épreuve écrite • Bac STI2D ou STL spé. sciences physiques et chimiques en laboratoire ; Concours Geipi Polytech bac STI2D-STL ; dossier, entretien ou épreuve écrite.

Admission en 1re année du cycle ingénieur • Maths spé MP, PC, PSI ; concours Mines-Télécom • Maths spé PT ; concours Mines-Télécom sur banque filière PT • Maths spé TSI ; concours Mines-Télécom sur concours Centrale-Supélec filière TSI • L2 ou L3 scientifique, DUT GEII, MPh, réseaux et télécommunications, informatique, BTS dans les spécialités de la formation, maths spé ATS, diplôme étranger de niveau équivalent ; dossier, entretien, test d'anglais, tests scientifiques.

Admission parallèle en 2e année du cycle ingénieur • Bac+4 ; dossier, entretien, tests.

Le concours Puissance 11

Puissance 11, c'est 11 écoles (9 écoles du réseau FESIC et 2 écoles consulaires), 1 984 places, 16 campus et 30 spécialisations.

Pour qui ?

Il est ouvert aux bacheliers scientifiques. Et quasiment toutes les écoles recrutent des bacheliers STI2D. L'ESCOM et l'ESAIP ont également ouvert leur recrutement aux bacs STL. Si les inscriptions se font aussi sur APB, les modalités de recrutement et la sélection sont propres à chaque établissement.

11 écoles	Nombre de places
CPE Lyon	240
ESAIP Angers, Grasse	80
ESCOM Compiègne	90
ESEO Angers, Dijon, Paris	264
HEI Lille	350
ISEN Brest-Rennes	240
ISEN Lille	150
ISEN Toulon	180
ISEP Paris	100
ESIEE Amiens	90
ESIEE Paris	200

La sélection

Ce qui compte en premier, c'est votre dossier (notes de première et celles obtenues durant les deux premiers trimestres de terminale, dans toutes les matières ; notes obtenues aux épreuves anticipées de français au baccalauréat et une lettre de motivation). Les candidats qui ont les meilleurs dossiers sont déclarés « grands classés » et sont dispensés d'épreuves écrites. Pour les autres, vous devez vous rendre dans un des 48 centres d'épreuves (en France ou à l'étranger), que vous choisissez lors de votre inscription sur APB. Vous y passez un examen de mathématiques de 2 h, coefficient 6 ; un examen de PC de 2 h, coefficient 6 ; et un examen d'anglais de 45 min, coefficient 2. Ces épreuves, sous forme de QCM, correspondent à celles de la banque FESIC et sont communes au concours Puissance 11 et à UniLaSalle Beauvais où les candidats passent une épreuve de SVT (sciences de la vie et de la terre) de 1 h 30 supplémentaire.

Le concours Puissance 11 propose une session de préparation gratuite dans une des écoles membres du concours. Vous pouvez également consulter les annales et préparer le concours en ligne, gratuitement. Enfin, une application a été créée pour vous entraîner sur mobile et tablette.

Les frais d'inscription

En 2017, ils étaient de 130 € pour les 11 écoles. Gratuits pour les boursiers.

Renseignements

Concours Puissance 11
35, rue de la Bienfaisance – 75008 Paris
Tél. : 09.74.77.11.11 – Mail : contact@concourspuissance11.fr
Site : www.concourspuissance11.fr

Les écoles du concours Puissance 11, en fiches

CPE Lyon Villeurbanne

École supérieure de chimie physique électronique de Lyon, 43, bd du 11-Novembre-1918, bât. Hubert-Curien BP 82077, 69616 Villeurbanne cedex, tél. 04.72.43.17.00, Web : www.cpe.fr

Statut : privé • **Frais d'inscription :** 130 € • **Frais de scolarité :** 2 150 € en 1re année, 2 150 € en 2e année, 5 700 € en 3e année, 5 700 € en 4e année, 5 700 € en 5e année.

Ingénieur diplômé de CPE Lyon, spécialités : chimie-génie des procédés • électronique-informatique options robotique de services et systèmes embarqués, image modélisation et informatique, ingénierie des systèmes électroniques (CTI) • **Durée des études :** 5 ans. **Année de césure :** 1 an en fin de 4e année, en France et/ou à l'étranger.

Admission en cycle préparatoire 1re année • Bac S ; concours puissance 11 ; dossier, épreuves écrites.

Admission en 1re année du cycle ingénieur • Maths spé MP ; concours commun polytechnique MP • Maths spé PC ; concours commun polytechnique PC-Chimie ou PC-Physique • Maths spé PSI ; concours commun polytechnique PSI • Maths spé PT ; concours commun polytechnique filière PT • Maths spé TPC ; concours commun polytechnique TPC • Maths spé TSI ; concours commun polytechnique TSI • Cycle préparatoire aux écoles d'ingénieurs chimistes (CPI) de la fédération Gay-Lussac ; dossier • L2 ou L3, DUT ; dossier, entretien, test d'anglais.

Admission parallèle en 2e année du cycle ingénieur • M1 sciences et technologies ; dossier, entretien, test d'anglais.

ESAIP Angers-Aix-en-Provence

ESAIP École d'ingénieurs, 34-36-38, route de Galice, CS 90421, 13097 Aix-en-Provence cedex 2, tél. 04.41.96.65.36, Web : www.esaip.org

Statut : association loi 1901 • **Frais d'inscription :** 40 € • **Frais de scolarité :** 3 900 € en 1re année, 3 900 € en 2e année, 5 850 € en 3e année, 5 850 € en 4e année, 5 850 € en 5e année.

■ **Ingénieur diplômé** de l'ESAIP, spécialité sécurité et prévention des risques majeures management QHSE, prévention des risques industriels et naturels, maîtrise des énergies, environnement et économie circulaire (CTI) • **Durée des études :** 5 ans 2 séjours d'études à l'étranger soit 1 trimestre dans un pays anglophone et 1 semestre en Allemagne/Autriche ou Espagne/Amérique latine. Fcp possible : 1 an en dernière année. **Année de césure :** 1 an en entreprise ou en double-d.

Admission en cycle préparatoire 1re année • Bac S ; concours puissance 11 ; dossier, épreuves écrites • Bac STI2D, STL, STAV ; dossier, entretien.

Admission en 1re année du cycle ingénieur • Maths spé MP, PC, PSI ; concours FESIC prépa sur banque de notes e3a • Maths spé PT ; concours FESIC prépa sur banque filière PT • BTS, DUT, L2 ou L3 sciences et technologies, prépa ATS ou BCPST ; dossier, entretien.

ESAIP Angers-Aix-en-Provence Saint-Barthélemy-d'Anjou

ESAIP École d'ingénieurs, 18, rue du 8-Mai-1945, CS 80022, 49180 Saint-Barthélemy-d'Anjou cedex, tél. 02.41.96.65.10, Web : www.esaip.org

Statut : association loi 1901 • **Frais d'inscription :** 40 € • **Frais de scolarité :** 3 900 € en 1re année, 3 900 € en 2e année, 5 850 € en 3e année, 5 850 € en 4e année, 5 850 € en 5e année.

■ **Ingénieur diplômé** de l'ESAIP, spécialités : informatique et réseaux majeures cybersécurité et réseaux, Big Data et Data Sciences, objets connectés et systèmes intelligents, transition numérique • sécurité et prévention des risques majeures management QHSE, prévention des risques industriels et naturels, maîtrise des énergies, environnement et économie circulaire (CTI) • **Durée des études :** 5 ans 2 séjours d'études à l'étranger soit 1 semestre dans un pays anglophone et 1 semestre en Allemagne/Autriche ou Espagne/Amérique latine. Fcp possible : 1 an en dernière année. **Année de césure :** 1 an en entreprise.

Admission en cycle préparatoire 1re année • Bac S ; concours puissance 11 ; dossier, épreuves écrites • Bac STI2D, STL, STAV ; dossier, entretien.

Admission en 1re année du cycle ingénieur • Maths spé MP, PC, PSI ; concours FESIC prépa sur banque de notes e3a • Maths spé PT ; concours FESIC prépa sur banque filière PT • BTS, DUT, L2 ou L3 sciences et technologies, prépa ATS, BCPST ou TSI ; dossier, entretiens.

ESCOM Compiègne

École supérieure de chimie organique et minérale, 1, allée du réseau Jean-Marie-Buckmaster, 60200 Compiègne, tél. 03.44.23.88.00, Web : www.escom.fr

Statut : association loi 1901 • **Frais d'inscription :** 40 € • **Frais de scolarité :** 3 590 € en 1re année, 3 590 € en 2e année, 6 135 € en 3e année, 6 135 € en 4e année, 6 135 € en 5e année.

■ **Ingénieur diplômé** de l'ESCOM options produits et applications, management et marketing industriel, qualité hygiène sécurité environnement, matériaux innovants sur base élastomères, recherche et développement en chimie verte, génie des procédés, analyse contrôle qualité de l'eau, génie des produits formulés, traitement de l'eau, biotechnologie (CTI) • **Durée des études :** 5 ans. **Fca possible :** de 2 à 3 ans en cycle ingénieur. **Année de césure :** de 9 à 12 mois possible entre la 4e et la 5e année du cycle ingénieur.

Admission en cycle préparatoire 1re année • Bac S ; concours puissance 11 ; dossier, épreuves écrites • Bac STL spé. sciences physiques et chimiques appliquées en laboratoire ; dossier, entretiens • PACES ; dossier, entretien.

Admission en cycle préparatoire 2e année • Maths spé, L2 sciences et technologies ; dossier, entretien.

Admission en 1re année du cycle ingénieur • Maths spé TPC ; concours commun polytechnique TPC • Maths spé MP, PC, PSI ; concours FESIC prépa sur banque de notes e3a • L3, DUT, BTS chimie, génie chimique, maths spé BCPST ; dossier, entretien.

Admission parallèle en 2e année du cycle ingénieur • M1 chimie ; dossier, entretien.

ESEO. Grande école d'ingénieurs généralistes Angers

10, bd Jeanneteau, CS 90717, 49107 Angers cedex 2, tél. 02.41.86.67.67, Web : www.eseo.fr

Statut : association loi 1901 • **Frais d'inscription :** 130 € • **Frais de scolarité :** 3 090 € en 1re année, 3 860 € en 2e année, 6 870 € en 3e année, 6 870 € en 4e année, 6 870 € en 5e année.

■ **Ingénieur diplômé** de l'ESEO options électronique embarquée, traitement du signal et télécommunications, systèmes informatiques, réseaux et télécommunications, biomédical, architecture systèmes temps réels embarqués, énergie et environnement (CTI) • **Durée des études :** 5 ans cycle préparatoire en partenariat avec le lycée Mongazon ; possibilité d'effectuer un cycle préparatoire international à Paris-St Cloud, à Dijon ou Angers comportant 2 séjours de deux mois environ à l'étranger.

Admission en cycle préparatoire 1re année • Bac S ; concours puissance 11 ; dossier, épreuves écrites • Bac STI2D, STL ; dossier, entretien éventuel • Étudiants ayant fait un semestre de PACES voulant se réorienter pour le 2e semestre ; dossier, entretien.

Admission en cycle préparatoire 2e année • Maths sup admissible en maths spé, BTS scientifique ; dossier, entretien éventuel.

Admission en 1re année du cycle ingénieur • Maths spé MP, PC, PSI ; concours FESIC prépa sur banque de notes e3a • Maths spé PT ; concours FESIC prépa sur banque filière PT • L2 sciences de la matière, STPI, MIAS, DUT GEII, MPh, réseaux et télécommunications, maths spé ATS et TSI, licence EEA, télécommunications ; dossier, entretien éventuel • Élèves ayant suivi le parcours BTS'Ingé du BTS TPIL au lycée Ste Croix-Ste Euverte d'Orléans ou des BTS IRIS ou systèmes électroniques au lycée St-Gabriel de St Laurent-sur-Sèvre ; dossier.

Admission parallèle en 2e année du cycle ingénieur • M1 EEA ou équivalent ; dossier, entretien.

ESIEE Amiens

École supérieure d'Ingénieurs en électronique et électrotechnique d'Amiens, 14, quai de la Somme, BP 10100, 80082 Amiens cedex 2, tél. 03.22.66.20.00, Web : www.esiee-amiens.fr

Statut : consulaire • **Frais d'inscription :** aucun • **Frais de scolarité :** 3 800 € en 1re année, 3 800 € en 2e année, 5 000 € en 3e année, 5 000 € en 4e année, 5 000 € en 5e année.

■ **Ingénieur diplômé** d'ESIEE Amiens options génie des réseaux informatiques et télécommunications, génie des systèmes de production, génie électrique et développement durable, génie énergétique du bâtiment (CTI) • **Durée des études :** 5 ans. **Fca possible :** 3 ans en cycle ingénieur, dans le cadre de l'option génie énergétique du bâtiment.

Admission en cycle préparatoire 1re année • Bac S ; concours puissance 11 ; dossier, épreuves écrites • Bac STI2D obtenu dans l'année en cours ou année précédente ; dossier, entretien.

Admission en 1re année du cycle ingénieur • Maths spé MP, PC, PSI ; concours sur banque de notes e3a • Maths spé PT ; concours sur banque filière PT • Maths spé TSI ; concours Arts et métiers ParisTech sur concours commun Centrale-Supélec option TSI • BTS secteur industriel, DUT GEII, MPh, GCi, GMP, GTE, réseaux et télécommunications, L2 ou L3 sciences et technologies, maths spé PSI, prépa ATS ; dossier, entretien, tests.

Admission parallèle en 2e année du cycle ingénieur • Licence, M1 EEA ou physique, diplôme d'ingénieur étranger dans les spécialités de l'école ; dossier, entretien.

ESIEE Paris Noisy-le-Grand

cité Descartes, BP 99, 93162 Noisy-le-Grand cedex, tél. 01.45.92.65.00, Web : www.esiee.fr

Statut : consulaire • **Frais d'inscription :** aucun • **Frais de scolarité :** 7 800 € en 1re année, 7 800 € en 2e année, 8 100 € en 3e année, 8 100 € en 4e année, 8 100 € en 5e année.

■ **Ingénieur diplômé** ESIEE Paris filières informatique, systèmes d'information, data et réseaux, systèmes embarqués, systèmes électroniques, génie industriel, biotechnologies et e-santé, énergie, informatique et applications, réseaux et sécurité; filière en anglais : Computer Science, Electronics (CTI) • **Durée des études :** 5 ans. **Fca possible :** 3 ans pour les filières réseaux et sécurité, systèmes embarqués, informatique et applications, génie industriel. **Année de césure :** 1 an entre la 1ère et 2e année ou entre 2e et la 3e année du cycle ingénieur.

Admission en cycle préparatoire 1re année • Bac S ; concours puissance 11 ; dossier, épreuves écrites • Bac STI2D ; dossier, entretien.

Admission en cycle préparatoire 2e année • Bac+1 ; dossier, entretien.

Admission en 1re année du cycle ingénieur • Maths spé MP, PC, PSI ; concours sur banque de notes e3a • Maths spé PT ; concours sur banque filière PT • Maths spé TSI ; concours Arts et métiers ParisTech sur concours commun Centrale-Supélec option TSI • DUT, BTS, maths spé BCPST, prépa ATS, licence pro, L2 scientifiques et techniques ; dossier, entretien, test d'anglais • Pour la formation en apprentissage : bac+2, maths spé, licence pro, cyclé préparatoire ESIEE ; dossier, entretien, test d'anglais.

Admission parallèle en 2e année du cycle ingénieur • Licence, M1 scientifiques et techniques dans les spécialités de l'école ; dossier, entretien, test d'anglais.

ESIGELEC Saint-Étienne-du-Rouvray

École supérieure d'ingénieurs en génie électrique, technopôle du Madrillet, av. Galilée, BP 10024, 76801 Saint-Étienne-du-Rouvray cedex, tél. 02.32.91.58.58, Web : www.esigelec.fr

Statut : consulaire • **Frais d'inscription :** 150 € • **Frais de scolarité :** 3 996 € en 1re année, 3 996 € en 2e année, 6 840 € en 3e année, 6 840 € en 4e année, 6 840 € en 5e année.

■ **Ingénieur diplômé** de l'ESIGELEC (CTI) • **Durée des études :** 5 ans. **Fca possible :** 3 ans en cycle ingénieur. Fcp possible : 1 an en dernière année du cycle ingénieur. **Année de césure :** 1 an en entreprise à l'étranger entre la 4e et la 5e année.

Admission en cycle préparatoire 1re année • Bac S ; concours Avenir bac S ; dossier, épreuves écrites • Bac STI2D ; concours Avenir bac STI2D ; dossier, tests, entretien • Être inscrit en PACES, maths sup, L1 scientifique ou 1re année de DUT pour une réorientation en mars ; concours Avenir + (rentrée décalée) ; dossier, entretien.

Admission en cycle préparatoire 2e année • Bac+1, maths sup ; concours Avenir + ; dossier, entretien.

Admission en 1re année du cycle ingénieur • Maths spé MP, PC, PSI ; concours sur banque de notes e3a • Maths spé PT ; concours sur banque filière PT • Maths spé TSI ; concours sur banque d'épreuves du concours commun polytechnique • Maths spé ATS ; concours ATS • DUT, BTS ; banque d'épreuves DUT-BTS • DUT informatique, réseaux et télécommunications, BTS systèmes numériques ; dossier, tests, entretien • Bac+2, maths spé, licence ; concours Avenir + ; dossier, entretien.

Admission parallèle en 2e année du cycle ingénieur • M1 sciences et technologies ou équivalent ; concours Avenir + ; dossier, entretien.

HEI Lille

Hautes études d'ingénieur, 13, rue de Toul, 59046 Lille cedex, tél. 03.28.38.48.58, Web : www.hei.fr

Statut : privé • **Frais d'inscription :** 50 € • **Frais de scolarité :** 2 860 € en 1re année, 2 860 € en 2e année, 6 850 € en 3e année, 6 850 € en 4e année, 6 850 € en 5e année.

■ **Ingénieur diplômé** d'HEI Yncréa Hauts-de-France options bâtiment aménagement architecture, bâtiment et travaux publics, conception mécanique, procédés chimie environnement, énergies systèmes électriques et automatisés, informatique et technologies de l'information, ingénierie médicale et santé, technologies innovation et management international textiles, banque finance assurance, mécatronique et robotique, énergies habitat environnement, entrepreneuriat, management de l'innovation, management des opérations industrielles et logistique (CTI) • **Durée des études :** 5 ans. **Fca possible :** 3 ans en cycle ingénieur pour l'option bâtiment et travaux publics et l'option énergies systèmes électriques et automatisés. **Année de césure :** 1 an entre la 4e et la 5e année.

Admission en cycle préparatoire 1re année • Bac S ; concours puissance 11 ; dossier, épreuves écrites • Bac STI2D ; concours Puissance 11 sur dossier et entretien • Bac ES ; inscription en maths sup MPSI au lycée la Salle Lille.

Admission en cycle préparatoire 2e année • Maths sup ; dossier.

Admission en 1re année du cycle ingénieur • Maths spé MP, PC, PSI ; concours FESIC prépa sur banque de notes e3a • Maths spé PT ; concours FESIC prépa sur banque filière PT • DUT, BTS, L2 et L3 scientifique, prépa ATS, maths spé TSI ; dossier, entretien, test d'anglais.

Admission parallèle en 2e année du cycle ingénieur • M1 scientifique, licence préparatoire aux grandes écoles de l'université catholique de Lille ; dossier, entretien, test d'anglais.

ISEN Brest

Institut supérieur de l'électronique et du numérique de Brest, 20, rue Cuirassé-Bretagne, CS 42807, 29228 Brest cedex 2, tél. 02.98.03.84.00, Web : isen-brest.fr

Statut : association loi 1901 • **Frais d'inscription :** aucun • **Frais de scolarité :** 2 950 € en 1re année, 2 950 € en 2e année, 6 800 € en 3e année, 6 800 € en 4e année, 6 800 € en 5e année.

■ **Ingénieur diplômé** de l'ISEN Yncréa Ouest (CTI) • **Durée des études :** 5 ans cycle préparatoire en partenariat avec le lycée de la Croix-Rouge de Brest et le lycée Jeanne d'Arc de Vitré ; obtention en 3 ans du Bachelor de l'ISEN. Fcp possible . 1 an en 5e année. **Année de césure :** 1 an entre la 4e et l.

Admission en cycle préparatoire 1re année • Bac S ; concours puissance 11 ; dossier, épreuves écrites • Bac S, ES option mathématiques, STI2D ; dossier, entretien • Élèves ayant suivi un semestre de PACES (pour une rentrée en prépa rebond fin janvier) ; dossier.

Admission en 1re année du cycle ingénieur • Maths spé MP, PC, PSI ; concours FESIC prépa sur banque de notes e3a • Maths spé PT ; concours FESIC prépa sur banque filière PT • L2, maths spé ATS, DUT MPh, GEII, réseaux et télécommunications, informatique, cycle préparatoire du lycée Jeanne d'Arc à Vitré et du lycée de la Croix-Rouge à Brest ; dossier, entretien.

ISEN Lille

Institut supérieur de l'électronique et du numérique de Lille, 41, bd Vauban, 59046 Lille cedex, tél. 03.20.30.40.50, Web : www.isen.fr

Statut : privé • **Frais d'inscription :** aucun • **Frais de scolarité :** 2 650 € en 1re année, 2 650 € en 2e année, 5 190 € en 3e année, 6 590 € en 4e année, 6 590 € en 5e année.

■ **Ingénieur diplômé** de l'ISEN Yncréa Hauts-de-France (CTI) • **Durée des études :** 5 ans possibilité de préparer un cycle informatique et réseaux en 3 ans et d'obtenir un Bachelor of Technology. **Fca possible :** 3 ans en cycle ingénieur.

Admission en cycle préparatoire 1re année • Bac S ; concours puissance 11 ; dossier, épreuves écrites • Bac STI2D ; dossier, entretien • Élèves ayant suivi un semestre de PACES (pour une rentrée en prépa rebond fin janvier) ; dossier.

Admission en 1re année du cycle ingénieur • Maths spé MP, PC, PSI ; concours FESIC prépa sur banque de notes e3a • Maths spé PT ; concours FESIC prépa sur banque filière PT • L2, maths spé ATS, TSI, DUT MPh, GEII, réseaux et télécommunications, cycle préparatoire du lycée Ozanam à Lille ; dossier, entretien • Pour le cursus en apprentissage : DUT MPh, GEII, réseaux et télécommunications, informatique, BTS système numériques, maths spé ATS ; dossier, entretien.

Admission parallèle en 2e année du cycle ingénieur • Bac+3 ; dossier, entretien.

ISEN Nantes Carquefou

Institut supérieur de l'électronique et du numérique de Nantes, 35, av. du Champ de Manoeuvre, 44470 Carquefou, tél. 02.40.52.40.35, Web : isen-nantes.fr

Statut : association loi 1901 • **Frais d'inscription :** aucun • **Frais de scolarité :** 5 200 € en 1re année, 5 200 € en 2e année, 6 800 € en 3e année, 6 800 € en 4e année, 6 800 € en 5e année.

■ **Ingénieur diplômé** de l'ISEN Yncréa Ouest options technologies numériques et leurs applications, technologies et environnement, management de projet et développement d'affaires, hautes technologies et design de l'innovation, systèmes d'information, réseaux et multimédia (CTI) • **Durée des études :** 5 ans possibilité de préparer un cycle informatique et réseaux en 3 ans et d'obtenir un Bachelor of

Technology. Fcp possible : 1 an en 5e année. **Année de césure :** 1 an entre la 4e et la 5e année.

Admission en cycle préparatoire 1re année • Bac S ; concours puissance 11 ; dossier, épreuves écrites • Élèves ayant suivi un semestre de PACES (pour une rentrée en prépa rebond fin janvier) ; dossier.

Admission en 1re année du cycle ingénieur • Maths spé MP, PC, PSI ; concours FESIC prépa sur banque de notes e3a • Maths spé PT ; concours FESIC prépa sur banque filière PT • L2, maths spé ATS, DUT MPh, GEII, réseaux et télécommunications, cycle préparatoire du lycée Ozanam à Lille et du lycée de la Croix-Rouge à Brest ; entretien (pour les BTS et DUT), sélection commune ISEN Toulon, Lille, Brest.

Admission parallèle en 2e année du cycle ingénieur • Bac+4 en physique option électronique, EEA, informatique ; sélection commune ISEN Toulon, Lille, Brest.

ISEN Toulon

Institut supérieur de l'électronique et du numérique de Toulon, Maison du numérique et de l'innovation, place Georges-Pompidou, 83000 Toulon, tél. 04.94.03.89.50, Web : www.isen.fr

Statut : privé sous contrat • **Frais d'inscription :** aucun • **Frais de scolarité :** 2 950 € en 1re année, 2 950 € en 2e année, 6 800 € en 3e année, 6 800 € en 4e année, 6 800 € en 5e année.

■ **Ingénieur diplômé** de l'ISEN Yncréa Méditerranée majeures systèmes d'information réseaux et multimédia, technologies numériques et leurs applications, hautes technologies et design de l'innovation, management de projets et développement d'affaires, technologies et environnement (CTI) • **Durée des études :** 5 ans. Fcp possible : 1 an en dernière année.

Admission en cycle préparatoire 1re année • Bac S ; concours puissance 11 ; dossier, épreuves écrites • Bac STI2D ; dossier, entretien • Élèves ayant suivi un semestre de PACES (pour une rentrée en prépa rebond fin janvier) ; dossier.

Admission en 1re année du cycle ingénieur • Maths spé MP, PC, PSI ; concours FESIC prépa sur banque de notes e3a • Maths spé PT ; concours FESIC prépa sur banque filière PT • DUT GEII, informatique, MPh, réseaux et télécommunications, BTSBTS systèmes numériques option électronique et communications + prépa ATS ; dossier, entretien.

Admission parallèle en 2e année du cycle ingénieur • Bac+3 ; dossier.

ISEP Paris

Institut supérieur d'électronique de Paris - école d'ingénieurs du numérique, 28, rue Notre-Dame-des-Champs, 75006 Paris, tél. 01.49.54.52.00, Web : www.isep.fr

Statut : privé • **Frais d'inscription :** 75 € • **Frais de scolarité :** 3 220 € en 1re année, 3 220 € en 2e année, 8 220 € en 3e année, 8 220 € en 4e année, 8 220 € en 5e année 7090 € par an pour le cycle préparatoire international.

Ingénieur diplômé de l'ISEP (CTI) • **Durée des études :** 5 ans. **Fca possible :** de 2 à 3 ans en cycle ingénieur.

Admission en cycle préparatoire 1re année • Bac S ; concours puissance 11 ; dossier, épreuves écrites • Bac S, STI2D pour l'admission en cycle international uniquement ; dossier, entretien, tests pour les STI2D.

Admission en cycle préparatoire 2e année • Maths sup MPSI, PCSI ou PTSI admis en 2e année PSI ; dossier, entretien.

Admission en 1re année du cycle ingénieur • Maths spé MP, PC, PSI ; concours FESIC prépa sur banque de notes e3a • Maths spé PT ; concours FESIC prépa sur banque filière PT • Maths spé TSI ; concours sur banque d'épreuves écrites du concours commun polytechnique, oral propre • DUT GEII, MPh, informatique, réseaux et télécommunications, licence scientifique ou technique, maths spé ATS ; dossier, entretien.

Admission parallèle en 2e année du cycle ingénieur • Bac+4 scientifique ou diplôme d'ingénieur avec connaissances suffisantes en électronique ; dossier.

Les écoles de la FESIA

Elles sont quatre : l'ESA, EI Purpan, l'ISA et l'ISARA, spécialisées dans les sciences du vivant, l'agroalimentaire, l'agriculture et l'environnement. Vous pouvez candidater pour trois écoles au maximum. Toutes sont membres de la FESIC.

Pour qui ?

Les bacheliers scientifiques, toutes spécialités, et les bacs technos STAV, STL et STI2D (à Purpan) peuvent s'inscrire à ce concours. En 2017, 649 places ont été offertes, toutes séries confondues.

4 écoles	Nombre de places en 2017
PURPAN Toulouse (S, STAV, STL, STI2D)	200 (dont quelques places offertes aux ES option maths)
ESA Angers (S, STAV)	160
ISA Lille (S, STAV, STL)	144
ISARA Lyon (S, STAV, STL)	145 (quelques places également pour les filières STL)

La sélection

C'est un des rares réseaux qui ne passe pas par APB. Ici votre inscription se fait *via* le portail www.grandesecoles-postbac.fr. La première étape est commune à toutes les écoles, il s'agit de l'étude de votre dossier scolaire. Il doit comporter vos résultats postbac, de la seconde à la terminale, y compris ceux des classes redoublées, les notes obtenues à l'épreuve anticipée de français et des lettres d'appréciation (les avis des professeurs des matières scientifiques sont appréciés). Des pièces complémentaires et spécifiques peuvent être demandées par les écoles.

Si votre dossier est retenu, vous passez une épreuve écrite ou orale selon les écoles que vous visez. L'ESA propose un entretien de motivation et des tests écrits. À l'ISA, c'est un entretien et un questionnaire de motivation qui vous attend. À l'ISARA, vous participez à une journée candidat organisée entre avril et mai. Enfin, à Purpan, deux épreuves orales attendent les candidats.

Les frais d'inscription

Pour une candidature dans trois établissements, ils s'élèvent à 150 € ; 50 € pour les boursiers.

Renseignements

FESIA – 3 *bis* Cité d'Hauteville – 75010 Paris – Tél. : 01.49.49.09.49 – Mail : contact@fesia.org – Site : www.fesia.org.

Les écoles de la FESIA, en fiches

ESA Angers

École supérieure d'agricultures, 55, rue Rabelais, BP 30748, 49007 Angers cedex 1, tél. 02.41.23.55.55, Web : www.groupe-esa.com

Statut : privé sous contrat • **Frais d'inscription :** aucun • **Frais de scolarité :** 5 900 € par an.

Ingénieur diplômé de l'ESA Angers (CTI) • **Durée des études :** 5 ans. **Fca possible :** 3 ans en cycle ingénieur. **Année de césure :** 1 an.

Admission en cycle préparatoire 1re année • Bac S, STAV, STL ; dossier, entretien, tests.

Admission en cycle préparatoire 2e année • L1 à orientation biologie, maths sup BCPST, PACES, BTSA productions animales, sciences et technologies des aliments, ACSE, agronomie : productions végétales ; dossier, entretien, tests.

Admission en 1re année du cycle ingénieur • DUT génie biologique, option agronomie ou IAB avec excellent dossier, maths spé BCPST admissible ENSA, L2 ou L3 à dominante biologie, licence pro, parcours PluriPass de l'université d'Angers ; dossier, entretien, tests.

Admission parallèle en 2e année du cycle ingénieur • M1 à orientation biologique ; dossier, entretien, tests.

INP-EI Purpan Toulouse

École d'ingénieurs de Purpan, 75, voie du Toec, BP 57611, 31076 Toulouse cedex 3, tél. 05.61.15.30.30, Web : www.purpan.fr

Statut : privé sous contrat • **Frais d'inscription :** 130 € • **Frais de scolarité :** 5 400 € par an.

■ **Ingénieur diplômé** de l'école d'ingénieurs de Purpan (CTI) • **Durée des études :** 5 ans.

Admission en cycle préparatoire 1re année • Bac S, STAV, STL, STI2D ; dossier, entretien • Bac ES spécialité mathématiques, PACES en réorientation, L1, maths sup BCPST ; dossier.

Admission en cycle préparatoire 2e année • L1 biologie, maths spé BCPST, BTS agricole, DUT génie biologique option agronomie ; dossier.

Admission en 1re année du cycle ingénieur • L2 ou L3 de biologie, BTS ou DUT + 1 an d'études, licence pro, M1, préparation aux formations d'ingénieurs de Toulouse ingénierie (PACES-TI) de l'UPS ; dossier.

ISA Lille

48, bd Vauban, 59046 Lille cedex, tél. 03.28.38.48.01, 03.28.38.48.48, Web : www.isa-lille.fr

Statut : privé • **Frais d'inscription :** aucun • **Frais de scolarité :** 5 100 € par an.

■ **Ingénieur diplômé** de l'ISA Yncréa Hauts-de-France (CTI) • **Durée des études :** 5 ans. **Fca possible :** 3 ans en cycle ingénieur. Fcp possible : de 1 à 2 ans en 4e et/ou 5e année.

Admission en cycle préparatoire 1re année • Bac S, STAV, STL ; dossier, entretien.

Admission en cycle préparatoire 2e année • BTSA, L1 de biologie, maths sup BCPST ; dossier, entretien.

Admission en 1re année du cycle ingénieur • L2 ou L3 de biologie, élèves admissibles en écoles vétérinaires ou agronomiques, DUT génie biologique, maths spé BCPST ; dossier, entretien.

Admission parallèle en 2e année du cycle ingénieur • Bac+4 en biologie ; dossier, entretien.

ISARA Lyon

23, rue Jean-Baldassini, 69364 Lyon cedex 7, tél. 04.27.85.85.85, Web : www.isara.fr

Statut : privé sous contrat • **Frais d'inscription :** 150 € • **Frais de scolarité :** 5 700 € par an.

■ **Ingénieur diplômé** de l'ISARA Lyon spécialités alimentation, agronomie, environnement (CTI) • **Durée des études :** 5 ans. **Fca possible :** 3 ans en cycle ingénieur. Fcp possible : 1 an en 5e année.

Admission en cycle préparatoire 1re année • Bac S, STAV, STL ; dossier, entretien.

Admission en cycle préparatoire 2e année • L1 à orientation biologique, BTSA ou BTS filière biologie, maths sup BCPST ou TB, 1re année commune aux études de santé (PACES) ; dossier, entretien.

Admission en 1re année du cycle ingénieur • L2 ou L3 à orientation biologie, DUT génie biologique, maths spé BCPST ou TB, prépa post-BTS, BTSA, licence professionnelle ; dossier, entretien.

Admission parallèle en 2e année du cycle ingénieur • M1 à orientation biologique, 4e année de la faculté de pharmacie de Lyon ; dossier, entretien.

Les ICAM

Le groupe ICAM s'étend sur 6 campus : Lille, Paris-Sénart, Nantes, Bretagne, Vendée et Toulouse. Il est membre du réseau FESIC.

Pour qui ?

Les bacheliers scientifiques peuvent candidater au cursus intégré sur les campus de Lille, Nantes, Toulouse et Paris et au cursus apprentissage sur les campus de Lille, Bretagne, Paris-Sénart, Vendée et Toulouse. Ce dernier est également ouvert aux STI2D. Durant les deux premières années, les apprentis ingénieurs préparent leur entrée en entreprise.

Les Icam, en fiches

Icam Lille

Institut catholique d'arts et métiers, 6, rue Auber, BP 10079, 59016 Lille cedex, tél. 03.20.22.61.61, Web : www.icam.fr

Statut : privé sous contrat • **Frais d'inscription :** aucun • **Frais de scolarité :** 3 010 € en 1re année, 3 010 € en 2e année, 6 700 € en 3e année, 6 700 € en 4e année, 6 700 € en 5e année.

■ **Ingénieur diplômé** de l'Icam (CTI) • **Durée des études :** 5 ans cycle préparatoire en partenariat avec le lycée Ozanam Lille.

Admission en cycle préparatoire 1re année • Bac S ; sélection Icam ; dossier, entretien.

Admission en 1re année du cycle ingénieur • Maths spé admissible aux concours communs polytechniques, Arts et Métiers ou Centrale-Supélec, DUT GMP, MPh ; sélection Icam ; dossier, entretiens.

Icam Nantes Carquefou

Institut catholique d'arts et métiers, 35, av. du Champ-de-Manoeuvres, 44470 Carquefou, tél. 02.40.52.40.52, Web : www.icam.fr

Statut : privé • **Frais d'inscription :** aucun • **Frais de scolarité :** 3 010 € en 1re année, 3 010 € en 2e année, 6 700 € en 3e année, 6 700 € en 4e année, 6 700 € en 5e année.

■ **Ingénieur diplômé** de l'Icam (CTI) • **Durée des études :** 5 ans.

Admission en cycle préparatoire 1re année • Bac S ; sélection Icam ; dossier, entretien.

Admission en 1re année du cycle ingénieur • Maths spé admissible aux concours communs polytechniques, Arts et Métiers ou Centrale-Supélec, DUT GMP, MPh ; sélection Icam ; dossier, entretiens.

Icam Paris-Sénart Lieusaint

Institut catholique d'arts et métiers, 2, allée des Savoirs, Carré Sénart, 77127 Lieusaint, tél. 01.49.31.20.00, Web : www.icam.fr

Statut : association loi 1901 • **Frais d'inscription :** 150 € • **Frais de scolarité :** 3 010 € en 1re année, 3 010 € en 2e année, 6 700 € en 3e année, 6 700 € en 4e année, 6 700 € en 5e année.

■ **Ingénieur diplômé** de l'Icam (CTI) • **Durée des études :** 5 ans.

Admission en cycle préparatoire 1re année • Bac S ; sélection Icam ; dossier, entretien.

Admission en 1re année du cycle ingénieur • Maths spé admissible aux concours communs polytechniques, Arts et Métiers ou Centrale-Supélec, DUT GMP, MPh ; sélection Icam ; dossier, entretiens.

Icam Toulouse

Institut catholique d'arts et métiers, 75, av. de Grande-Bretagne, CS 97615, 31076 Toulouse cedex 3, tél. 05.34.50.50.50, Web : www.icam.fr

Statut : association loi 1901 • **Frais d'inscription :** aucun • **Frais de scolarité :** 3 010 € en 1re année, 3 010 € en 2e année, 6 700 € en 3e année, 6 700 € en 4e année, 6 700 € en 5e année.

■ **Ingénieur diplômé** de l'Icam (CTI) • **Durée des études :** 5 ans dont un semestre ou un an à l'étranger.

Admission en cycle préparatoire 1re année • Bac S ; sélection Icam ; dossier, entretien.

Admission en 1re année du cycle ingénieur • Maths spé admissible aux concours communs polytechniques, Arts et Métiers ou Centrale-Supélec, DUT GMP, MPh ; sélection Icam ; dossier, entretiens • Préparation aux formations d'ingénieurs de Toulouse ingénierie (PACES-TI) de l'UPS ; dossier.

Les formations en partenariat

Icam Bretagne Vannes

Institut catholique d'arts et métiers, 9, rue du Commandant-Charcot, 56000 Vannes cedex, tél. 02.97.62.11.81, Web : www.icam.fr

Statut : privé • **Frais d'inscription :** 150 € • **Frais de scolarité :** 3 010 € par an.

■ **Ingénieur diplômé** de l'Icam, spécialité mécanique et automatique en partenariat avec l'ITII Bretagne (CTI) • **Durée des études :** 5 ans obtention du BTS ATI en fin de 2e année. **Fca possible :** 3 ans en cycle ingénieur.

Admission principale en 1re année • Bac S, STI2D ; dossier, entretiens.

Admission parallèle en 3e année • BTS, DUT industriel, maths spé ; dossier, entretiens.

Icam Lille

Institut catholique d'arts et métiers, 6, rue Auber, BP 10079, 59016 Lille cedex, tél. 03.20.22.61.61, Web : www.icam.fr

Statut : privé sous contrat • **Frais d'inscription :** 150 € • **Frais de scolarité :** 3 010 € par an.

■ **Ingénieur diplômé** de l'Icam, spécialité mécanique et automatique en partenariat avec l'ITII Nord-Pas-de-Calais (CTI) • **Durée des études :** 5 ans 1eR cycle de 4 semestres sous statut étudiant en partenariat avec le lycée Ozanam Lille et cycle ingénieur sous statut apprenti. **Fca possible :** 3 ans en cycle ingénieur.

Admission principale en 1re année • Bac S, STI2D ; dossier, entretiens.

Admission parallèle en 3e année • BTS ou DUT industriel, maths spé ; dossier, entretiens.

Icam Toulouse

Institut catholique d'arts et métiers, 75, av. de Grande-Bretagne, CS 97615, 31076 Toulouse cedex 3, tél. 05.34.50.50.50, Web : www.icam.fr

Statut : association loi 1901 • **Frais d'inscription :** 150 € • **Frais de scolarité :** 3 010 € par an.

■ **Ingénieur diplômé** de l'Icam, spécialité mécanique et automatique en partenariat avec l'ITII Midi-Pyrénées (CTI) • **Durée des études :** 5 ans le 1ᵉR cycle de 2 ans s'effectue en partenariat avec le lycée Saliège. **Fca possible :** 3 ans en cycle ingénieur.

Admission principale en 1ʳᵉ année • Bac S, STI2D ; dossier, entretiens.

Admission parallèle en 3ᵉ année • BTS, DUT industriel, maths spé ; dossier, entretiens.

Icam Vendée La Roche-sur-Yon

Institut catholique d'arts et métiers, 28, bd d'Angleterre, 85000 La Roche-sur-Yon, tél. 02.51.47.70.70, Web : www.icam.fr

Statut : association loi 1901 • **Frais d'inscription :** 150 € • **Frais de scolarité :** 3 010 € par an.

■ **Ingénieur diplômé** de l'Icam, spécialité mécanique et automatique (CTI) • **Durée des études :** 5 ans obtention du BTS CRSA ou CPI en fin de 2ᵉ année. **Fca possible :** 3 ans en cycle ingénieur.

Admission principale en 1ʳᵉ année • Bac S, STI2D ; dossier, entretiens.

Admission parallèle en 3ᵉ année • BTS, DUT industriel, maths spé ; dossier, entretiens.

Écoles	Nombre de places ouvertes
ICAM intégré (bac S)	**350**
ICAM Lille	100
ICAM Nantes	100
ICAM Toulouse	100
ICAM Paris-Sénart	50
ICAM apprentissage (bac S ou STI2D)	**220**

La sélection

Pour tous les candidats, la sélection porte d'abord sur le dossier scolaire (notes de seconde, première, des deux premiers trimestres de terminale et de celles obtenues à l'épreuve anticipée de français). Vous devez également joindre une lettre de motivation et trois lettres d'appréciation écrites par vos professeurs de mathématiques, de sciences physiques et d'une matière littéraire. Pour les STI2D, vous devez compléter votre dossier avec une recommandation d'un enseignant technique. Les élèves sélectionnés passent ensuite des entretiens oraux. Vous êtes libre de choisir un créneau de passage sur www.grandesecoles-postbac.fr.

Si vous postulez à la fois aux formations « ICAM intégré » et « ICAM apprentissage », il vous faudra constituer deux dossiers distincts.

Les frais d'inscription

En 2017, ils étaient de 150 € pour les bacheliers S et STI2D, cursus intégré ou apprentissage ; de 50 € pour les élèves boursiers.

Renseignements

FESIC – 35 rue de la Bienfaisance – 75008 Paris – Tél. : 01.80.90.53.10 – Mail : info@fesic.org – Site : www.fesic.org.

Les ECAM

Les quatre ECAM, Lyon, Rennes, Strasbourg-Europe, et ECAM-EPMI, membres du réseau FESIC, proposent une procédure commune de recrutement pour les bacheliers scientifiques.

Pour qui ?

Le concours est ouvert aux bacs S sur tous les sites, et aux bacs STI2D à l'ECAM-EPMI uniquement. Sachez qu'un cursus international a également ouvert ses portes à la rentrée 2016. Il s'agit d'une formation dispensée en anglais et proposée aux bacheliers scientifiques.

Au total, en 2017, 478 places ont été offertes dans les quatre établissements.

4 ECAM	Nombre de places en 2017
ECAM Lyon	160 en prépa intégrée à Lyon (dont 15 à Clermont-Ferrand) et 65 en cursus international à Lyon.
ECAM Rennes	70 places en prépa intégrée PCSI-PSI
ECAM Strasbourg-Europe	48 places en prépa intégrée PCSI-PSI ; 45 en cursus international
ECAM-EPMI	80 places en prépa intégrée ; 20 places offertes aux STI2D

La sélection

La sélection se fait d'abord sur dossier et repose sur vos résultats dans les différentes matières, en classes de première et de terminale, les appréciations de vos professeurs et du conseil de classe, et une lettre de motivation. Les candidats retenus sont ensuite convoqués à un entretien de sélection, organisé sur une demi-journée. L'épreuve prend l'allure d'une discussion face à deux membres du jury. Il est question de votre motivation, de votre projet professionnel, de vos investissements intra- ou extrascolaire, mais on vous présente aussi les points forts de l'école et même les locaux lors d'une visite !

Pour les STI2D, la procédure est propre à l'établissement.

Les frais d'inscription

En 2017, ils s'élevaient à 90 € pour les candidats issus d'un bac S, à 40 € pour les STI2D. Gratuits pour les élèves boursiers.

Renseignements

Site : http://admission.ecam.fr

Les ECAM, en fiches

ECAM-EPMI Cergy-Pontoise

13, bd de l'Hautil, 95092 Cergy-Pontoise cedex, tél. 01.30.75.60.40, Web : www.ecam-epmi.fr

Statut : association loi 1901 • **Frais d'inscription :** 100 € • **Frais de scolarité :** 4 700 € en 1re année, 4 700 € en 2e année, 6 950 € en 3e année, 6 950 € en 4e année, 6 950 € en 5e année.

■ **Ingénieur diplômé** ECAM-EPMI filières ingénierie des systèmes électriques, mécatronique productique et systèmes industriels, logistique et achats industriels, management des réseaux et technologies de l'information, management des systèmes d'information et ingénierie financière, énergétique et ville du futur, gouvernance des réseaux (CTI) • **Durée des études :** 5 ans.

Admission en cycle préparatoire 1re année • Bac S ; sélection ECAM ; dossier, entretien • Bac STI2D ; concours interne.

Admission en cycle préparatoire 2e année • Maths sup, L1 ou 1re année de DUT ou de BTS recalés à la banque d'épreuve DUT/BTS ; dossier, entretien.

Admission en 1re année du cycle ingénieur • Maths spé MP, PC, PSI ; concours FESIC prépa sur banque de notes e3a • Maths spé PT ; concours FESIC prépa sur banque filière PT • DUT, BTS ; banque d'épreuves DUT-BTS • Maths spé ATS ; concours ATS • L2 ou L3 scientifique, maths spé TSI ; dossier, entretien.

Admission parallèle en 2e année du cycle ingénieur • M1 scientifique ou technologique ou diplôme étranger équivalent, diplôme d'ingénieur ; dossier, entretien.

ECAM Lyon

40, montée Saint-Barthélemy, 69321 Lyon cedex 5, tél. 04.72.77.06.00, Web : www.ecam.fr

Statut : privé • **Frais d'inscription :** 50 € • **Frais de scolarité :** 1 424 € en 1re année, 1 424 € en 2e année, 6 200 € en 3e année, 6 000 € en 4e année, 5 980 € en 5e année.

■ **Ingénieur diplômé** de l'école catholique d'arts et métiers de la fondation ECAM (CTI) • **Durée des études :** 5 ans. **Année de césure :** 1 an possible entre la 4e et la 5e année.

Admission en cycle préparatoire 1re année • Bac S ; sélection ECAM ; dossier, entretien.

Admission en 1re année du cycle ingénieur • Maths spé MP, PC, PSI ; concours FESIC prépa sur banque de notes e3a • Maths spé PT ; concours FESIC prépa sur banque filière PT • Maths spé MP, PSI, PT ou TSI admissible au concours CentraleSupélec, CCP ou ENSAM, DUT GMP, MPh, GTE, SGM, L2 ou L3 en mécanique, physique, mathématiques, énergétique ; dossier, entretien.

ECAM Rennes-Louis-de-Broglie Rennes

Campus de Ker-Lann - Bruz, CS 29128, 35091 Rennes cedex 9, tél. 02.99.05.84.00, Web : www.ecam-rennes.fr

Statut : association loi 1901 • **Frais d'inscription :** aucun • **Frais de scolarité :** 2 680 € en 1re année, 3 700 € en 2e année, 7 100 € en 3e année, 7 100 € en 4e année, 7 100 € en 5e année.

■ **Ingénieur diplômé** de l'ECAM Rennes Louis-de-Broglie (CTI) • **Durée des études :** 5 ans. Fcp possible : 1 an en 5e année. **Année de césure :** 1 an possible entre la 4e et 5e année.

Admission en cycle préparatoire 1re année • Bac S ; sélection ECAM ; dossier, entretien.

Admission en 1re année du cycle ingénieur • Maths spé MP, PC, PSI ; concours FESIC prépa sur banque de notes e3a • Maths spé PT ; concours FESIC prépa sur banque filière PT • Maths spé TSI ; concours sur banque d'épreuves écrites du concours commun polytechnique, entretien propre • DUT, BTS ; banque d'épreuves DUT-BTS • Maths spé ATS ; concours ATS • L2 ou L3 sciences et technologies ; dossier, entretien.

Admission parallèle en 2e année du cycle ingénieur • M1 scientifique ou technologique ; dossier, entretien.

ECAM Strasbourg-Europe

Espace européen de l'Entreprise, rue de Madrid, BP 20013, 67012 Strasbourg cedex, tél. 03.90.40.09.63, Web : www.ecam-strasbourg.eu

Statut : association loi 1901 • **Frais d'inscription :** aucun • **Frais de scolarité :** 2 535 € en 1re année, 2 535 € en 2e année, 6 780 € en 3e année, 6 780 € en 4e année, 6 780 € en 5e année.

■ **Ingénieur diplômé** de l'école catholique d'arts et métiers de la fondation ECAM (CTI) • **Durée des études :** 5 ans. Fcp possible : 1 an en 5e année.

Admission en cycle préparatoire 1re année • Bac S ; sélection ECAM ; dossier, entretien.

Admission en 1re année du cycle ingénieur • Maths spé MP, PC, PSI ; concours FESIC prépa sur banque de notes e3a • Maths spé PT ; concours FESIC prépa sur banque filière PT • DUT, BTS ; banque d'épreuves DUT-BTS • Maths spé ATS ; concours ATS • DUT MPh et GMP de l'IUT de Schiltigheim, DUT GEII et QLIO de l'IUT Haguenau, maths spé TSI, licence ou M1 scientifique ou technologique ; dossier.

Les ENI

On recense quatre ENI en France : Brest, Saint-Étienne, Metz et Tarbes. Cette dernière recrute *via* le concours GEIPI Polytech sur dossier, épreuve écrite ou entretien oral.

Pour qui ?

Les ENI de Brest, Saint-Étienne et Metz organisent leur propre concours commun ouvert aux terminales S (380 places) et STI2D (20 places).

3 écoles	Votre cursus	
	S	STI2D
ENI Brest	140	4
ENI Metz	124	12
ENI Saint-Étienne (génie civil)	46	2

3 écoles	Votre cursus	
	S	STI2D
ENI Saint-Étienne (génie mécanique)	70	2
ENI Saint-Étienne (génie physique)	–	–

La sélection

Sur APB (www.admission-postbac.fr) vous devez sélectionner le concours « groupe ENI » et classer les écoles par ordre de préférence. La sélection se fait ensuite sur dossier. Vous devez fournir les notes des deux premiers trimestres de terminale et les notes des épreuves anticipées de français. Les coefficients suivants sont affectés aux matières : mathématiques et sciences physiques : 5 ; français (bac) : 3 ; langue vivante 1 : 2 ; philosophie : 1. Les meilleurs candidats peuvent être dispensés d'épreuve orale qui se scinde en deux temps : une préparation de 30 minutes, et 30 minutes de discussion. Vous serez ici amené à évoquer un texte préalablement étudié, scientifique ou non, puis à faire part de vos motivations et de vos projets au jury. Un coefficient 2 est affecté au dossier, 1 à l'entretien.

Libre à vous de choisir l'ENI dans laquelle vous souhaitez passer votre oral, mais il vous est conseillé de privilégier celle classée en premier vœu afin de bénéficier de la présentation de l'école.

Les frais d'inscription

Pour les ENI de Brest, Saint-Étienne et Metz, les frais d'inscription s'élèvent à 50 €. Gratuits pour les boursiers.

Renseignements

Rendez-vous sur www.ingenieur-eni.fr ou consulter le Screni, Service commun de recrutement niveau bac des ENI : 1, route d'Ars-Laquenexy – CS 65820 – 57078 Metz Cedex 3 – Tél. : 03.87.34.42.61.

ENIB Brest

École nationale d'ingénieurs de Brest, Technopôle Brest-Iroise, CS 73862, 29238 Brest cedex 3, tél. 02.98.05.66.00, Web : www.enib.fr

Statut : public • **Frais d'inscription :** 216 € • **Frais de scolarité :** 610 € par an.

■ **Ingénieur diplômé** de l'ENIB spécialités électronique, informatique, mécatronique (CTI) • **Durée des études :** 5 ans. Fcp possible : 1 an en 5e année. **Année de césure :** 1 an possible entre chaque semestre.

Admission en cycle préparatoire 1re année • Bac S, STI2D ; concours groupe ENI ; dossier, épreuves orales.

Admission en 1re année du cycle ingénieur • Maths spé, bac+2 ; concours ENI niveau bac+2 ; dossier, entretien éventuel.

Admission parallèle en 2e année du cycle ingénieur • L3, M1 ou équivalent ; dossier.

ENIM Metz

École nationale d'ingénieurs de Metz, 1, route d'Ars-Laquenexy, CS 65820, 57078 Metz cedex 3, tél. 03.87.34.69.00, Web : www.enim.fr

Statut : public • **Frais d'inscription :** aucun • **Frais de scolarité :** 610 € par an.

■ **Ingénieur diplômé** de l'ENIM de l'université de Lorraine options conception mécanique assistée par ordinateur, énergie et environnement, logistique et gestion industrielle, maintenance industrielle et gestion des installations, management de lignes de production, qualité, recherche développement et innovation, aéronautique, nucléaire, pétrole, froid et climatisation, management de projets internationaux (CTI) • **Durée des études :** 5 ans.

Admission en cycle préparatoire 1re année • Bac S, STI2D ; concours groupe ENI ; dossier, épreuves orales.

Admission en cycle préparatoire 2e année • Maths sup ; dossier, entretien éventuel.

Admission en 1re année du cycle ingénieur • Maths spé, bac+2 ; concours ENI niveau bac+2 ; dossier, entretien éventuel.

Admission parallèle en 2e année du cycle ingénieur • Bac+4 ; dossier, entretien éventuel.

ENISE Saint-Étienne

École nationale d'ingénieurs de Saint-Étienne, 58, rue Jean-Parot, 42023 Saint-Étienne cedex 2, tél. 04.77.43.84.84, Web : www.enise.fr

Statut : public • **Frais d'inscription :** 50 € • **Frais de scolarité :** 610 € par an.

■ **Ingénieur diplômé** de l'ENISE, spécialité génie civil options bâtiment, ouvrages et travaux publics, éco-construction bois et environnement • génie mécanique options conception et simulation, production et industrialisation, génie des systèmes industriels, génie sensoriel (CTI) • **Durée des études :** 5 ans possibilité d'effectuer la 5e année au Centre des hautes études de la construction (CHEC).

Admission en cycle préparatoire 1re année • Bac S, STI2D ; concours groupe ENI ; dossier, épreuves orales.

Admission en 1re année du cycle ingénieur • Maths spé, bac+2 ; concours ENI niveau bac+2 ; dossier, entretien éventuel.

Les INSA

Le groupe INSA, c'est six écoles d'ingénieurs INSA en France (Centre-Val de Loire, Lyon, Rennes, Rouen, Strasbourg et Toulouse), un campus international (INSA Euroméditerranée, à Fès, au Maroc), et sept écoles partenaires (ENSIL-ENSCI de Limoges, ENSIAME Valenciennes, ISIS [École d'ingénieurs en informatique et système d'information pour la santé] Castres, ENSCMu [École nationale supérieure de chimie de Mulhouse], ENSISA [École nationale supérieure d'ingénieurs Sud-Alsace], ESITech Rouen et Sup'EnR Perpignan).

Pour qui ?

Le concours est ouvert aux bacs S (options maths, physique et SVT) et aux bacheliers STI2D (INSA Lyon et Toulouse) et STL, option SPCL (INSA Lyon). Ces derniers bénéficient d'un cycle préparatoire adapté, renforcé en sciences, baptisé « Formation active ». Postbac, il existe un recrutement commun aux INSA et aux écoles partenaires (excepté pour l'ESITech Rouen).

En 2016, 14 089 candidatures ont été reçues, pour 14,8 % d'admis. En 2017, 2 295 places ont été ouvertes dans les INSA, parmi lesquelles une cinquantaine pour les bacs techno.

6 écoles	Votre cursus	
	S	STI2D/STL
Centre-Val de Loire	210	–
Lyon	851	24 (STI2D & STL)
Rennes	300	–
Rouen	280	–
Strasbourg	230	–
Toulouse	376	24 (STI2D)

La sélection

Pour les S. La première phase d'admission se fait à partir de votre dossier scolaire. Vous devez rapporter vos notes de première et des deux premiers trimestres de terminale, en mathématiques, physique, français, langues vivantes 1 et 2. Les jurés sont attentifs à vos propres notes, mais aussi à la moyenne de la classe dans chaque discipline, et à la note la plus élevée. Deux autres indicateurs entrent en compte : l'appréciation du niveau de la classe de terminale par le proviseur et le taux de mention « Très bien » au baccalauréat obtenu par l'établissement l'année précédente. Chaque spécialité de la série fait l'objet d'un classement. En fonction de la note obtenue après étude de votre dossier, vous pouvez être convoqué à un entretien de motivation, dit de valorisation, où vous devez faire preuve d'ingéniosité et d'ouverture d'esprit. Si vous êtes admis, vous rejoindrez une école du groupe INSA à la rentrée prochaine. Si vous échouez, vous pouvez être repêchés lors d'une seconde vague d'admission, également ouverte aux candidats qui n'ont pas passé l'épreuve orale. Pour cela, vous devez envoyer au plus vite vos résultats du dernier trimestre de terminale. Vous pouvez également évoluer en étant sur liste d'attente dès la première phase d'admission, en fonction de l'évolution de vos vœux, de ceux des autres, des abandons…

Pour les STI2D et STL. La procédure se rapproche de celle des bacheliers scientifiques. Le dossier doit comporter vos notes de mathématiques, physique, français et anglais. Après étude, un premier classement permet de convoquer des élèves à un entretien de motivation. Une première liste d'admissibles est publiée. Une deuxième vague d'admission est organisée, uniquement pour les candidats qui ont passé l'épreuve orale.

Les frais d'inscription

Ils s'élevaient, en 2017, pour les bacheliers généraux, comme technologiques, à 95 €. Gratuit pour les élèves boursiers.

Renseignements

Service admission du groupe INSA – Campus LyonTech – La Doua – 9, allée du Rhône – 69628 Villeurbanne Cedex – Tél. : 04.72.43.81.25 .
Mail : admiss@groupe-insa.fr
Site : http://admission.groupe-insa.fr

Les INSA et écoles partenaires en fiche

ENSIL-ENSCI Limoges

16, rue Atlantis, parc Ester technopole, 87068 Limoges cedex, tél. 05.55.42.36.70, Web : www.ensil.unilim.fr

Statut : public • **Frais d'inscription :** aucun • **Frais de scolarité :** 610 € par an.

Ingénieur diplômé de l'ENSIL ENSCI de l'université de Limoges, spécialités céramique industrielle dominantes matériaux et procédés, ingénierie des procédés (CTI) • **Durée des études :** 5 ans cycle préparatoire intégré à la faculté des sciences et techniques de Limoges.

Admission en cycle préparatoire 1re année • Bac S ou équivalent ; concours groupe INSA ; dossier, éventuellement entretien.

Admission en 1re année du cycle ingénieur • Maths spé MP, PC, PSI ; concours sur banques d'épreuves écrites des concours communs polytechniques, oral propre • Maths spé PT ; concours commun polytechnique filière PT • DUT GTE, GMP, MPh, chimie, GCGP, SGM, BTS chimiste, industries céramiques, traitement des matériaux, maths spé BCPST, TSI, TPC, ATS, L2 sciences de la matière, STU ou STPI ; dossier, entretien.

Admission parallèle en 2e année du cycle ingénieur • Bac+4 scientifique ou diplôme étranger équivalent ; dossier, entretien.

INSA Centre-Val de Loire Blois

Institut national des sciences appliquées Centre-Val-de-Loire, 3, rue de la Chocolaterie, CS 23410, 41034 Blois cedex, tél. 02.54.55.84.00, Web : www.insa-centrevaldeloire.fr

Statut : public • **Frais d'inscription :** aucun • **Frais de scolarité :** 610 € par an.

■ **Ingénieur diplômé** de l'INSA Centre Val de Loire, spécialité génie des systèmes industriels options ingénierie des achats industriels, production méthodes automobile et transports (parcours production et méthodes, automobile et transports), systèmes automatisés informatique industrielle et instrumentation (parcours instrumentation et systèmes automatisés, informatique et systèmes industriels), sûreté de fonctionnement (CTI) • **Durée des études :** 5 ans.

Admission en cycle préparatoire 1re année • Bac S ou équivalent ; concours groupe INSA ; dossier, éventuellement entretien.

Admission en cycle préparatoire 2e année • Maths sup, L1 ou équivalent ; concours groupe INSA ; dossier, entretien.

Admission en 1re année du cycle ingénieur • Maths spé MP, PC, PSI ; concours sur banque de notes e3a • Maths spé PT ; concours sur banque filière PT • Maths spé, bac+2 ou licence ; concours groupe INSA ; dossier, éventuellement entretien.

Admission parallèle en 2e année du cycle ingénieur • M1 scientifique ; dossier, entretien.

INSA Centre-Val de Loire Bourges

Institut national des sciences appliquées Centre-Val-de-Loire, 88, bd Lahitolle, Technopôle Lahitolle, CS 60013, 18022 Bourges cedex, tél. 02.48.48.40.00, Web : www.insa-centrevaldeloire.fr

Statut : public • **Frais d'inscription :** aucun • **Frais de scolarité :** 610 € par an.

■ **Ingénieur diplômé** de l'INSA Centre Val de Loire, spécialités : maîtrise des risques industriels (MRI) options risques environnementaux, risques et accidents industriels, transports production robotique, énergie nucléaire, risques et systèmes industriels • sécurité et technologies informatiques (STI) options architecture et sécurité logicielles, administration et sécurité des systèmes, sécurité des systèmes ubiquitaires (CTI) • **Durée des études :** 5 ans 1re année du cycle préparatoire à Blois. **Année de césure :** de 8 à 12 mois entre la 4e et la 5e année.

Admission en cycle préparatoire 1re année • Bac S ou équivalent ; concours groupe INSA ; dossier, éventuellement entretien.

Admission en cycle préparatoire 2e année • Maths sup, L1 ou équivalent ; concours groupe INSA ; dossier, entretien.

Admission en 1re année du cycle ingénieur • Maths spé MP, PC, PSI ; concours sur banque de notes e3a • Maths spé PT ; concours sur banque filière PT • Maths spé, bac+2 ou licence ; concours groupe INSA ; dossier, éventuellement entretien.

Admission parallèle en 2e année du cycle ingénieur • M1 scientifique ; dossier, entretien.

INSA Lyon Villeurbanne

Institut national des sciences appliquées de Lyon, 20, av. Albert-Einstein, 69621 Villeurbanne cedex, tél. 04.72.43.83.83, Web : www.insa-lyon.fr

Statut : public • **Frais d'inscription :** aucun • **Frais de scolarité :** 610 € par an.

■ **Ingénieur diplômé** de l'INSA de Lyon, spécialités : biosciences • génie civil et urbanisme • génie électrique • génie énergétique et environnement • génie industriel • génie mécanique • informatique (CTI) • sciences et génie des matériaux • télécommunications (CTI) • **Durée des études :** 5 ans.

Admission en cycle préparatoire 1re année • Bac S ou équivalent ; concours groupe INSA ; dossier, éventuellement entretien • Bac STI2D, STL ; recrutement commun avec INSA Toulouse.

Admission en cycle préparatoire 2e année • Maths sup, L1 ou équivalent ; concours groupe INSA ; dossier, entretien.

Admission en 1re année du cycle ingénieur • Maths spé, bac+2 ou licence ; concours groupe INSA ; dossier, éventuellement entretien

Admission parallèle en 2e année du cycle ingénieur • Bac+4 scientifique, diplôme étranger équivalent ; dossier, entretien éventuel.

INSA Rennes

Institut national des sciences appliquées de Rennes, 20, av. des Buttes-de-Coësmes, CS 70839, 35708 Rennes cedex 7, tél. 02.23.23.82.00, Web : www.insa-rennes.fr

Statut : public • **Frais d'inscription :** aucun • **Frais de scolarité :** 610 € par an.

■ **Ingénieur diplômé** de l'INSA de Rennes, spécialités : électronique et informatique industrielle • génie civil et urbain • génie mathématique • génie mécanique et automatique • informatique • science et génie des matériaux • systèmes et réseaux de communication (CTI) • **Durée des études :** 5 ans. Fcp possible : 1 an en 5e année.

Admission en cycle préparatoire 1re année • Bac S ou équivalent ; concours groupe INSA ; dossier, éventuellement entretien.

Admission en cycle préparatoire 2e année • Maths sup, L1 ou équivalent ; concours groupe INSA ; dossier, entretien.

Admission en 1re année du cycle ingénieur • Maths spé, bac+2 ou licence ; concours groupe INSA ; dossier, éventuellement entretien.

Admission parallèle en 2e année du cycle ingénieur • M1 sciences et technologies ; dossier.

INSA Rouen Normandie Saint-Étienne-du-Rouvray

Institut national des sciences appliquées de Rouen Normandie, 685 av. de l'Université, BP 08, 76801 Saint-Étienne-du-Rouvray cedex, tél. 02.32.95.07.00, Web : www.insa-rouen.fr

Statut : public • **Frais d'inscription :** 95 € • **Frais de scolarité :** 615 € par an.

■ **Ingénieur diplômé** de l'INSA de Rouen, spécialités : architecture des systèmes d'information • chimie et procédés • conception des systèmes mécaniques (conjointement avec le Master Material- und Produktionswissenschaft) • énergétique et procédés (conjointement avec le Diplom-Ingenieur Maschinenbau und Verfahrenstechnik) • énergétique et propulsion • génie civil en convention avec l'université Le Havre Normandie • génie mathématique • maîtrise des risques industriels • mécanique • procédés chimiques et biotechnologiques (conjointement avec le Master Bio- und Chemieingenieurwissenschaften) (CTI) • **Durée des études :** 5 ans. Fcp possible : 1 an en dernière année.

Admission en cycle préparatoire 1re année • Bac S ou équivalent ; concours groupe INSA ; dossier, éventuellement entretien.

Admission en cycle préparatoire 2e année • Maths sup, L1 ou équivalent ; concours groupe INSA ; dossier, entretien.

Admission en 1re année du cycle ingénieur • Maths spé, bac+2 ou licence ; concours groupe INSA ; dossier, éventuellement entretien.

Admission parallèle en 2e année du cycle ingénieur • M1 sciences, diplôme étranger équivalent ; dossier, entretien.

INSA Strasbourg

Institut national des sciences appliquées de Strasbourg, 24, bd de la Victoire, 67084 Strasbourg cedex, tél. 03.88.14.47.00, Web : www.insa-strasbourg.fr

Statut : public • **Frais d'inscription :** aucun • **Frais de scolarité :** 610 € par an.

■ **Ingénieur diplômé** de l'INSA de Strasbourg, spécialités : génie civil options aménagement, construction • génie électrique options système, énergie • génie énergétique • génie mécanique options énergétique industrielle, ingénierie des systèmes de production, ingénierie des matériaux et surfaces • mécatronique • plasturgie • topographie (CTI) • **Durée des études :** 5 ans les deux premières années sont communes avec la formation d'architecte ; possibilité d'obtenir un diplôme niveau licence en architecture en 6 ans ou un double diplôme d'ingénieur-architecte en 7 ans.

Admission en cycle préparatoire 1re année • Bac S ou équivalent ; concours groupe INSA ; dossier, éventuellement entretien.

Admission en cycle préparatoire 2e année • Maths sup, L1 ou équivalent ; concours groupe INSA ; dossier, entretien.

Admission en 1re année du cycle ingénieur • Maths spé, bac+2 ou licence ; concours groupe INSA ; dossier, éventuellement entretien.

Admission parallèle en 2e année du cycle ingénieur • M1 scientifique validé ou diplôme équivalent ; dossier, entretien.

INSA Toulouse

Institut national des sciences appliquées de Toulouse, 135, av. de Rangueil, 31077 Toulouse cedex 4, tél. 05.61.55.95.13, Web : www.insa-toulouse.fr

Statut : public • **Frais d'inscription :** aucun • **Frais de scolarité :** 610 € par an.

■ **Ingénieur diplômé** de l'INSA de Toulouse, spécialités : automatique et électronique • génie biologique • génie civil • génie des procédés et environnement • génie mécanique • génie physique • informatique et réseaux • mathématiques appliquées (CTI) • **Durée des études :** 5 ans. **Fca possible :** 3 ans en cycle ingénieur génie mécanique. Fcp possible : 1 an en dernière année.

Admission en cycle préparatoire 1re année • Bac S ou équivalent ; concours groupe INSA ; dossier, éventuellement entretien • Bac STI2D ; admission commune groupe INSA sur dossier et entretien.

Admission en cycle préparatoire 2e année • Maths sup, L1 ou équivalent ; concours groupe INSA ; dossier, entretien.

Admission en 1re année du cycle ingénieur • Maths spé, bac+2 ou licence ; concours groupe INSA ; dossier, éventuellement entretien • Préparation aux formations d'ingénieurs de Toulouse ingénierie (PACES-TI) de l'UPS ; dossier.

Admission parallèle en 2e année du cycle ingénieur • Licence secteur sciences, technologies ; dossier, entretien.

ISIS Ingénieurs Castres

École d'ingénieurs en informatique et systèmes d'information pour la santé, rue Firmin-Oulès, 81100 Castres, tél. 05.63.51.24.01, Web : www.isis-ingenieur.fr

Statut : public • **Frais d'inscription :** aucun • **Frais de scolarité :** 680 € par an.

■ **Ingénieur diplômé** de l'institut national universitaire Jean-François Champollion (ISIS), spécialité informatique pour la santé (CTI) • **Durée des études :** 5 ans passage du TOEIC niveau B2 en 4e année. **Fca possible :** 3 ans en cycle ingénieur.

Admission en cycle préparatoire 1re année • Bac S ou équivalent ; concours groupe INSA ; dossier, éventuellement entretien.

Admission en 1re année du cycle ingénieur • Maths spé MP, PC, PSI ; concours Polytech via le concours e3a • Maths spé PT ; concours Polytech sur banque filière PT • Maths spé TSI ; concours Polytech sur banque d'épreuves du concours commun polytechnique TSI • DUT, BTS, licence, préparation aux formations d'ingénieurs de Toulouse ingénierie (PACES-TI) de l'UPS ; dossier, entretien, tests.

Admission parallèle en 2e année du cycle ingénieur • M1 à dominante informatique, 1re année validée d'un cycle ingénieur ; dossier, entretien, tests.

Sup'EnR Perpignan

École d'ingénieurs en énergies renouvelables, 52, av. Paul-Alduy, 66860 Perpignan cedex 9, tél. 04.68.68.22.63, Web : energies-renouvelables.univ-perp.fr

Statut : public • **Frais d'inscription :** aucun • **Frais de scolarité :** 615 € par an.

■ **Ingénieur diplômé** de l'université de Perpignan, spécialité énergétique (CTI) • **Durée des études :** 5 ans le cycle préparatoire a lieu à l'INSA Toulouse.

Admission en cycle préparatoire 1re année • Bac S ou équivalent ; concours groupe INSA ; dossier, éventuellement entretien.

Admission en 1re année du cycle ingénieur • Maths spé, DUT GCi, GEII, GMP, GTE, MPh, BTS + maths spé ATS, L2 ou L3, diplôme étranger équivalent ; dossier, sélection groupe INSA.

Les UT

Le réseau UT rassemble l'UTT (Université de technologie de Troyes), l'UTBM (Université de technologie de Belfort-Montbéliard) et l'UTC (Université de technologie de Compiègne). C'est cette dernière qui se charge de centraliser les candidatures.

Deux rentrées sont organisées chaque année, une en septembre, une seconde en février pour les bacheliers scientifiques uniquement. L'inscription se fait alors sur le site www.3ut-admissions.fr/candidater/ entre octobre et novembre.

Pour qui ?

Les bacheliers S (STI2D et STL à l'UTBM où une formation spécifique leur est proposée en première année) peuvent candidater au tronc commun. Le parcours « Humanités et technologies » de l'UTC est également ouvert aux bacheliers S, ES et L (spécialité maths). La mention n'est pas obligatoire mais elle est souhaitable.

En 2017, 2 802 places ont été offertes à l'UTBM, 350 à l'UTC, et 300 à l'UTT.

La sélection

La sélection est commune aux trois écoles universitaires. C'est d'abord le dossier scolaire qui compte. Il comprend vos notes de première et des deux premiers trimestres de terminale. Si votre candidature est retenue, vous êtes convoqué à une épreuve orale : un entretien de motivation collectif.

Les frais d'inscription

Les frais d'inscription étaient de 95 € en 2017. Gratuits pour les boursiers.

Renseignements

UTC – service des admissions – Rue du Docteur-Schweitzer – CS 60319 – 60203 Compiègne Cedex France – Tél. : 03.44.23.43.55.
Mail : service.admissions@utc.fr
Site : www.3ut-admissions.fr

Les UT, en fiches

UTBM Sevenans

Université de technologie de Belfort-Montbéliard, 4, rue du Château (direction), 90400 Sevenans, tél. 03.84.58.30.00, Web : www.utbm.fr

Statut : public • **Frais d'inscription :** aucun • **Frais de scolarité :** 610 € par an.

Ingénieur diplômé de l'UTBM, spécialités : énergie • informatique • mécanique • mécanique et ergonomie • systèmes industriels (CTI) • **Durée des études :** 5 ans.

Admission en cycle préparatoire 1re année • Bac S, STI2D, STL avec mention ; sélection commune aux universités de technologie sur dossier et entretien • Pour une rentrée en février : bac S, bac + 1, étudiants en réorientation ; sélection commune aux universités de technologie sur dossier et entretien.

Admission en 1re année du cycle ingénieur • L2 ou L3 sciences et technologies, DUT, BTS, maths spé et admissibilité à un concours commun des grandes écoles, diplôme étranger équivalent ; sélection commune aux universités de technologie sur dossier et entretien.

Admission parallèle en 2e année du cycle ingénieur • M1 scientifique ou diplôme étranger équivalent + validation d'un stage industriel d'au moins 20 semaines ; sélection commune aux universités de technologie sur dossier et entretien.

UTC Compiègne

Université de technologie de Compiègne, CS 60319, 60203 Compiègne cedex, tél. 03.44.23.44.23, Web : www.utc.fr

Statut : public • **Frais d'inscription :** aucun • **Frais de scolarité :** 610 € par an.

■ **Ingénieur diplômé** de l'UTC, spécialités : génie biologique • génie des procédés • génie urbain • informatique • mécanique (CTI) • **Durée des études :** 5 ans. **Fca possible :** 3 ans, en cycle ingénieur informatique ou mécanique

Admission en cycle préparatoire 1re année • Bac S ; sélection commune aux universités de technologie sur dossier et entretien • Bac ES, L spécialité mathématiques, S pour le parcours humanités et technologie ; sélection commune aux universités de technologie sur dossier et entretien • Pour une rentrée en février : bac S, bac + 1, étudiants en réorientation ; sélection commune aux universités de technologie sur dossier et entretien.

Admission en cycle préparatoire 2e année • Bac S et une année d'études scientifiques et techniques validée ; dossier, entretien.

Admission en 1re année du cycle ingénieur • L2 ou L3 sciences et technologies, DUT, BTS, maths spé et admissibilité à un concours commun des grandes écoles, diplôme étranger équivalent ; sélection commune aux universités de technologie sur dossier et entretien.

Admission parallèle en 2e année du cycle ingénieur • Bac+4 scientifique ; sélection commune aux universités de technologie sur dossier et entretien.

UTT Troyes

Université de technologie de Troyes, 12, rue Marie-Curie, CS 42060, 10004 Troyes cedex, tél. 03.25.71.76.00, Web : www.utt.fr

Statut : public • **Frais d'inscription :** aucun • **Frais de scolarité :** 610 € par an.

■ **Ingénieur diplômé** de l'UTT, spécialités : automatique et informatique industrielle, en convention avec l'université de Reims options systèmes de production intelligents, technologie embarquée et interopérabilité • génie industriel options logistique interne de production, logistique externe et transport, sûreté de fonctionnement - risques et environnement • génie mécanique options conception et industrialisation des systèmes mécaniques en lien avec l'environnement, technologie de l'information pour la mécanique, simulation numérique en mécanique • informatique et systèmes d'information options management des systèmes d'information, management de projets logiciels, management du risque informationnel • matériaux options économie des matériaux et environnement, technologie et commerce des matériaux et des composants, transformation et qualité des matériaux • réseaux et télécommunications options convergence services et réseaux, technologies mobiles et systèmes embarqués, sécurité des systèmes et des communications (CTI) • **Durée des études :** 5 ans. Fcp possible : 1 an en 5e année, cursus alternance d'excellence réservé aux élèves en avance dans leur cursus.

Admission en cycle préparatoire 1re année • Bac S ou diplôme étranger équivalent ; sélection commune aux universités de technologie sur dossier et entretien

• Pour une rentrée en février : bac S, bac + 1, étudiants en réorientation ; sélection commune aux universités de technologie sur dossier et entretien.

Admission en 1re année du cycle ingénieur • Maths spé MP, PC, PSI ; concours Centrale-Supélec • Maths spé TSI ; concours Centrale-Supélec filière TSI • L2 ou L3 sciences et technologies, DUT, BTS, prépa ATS, diplôme étranger équivalent ; sélection commune aux universités de technologie sur dossier et entretien.

Admission parallèle en 2e année du cycle ingénieur • M1 scientifique ; sélection commune aux universités de technologie sur dossier et entretien.

LES FORMATIONS AUX ADMISSIONS PROPRES

Exit les concours communs ! Certaines écoles recrutent elles-mêmes leurs étudiants dans les filières scientifiques et technologiques. Généralement, la sélection se fait sur dossier et entretien de motivation, mais des épreuves écrites peuvent être ajoutées.

Les écoles universitaires

Six écoles universitaires recrutent des candidats postbac *via* une sélection qui leur est propre : les trois universités de technologies évoquées plus haut qui organisent une sélection commune et l'EIL Côte d'Opale Calais (sélection sur dossier et entretien), l'EIL Côte d'Opale Longuenesse (sur dossier), et ISA BTP Anglet.

Les écoles universitaires, en fiches

EIL Côte d'Opale Calais

École d'ingénieurs du Littoral Côte d'Opale, 50, rue Ferdinand-Buisson, CS 30613, 62228 Calais cedex, tél. 03.21.17.10.02, Web : www.eilco-ulco.fr

Statut : public • **Frais d'inscription :** aucun • **Frais de scolarité :** 615 € par an.

■ **Ingénieur diplômé** de l'EIL Côte d'Opale de l'université du Littoral, spécialité informatique (CTI) • **Durée des études :** 5 ans.

Admission en cycle préparatoire 1re année • Bac S, STI2D ; dossier, entretien.

Admission en 1re année du cycle ingénieur • Maths spé MP, PC, PSI ; concours sur banque de notes e3a • Maths spé PT ; concours sur banque filière PT • Maths spé TSI ; concours sur banque d'épreuves écrites du concours commun polytechnique, entretien propre • Maths spé ATS ; concours ATS • DUT, BTS ; banque d'épreuves DUT-BTS • BTS, DUT, L2 ou L3 scientifique ou technique (intégration en 2e ou 3e année selon le niveau) ; dossier, entretien, épreuve orale.

Admission parallèle en 2e année du cycle ingénieur • M1 scientifique ou technique ; dossier, entretien.

EIL Côte d'Opale Longuenesse

École d'ingénieurs du Littoral Côte d'Opale, La Malassise, CS 50109, 62968 Longuenesse cedex, tél. 03.21.38.85.13, Web : www.eilco-ulco.fr

Statut : public • **Frais d'inscription :** aucun • **Frais de scolarité :** 615 € par an.

■ **Ingénieur diplômé** de l'EIL Côte d'Opale de l'université du Littoral, spécialité génie industriel (CTI) • **Durée des études :** 5 ans le cycle préparatoire se déroule à Calais.

Admission en cycle préparatoire 1re année • Bac S, STI2D ; dossier.

Admission en 1re année du cycle ingénieur • Maths spé MP, PC, PSI ; concours sur banque de notes e3a • Maths spé PT ; concours sur banque filière PT • Maths spé TSI ; concours sur banque d'épreuves écrites du concours commun polytechnique, entretien propre • Maths spé ATS ; concours ATS • DUT, BTS ; banque d'épreuves DUT-BTS • BTS, DUT, L2 ou L3 scientifique ou technique (intégration en 2e ou 3e année selon le niveau) ; dossier, entretien, épreuve orale.

Admission parallèle en 2e année du cycle ingénieur • M1 scientifique ou technique ; dossier, entretien.

ISA-BTP Anglet

Institut supérieur aquitain du bâtiment et des travaux publics, 1, allée du parc Montaury, 64600 Anglet, tél. 05.59.57.44.37, Web : isabtp.univ-pau.fr

Statut : public • **Frais d'inscription :** aucun • **Frais de scolarité :** 610 € par an.

■ **Ingénieur diplômé** de l'ISA BTP de l'université de Pau et des pays de l'Adour, spécialité bâtiment et des travaux publics options bâtiment gros œuvre, habitat et énergie, génie civil et maritime (CTI) • **Durée des études :** 5 ans.

Admission en cycle préparatoire 1re année • Bac S ou STI2D ou diplôme espagnol équivalent.

Admission en 1re année du cycle ingénieur • DUT GC, BTS bâtiment ou travaux publics, licence, maths spé, cycle préparatoire intégré de l'université de Pau ; dossier, entretien.

Admission parallèle en 2e année du cycle ingénieur • M1 génie civil, diplôme d'ingénieur ou équivalent ; dossier.

Les autres établissements

Voici la liste des établissements qui proposent une formation en cinq ans après le baccalauréat et qui ont choisi de mettre en place leur propre sélection : Agrocampus Ouest (dossier, éventuel entretien) ; EME Rennes Bruz (dossier, entretien) ; ENSM Le Havre, ENSM Nantes (épreuves écrites, entretien en français et en anglais) ; EPF Sceaux (dossier, entretien) ; EPITA Le Kremlin Bicêtre (dossier, entretien et tests pour les bac+1) ; Esigelec (dossier et entretien pour les candidats de STI2D) ; ESITC Cachan, ESITC Metz (dossier, entretien, épreuves écrites) ; ESME Sudria Ivry, Lille, Lyon (dossier et éventuelles épreuves orales pour les bac+1), Exia CESI Aix-en-Provence – Arras – Blanquefort – Euralille – Écully – Vandœuvre-lès-Nancy – Sophia Anripolis – Pau – Reims – Mont-Saint-Aignan – Saint-Nazaire – Lingolsheim – Labège – Orléans (dossier, entretien, tests) ; IG2I Lens (dossier, entretien, tests) ; IPSA Ivry-sur-Seine et Toulouse (dossier, entretien, tests pour les bac+1), Istom Cergy-Pontoise (dossier, entretien), ITEEM Villeneuve-d'Ascq (dossier, entretien, épreuve écrite), UniLaSalle (dossier, épreuves écrites – banque d'épreuves de la Fesic – et entretien de motivation)

Les établissements figurant dans la liste ci-dessus, qui font partie du concours Advance sont à retrouver dans les fiches du concours Advance.

Les autres écoles, en fiches

AGROCAMPUS OUEST, centre d'Angers

2, rue André Le-Nôtre, 49045 Angers, tél. 02.41.22.54.54, Web : www.agrocampus-ouest.fr

Statut : public • **Frais d'inscription :** 50 € • **Frais de scolarité :** 1 601 € par an.

■ **Ingénieur diplômé** d'AGROCAMPUS OUEST, spécialités : horticulture spécialisations ingénierie des espaces végétalisés urbains, protection des plantes et environnement appliquée à l'horticulture, sciences et ingénierie du végétal, génie de l'environnement, politique et marchés de l'agriculture et des ressources, qualité des productions spécialisées • paysage spécialisations projet de paysage site et territoire, paysage opérationnalité et projet, ingénierie des espaces végétalisés urbains, génie de l'environnement, politiques et marchés de l'agriculture et des ressources, télédétection environnement, paysage environnement participation société, écologie et éco-ingénierie des zones humides (CTI) • **Durée des études :** 5 ans. **Fca possible :** 3 ans. **Année de césure :** 1 an entre la 4e et la 5e année.

Admission en cycle préparatoire 1re année • Bac S ou STI2D, STAV obtenu l'année du concours ou l'année précédente, diplôme étranger équivalent ; dossier, entretien éventuel.

Admission en cycle préparatoire 2e année • BTSA, BTS, DUT à orientation végétale, L2 scientifique ou admissibilité à l'un des concours de la banque agro-véto ; dossier, entretien.

Admission en 1re année du cycle ingénieur • Maths spé BCPST ; concours A bio ; épreuves écrites et orales • Maths spé TB ; concours A TB bio ; épreuves écrites et orales, entretien • Licence ou licence professionnelle dans les domaines sciences de la vie, de la Terre ou de la matière ; concours B bio ; épreuves écrites et orales, entretien • BTSA toutes options, BTS ou DUT dans les spécialités appropriées ; concours C bio ; épreuves écrites et orales • DUT chimie, génie biologique, GCGP, HSE ; concours C2 ; dossier, épreuves orales • BTSA toutes options, BTS, DUT ou licence pro dans les spécialités appropriées ; concours agro voie apprentissage ; dossier, épreuves écrites et orales.

Admission parallèle en 2e année du cycle ingénieur • Diplôme étranger équivalent à bac + 4 ; concours DE réservé aux candidats étrangers sur dossier et entretien.

AGROCAMPUS OUEST, centre de Rennes

65, rue de Saint-Brieuc, CS 84215, 35042 Rennes cedex, tél. 02.23.48.50.00, Web : www.agrocampus-ouest.fr

Statut : public • **Frais d'inscription :** 50 € • **Frais de scolarité :** 1 601 € par an.

■ **Ingénieur diplômé** d'AGROCAMPUS OUEST, spécialité agroalimentaire spécialisations sciences de l'alimentation et management des entreprises, statistiques appliquées science des données, politique et marchés de l'agriculture et des ressources (CTI) • **Durée des études :** 5 ans.

Admission en cycle préparatoire 1re année • Bac S ou STI2D, STL, STAV obtenu l'année du concours ou l'année précédente, diplôme étranger équivalent ; dossier, entretien éventuel.

Admission en cycle préparatoire 2e année • L2 sciences et technologies, DUT, BTS, BTSA obtenu l'année du concours, admissibilité aux concours agro-véto de l'année en cours ; dossier, entretien éventuel.

EME Rennes Bruz

École des métiers de l'environnement, Av. Robert-Schuman, campus de Ker-Lann, 35170 Bruz, tél. 02.99.05.88.00, Web : www.ecole-eme.fr

Statut : privé • **Frais d'inscription :** aucun • **Frais de scolarité :** 6 350 € en 1re année, 6 350 € en 2e année, 6 800 € en 3e année, 6 800 € en 4e année, 6 800 € en 5e année.

Ingénieur diplômé de l'école des métiers de l'environnement (EME) option génie industriel de l'environnement (CTI) • **Durée des études :** 5 ans.

Admission en cycle préparatoire 1re année • Bac S, STI2D, STL, STAV ; dossier, entretien.

Admission en cycle préparatoire 2e année • Maths sup, L1 ou 1re année de DUT, PACES ; dossier, entretien.

Admission en 1re année du cycle ingénieur • Maths spé MP, PC, PSI ; concours sur banque de notes e3a • Maths spé BCPST, TB, ATS, TPC, PT ; dossier, entretien • DUT, L2 ou L3 scientifique ou technologique ; dossier, entretien.

Admission parallèle en 2e année du cycle ingénieur • Bac+4 à dominante physique, chimie ou biologie ; dossier, entretien.

ENSM Le Havre

École nationale supérieure maritime, 10, quai Frissard, 76600 Le Havre, tél. 09.70.00.03.80, Web : www.supmaritime.fr

Statut : public • **Frais d'inscription :** 60 € • **Frais de scolarité :** 1 300 € en 1re année, 1 300 € en 2e année, 1 150 € en 3e année, 1 150 € en 4e année, 1 150 € en 5e année.

Ingénieur diplômé de l'école nationale supérieure maritime (ENSM) parcours navigant (CTI) • **Durée des études :** 5 ans les 3 premières années se déroulent à Marseille et débouchent sur l'obtention du diplôme d'élève officier de 1re classe de la marine marchande (DEO1MM).

Admission en cycle préparatoire 1re année • Bac ; concours de l'ENSM ; épreuves écrites, entretien en français et en anglais • Bac+2, maths spé ; sur titre, entretien.

ENSM Nantes

École nationale supérieure maritime, 38, rue Gabriel-Péri, BP 90303, 44103 Nantes cedex 4, tél. 09.70.00.04.30, Web : www.supmaritime.fr

Statut : public • **Frais d'inscription :** 60 € • **Frais de scolarité :** 1 300 € en 1re année, 1 300 € en 2e année, 1 150 € en 3e année, 1 150 € en 4e année, 1 150 € en 5e année.

Ingénieur diplômé de l'école nationale supérieure maritime (ENSM) parcours éco-gestion du navire, déploiement et maintenance des systèmes offshore (CTI) • **Durée des études :** 5 ans les 3 premières années se déroulent à Marseille et débouchent sur l'obtention du diplôme d'élève officier de 1re classe de la marine marchande (DEO1MM).

Admission en cycle préparatoire 1re année • Bac ; concours de l'ENSM ; épreuves écrites, entretien en français et en anglais • Bac+2, maths spé ; sur titre, entretien.

Admission parallèle en 2e année du cycle ingénieur • Licence scientifique et technique ; dossier.

EPF École d'ingénieurs Sceaux

3 bis, rue Lakanal, 92330 Sceaux, tél. 01.41.13.01.51, Web : www.epf.fr

Statut : privé sous contrat • **Frais d'inscription :** 40 € • **Frais de scolarité :** 7 600 € par an.

■ **Ingénieur diplômé** de l'EPF conjointement avec la Hochschule de Munich, spécialité production et automatisation (CTI) • **Durée des études :** 5 ans formation en alternance géographique, 2e et 4e années dispensées à la Hochschule de Munich.

Admission en cycle préparatoire 1re année • Bac S et bon niveau d'allemand ; dossier, entretien.

ESITC Cachan

École supérieure d'ingénieurs des travaux de la construction de Cachan, 28, av. du Président-Wilson, 94234 Cachan cedex, tél. 01.49.08.07.90, Web : www.esitc-cachan.fr

Statut : privé • **Frais d'inscription :** aucun • **Frais de scolarité :** 6 300 € par an.

■ **Ingénieur diplômé** de l'ESITC de Cachan options bâtiment, routes et ouvrages d'art (CTI) • **Durée des études :** 5 ans. **Fca possible :** 3 ans en cycle ingénieur.

Admission en cycle préparatoire 1re année • Bac S, STI2D ; dossier, entretien, épreuve écrite.

Admission en cycle préparatoire 2e année • 1re année de DUT GCi, diplôme de conducteur de travaux de l'ESTP ou d'une école d'ingénieurs post-bac, maths sup MPSI ou PCSI ; dossier, entretien, épreuve écrite.

Admission en 1re année du cycle ingénieur • DUT et BTS dans le domaine du BTP ou du génie civil, diplôme de conducteur de travaux de l'ESTP ; dossier, entretien, épreuve écrite.

ESITC Caen Epron

École supérieure d'ingénieurs des travaux de la construction de Caen, Campus II, Côte-de-Nacre, 1, rue Pierre-et-Marie-Curie, 14610 Epron, tél. 02.31.46.23.00, Web : www.esitc-caen.fr

Statut : privé • **Frais d'inscription :** aucun • **Frais de scolarité :** 4 300 € en 1re année, 4 700 € en 2e année, 6 200 € en 3e année, 6 200 € en 4e année, 6 200 € en 5e année.

■ **Ingénieur diplômé** de l'ESITC de Caen spécialisations grands ouvrages d'art, aménagements routes et réseaux, bâtiments d'habitation et tertiaires, bâtiments techniques et fonctionnels, ouvrages maritimes et fluviaux (CTI) • **Durée des études :** 5 ans. **Fca possible :** 3 ans en cycle ingénieur.

Admission en cycle préparatoire 1re année • Bac S, STI2D option architecture et construction ; dossier, entretien, épreuves écrites • Bac S et un an d'études supérieures ; dossier, entretien, épreuves écrites.

Admission en cycle préparatoire 2e année • DUT MPh, BTS géomètre-topographe ou étude et économie de la construction ; dossier, entretien, épreuve écrite.

Admission en 1re année du cycle ingénieur • Maths spé MP, PC, PSI ; concours sur banque de notes e3a • Maths spé PT ; concours sur banque filière PT • DUT GCi, BTS bâtiment, travaux publics, constructions métalliques, prépa ATS ; dossier, entretien, tests.

ESITC Metz

École supérieure d'ingénieurs des travaux de la construction de Metz, 6, rue Marconi, 57070 Metz, tél. 03.87.76.44.50, Web : www.esitc-metz.com

Statut : privé • **Frais d'inscription :** aucun • **Frais de scolarité :** 6 210 € par an.

■ **Ingénieur diplômé** de l'ESITC de Metz options bâtiment, travaux publics (CTI) • **Durée des études :** 5 ans.

Admission en cycle préparatoire 1re année • Bac S, STI2D ; dossier, entretien.

Admission en cycle préparatoire 2e année • Bac+2 scientifique, maths spé admissibles à un concours commun ; dossier, entretien.

Admission en 1re année du cycle ingénieur • DUT GCi, BTS bâtiment, travaux publics, diplôme de conducteur de travaux de l'ESTP, licence pro génie civil, maths spé ATS spécialité génie civil ; dossier, entretien.

Admission parallèle en 2e année du cycle ingénieur • Bac+4 en génie civil ; dossier, entretien.

Exia Cesi Aix-en-Provence

École d'ingénieurs informatique d'Aix-en-Provence, Europôle méditerranéen de l'Arbois, pavillon Martel, BP 30, 13545 Aix-en-Provence cedex 4, tél. 04.42.97.14.20, Web : www.exia.cesi.fr

Statut : privé • **Frais d'inscription :** aucun • **Frais de scolarité :** 5 500 € en 1re année, 5 500 € en 2e année, 7 000 € en 3e année, 7 000 € en 4e année, 7 000 € en 5e année.

■ **Ingénieur diplômé** Cesi, spécialité informatique (CTI) • **Durée des études :** 5 ans.

Admission en cycle préparatoire 1re année • Bac S, STI2D, STL ; concours commun Cesi ; dossier, entretien.

Admission en cycle préparatoire 2e année • Maths sup ou L1 scientifique ; dossier, entretien, tests.

Admission en 1re année du cycle ingénieur • Bac+2 scientifique ou technique ; concours commun Cesi ; dossier, tests, entretien.

Exia Cesi Arras

École d'ingénieurs informatique d'Arras, 7, rue Diderot, 62000 Arras, tél. 03.21.51.67.18, Web : www.exia.cesi.fr

Statut : privé • **Frais d'inscription :** aucun • **Frais de scolarité :** 5 500 € en 1re année, 5 500 € en 2e année, 7 000 € en 3e année, 7 000 € en 4e année, 7 000 € en 5e année.

■ **Ingénieur diplômé** Cesi, spécialité informatique (CTI) • **Durée des études :** 5 ans.

Admission en cycle préparatoire 1re année • Bac S, STI2D, STL ; concours commun Cesi ; dossier, entretien.

Admission en cycle préparatoire 2e année • Maths sup ou L1 scientifique ; dossier, entretien, tests.

Admission en 1re année du cycle ingénieur • Bac+2 scientifique ou technique ; concours commun Cesi ; dossier, tests, entretien.

Exia Cesi Blanquefort

École d'ingénieurs informatique de Bordeaux, 60, rue de Maurian, CS 30017, 33295 Blanquefort cedex, tél. 05.56.95.50.65, Web : www.exia.cesi.fr/centre-bordeaux.asp

Statut : privé • **Frais d'inscription :** aucun • **Frais de scolarité :** 5 500 € en 1re année, 5 500 € en 2e année, 7 000 € en 3e année, 7 000 € en 4e année, 7 000 € en 5e année.

■ **Ingénieur diplômé** Cesi, spécialité informatique (CTI) • **Durée des études :** 5 ans.

Admission en cycle préparatoire 1re année • Bac S, STI2D, STL ; concours commun Cesi ; dossier, entretien.

Admission en cycle préparatoire 2e année • Maths sup ou L1 scientifique ; dossier, entretien, tests.

Admission en 1re année du cycle ingénieur • Bac+2 scientifique ou technique ; concours commun Cesi ; dossier, tests, entretien.

Exia Cesi Euralille

École d'ingénieurs informatique de Lille, Campus Skema, av. Willy-Brandt, 59777 Euralille, tél. 03.21.51.81.59, Web : www.exia.cesi.fr

Statut : privé • **Frais d'inscription :** aucun • **Frais de scolarité :** 5 500 € en 1re année, 5 500 € en 2e année, 7 000 € en 3e année, 7 000 € en 4e année, 7 000 € en 5e année.

■ **Ingénieur diplômé** Cesi, spécialité informatique (CTI) • **Durée des études :** 5 ans.

Admission en cycle préparatoire 1re année • Bac S, STI2D, STL ; concours commun Cesi ; dossier, entretien.

Admission en cycle préparatoire 2e année • Maths sup ou L1 scientifique ; dossier, entretien, tests.

Admission en 1re année du cycle ingénieur • Bac+2 scientifique ou technique ; concours commun Cesi ; dossier, tests, entretien.

Exia Cesi Écully

École d'ingénieurs informatique de Lyon, 19, av. Guy-de-Collongue, 69134 Écully cedex, tél. 04.72.18.89.66, Web : www.exia.cesi.fr

Statut : privé • **Frais d'inscription :** aucun • **Frais de scolarité :** 5 500 € en 1re année, 5 500 € en 2e année, 7 000 € en 3e année, 7 000 € en 4e année, 7 000 € en 5e année.

■ **Ingénieur diplômé** Cesi, spécialité informatique (CTI) • **Durée des études :** 5 ans.

Admission en cycle préparatoire 1re année • Bac S, STI2D, STL ; concours commun Cesi ; dossier, entretien.

Admission en cycle préparatoire 2e année • Maths sup ou L1 scientifique ; dossier, entretien, tests.

Admission en 1re année du cycle ingénieur • Bac+2 scientifique ou technique ; concours commun Cesi ; dossier, tests, entretien.

Exia Cesi Vandœuvre-lès-Nancy

École d'ingénieurs informatique de Nancy, 14-16, allée de la Forêt de la Reine, 54500 Vandœuvre-lès-Nancy, tél. 03.83.15.18.60, Web : www.exia.cesi.fr

Statut : privé • **Frais d'inscription :** aucun • **Frais de scolarité :** 5 500 € en 1re année, 5 500 € en 2e année, 7 000 € en 3e année, 7 000 € en 4e année, 7 000 € en 5e année.

■ **Ingénieur diplômé** Cesi, spécialité informatique (CTI) • **Durée des études :** 5 ans.

Admission en cycle préparatoire 1re année • Bac S, STI2D, STL ; concours commun Cesi ; dossier, entretien.

Admission en cycle préparatoire 2e année • Maths sup ou L1 scientifique ; dossier, entretien, tests.

Admission en 1re année du cycle ingénieur • Bac+2 scientifique ou technique ; concours commun Cesi ; dossier, tests, entretien.

Exia Cesi Sophia-Antipolis

École d'ingénieurs informatique de Nice, 1240, route des Dolines, Buropolis 1, 06560 Sophia Antipolis, tél. 04.72.18.54.70, Web : www.exia.cesi.fr

Statut : privé • **Frais d'inscription :** aucun • **Frais de scolarité :** 5 500 € en 1re année, 5 500 € en 2e année, 7 000 € en 3e année, 7 000 € en 4e année, 7 000 € en 5e année.

■ **Ingénieur diplômé** Cesi, spécialité informatique (CTI) • **Durée des études :** 5 ans.

Admission en cycle préparatoire 1re année • Bac S, STI2D, STL ; concours commun Cesi ; dossier, entretien.

Admission en cycle préparatoire 2e année • Maths sup ou L1 scientifique ; dossier, entretien, tests.

Admission en 1re année du cycle ingénieur • Bac+2 scientifique ou technique ; concours commun Cesi ; dossier, tests, entretien.

Exia Cesi Nanterre

École d'ingénieurs informatique de Paris, 93, bd de la Seine, BP 602, 92006 Nanterre cedex, tél. 01.55.17.80.00, Web : www.exia.cesi.fr

Statut : privé • **Frais d'inscription :** aucun • **Frais de scolarité :** 5 500 € en 1re année, 5 500 € en 2e année, 7 000 € en 3e année, 7 000 € en 4e année, 7 000 € en 5e année.

■ **Ingénieur diplômé** Cesi, spécialité informatique (CTI) • **Durée des études :** 5 ans.

Admission en cycle préparatoire 1re année • Bac S, STI2D, STL ; concours commun Cesi ; dossier, entretien.

Admission en cycle préparatoire 2e année • Maths sup ou L1 scientifique ; dossier, entretien, tests.

Admission en 1re année du cycle ingénieur • Bac+2 scientifique ou technique ; concours commun Cesi ; dossier, tests, entretien.

Exia Cesi Pau

École d'ingénieurs informatique de Pau, 8, rue des Frères-d'Orbigny, 64000 Pau, tél. 05.59.32.57.62, Web : www.exia.cesi.fr

Statut : privé • **Frais d'inscription :** aucun • **Frais de scolarité :** 5 500 € en 1re année, 5 500 € en 2e année, 7 000 € en 3e année, 7 000 € en 4e année, 7 000 € en 5e année.

■ **Ingénieur diplômé** Cesi, spécialité informatique (CTI) • **Durée des études :** 5 ans.

Admission en cycle préparatoire 1re année • Bac S, STI2D, STL ; concours commun Cesi ; dossier, entretien.

Admission en cycle préparatoire 2e année • Maths sup ou L1 scientifique ; dossier, entretien, tests.

Admission en 1re année du cycle ingénieur • Bac+2 scientifique ou technique ; concours commun Cesi ; dossier, tests, entretien.

Exia Cesi Reims

École d'ingénieurs informatique de Reims, 7 bis, av. Robert-Schuman, 51100 Reims, tél. 03.26.79.35.70, Web : www.exia.cesi.fr

Statut : privé • **Frais d'inscription :** aucun • **Frais de scolarité :** 5 500 € en 1re année, 5 500 € en 2e année, 7 000 € en 3e année, 7 000 € en 4e année, 7 000 € en 5e année.

■ **Ingénieur diplômé** Cesi, spécialité informatique (CTI) • **Durée des études :** 5 ans.

Admission en cycle préparatoire 1re année • Bac S, STI2D, STL ; concours commun Cesi ; dossier, entretien.

Admission en cycle préparatoire 2e année • Maths sup ou L1 scientifique ; dossier, entretien, tests.

Admission en 1re année du cycle ingénieur • Bac+2 scientifique ou technique ; concours commun Cesi ; dossier, tests, entretien.

Exia Cesi Mont-Saint-Aignan

École d'ingénieurs informatique de Rouen, 1, rue Guglielmo-Marconi, parc de la Vatine, 76130 Mont-Saint-Aignan, tél. 02.35.59.50.89, Web : www.exia.cesi.fr

Statut : privé • **Frais d'inscription :** aucun • **Frais de scolarité :** 5 500 € en 1re année, 5 500 € en 2e année, 7 000 € en 3e année, 7 000 € en 4e année, 7 000 € en 5e année.

■ **Ingénieur diplômé** Cesi, spécialité informatique (CTI) • **Durée des études :** 5 ans.

Admission en cycle préparatoire 1re année • Bac S, STI2D, STL ; concours commun Cesi ; dossier, entretien.

Admission en cycle préparatoire 2e année • Maths sup ou L1 scientifique ; dossier, entretien, tests.

Admission en 1re année du cycle ingénieur • Bac+2 scientifique ou technique ; concours commun Cesi ; dossier, tests, entretien.

Exia Cesi Saint-Nazaire

École d'ingénieurs informatique de Saint-Nazaire, campus Gavy-Océanis, bd de l'Université, BP 152, 44603 Saint-Nazaire cedex, tél. 02.40.00.17.00, Web : www.exia.cesi.fr

Statut : privé • **Frais d'inscription :** aucun • **Frais de scolarité :** 5 500 € en 1re année, 5 500 € en 2e année, 7 000 € en 3e année, 7 000 € en 4e année, 7 000 € en 5e année.

■ **Ingénieur diplômé** Cesi, spécialité informatique (CTI) • **Durée des études :** 5 ans.

Admission en cycle préparatoire 1re année • Bac S, STI2D, STL ; concours commun Cesi ; dossier, entretien.

Admission en cycle préparatoire 2e année • Maths sup ou L1 scientifique ; dossier, entretien, tests.

Admission en 1re année du cycle ingénieur • Bac+2 scientifique ou technique ; concours commun Cesi ; dossier, tests, entretien.

Exia Cesi Lingolsheim

École d'ingénieurs informatique de Strasbourg, 2, allée des Foulons, Parc des Tanneries, BP 15, 67831 Lingolsheim cedex, tél. 03.88.10.35.60, Web : www.exia.cesi.fr

Statut : privé • **Frais d'inscription :** aucun • **Frais de scolarité :** 5 500 € en 1re année, 5 500 € en 2e année, 7 000 € en 3e année, 7 000 € en 4e année, 7 000 € en 5e année.

■ **Ingénieur diplômé** Cesi, spécialité informatique (CTI) • **Durée des études :** 5 ans.

Admission en cycle préparatoire 1re année • Bac S, STI2D, STL ; concours commun Cesi ; dossier, entretien.

Admission en cycle préparatoire 2e année • Maths sup ou L1 scientifique ; dossier, entretien, tests.

Admission en 1re année du cycle ingénieur • Bac+2 scientifique ou technique ; concours commun Cesi ; dossier, tests, entretien.

Exia Cesi Labège

École d'ingénieurs informatique de Toulouse, 16, rue Magellan, 31670 Labège, tél. 05.61.00.38.38, Web : www.exia.cesi.fr

Statut : privé • **Frais d'inscription :** aucun • **Frais de scolarité :** 5 500 € en 1re année, 5 500 € en 2e année, 7 000 € en 3e année, 7 000 € en 4e année, 7 000 € en 5e année.

■ **Ingénieur diplômé** Cesi, spécialité informatique (CTI) • **Durée des études :** 5 ans.

Admission en cycle préparatoire 1re année • Bac S, STI2D, STL ; concours commun Cesi ; dossier, entretien.

Admission en cycle préparatoire 2e année • Maths sup ou L1 scientifique ; dossier, entretien, tests.

Admission en 1re année du cycle ingénieur • Bac+2 scientifique ou technique ; concours commun Cesi ; dossier, tests, entretien.

Exia Cesi Orléans

École d'ingénieurs informatique d'Orléans, 1, allée du Titane, 45100 Orléans, tél. 02.38.22.72.82, Web : www.exia.cesi.fr

Statut : privé • **Frais d'inscription :** aucun • **Frais de scolarité :** 5 500 € en 1re année, 5 500 € en 2e année, 7 000 € en 3e année, 7 000 € en 4e année, 7 000 € en 5e année.

■ **Ingénieur diplômé** Cesi, spécialité informatique (CTI) • **Durée des études :** 5 ans.

Admission en cycle préparatoire 1re année • Bac S, STI2D, STL ; concours commun Cesi ; dossier, entretien.

Admission en cycle préparatoire 2e année • Maths sup ou L1 scientifique ; dossier, entretien, tests.

Admission en 1re année du cycle ingénieur • Bac+2 scientifique ou technique ; concours commun Cesi ; dossier, tests, entretien.

IG2I Lens

Institut de génie informatique et industriel, 13, rue Jean-Souvraz, 62300 Lens, tél. 03.21.74.85.85, Web : www.ig2i.fr

Statut : public • **Frais d'inscription :** aucun • **Frais de scolarité :** 615 € par an.

■ **Ingénieur diplômé** de l'école centrale de Lille, spécialité génie informatique et industriel (CTI) • **Durée des études :** 5 ans. **Fca possible :** 3 ans en cycle ingénieur.

Admission en cycle préparatoire 1re année • Bac S, STI2D ; dossier, entretien, tests.

Admission en cycle préparatoire 2e année • DUT, BTS informatique, réseaux, télécommunications, maths spé ; dossier, entretien, tests.

Admission en 1re année du cycle ingénieur • DUT, BTS informatique, maths spé ATS ; dossier, entretien, tests.

Institut polytechnique UniLaSalle, campus de Beauvais

19, rue Pierre-Waguet, BP 30313, 60026 Beauvais cedex, tél. 03.44.06.25.25, Web : www.unilasalle.fr

Statut : privé sous contrat • **Frais d'inscription :** aucun • **Frais de scolarité :** 5 165 € par an.

■ **Ingénieur diplômé** de l'institut polytechnique UniLaSalle, spécialités : agronomie et agroindustries spécialisations agroécologie sols eaux et territoires, agronomie et territoire, consulting et pilotage d'entreprise, enjeux et défis des productions animales, entrepreneuriat et innovation en agriculture, marketing et développement commercial, organisation industrielle en industrie agroalimentaire • alimentation et santé spécialisations formulation ingrédients et qualités des produits alimentaires, marketing communication vente, prévention alimentation et bénéfices santé, techniques culinaires et valorisation des matières premières • sciences de la Terre et environnement options géologie pétrolière, géotechnique et risques naturels, hydrogéologie et risques industriels, mines et carrières (CTI) • **Durée des études :** 5 ans. **Fca possible :** 3 ans en cycle ingénieur. **Année de césure :** 1 an entre la 3e et la 4e année.

Admission en cycle préparatoire 1re année • Bac S, STAV, STL, STI2D ou année de remise à niveau scientifique ; dossier, épreuves écrites FESIC et entretien.

Admission en cycle préparatoire 2e année • Maths sup BCPST, L1 sciences de la Terre, SV, SVT, 1re année commune aux études de santé (PACES), 1re année de DUT génie biologique ou de BTS scientifique ; dossier, entretien.

Admission en 1re année du cycle ingénieur • Maths spé MP, PC, PSI ; concours FESIC prépa sur banque de notes e3a • Maths spé PT ; concours FESIC prépa sur banque filière PT • Maths spé BCPST, DUT génie biologique, L2 ou L3 sciences de la Terre, SV, SVT, chimie, physique, BTS scientifique ; dossier, entretien.

Admission parallèle en 2e année du cycle ingénieur • M1 sciences du vivant, sciences agronomiques ou équivalent ; dossier, entretien.

Institut polytechnique UniLaSalle, campus de Rouen Mont-Saint-Aignan

3, rue du Tronquet, CS 40118, 76134 Mont-Saint-Aignan cedex, tél. 02.32.82.92.00, Web : www.unilasalle.fr

Statut : privé • **Frais d'inscription :** 80 € • **Frais de scolarité :** 5 480 € par an.

■ **Ingénieur diplômé** de l'institut polytechnique UniLaSalle, spécialité agriculture (CTI) • **Durée des études :** 5 ans. **Fca possible :** 3 ans en cycle ingénieur. **Année de césure :** de 1 à 2 semestres.

Admission en cycle préparatoire 1re année • Bac S, STAV ou 1 an d'études supérieures non validé ; dossier, épreuves écrites FESIC, entretien.

Admission en cycle préparatoire 2e année • L1 scientifique, maths sup BCPST validée, BTSA, PACES ; dossier, entretien, test d'anglais.

Admission en 1re année du cycle ingénieur • DUT, L2 ou L3 à orientation biologique, maths spé BCPST admissibles à un concours, BTSA ; dossier, entretien, test d'anglais.

Admission parallèle en 2e année du cycle ingénieur • Licence ou M1 à dominante biologique ; dossier, entretien, test d'anglais.

ISTOM Cergy-Pontoise

École supérieure d'agro-développement international, 32, bd du Port, 95094 Cergy-Pontoise cedex, tél. 01.30.75.62.60, Web : www.istom.fr

Statut : privé • **Frais d'inscription :** aucun • **Frais de scolarité :** 5 600 € en 1re année, 5 500 € en 2e année, 5 400 € en 3e année, 5 400 € en 4e année, 5 400 € en 5e année.

■ **Ingénieur diplômé** de l'ISTOM (CTI) • **Durée des études :** 5 ans.

Admission en cycle préparatoire 1re année • Bac S, STAV, STI2D, STL, ES option mathématiques de bon niveau scientifique ; dossier, concours, entretien.

Admission en cycle préparatoire 2e année • Bac+1 scientifique validé ou 60 crédits ECTS ; dossier, QCM d'anglais, entretien.

Admission en 1re année du cycle ingénieur • Bac+2 scientifique validé ou 120 crédits ECTS ; dossier, QCM d'anglais, entretien.

Iteem Villeneuve-d'Ascq

école centrale de Lille, Cité scientifique, CS 20048, 59651 Villeneuve-d'Ascq cedex, tél. 03.20.33.53.91, Web : iteem.ec-lille.fr

Statut : public • **Frais d'inscription :** aucun • **Frais de scolarité :** 615 € par an.

■ **Ingénieur diplômé** de l'école centrale de Lille spécialité génie industriel et entreprencurial (CTI) • **Durée des études :** 5 ans.

Admission en cycle préparatoire 1re année • Bac S, STI2D ; dossier, entretien, épreuve écrite.

CE QU'IL FAUT SAVOIR

La plupart des concours postbac sont également ouverts aux bac+1. Si vous avez décroché votre baccalauréat l'année dernière, vous devez ajouter vos notes du bac et celles de votre première année de supérieur dans votre dossier de candidature.
Certains concours réservent une procédure particulière à ces candidats.

Attention à bien avoir le calendrier en tête. Un retard d'un jour suffit pour repousser votre candidature d'un an. La plupart des dossiers passent par le portail APB. Alors, suivez le guide.

ABP : Comment ça marche ?

Mis à part les ICAM et les quatre écoles de la FESIA qui recrutent *via* le portail www.grandesecoles-postbac.fr, vous devez obligatoirement vous inscrire sur APB (www.admission postbac.fr) pour intégrer une école d'ingénieurs postbac. L'inscription se fait en cours d'année, entre janvier et mars. C'est dans la rubrique « Formation d'ingénieurs » que vous devez entrer votre choix. Si vous candidatez à un concours, sachez qu'il représente une seule candidature, mais que vous pouvez entrer plusieurs écoles dans votre liste de vœux qu'il est possible de modifier jusqu'à la fin du mois de mai en général. N'oubliez pas de valider votre candidature après la saisie de vos notes du deuxième trimestre, c'est ce qui déclenche l'étude de votre dossier.

• Plus de 12 000 formations étaient proposées sur APB en 2017. Vous devez suivre les indications pour constituer votre profil et votre dossier de candidature, et vous munir de votre numéro INE, figurant sur le relevé des notes des épreuves anticipées du baccalauréat. Tout est très bien expliqué dans le Guide du candidat, un fichier PDF que vous trouverez sur le portail, et dans les vidéos et tutos réalisés par l'Etudiant et disponibles sur le site.
• Vous devez ensuite sélectionner vos candidatures. Vous avez le droit d'en formuler 24 et d'en choisir 12 par famille de formations. Autrement dit, vous ne pouvez pas postuler à plus de 12 concours d'école d'ingénieurs. Néanmoins, vous pouvez, pour chacun, choisir plusieurs écoles, ce que l'on appelle des « vœux ».
• Vous ne devez jamais perdre votre numéro de dossier APB et votre code confidentiel. Il ne s'affiche qu'une seule fois, lors de votre première visite sur le site. Ils vous seront nécessaires à chaque connexion.
• Car après avoir validé votre inscription et formulé vos vœux, c'est à la constitution de vos dossiers de candidature qu'il faut s'atteler. Vérifiez bien si l'école visée requiert un dossier numérique, papier ou les deux.
• En vous connectant à votre espace personnel, vous pouvez savoir si l'école a bien reçu votre candidature. Enfin, sachez que même une fois que vous avez envoyé vos dossiers, vous êtes encore libre de classer vos vœux par ordre de préférence. En 2017, vous aviez jusqu'au 31 mai, avant de valider définitivement vos candidatures.

Le dossier

• Veillez à ce qu'il soit bien complet. Si une pièce est manquante, votre candidature sera écartée. Les services des admissions reçoivent énormément de demandes chaque année, pensez-y !

• Ce sont surtout aux notes de mathématiques et de PC que les jurés prêtent attention. Une école d'ingénieurs est une formation scientifique. S'il n'y a pas de prérequis et que les responsables d'établissements martèlent que tout le monde peut candidater, qu'il ne faut pas s'autocensurer, ce sont souvent les meilleurs élèves qui tirent leur épingle du jeu. Ne négligez pas pour autant la philosophie ou les langues en terminale car vous en aurez besoin pour la suite.

• Sachez aussi que vos résultats sont souvent mis en parallèle avec ceux de votre classe, avec la note la plus haute obtenue dans une discipline ou avec les résultats de votre établissement au baccalauréat par exemple. Comptent aussi : votre âge, votre lycée de provenance ou votre spécialité. Tous ces indicateurs peuvent faire pencher la balance en votre faveur.

• Outre les bulletins de note, vous devez parfois fournir une lettre de motivation. Privilégiez une lettre manuscrite, les jurés y sont sensibles, cela montre que vous avez soigné votre candidature et donne quelques indices sur vos qualités rédactionnelles.

• Notez enfin que vos résultats du bac ne sont pas pris en compte. Ils sont en général connus début juillet, quand le classement sur APB clôture au 31 mai.

Les épreuves écrites et orales

• Dans les concours, les examinateurs n'ont pas la volonté de mettre en difficulté les élèves, mais juste de les interroger sur les connaissances acquises. Postbac, les candidats sont évalués à parts égales sur épreuves écrites et orales.

• Veillez aussi à bien noter vos noms, prénoms et numéros de candidats sur vos copies. Si vous oubliez, les correcteurs seront dans l'impossibilité de vous attribuer l'épreuve. Autre banalité à prendre en compte : les convocations sont envoyées par mail, veillez donc à bien fournir une adresse mail valide et que vous consultez régulièrement.

• Pour les candidats aux concours, le centre d'examen est choisi librement sur APB. Vous pouvez le modifier jusqu'à la clôture des vœux (le 31 mai en 2017). S'il y a une indisponibilité sur le centre retenu, vous êtes convoqué sur le site le plus proche de celui demandé. Généralement, les oraux se déroulent dans les écoles.

Les frais d'inscription

• Que vous postuliez à une ou plusieurs écoles, *via* un concours commun ou non, vous devez vous acquitter de frais d'inscription. Ils diffèrent parfois entre les séries scientifiques et technologiques, mais dans tous les cas, sachez que, que vous soyez reçu ou non, ils ne vous seront pas remboursés.

Intégrer une école d'ingénieurs après une prépa

La Commission des titres d'ingénieur (CTI) l'assure : « Les classes préparatoires aux grandes écoles (CPGE) constituent la première source d'étudiants français pour les écoles d'ingénieurs mais le flux de diplômés passés par celles-ci n'est plus désormais majoritaire. Les cycles préparatoires dédiés et les IUT sont devenus des sources importantes de recrutement. »

Ces dernières années, environ 40 % des intégrés en écoles d'ingénieurs étaient issus d'une classe prépa.

UNE CLASSE PRÉPA : QUAND, POUR QUI, POURQUOI ?

L'intégration en classe prépa se fait après le baccalauréat, sur le portail en ligne APB. La sélection se fait uniquement sur dossier, composé principalement de vos notes de première, de celles des premiers trimestres de terminale, et de l'épreuve anticipée de français, au baccalauréat.

La formation a longtemps été rattachée à l'excellence. Les élèves qui ont de bons, voire d'excellents résultats scolaires ont des chances d'intégrer une classe prépa sans trop de difficultés. Une mention « Très bien » au baccalauréat vous assure la sélection. Mais, depuis quelques années, une poignée de lycées diversifient leur recrutement, en ouvrant leurs portes à des élèves dont les notes ont tourné autour de 11 ou 12/20 pendant le cycle terminal. Quel que soit le niveau des élèves, la prépa demande un fort investissement.

Mais attention, cela ne veut pas dire que tout élève de prépa qui tente d'entrer en école d'ingénieurs est forcément retenu. Sont pris en compte vos résultats, mais aussi vos vœux et le nombre de places offertes dans chaque école. Ainsi en 2015, 24 835 candidats issus de prépa se sont inscrits à un concours commun d'écoles d'ingénieurs, pour 17 381 places. 22 010 ont été déclarés admissibles (comprenez qu'ils ont réussi les épreuves écrites), 19 838 ont été classés, donc admis après réussite des épreuves orales, et 18 707 propositions ont été formulées. Les propositions sont établies en fonction de votre place aux concours et du classement des écoles sur votre liste de vœux. Finalement, 15 267 candidats ont intégré un établissement. Ce qui montre que plus de 3 000 élèves ont refusé les propositions qui ont été formulées.

QUELLE PRÉPA POUR REJOINDRE UNE ÉCOLE D'INGÉNIEURS ?

Si vous envisagez de rejoindre une école d'ingénieurs, c'est en prépa scientifique ou technologique que vous devez vous inscrire. Il en existe plusieurs, déclinées en option. Dans cet ouvrage, nous vous détaillons les huit prépas qui vous ouvrent les portes de ces établissements.

Au programme des prépas MP, PC, PSI et PT : des mathématiques, de la physique, de la chimie et des SI (sciences de l'ingénieur). Avec des enseignements plus ou moins appliqués selon les filières. Les mêmes matières sont enseignées en TSI, prépa ouverte aux candidats issus de bacs technologiques. En prépa BCPST, place à la biologie de manière soutenue, sans oublier les maths, la physique et les SI. En TPC, maths, physique et chimie sont enseignés à parts égales. L'accent est mis sur les langues avec trois heures d'enseignement par semaine contre deux dans les autres prépas. En TB (technologies et biologie), le programme est proche de la filière BCPST. Seule variante : des cours de biotechnologies et de géographie. Qui dit prépa scientifique ne dit pas absence de français et de philo ! Ces enseignements représentent entre deux et trois heures de cours par semaine. Au programme également : des cours de sport, d'informatique et de TIPE.

BAC	1re année de prépa	2e année de prépa	Concours accessibles
S	MPSI	MP	Centrale-Supélec, Mines-Ponts, TPE/EIVP, Mines-Télécom, Concours commun polytechnique, e3a, le concours de l'X et EPITA/IPSA
		PSI	
	PC-SI	PC	
		PSI	
	PTSI	PSI	
		PT	Banque PT
	BCPST	BCPST	Banque Agro-Véto G2E
STI2D STL (SPCL)	TSI	TSI	Centrale Supélec, filière TSI Concours commun polytechnique, filière TSI
STL (SPCL)	TPC	TPC	CCP filière TPC
STL STAV	TB	TB	Banque Agro-Véto

Les prépas MP, PC, PSI et PT

Ces prépas s'adressent exclusivement aux bacheliers scientifiques. En première année, vous avez accès à trois voies : MPSI (maths, physique et sciences de l'ingénieur), PC-SI (physique, chimie et sciences de l'ingénieur) et PT-SI (physique, technologies et sciences de l'ingénieur). À l'issue du premier semestre, vous devez choisir des options qui orientent votre choix de spécialité en deuxième année. Cette dernière se décline alors en quatre voies, à savoir MP (après une première année MPSI),

PC (après une première année PC-SI), PSI (après une première année MPSI, PC-SI ou PT-SI), ou PT (après une première année PT-SI).

Ces prépas sont celles qui accueillent le plus d'étudiants, mais ce sont aussi celles qui permettent d'accéder au plus grand nombre d'écoles d'ingénieurs, entre 100 et 150.

Vous trouverez peut-être ces quatre filières scientifiques annotées de la façon suivante : MP*, PC*, PSI*, PT*. On parle alors de prépas étoilées. Le symbole n'est pas là pour faire joli ! Ces classes prépas accueillent les meilleurs élèves de première année pour optimiser leurs chances d'intégrer une grande école. Les plus prestigieuses. La décision est prise en commission, à la fin de la première année, après analyse des résultats scolaires des élèves. La motivation compte aussi pour beaucoup ! Rien ne change sur le contenu des enseignements, c'est sur la forme que les enseignants mettent le paquet : exercices plus compliqués, travaux dirigés et pratiques plus nombreux, rythme soutenu... Tout est fait pour que les élèves s'en sortent le jour du concours et décrochent l'école souhaitée.

La prépa BCPST

Ouverte aux bacheliers scientifiques, toutes spécialités, elle mène notamment aux écoles d'ingénieurs spécialisées dans l'agroalimentaire et l'agronomie, par le biais de deux concours : la banque Agro-Véto et le concours G2E (géologie, eau et environnement).

Les prépas technologiques (TSI, TPC et TB)

Il existe trois prépas technos : les prépas TSI et TPC sont ouvertes aux candidats issus d'un bac STI2D ou STL option SPCL. La prépa TB recrute des candidats venus de STL et STAV. Ces derniers peuvent tenter leur chance aux concours A de la banque Agro-Véto après deux années d'études supérieures.

Si je ne suis pas pris en prépa ?

Il n'y a pas que les classes prépas qui mènent aux écoles d'ingénieurs. Vous pouvez emprunter une voie moins sélective, comme une licence, un DUT ou un BTS. Ces formations, telle une CPGE, vous confèrent 120 crédits ECTS et vous permettent d'accéder par d'autres voies aux écoles d'ingénieurs.

Pensez également aux CPES (classes préparatoires aux études supérieures). À cheval entre prépa classique et université, la formation a pour objectif d'armer les élèves (boursiers, ou aux résultats trop faibles) pour rejoindre une grande école. Après un an de CPES, vous pouvez rejoindre une CPGE classique pour deux ans et tenter les concours. C'est le cas du cycle pluridisciplinaire d'études supérieures proposé à Henri IV. Là, la CPES prend la forme d'une remise à niveau. Il est aussi possible de suivre deux années de CPES et rejoindre une école d'ingénieurs en passant ou non par la case concours.

LA SÉLECTION APRÈS UNE PRÉPA MP, PC OU PSI

Huit concours communs sont accessibles aux élèves de prépa MP, PC ou PSI : le concours CentraleSupélec, le concours Mines-Ponts, le concours TPE (travaux publics de l'État)/EIVP (École des ingénieurs de la ville de Paris), le concours Mines-Télécom, le CCP (concours commun Polytechnique), la banque de notes E3A, le concours Polytechnique et le concours EPITA/IPSA. Ceux-ci fédèrent les écoles les plus prestigieuses. Selon votre filière de provenance, vous ne passez pas toujours les mêmes épreuves mais vous vous engagez, quoi qu'il en soit, dans de longues séries d'examens écrits et oraux…

Le concours CentraleSupélec

Il permet d'intégrer 10 écoles : les écoles Centrale de Lille, Nantes, Lyon et Marseille, CentraleSupélec, l'Institut d'optique Graduate School d'Orsay, l'École navale, l'ENSEA et l'UTT. Des épreuves distinctes sont proposées en fonction de la filière de provenance des candidats.

Pour qui ?

Le concours se divise en quatre sélections destinées aux élèves de prépa MP (877 places en 2017), PC (548 places en 2017), PSI (626 places en 2017) et TSI (à retrouver plus loin dans cet ouvrage).

10 écoles	Votre cursus		
	MP	PC	PSI
CentraleSupélec (cursus Centrale)	142	88	93
CentraleSupélec (cursus Supélec)	145	100	115
École centrale de Lyon	127	62	82
Institut d'optique Graduate school	40	45	30
École centrale de Lille	90	50	60
École centrale de Nantes	135	55	75
École centrale de Marseille	80	80	60
École centrale de Casablanca	20	5	3
ENSEA	60	30	60
École navale	28	18	28
UTT	10	15	20

La sélection

À l'écrit, tous les candidats passent deux épreuves de mathématiques (une résolution de problèmes et du calcul numérique et formel), une épreuve écrite d'informatique (sur papier – et non ordinateur – les candidats doivent traduire un problème en langage informatique), une de français (argumentation de texte en lien avec les œuvres au programme et dissertation) et une épreuve de langues vivantes (une synthèse de documents au choix parmi les langues suivantes : allemand, anglais, arabe, chinois, espagnol, italien, portugais, russe). Ajoutez en MP : deux épreuves de PC (à chaque fois, le candidat est amené à résoudre un problème mais il doit emprunter à des champs distincts de la discipline) et une de sciences industrielles de l'ingénieur ou d'informatique. En PC : deux épreuves de physique (connaissances et analyse) et une épreuve de chimie. En PSI : deux épreuves de PC (les exercices sont les mêmes que pour les candidats de MP) et une épreuve de sciences industrielles de l'ingénieur. Toutes ces épreuves durent 3 h ou 4 h. Les plus forts coefficients vont à la rédaction (17), aux épreuves de mathématiques en MP (17), à celles de physique en PC (15) et à celles de PC en PSI (15).

À l'oral, les épreuves sont communes aux écoles Centrale, à CentraleSupélec, à l'Institut d'optique Graduate School d'Orsay et à l'UTT. Vous passez deux épreuves de mathématiques, deux épreuves de physique (couplées à la chimie en MP et PSI), une épreuve de TIPE, une épreuve de langue vivante et une épreuve de PC (l'une ou l'autre des disciplines en PC). En PC, vous planchez également sur une épreuve de chimie ; en PSI, sur une épreuve de sciences industrielles de l'ingénieur.

Une seconde épreuve de langue est possible. Vous optez alors pour une langue différente de celle travaillée à l'écrit. Vous avez le choix entre une vingtaine de langues, des plus courantes (allemand, espagnol, anglais) aux plus rares (norvégien, vietnamien, turc, suédois, etc.).

Sachez qu'à l'oral, l'ENSEA organise ses propres épreuves de mathématiques, physique-chimie, TIPE et anglais.
L'École navale assure une ou deux épreuves de mathématiques, une de physique, une d'anglais (obligatoirement), de TIPE, et des épreuves sportives. Les élèves de PSI passent aussi une épreuve de PSI, coefficient 21 !

Les frais d'inscription

En 2017, les frais d'inscription s'élevaient à 110 € pour chacune des écoles du concours (exceptée l'École navale). Gratuit pour les boursiers (10 € à l'UTT).

Renseignements

Service du concours CentraleSupélec
CentraleSupélec – Grande Voie des Vignes – 92295 Châtenay-Malabry Cedex
Tél. : 01.41.13.11.31 – Fax : 01.41.13.15.13

Le concours CentraleSupélec, en fiches

Centrale Lille Villeneuve-d'Ascq

École centrale de Lille, Cité scientifique, CS 20048, 59651 Villeneuve-d'Ascq cedex, tél. 03.20.33.53.53, Web : centrale.ec-lille.fr

Statut : public • **Frais d'inscription :** aucun • **Frais de scolarité :** 613 € par an.

■ **Ingénieur diplômé** de l'école centrale de Lille options génie civil, mécanique avancée, procédés durables et ressources alternatives, ondes micro-nanotechnologies et télécoms, énergie électrique et développement durable, génie des systèmes de production, décision et analyse de données, architecture d'entreprise, e-business et mobilité, stratégies et management des organisations, systèmes de transport et logistique (CTI) • **Durée des études :** 3 ans. Fcp possible : 1 an en 3e année. **Année de césure :** 10 mois entre la 2e et la 3e année.

Admission en 1re année du cycle ingénieur • Maths spé MP, PC, PSI ; concours Centrale-Supélec • Maths spé PT ; concours Centrale-Supélec sur banque filière PT • Maths spé TSI ; concours Centrale-Supélec filière TSI • Maths spé ATS ; concours ATS • Licence scientifique ; concours d'admission sur titre ingénieur du groupe des écoles Centrale (CASTIng) ; dossier, épreuves écrites, entretien • Élèves étrangers de maths spé MP, PC, PSI n'ayant pas poursuivi d'études supérieures en France et résidant en Côte d'Ivoire, au Gabon, au Liban, au Maroc ou en Tunisie ; Concours Centrale-Supélec cycle international.

Centrale Lyon Écully

École centrale de Lyon, 36, av. Guy-de-Collongue, 69134 Écully cedex, tél. 04.72.18.60.00, Web : www.ec-lyon.fr

Statut : public • **Frais d'inscription :** aucun • **Frais de scolarité :** 610 € par an.

■ **Ingénieur diplômé** de l'école centrale de Lyon options aéronautique, bio-ingénierie et nanotechnologies, énergie, génie civil et environnement, informatique, mathématiques et décision, transport et trafic (CTI) • **Durée des études :** 3 ans. **Fca possible :** 1 an en 3e année. **Année de césure :** 1 an entre la 1re et la 2e année ou entre la 2e et la 3e année.

Admission en 1re année du cycle ingénieur • Maths spé MP, PC, PSI ; concours Centrale-Supélec • Maths spé PT ; concours Centrale-Supélec sur banque filière PT • Maths spé TSI ; concours Centrale-Supélec filière TSI • Licence scientifique ; concours d'admission sur titre ingénieur du groupe des écoles Centrale (CASTIng) ; dossier, épreuves écrites, entretien • Élèves étrangers de maths spé MP, PC, PSI n'ayant pas poursuivi d'études supérieures en France et résidant en Côte d'Ivoire, au Gabon, au Liban, au Maroc ou en Tunisie ; Concours Centrale-Supélec cycle international.

Centrale Marseille

École centrale de Marseille, Pôle de l'Etoile, technopôle Château-Gombert, 38, rue Frédéric-Joliot-Curie, 13451 Marseille cedex 13, tél. 04.91.05.45.45, Web : www.centrale-marseille.fr

Statut : public • **Frais d'inscription :** aucun • **Frais de scolarité :** 610 € par an.

■ **Ingénieur diplômé** de l'école centrale de Marseille (CTI) • **Durée des études :** 3 ans. Fca possible. Fcp possible : 1 an en 3e année. **Année de césure :** 1 an entre la 2e et la 3e année.

Admission en 1re année du cycle ingénieur • Maths spé MP, PC, PSI ; concours Centrale-Supélec • CUPGE parcours mathématiques physique ou mathématiques physique chimie informatique d'Aix-Marseille, cycle préparatoire ingénieur chimiste (CPI) de la fédération Gay-Lussac ; dossier • Maths spé TSI ; concours Centrale-Supélec filière TSI • Maths spé PT ; concours Centrale-Supélec sur banque filière PT • Maths spé ATS ; concours ATS • Licence scientifique ; concours d'admission sur titre ingénieur du groupe des écoles Centrale (CASTIng) ; dossier, épreuves écrites, entretien • Élèves étrangers de maths spé MP, PC, PSI n'ayant pas poursuivi d'études supérieures en France et résidant en Côte d'Ivoire, au Gabon, au Liban, au Maroc ou en Tunisie ; Concours Centrale-Supélec cycle international.

Admission parallèle en 2e année du cycle ingénieur • M1 ; dossier, entretien.

Centrale Nantes

École centrale de Nantes, 1, rue de la Noë, BP 92101, 44321 Nantes cedex 3, tél. 02.40.37.16.00, Web : www.ec-nantes.fr

Statut : public • **Frais d'inscription :** aucun • **Frais de scolarité :** 610 € par an.

■ **Ingénieur diplômé** de l'école centrale de Nantes (CTI) • **Durée des études :** 3 ans. Fca possible. Fcp possible : 1 an en dernière année. **Année de césure :** 1 an possible entre la 2e et la 3e année.

Admission en 1re année du cycle ingénieur • Maths spé MP, PC, PSI ; concours Centrale-Supélec • Maths spé PT ; concours Centrale-Supélec sur banque filière PT • Maths spé TSI ; concours Centrale-Supélec filière TSI • Maths spé ATS ; concours ATS • Licence scientifique ; concours d'admission sur titre ingénieur du groupe des écoles Centrale (CASTIng) ; dossier, épreuves écrites, entretien • Élèves étrangers de maths spé MP, PC, PSI n'ayant pas poursuivi d'études supérieures en France et résidant en Côte d'Ivoire, au Gabon, au Liban, au Maroc ou en Tunisie ; Concours Centrale-Supélec cycle international.

CentraleSupélec - Cursus ingénieur centralien Châtenay-Malabry

Grande-Voie-des-Vignes, 92295 Châtenay-Malabry cedex, tél. 01.41.13.10.00, Web : www.ecp.fr

Statut : public • **Frais d'inscription :** aucun • **Frais de scolarité :** 3 500 € par an.

■ **Ingénieur diplômé** de l'école centrale Paris options aménagement et construction durables, génie industriel, mathématiques appliquées, mécanique aéronautique espace, physique et applications, énergie, ingénierie des systèmes informatiques avancés, Biotech Engineering (CTI) • **Durée des études :** 3 ans possibilité de suivre pendant la durée du cursus un parcours d'excellence axé sur les sciences et la recherche et d'obtenir le label ECP-R. Fcp possible : 18 mois en dernière année. **Année de césure :** 1 an entre la 2e et la 3e.

Admission en 1re année du cycle ingénieur • Maths spé MP, PC, PSI ; concours Centrale-Supélec • Maths spé PT ; concours Centrale-Supélec sur banque filière PT • Maths spé TSI ; concours Centrale-Supélec filière TSI • Licence scientifique ; concours d'admission sur titre ingénieur du groupe des écoles Centrale (CASTIng) ; dossier, épreuves écrites, entretien • Étudiants étrangers de maths spé MP, PC et PSI en France ; admission en qualité d'élève-stagiaire sur concours Centrale-Supélec • Élèves étrangers de maths spé MP, PC, PSI n'ayant pas poursuivi d'études supérieures en France et résidant en Côte d'Ivoire, au Gabon, au Liban, au Maroc ou en Tunisie ; Concours Centrale-Supélec cycle international • Autre diplôme étranger de niveau bac+2 dans le cadre du programme TIME ; admission en qualité d'élève-stagiaire.

CentraleSupélec - Cursus ingénieur Supélec Gif-sur-Yvette

plateau de Moulon, 3, rue Joliot-Curie, 91192 Gif-sur-Yvette cedex, tél. 01.69.85.12.12, Web : www.supelec.fr

Statut : public • **Frais d'inscription :** aucun • **Frais de scolarité :** 3 500 € par an.

■ **Ingénieur diplômé** de Supélec majeures campus de Gif : automatique et systèmes, électromagnétisme et communications, conversion d'énergie, mathématiques appliquées au traitement de l'information et du signal, micro et nano électronique, télécommunications, systèmes informatiques ; campus de Metz : systèmes photoniques et de communications, systèmes interactifs et robotique ; campus de Rennes : ingénierie des systèmes automatisés, systèmes électroniques réseaux et images, systèmes d'information sécurisés (CTI) • **Durée des études :** 3 ans formation dispensée sur les campus de Gif, Metz et Rennes selon les majeures. **Fca possible :** 3 ans. **Année de césure :** 1 an possible entre la 2e et la 3e année.

Admission en 1re année du cycle ingénieur • Maths spé MP, PC, PSI ; concours Centrale-Supélec • Maths spé TSI ; concours Centrale-Supélec filière TSI • Maths spé PT ; concours Centrale-Supélec sur banque filière PT • L2 sciences de la matière, mathématiques informatique et applications aux sciences, sciences et techniques pour l'ingénieur, L3 ; dossier, entretien, tests • DUT GEII, MPh ou réseaux et télécommunications ; dossier présenté par le directeur d'IUT avec avis favorable • Élèves étrangers de maths spé MP, PC, PSI n'ayant pas poursuivi d'études supérieures en France et résidant en Côte d'Ivoire, au Gabon, au Liban, au Maroc ou en Tunisie ; Concours Centrale-Supélec cycle international.

Admission parallèle en 2e année du cycle ingénieur • Diplôme d'ingénieur habilité, M1 en physique, EEEA, mathématiques, mécanique, mathématiques d'applications fondamentales, génie électrique et d'informatique industrielle, diplôme étranger équivalent ; dossier, entretien, tests.

École navale Brest

BCRM Brest, CC 600, 29240 Brest cedex 9, tél. 02.98.23.37.59, Web : www.ecole-navale.fr

Statut : public • **Frais d'inscription :** aucun • Elèves militaires rémunérés.

■ **Ingénieur diplômé** de l'école navale (CTI) • **Durée des études :** 3 ans.

Admission en 1re année du cycle ingénieur • Maths spé MP, PC, PSI, être âgé de 17 à 22 ans au 1eR janvier de l'année du recrutement et aptitudes physiques ; concours Centrale-Supélec, épreuves orales et sportives propres. Inscription sur www.scei-concours.fr et sur www.etremarin.fr • Diplôme étranger équivalent maths spé ; dossier, épreuves orales et sportives.

Admission parallèle en 2e année du cycle ingénieur • 2e année du cycle ingénieur validée dans une école d'ingénieurs partenaire de l'école navale ; concours. Informations sur www.etremarin.fr, e-mail srm.titres@recrutement.marine.defense.gouv.fr.

Admission parallèle en 3e année du cycle ingénieur • Étudiants de l'école polytechnique ; concours. Informations sur www.etremarin.fr, e-mail srm.titres@recrutement.marine.defense.gouv.fr .

ENSEA Cergy-Pontoise

École nationale supérieure de l'électronique et de ses applications, 6, av. du Ponceau, CS 20707, 95014 Cergy-Pontoise cedex, tél. 01.30.73.66.66, Web : www.ensea.fr

Statut : public • **Frais d'inscription :** aucun • **Frais de scolarité :** 610 € par an.

■ **Ingénieur diplômé** de l'ENSEA spécialités automatique et électronique industrielle, électronique communications et micro-ondes, électronique et systèmes embarqués, électronique instrumentation et biosciences, informatique et systèmes, réseaux et télécommunications, systèmes multimédia, mécatronique et systèmes complexes (CTI) • **Durée des études :** 3 ans. **Année de césure :** 1 an.

Admission en 1re année du cycle ingénieur • Maths spé MP, PC, PSI ; concours Centrale-Supélec • Maths spé PT ; concours Arts et métiers ParisTech sur banque filière PT • Maths spé TSI ; concours Arts et métiers ParisTech sur concours commun Centrale-Supélec option TSI • Maths spé ATS ; concours ATS • DUT, BTS ; banque d'épreuves DUT-BTS • Licence EEA, physique ou sciences et techniques avec au moins un module d'électronique ; dossier, entretien.

Admission parallèle en 2e année du cycle ingénieur • M1 sciences, diplôme étranger équivalent ; dossier, entretien.

SupOptique Palaiseau

Institut d'optique Graduate School, 2, av. Augustin-Fresnel, 91127 Palaiseau cedex, tél. 01.64.53.31.00, Web : www.institutoptique.fr

Statut : privé • **Frais d'inscription :** aucun • **Frais de scolarité :** 1 750 € en 1re année, 1 850 € en 2e année, 1 950 € en 3e année.

■ **Ingénieur diplômé** de SupOptique (CTI) • **Durée des études :** 3 ans possibilité d'obtenir le magistère de physique fondamentale de Paris 11 en parallèle. **Fca possible :** de 2 à 3 ans. **Année de césure :** 1 an possible entre la 1re et la 2e année ou entre la 2e et la 3e année.

Admission en 1re année du cycle ingénieur • Maths spé MP, PC, PSI ; concours Centrale-Supélec • Maths spé PT ; concours Centrale-Supélec sur banque filière PT • Maths spé TSI ; concours Centrale-Supélec filière TSI • Licence scientifique ; admission universitaire grandes écoles d'ingénieurs ; dossier, épreuves écrites et orales et/ou entretien • L2 ou L3 physique, BTS génie optique, options photonique et optique instrumentale, DUT MPh ; tests écrits et oraux • Élèves étrangers de maths spé MP, PC, PSI n'ayant pas poursuivi d'études supérieures en France et résidant en Côte d'Ivoire, au Gabon, au Liban, au Maroc ou en Tunisie ; Concours Centrale-Supélec cycle international.

Admission parallèle en 2e année du cycle ingénieur • M1 scientifique ; admission universitaire grandes écoles d'ingénieurs ; dossier, épreuves écrites et orales et/ou entretien • Diplôme d'ingénieur reconnu par la CTI, diplôme de l'X, diplôme d'ENS ou diplôme étranger équivalent.

Le concours Mines-Ponts

Il regroupe neuf grandes écoles d'ingénieurs : École des ponts ParisTech, ISAE-Supaero, ENSTA Paris, Télécom ParisTech, Mines ParisTech, Mines Saint-Étienne, Mines Nancy, IMT Atlantique et ENSAE ParisTech.

Pour qui ?

Mis à part l'ENSAE ParisTech, qui ne recrute que dans la filière MP, toutes les autres écoles recrutent des candidats issus de MP, PC ou PSI. En 2017, 1 111 places ont été offertes : 533 en MP, 251 en PC et 327 en PSI.

Ces grandes écoles recrutent également dans la filière PT (sauf l'ENSAE), par la voie de la banque filière PT, et en TSI *via* le concours Centrale-Supélec (voie par laquelle passe aussi l'École polytechnique).

9 écoles	Votre cursus		
	MP	PC	PSI
École des Ponts ParisTech	70	35	45
ISAE-Supaero	70	34	69
ENSTA ParisTech	56	33	41
Télécom ParisTech	81	29	29
Mines ParisTech	48	20	35
Mines Saint-Étienne	40	40	40
Mines Nancy	50	37	40
IMT Atlantique	68	23	28
ENSAE ParisTech	50	–	–

La sélection

Les épreuves écrites d'admissibilité s'étalent sur trois jours. On recense : deux épreuves de mathématiques (MP, PC, PSI), deux épreuves de physique (MP, PC, PSI), une épreuve de chimie (MP, PC, PSI), une épreuve de français (une dissertation pour les MP, PC, PSI), une épreuve de langue – au choix : allemand, anglais, arabe, espagnol, italien et russe – (MP, PC, PSI), une épreuve d'informatique sur papier (MP, PC, PSI), une épreuve de sciences industrielles ou d'informatique (MP) et une épreuve de sciences industrielles (PSI). Excepté en français et en langue vivante, les contenus des épreuves sont différents selon les filières, comme les coefficients. Sachez qu'à l'écrit d'anglais, une note inférieure à 2 est éliminatoire. Notez aussi que toute absence à une épreuve entraîne un 0 !

Pour l'admission, tout se passe à l'oral. Vous passez six épreuves. Dans les trois filières, des examens de mathématiques, physique, français, TIPE et langue vivante. L'épreuve orale d'anglais est obligatoire. Libre à vous de présenter une autre langue à l'oral, celle que vous avez choisie à l'écrit par exemple. Cela peut vous faire gagner quelques places dans le classement.

En PC : ajoutez une épreuve mixte de physique ou de chimie. En PSI : une épreuve mixte de physique ou de sciences industrielles. En MP : la note de l'épreuve écrite informatique ou sciences industrielles est reprise et affectée d'un coefficient 2. Dans chaque filière, la somme des coefficients est égale à 41. Un classement est établi en fonction de vos résultats. Il détermine alors l'école que vous pouvez intégrer, selon vos vœux et le nombre de places disponibles.

Les frais d'inscription

En 2017, les frais d'inscription s'élevaient à 290 €, toutes filières confondues. Gratuits pour les boursiers.

Renseignements

Secrétariat du CCMP (concours commun Mines-Ponts) – 37-39 rue Dareau – 75014 PARIS – Tél. : 01.45.81.72.72 – Télécopie : 01.45.81.79.24 – Mail : minesponts@telecom-paristech.fr
Site : www.mines-ponts.fr

Le concours TPE/EIVP

Quatre écoles recrutent leurs élèves *via* le concours TPE (l'ENTPE, l'ENM, l'IMT Lille Douai et l'ENSG) qui sert également de banques de notes à l'EIVP. Les candidats sont donc inscrits aux deux concours et passent les mêmes épreuves. Les écrits d'admissibilité du concours TPE/EIVP sont communs au concours commun Mines Ponts, *via* la banque Mines-Ponts.

Pour qui ?

Le recrutement s'effectue dans trois filières : MP, PSI et PC. Seule l'ENTPE recrute dans les filières TSI (*via* le CCP) et BCPST (banque d'épreuves G2E).

À noter : l'ENSG et l'IMT Lille Douai ne recrutent que des élèves fonctionnaires *via* le concours TPE/EIVP.

255 places ont été offertes en 2017.

<table>
<tr><th rowspan="2">4 écoles</th><th colspan="3">Votre cursus</th></tr>
<tr><th>MP</th><th>PC</th><th>PSI</th></tr>
<tr><td>ENTPE civil</td><td>15</td><td>17</td><td>18</td></tr>
<tr><td>ENTPE fonctionnaires</td><td>26</td><td>30</td><td>36</td></tr>
<tr><td>ENM fonctionnaires</td><td colspan="3">11</td></tr>
<tr><td>ENM non fonctionnaires</td><td colspan="3">29</td></tr>
<tr><td>ENSG fonctionnaires</td><td colspan="3">35</td></tr>
<tr><td>EIVP civil</td><td>23</td><td>20</td><td>19</td></tr>
<tr><td>EIVP fonctionnaires</td><td>4</td><td>3</td><td>3</td></tr>
<tr><td>ENSTIM Douai fonctionnaires</td><td>4</td><td>4</td><td>3</td></tr>
</table>

La sélection

Si les épreuves écrites du concours sont les mêmes que celles de la banque Mines-Ponts, les coefficients affectés à chaque discipline diffèrent. Si vous figurez sur la liste d'admissible, vous passez les épreuves orales entre fin juin et mi-juillet. Vous passez des examens de mathématiques, physique (MP et PC), sciences industrielles (PSI), TIPE, français (analyse et commentaire argumenté d'un texte court) et anglais obligatoire. Chaque épreuve dure 30 minutes (+ 30 minutes de préparation). Toute absence à l'une des épreuves est éliminatoire.

Les frais d'inscription

Les frais de dossier étaient de 25 € en 2017 ; gratuits pour les étudiants boursiers.

Renseignements

Concours TPE/EIVP
Ministère de l'Environnement, de l'Énergie et de la Mer
SG/DRH/RM1 – Pôle technique – unité des ingénieurs TPE
Tour Pascal B
92 055 La Défense Cedex
Tél. 01.40.81.65.91
mail : tpe-eivp@developpement-durable.gouv.fr
web : www.developpement-durable.gouv.fr

Le concours Mines-Télécom

Il est né en 2016 de la fusion du concours commun des écoles des Mines et du concours Télécom INT. Il regroupe 14 écoles : l'ENSG, l'ENSIIE (École nationale supérieure d'informatique pour l'industrie et l'entreprise) (Évry et Strasbourg), l'ENSSAT (École nationale supérieure des sciences appliquées et de technologie) Lannion, l'ENSTA Bretagne, les Mines Albi, Alès et Saint-Étienne, IMT Lille Douai,

IMT Atlantique, Télécom Nancy, Télécom physique Strasbourg, Télécom Saint-Étienne et Télécom SudParis.

Pour qui ?

1 339 places ont été proposées en 2017 dans les filières MP, PC et PSI.

14 écoles	Votre cursus		
	MP	PC	PSI
École des mines d'Albi	55	50	45
École des mines d'Alés	56	47	47
IMT Lille Douai (ingénieur Mines DOUAI)	55	47	48
IMT Atlantique (ingénieur Mines Nantes)	58	43	49
ENSIIE	85	10	18
ENSTA Bretagne (étudiant)	45	15	40
ENSTA Bretagne (militaire)	13	8	13
Mines Saint-Étienne (ISMIN)	25	17	25
IMT Lille Douai (ingénieur Télécom Lille)	16	0	17
Télécom Nancy	50	5	15
Télécom Physique Strasbourg	16	8	18
Télécom Saint-Étienne (étudiant)	21	11	21
Télécom SudParis	89	31	38
ENSG Géomatique (civil)	9	5	6
ENSSAT Lannion	27	10	15

La sélection

Le concours commun Mines-Télécom utilise les mêmes épreuves écrites que Mines-Ponts (CCMP) et conserve les mêmes coefficients. Les épreuves orales lui sont propres : mathématiques, physique (MP et PC) et sciences industrielles (PSI) sont de coefficient 8 et durent 30 minutes. Une épreuve d'anglais de 20 minutes (analyse d'un document iconographique) et un entretien de motivation de 25 minutes, tous deux coefficient 7, complètent la série.

À noter : les candidats admissibles au concours Mines-Télécom et au CCMP ne passent que les oraux de ce dernier. Leurs notes sont prises en compte par le concours Mines-Télécom avec une correspondance selon la filière.

Les candidats non admissibles, mais qui ont un total de points suffisant, peuvent être déclarés admissibles spécifiquement à l'ENSG, l'ENSSAT, Télécom Nancy et Télécom Saint-Étienne. Ces candidats passent quatre épreuves dont une dédiée à l'aptitude aux sciences du numérique, un entretien de motivation, ainsi que des épreuves d'anglais et de mathématiques. Ces épreuves se déroulent sur une journée à l'ENSG Marne-la-Vallée.

Les frais d'inscription

En 2017, ils étaient de 275 € pour les élèves des filières MP, PC et PSI. Gratuit pour les boursiers.

Renseignements

Concours Mines-Télécom - 9, rue Charles-Fourier – 91011 Évry Cedex – Tél. : 01.60.76.42.26 – Mail : info@concours-mines-telecom.fr
Site : www.concours-mines-telecom.fr

Les fiches des écoles Telecom Lille et Telecom St Étienne sont à retrouver dans la liste des fiches du concours GEIPI.

École des Ponts ParisTech Marne-la-Vallée

6-8, av. Blaise-Pascal, Cité Descartes, Champs-sur-Marne, 77455 Marne-la-Vallée cedex 2, tél. 01.64.15.30.00, Web : www.enpc.fr

Statut : public • **Frais d'inscription :** aucun • **Frais de scolarité :** 2 765 € par an. Elèves fonctionnaires rémunérés.

■ **Ingénieur diplômé** de l'école nationale des ponts et chaussées (CTI) • **Durée des études :** 3 ans. **Année de césure :** 1 an facultative entre la 2e et la 3e année en France et à l'étranger

Admission en 1re année du cycle ingénieur • Maths spé MP, PC, PSI ; concours commun Mines-Ponts • Maths spé PT ; concours Mines-Ponts sur banque filière PT • Maths spé TSI ; concours Mines-Ponts sur concours Centrale-Supélec filière TSI • Licence scientifique ; admission universitaire grandes écoles d'ingénieurs ; dossier, épreuves écrites et orales et/ou entretien • Maths spé BCPST ; concours sur banque d'épreuves des ENS.

Admission parallèle en 2e année du cycle ingénieur • 3e ou 4e année d'une section scientifique d'une ENS ; dossier, entretien.

Admission parallèle en 3e année du cycle ingénieur • Étudiants en 4e année de l'École polytechnique ; dossier, entretien.

EIVP Paris

École des ingénieurs de la ville de Paris, 80, rue Rébeval, 75019 Paris, tél. 01.56.02.61.00, Web : www.eivp-paris.fr

Statut : public • **Frais d'inscription :** aucun • **Frais de scolarité :** 1 875 € par an. Elèves fonctionnaires rémunérés.

■ **Ingénieur diplômé** de l'EIVP, spécialité génie urbain (CTI) • **Durée des études :** 3 ans 2 ans supplémentaires pour obtenir le double diplôme d'ingénieur-architecte avec l'ENSA Paris-La-Villotte.

Admission en 1re année du cycle ingénieur • Maths spé MP, PC, PSI ; concours commun TPE/EIVP sur banque Mines-Ponts • Maths spé TSI ; concours sur banque d'épreuves du concours commun polytechnique • Licence de mathématiques, physique, mécanique, génie civil, maths spé ATS, PT ; sur titre, dossier, entretien.

Admission parallèle en 2e année du cycle ingénieur • M1 de mathématiques, physique, mécanique, BTP, production industrielle ; sur titre, dossier, entretien.

ENSAE ParisTech Palaiseau

École nationale de la statistique et de l'administration économique, 5, av. Henry Le Châtelier, 91120 Palaiseau, tél. 01.41.17.65.25, Web : www.ensae.fr

Statut : public • **Frais d'inscription :** aucun • **Frais de scolarité :** 1 850 € en 1re année, 1 850 € en 2e année, 811 € en 3e année. Elèves fonctionnaires rémunérés.

■ **Ingénieur diplômé** de l'ENSAE ParisTech spécialités actuariat, Data Science, finance et gestion des risques, prévision et politiques économiques (CTI) • **Durée des études :** 3 ans. **Année de césure :** 1 an entre la 2e et la 3e année.

Admission en 1re année du cycle ingénieur • Maths spé MP, MP* ; concours option mathématiques sur banque d'épreuves du concours commun Mines-Ponts • 1re sup ENS B/L ; concours option économie et sciences sociales sur banque d'épreuves inter-ENS de sciences sociales (B/L) • Prépa commerciale option scientifique ; concours option économie et mathématiques sur 4 épreuves de la BCE • Licence scientifique ; admission universitaire grandes écoles d'ingénieurs ; dossier, épreuves écrites et orales et/ou entretien.

Admission parallèle en 2e année du cycle ingénieur • M1 MASS, économétrie, diplôme de l'école Polytechnique, des ENS ou d'une grande école (inscription en 1re ou 2e année selon le niveau) ; sur titre, dossier, entretien éventuel.

ENSG Marne-la-Vallée

École nationale des sciences géographiques, 6-8, av. Blaise-Pascal, Cité Descartes, Champs-sur-Marne, 77455 Marne-la-Vallée cedex 2, tél. 01.64.15.30.01, Web : www.ensg.eu

Statut : public • **Frais d'inscription :** aucun • **Frais de scolarité :** 795 € par an. Elèves fonctionnaires rémunérés.

■ **Ingénieur diplômé** de l'ENSG (CTI) • **Durée des études :** 3 ans les élèves fonctionnaires sont recrutés sur le concours TPE/EIVP uniquement. Les étudiants peuvent effectuer leur 3e année dans une école partenaire (ENTPE, EIVP, ENM, ENGEES, ENSG Nancy, ESGT, ESTP, EOST, Agrosup Dijon).

Admission en 1re année du cycle ingénieur • Maths spé MP, PC, PSI ; concours commun TPE/EIVP sur banque Mines-Ponts • Maths spé MP, PC, PSI ; concours Mines-Télécom • Maths spé PT ; concours Mines-Télécom sur banque filière PT • Maths spé TSI ; concours Mines-Télécom sur concours Centrale-Supélec filière TSI • Maths spé BCPST ; concours sur banque d'épreuves G2E • Première sup ENS B/L ; concours sur banque LSES (lettres et sciences économiques et sociales) du concours B/L • L2, DUT, BTS scientifique, maths spé ATS ou équivalent ; dossier, entretien.

Admission parallèle en 2e année du cycle ingénieur • M1 ou M2 scientifique, diplôme français ou étranger équivalent en sciences et technologies ; dossier, entretien.

ENSIIE Évry

École nationale supérieure d'informatique pour l'industrie et l'entreprise, 1, square de la Résistance, 91025 Évry cedex, tél. 01.69.36.73.50, Web : www.ensiie.fr

Statut : public • **Frais d'inscription :** 300 € • **Frais de scolarité :** 610 € par an.

■ **Ingénieur diplômé** de l'ENSIIE parcours recherche opérationnelle, modélisation statistique, Data Science, réalité virtuelle et systèmes intelligents, jeux vidéo interactions et collaborations numériques, sciences de l'image, ingénierie des connaissances, génie logiciel, réseau sécurité systèmes d'information, mathématiques financières (CTI) • **Durée des études :** 3 ans la formation se déroule à Évry ou à Strasbourg. Les élèves peuvent obtenir une licence de mathématiques délivrée par l'université d'Évry en fin de 1re année.

Admission en 1re année du cycle ingénieur • Maths spé MP, PC, PSI ; concours Mines-Télécom • Maths spé TSI ; concours Mines-Télécom sur concours Centrale-Supélec filière TSI • DUT, BTS, licence à dominante informatique, prépa ATS ; dossier, entretien.

Admission parallèle en 2e année du cycle ingénieur • M1 ou M2 sciences à dominante informatique ; dossier, entretien.

ENSIIE Strasbourg Illkirch-Graffenstaden

École nationale supérieure d'informatique pour l'industrie et l'entreprise, campus de Strasbourg, Parc d'innovation, 1, rue Jean-Dominique Cassini, bât. de l'ISU, 67400 Illkirch-Graffenstaden, tél. 03.69.20.02.30, Web : www.ensiie.fr

Statut : public • **Frais d'inscription :** aucun • **Frais de scolarité :** 610 € par an.

■ **Ingénieur diplômé** de l'ENSIIE parcours sécurité, innovation et entrepreneuriat, jeux vidéo interactions et collaborations numériques (CTI) • **Durée des études :** 3 ans la formation se déroule à Évry ou à Strasbourg. Les élèves peuvent obtenir une licence de mathématiques délivrée par l'université d'Évry en fin de 1re année.

Admission en 1re année du cycle ingénieur • Maths spé MP, PC, PSI ; concours Mines-Télécom • Maths spé TSI ; concours Mines-Télécom sur concours Centrale-Supélec filière TSI • DUT, BTS, licence à dominante informatique, prépa ATS ; dossier, entretien.

Admission parallèle en 2e année du cycle ingénieur • M1 ou M2 sciences à dominante informatique ; dossier, entretien.

Enssat Lannion

École nationale supérieure des sciences appliquées et de technologie, 6, rue de Kerampont, CS 80518, 22305 Lannion cedex, tél. 02.96.46.90.00, Web : www.enssat.fr

Statut : public • **Frais d'inscription :** 185 € • **Frais de scolarité :** 615 € par an.

■ **Ingénieur diplômé** de l'Enssat de l'université Rennes 1, spécialités : électronique • informatique • photonique (CTI) • **Durée des études :** 3 ans possibilité d'étudier à l'étranger à partir du 2e semestre de la 2e année. **Année de césure :** 1 an possible entre la 2e et la 3e année.

Admission en 1re année du cycle ingénieur • Maths spé MP, PC, PSI ; concours Mines-Télécom • Maths spé PT ; concours Mines-Télécom sur banque filière PT • Maths spé TSI ; concours Mines-Télécom sur concours Centrale-Supélec filière TSI • DUT informatique, GEII, MPh, réseaux et télécommunications, BTS, L2 ou L3 ; dossier, entretien • Maths spé ATS ; concours ATS.

Admission parallèle en 2e année du cycle ingénieur • Bac+4 en électronique, informatique, physique ; dossier, entretien.

ENSTA Palaiseau

École nationale supérieure de techniques avancées, 828, bd des Maréchaux, 91762 Palaiseau cedex, tél. 01.81.87.17.40, Web : www.ensta-paristech.fr

Statut : public • **Frais d'inscription :** aucun • **Frais de scolarité :** 2 150 € par an.

■ **Ingénieur diplômé** de l'ENSTA (CTI) • **Durée des études :** 3 ans. **Année de césure :** 1 an entre la 2e et 3e année.

Admission en 1re année du cycle ingénieur • Maths spé MP, PC, PSI ; concours commun Mines-Ponts • Maths spé PT ; concours Mines-Ponts sur banque filière PT • Maths spé TSI ; concours Mines-Ponts sur concours Centrale-Supélec filière TSI • Licence scientifique ; admission universitaire grandes écoles d'ingénieurs ; dossier, épreuves écrites et orales et/ou entretien.

Admission parallèle en 2e année du cycle ingénieur • M1 scientifique ; admission universitaire grandes écoles d'ingénieurs ; dossier, épreuves écrites et orales et/ou entretien.

Admission parallèle en 3e année du cycle ingénieur • Élèves de l'École polytechnique, normaliens d'ENS titulaires d'une agrégation, admission de droit pour les ingénieurs de l'armement ; dossier, entretien.

ENSTA Bretagne Brest

École nationale supérieure de techniques avancées Bretagne, 2, rue François-Verny, 29806 Brest cedex 9, tél. 02.98.34.88.00, Web : www.ensta-bretagne.fr

Statut : public • **Frais d'inscription :** aucun • **Frais de scolarité :** 2 150 € par an. Elèves militaires rémunérés.

■ **Ingénieur diplômé** de l'ENSTA Bretagne options architecture navale et offshore, architecture de véhicules et modélisation, hydrographie et océanographie, ingénierie et gestion des organisations, systèmes perception information décision, systèmes pyrotechniques (CTI) • **Durée des études :** 3 ans scolarité précédée d'une année de formation d'officier dans les armées pour les élèves militaires. Contrat de professionnalisation possible en 3e année. **Année de césure :** de 1 à 2 semestres entre la 2e et la 3e année.

Admission en 1re année du cycle ingénieur • Maths spé MP, PC, PSI ; concours Mines-Télécom • Maths spé PT ; concours Mines-Télécom sur banque filière PT • Maths spé TSI ; concours Mines-Télécom sur concours Centrale-Supélec filière TSI • Licence sciences et techniques ; dossier, entretien.

Admission parallèle en 2e année du cycle ingénieur • M1 sciences et techniques, diplôme d'ingénieur ; dossier, entretien.

ENTPE Lyon Vaulx-en-Velin

École nationale des travaux publics de l'Etat, 3, rue Maurice-Audin, 69518 Vaulx-en-Velin cedex, tél. 04.72.04.70.70, Web : www.entpe.fr

Statut : public • **Frais d'inscription :** aucun • **Frais de scolarité :** 610 € par an. Elèves fonctionnaires rémunérés.

■ **Ingénieur diplômé** de l'ENTPE voies d'approfondissements risques pollutions et nuisances, aménagement et politiques urbaines, bâtiment, transports et territoires, exploitation et infrastructures, génie civil, gestion des cours d'eau et du littoral (CTI) • **Durée des études :** 3 ans. **Année de césure :** 1 an entre la 2e et la 3e année.

Admission en 1re année du cycle ingénieur • Maths spé MP, PC, PSI ; concours commun TPE/EIVP sur banque Mines-Ponts • Maths spé BCPST ; concours sur banque d'épreuves G2E • Maths spé TSI ; concours sur banque d'épreuves du concours commun polytechnique • Licence mention assez bien en mécanique, physique ou génie civil (accès à la filière civile uniquement) ; dossier, entretien.

Admission parallèle en 2e année du cycle ingénieur • M1 mention assez bien de mathématiques, mathématiques appliquées, mécanique, physique, génie civil ou sciences de la vie et de la terre (accès à la filière civile uniquement) ; dossier, entretien.

IMT Atlantique Brest

École nationale supérieure Mines-Télécom Atlantique Bretagne-Pays de la Loire, Technopole Brest Iroise, CS 83818, 29238 Brest cedex 3, tél. 02.29.00.11.11, Web : www.imt-atlantique.fr

Statut : public • **Frais d'inscription :** aucun • **Frais de scolarité :** 2 600 € par an.

■ **Ingénieur diplômé** de Télécom Bretagne de l'institut Mines-Télécom filières ingénierie et intégration de systèmes, systèmes logiciels et réseaux, ingénierie des services et des affaires, systèmes de traitement de l'information (CTI) • **Durée des études :** 3 ans. Fcp possible : 1 an en 3e année. **Année de césure :** 1 an entre la 2e et la 3e année.

Admission en 1re année du cycle ingénieur • Maths spé MP, PC, PSI ; concours commun Mines-Ponts • Maths spé PT ; concours Mines-Ponts sur banque filière PT • Maths spé TSI ; concours Mines-Ponts sur concours Centrale-Supélec filière

TSI • Licence scientifique ; admission universitaire grandes écoles d'ingénieurs ; dossier, épreuves écrites et orales et/ou entretien.

Admission parallèle en 2e année du cycle ingénieur • M1 scientifique ; admission universitaire grandes écoles d'ingénieurs ; dossier, épreuves écrites et orales et/ou entretien.

IMT Atlantique Nantes

École nationale supérieure Mines-Télécom Atlantique Bretagne-Pays de la Loire, La Chantrerie, 4, rue Alfred-Kastler, CS 20722, 44307 Nantes cedex 3, tél. 02.51.85.81.00, Web : www.imt-atlantique.fr

Statut : public • **Frais d'inscription :** 185 € • **Frais de scolarité :** 2 600 € par an.

■ **Ingénieur diplômé** de l'école nationale supérieure des mines de Nantes de l'institut Mines-Télécom options organisation et management des technologies de l'information, génie informatique pour l'aide à la décision, génie des systèmes informatiques, gestion des opérations en production et logistique, automatique et informatique industrielle, management de la performance et du risque, nucléaire technologie sûreté et environnement, systèmes et technologie associées aux réacteurs nucléaires, génie des systèmes énergétiques, génie de l'environnement (CTI) • **Durée des études :** 3 ans. **Année de césure :** 1 an possible entre la 2e et la 3e année.

Admission en 1re année du cycle ingénieur • Maths spé MP, PC, PSI ; concours Mines-Télécom • Maths spé PT ; concours Mines-Télécom sur banque filière PT • Maths spé TSI ; concours Mines-Télécom sur concours Centrale-Supélec filière TSI • Licence scientifique ou diplôme équivalent ; dossier commun aux écoles des mines d'Albi, Alès et les IMT Atlantique et Lille-Douai, épreuves orales probatoires.

Admission parallèle en 2e année du cycle ingénieur • M1 scientifique ou diplôme équivalent ; dossier commun aux écoles des mines d'Albi, Alès et les IMT Atlantique et Lille-Douai, épreuves orales probatoires.

IMT Lille Douai

École nationale supérieure Mines-Télécom Lille Douai, 941, rue Charles-Bourseul, CS 10838, 59508 Douai cedex, tél. 03.27.71.22.22, Web : www.mines-douai.fr

Statut : public • **Frais d'inscription :** aucun • **Frais de scolarité :** 2 150 € par an.

■ **Ingénieur diplômé** de l'école nationale supérieure des mines de Douai (CTI) • **Durée des études :** 3 ans. Fcp possible : 1 an en 3e année.

Admission en 1re année du cycle ingénieur • Maths spé MP, PC, PSI ; concours Mines-Télécom • Maths spé MP, PC, PSI ; concours commun TPE/EIVP sur banque Mines-Ponts • Maths spé PT ; concours Mines-Télécom sur banque filière PT • Maths spé TSI ; concours Mines-Télécom sur concours Centrale-Supélec filière TSI • Maths spé BCPST ; concours sur banque d'épreuves G2E • Maths spé ATS ; concours ATS • DUT scientifique ou technologique, licence sciences et technologies ; dossier commun aux écoles des mines d'Albi, Alès et les IMT Atlantique et Lille-Douai, épreuve orale d'anglais.

Admission parallèle en 2e année du cycle ingénieur • M1 scientifique ou technologique ou diplôme équivalent ; dossier commun aux écoles des mines d'Albi, Alès et les IMT Atlantique et Lille-Douai, épreuve orale d'anglais.

INP-ENM Toulouse

École nationale de la météorologie, 42, av. Coriolis, BP 45712, 31057 Toulouse cedex 1, tél. 05.61.07.80.80, Web : www.enm.meteo.fr

Statut : public • **Frais d'inscription :** aucun • **Frais de scolarité :** 610 € par an. Elèves fonctionnaires rémunérés.

■ **Ingénieur diplômé** de l'école nationale de la météorologie (ENM) (CTI) • **Durée des études :** 3 ans.

Admission en 1re année du cycle ingénieur • Maths spé MP, PC, PSI ; concours commun TPE/EIVP sur banque Mines Ponts • Prépa des INP avec option mathématiques ou physique-chimie ; dossier • Licence en mécanique, mathématiques appliquées ou physique ; dossier, entretien éventuel.

Admission parallèle en 2e année du cycle ingénieur • M1 scientifique ou équivalent ; concours.

ISAE-SUPAERO Toulouse

Institut supérieur de l'aéronautique et de l'espace, 10, av. Edouard-Belin, BP 54032, 31055 Toulouse cedex 4, tél. 05.61.33.80.80, Web : www.isae-supaero.fr

Statut : public • **Frais d'inscription :** aucun • **Frais de scolarité :** 2 650 € par an.

■ **Ingénieur diplômé** de l'institut supérieur de l'aéronautique et de l'espace (ISAE) (CTI) • **Durée des études :** 3 ans. **Année de césure :** 1 an entre la 2e et la 3e année.

Admission en 1re année du cycle ingénieur • Maths spé MP, PC, PSI ; concours commun Mines-Ponts • Maths spé PT ; concours Mines-Ponts sur banque filière PT • Maths spé TSI ; concours Mines-Ponts sur concours Centrale-Supélec filière TSI • Licence scientifique ; admission universitaire grandes écoles d'ingénieurs ; dossier, épreuves écrites et orales et/ou entretien • Prépa des INP de Toulouse, Nancy, Grenoble ou Bordeaux ; sur classement interne du cycle préparatoire des INP.

Admission parallèle en 2e année du cycle ingénieur • M1 scientifique ; admission universitaire grandes écoles d'ingénieurs ; dossier, épreuves écrites et orales et/ou entretien.

Admission parallèle en 3e année du cycle ingénieur • Ingénieurs polytechniciens civils ou militaires ; entretien pour les polytechniciens civils, les militaires sont admis de droit.

Mines Albi

École nationale supérieure des mines d'Albi-Carmaux, campus Jarlard, route de Teillet, 81013 Albi cedex 9, tél. 05.63.49.30.00, Web : www.mines-albi.fr

Statut : public • **Frais d'inscription :** 70 € • **Frais de scolarité :** 2 150 € par an.

■ **Ingénieur diplômé** de l'école nationale supérieure des mines d'Albi de l'institut Mines-Télécom options génie industriel processus et systèmes d'information, éco-activité et énergie, ingénierie des matériaux avancés et des structures, bio-santé-ingénierie (CTI) • **Durée des études :** 3 ans. Fca possible.

Admission en 1re année du cycle ingénieur • Maths spé MP, PC, PSI ; concours Mines-Télécom • Maths spé PT ; concours Mines-Télécom sur banque filière PT • Maths spé BCPST ; concours sur banque d'épreuves G2E • Maths spé TSI ; concours Mines-Télécom sur concours Centrale-Supélec filière TSI • Licence sciences et technologies, DUT ; dossier, entretien, test d'anglais • Pour le cursus en apprentissage : BTS, DUT ou L2 dans une spécialité scientifique et/ou technique ; dossier, entretien, test d'anglais.

Admission parallèle en 2e année du cycle ingénieur • M1 scientifique ou technique ou diplôme équivalent ; dossier commun aux écoles des mines d'Albi, Alès et les IMT Atlantique et Lille-Douai, oral propre • 5e année validée de pharmacie option industrie ; dossier, entretien.

Mines Alès

École nationale supérieure des mines d'Alès, 6, av. de Clavières, 30319 Alès cedex, tél. 04.66.78.50.00, Web : www.mines-ales.fr

Statut : public • **Frais d'inscription :** aucun • **Frais de scolarité :** 2 150 € par an.

■ **Ingénieur diplômé** de l'école nationale supérieure des mines d'Alès de l'institut Mines-Télécom options génie civil, ressources minérales, bâtiment et énergie, mécanique/mécatronique, matériaux avancés, environnement et énergie, sécurité industrielle, systèmes de production, risques majeurs, systèmes d'information, ingénierie système, industries nucléaires, mécatronique/commande de système (CTI) • **Durée des études :** 3 ans. Fcp possible : 1 an en dernière année à raison de 500 h de formation et 30 semaines en entreprise. **Année de césure :** 1 an entre la 2e et la 3e année.

Admission en 1re année du cycle ingénieur • Maths spé MP, PC, PSI ; concours Mines-Télécom • Maths spé PT ; concours Mines-Télécom sur banque filière PT • Maths spé TSI ; concours Mines-Télécom sur concours Centrale-Supélec filière TSI • Maths spé BCPST ; concours sur banque d'épreuves G2E • Maths spé ATS ; concours ATS • DUT scientifique, licence sciences et technologies ; dossier commun aux écoles des mines d'Albi, Alès et les IMT Atlantique et Lille-Douai, épreuves orales.

Admission parallèle en 2e année du cycle ingénieur • M1 scientifique ou technologique ou diplôme équivalent ; dossier commun aux écoles des mines d'Albi, Alès et les IMT Atlantique et Lille-Douai, oral propre.

Mines Nancy

École nationale supérieure des mines de Nancy, campus Artem, 92, rue du Sergent-Blandan, CS 14234, 54042 Nancy cedex, tél. 03.83.66.26.00, Web : www.mines-nancy.univ-lorraine.fr

Statut : public • **Frais d'inscription :** aucun • **Frais de scolarité :** 615 € par an.

■ **Ingénieur diplômé** de l'école nationale supérieure des mines de Nancy de l'université de Lorraine parcours Ambient Services and Robotics, Information and Process Organization, ingénierie mathématique, ingénierie des systèmes de décision et de production, énergie et fluides, matériaux fonctionnels, matériaux de structure, ingénierie énergétique et environnementale des systèmes industriels, géo-ingénierie (CTI) • **Durée des études :** 3 ans les élèves peuvent suivre des ateliers transversaux proposés au choix à raison d'une journée par semaine dans chacune des 3 écoles de l'alliance Artem-Nancy (ICN, ENSAN, ENSMN). **Année de césure :** 1 an possible entre la 2e et la.

Admission en 1re année du cycle ingénieur • Maths spé MP, PC, PSI ; concours commun Mines-Ponts • Maths spé PT ; concours Mines-Ponts sur banque filière PT • Maths spé TSI ; concours Mines-Ponts sur concours Centrale-Supélec filière TSI • Licence scientifique ; admission universitaire grandes écoles d'ingénieurs ; dossier, épreuves écrites et orales et/ou entretien.

Admission parallèle en 2e année du cycle ingénieur • M1 scientifique ; admission universitaire grandes écoles d'ingénieurs ; dossier, épreuves écrites et orales et/ou entretien.

Mines ParisTech

École nationale supérieure des mines de Paris, 60, bd Saint-Michel, 75272 Paris cedex 6, tél. 01.40.51.90.00, Web : www.ensmp.fr

Statut : public • **Frais d'inscription :** aucun • **Frais de scolarité :** 2 890 € par an.

■ **Ingénieur diplômé** de Mines ParisTech options finance quantitative, géostatistique, management des systèmes d'information, biotechnologie, développement industriel des procédés avancés, génie atomique, géosciences, machines et énergie, sciences et génie des matériaux, sol et sous-sol, droit et économie de l'entreprise, économie industrielle, gestion scientifique, ingénierie de la conception, innovation et entrepreneuriat, systèmes de production et logistique, automatique robotique vision et morphologie mathématique (CTI) • **Durée des études :** 3 ans. **Année de césure :** 1 an entre la 2e et la 3e année.

Admission en 1re année du cycle ingénieur • Maths spé MP, PC, PSI ; concours commun Mines-Ponts • Maths spé PT ; concours Mines-Ponts sur banque filière PT • Maths spé TSI ; concours Mines-Ponts sur concours Centrale-Supélec filière TSI • Licence scientifique ; admission universitaire grandes écoles d'ingénieurs ; dossier, épreuves écrites et orales et/ou entretien.

Admission parallèle en 2e année du cycle ingénieur • M1 scientifique ; admission universitaire grandes écoles d'ingénieurs ; dossier, épreuves écrites et orales et/ou entretien.

Admission parallèle en 3e année du cycle ingénieur • Élèves polytechniciens ou normaliens ; dossier, entretiens.

Mines Saint-Étienne

École nationale supérieure des mines de Saint-Étienne, 158, cours Fauriel, CS 62362, 42023 Saint-Étienne cedex 2, tél. 04.77.42.01.23, Web : www.mines-stetienne.fr

Statut : public • **Frais d'inscription :** 200 € • **Frais de scolarité :** 2 150 € par an.

■ **Ingénieur civil** diplômé de l'école nationale supérieure des mines de Saint-Étienne de l'institut Mines-Télécom majeures procédés pour l'énergie, environnement industriel et territorial, informatique, matériaux, mécanique, gestion de production et logistique, gestion et finance d'entreprise, science des données, microélectronique, ingénierie biomédicale (CTI) • **Durée des études :** 3 ans.

Admission en 1re année du cycle ingénieur • Maths spé MP, PC, PSI ; concours commun Mines-Ponts • Maths spé PT ; concours Mines-Ponts sur banque filière PT • Maths spé TSI ; concours Mines-Ponts sur concours Centrale-Supélec filière TSI • Licence scientifique ; admission universitaire grandes écoles d'ingénieurs ; dossier, épreuves écrites et orales et/ou entretien.

Admission parallèle en 2e année du cycle ingénieur • M1 scientifique ; admission universitaire grandes écoles d'ingénieurs ; dossier, épreuves écrites et orales et/ou entretien • 4e année de la filière ingénieur de la faculté de pharmacie de Lyon ou de la faculté de médecine de Saint-Étienne avec formation préparatoire ; dossier, entretien.

Mines Saint-Étienne Gardanne

École nationale supérieure des mines de Saint-Étienne, site de Gardanne, Campus Georges-Charpak Provence, 880, route de Mimet, 13541 Gardanne, tél. 04.42.61.66.00, Web : www.mines-stetienne.fr/fr/ISMIN

Statut : public • **Frais d'inscription :** aucun • **Frais de scolarité :** 2 150 € par an.

■ **Ingénieur diplômé** de l'école nationale supérieure des mines de Saint-Étienne de l'institut Mines-Télécom, spécialité microélectronique et informatique (CTI) • **Durée des études :** 3 ans.

Admission en 1re année du cycle ingénieur • Maths spé MP, PC, PSI ; concours Mines-Télécom • Maths spé PT ; concours Mines-Télécom sur banque filière PT • Maths spé TSI ; concours Mines-Télécom sur concours Centrale-Supélec filière TSI • Licence électronique, informatique ; dossier, entretien.

Admission parallèle en 2e année du cycle ingénieur • M1 électronique, informatique, mathématique, physique ; dossier, entretien.

Télécom Nancy Villers-lès-Nancy

193, av. Paul-Muller, CS 90172, 54602 Villers-lès-Nancy, tél. 03.83.68.26.00, Web : www.telecomnancy.eu

Statut : public • **Frais d'inscription :** aucun • **Frais de scolarité :** 610 € par an.

■ **Ingénieur diplômé** de Télécom Nancy de l'université de Lorraine (CTI) • **Durée des études :** 3 ans.

Admission en 1re année du cycle ingénieur • Maths spé MP, PC, PSI ; concours Mines-Télécom • Maths spé PT ; concours Mines-Télécom sur banque filière PT • Maths spé TSI ; concours Mines-Télécom sur concours Centrale-Supélec filière TSI • Maths spé ATS ; concours ATS • L2 ou L3, DUT, BTS, prépa des INP ; dossier, entretien.

Admission parallèle en 2e année du cycle ingénieur • Bac+4 scientifique ; dossier, entretien.

Télécom ParisTech

46, rue Barrault, 75634 Paris cedex 13, tél. 01.45.81.77.77, Web : www.telecom-paristech.fr

Statut : public • **Frais d'inscription :** aucun • **Frais de scolarité :** 2 600 € par an.

■ **Ingénieur diplômé** de Télécom ParisTech de l'institut Mines-Télécom (CTI) • **Durée des études :** 3 ans les candidats issus des concours communs peuvent effectuer les 2e et 3e années à EURECOM Sophia-Antipolis.

Admission en 1re année du cycle ingénieur • Maths spé MP, PC, PSI ; concours commun Mines-Ponts • Maths spé PT ; concours Mines-Ponts sur banque filière PT • Maths spé TSI ; concours Mines-Ponts sur concours Centrale-Supélec filière TSI • Licence scientifique ; admission universitaire grandes écoles d'ingénieurs ; dossier, épreuves écrites et orales et/ou entretien • DUT à dominante informatique, électronique ou réseaux et télécommunications, licence de mathématiques, électronique, informatique ; admission uniquement pour le cycle en apprentissage sur dossier, tests d'aptitude pour les titulaires d'un DUT, entretiens et oral d'anglais.

Admission parallèle en 2e année du cycle ingénieur • M1 scientifique ; admission universitaire grandes écoles d'ingénieurs ; dossier, épreuves écrites et orales et/ou entretien.

Admission parallèle en 3e année du cycle ingénieur • Élèves de 3e année de l'école polytechnique, M2 de l'UPMC ; dossier, entretien.

Télécom Physique Strasbourg Illkirch-Graffenstaden

Parc d'innovation, 300 bd Sébastien-Brant, BP 10413, 67412 Illkirch-Graffenstaden cedex, tél. 03.68.85.45.10, Web : www.telecom-physique.fr

Statut : public • **Frais d'inscription :** aucun • **Frais de scolarité :** 610 € par an.

■ **Ingénieur diplômé** de Télécom physique Strasbourg de l'université de Strasbourg, spécialités : réseaux et télécommunications option infrastructures numériques et objets communicants • technologies de l'information pour la santé parcours diagnostics et traitements médicaux innovants, thérapeutiques innovantes (CTI) • **Durée des études :** 3 ans.

Admission en 1re année du cycle ingénieur • Maths spé MP, PC, PSI ; concours Mines-Télécom • Maths spé PT ; concours Mines-Télécom sur banque filière PT • DUT, BTS, prépa ATS, L2 ou L3 sciences et technologies ou diplôme équivalent à 120 ECTS ; sur titre, dossier, entretien.

Admission parallèle en 2e année du cycle ingénieur • M1 informatique, réseaux et télécoms, physique, électronique, EEEA ou diplôme équivalent à 240 ECTS ; dossier, entretien.

Télécom SudParis Évry

9, rue Charles-Fourier, 91011 Évry cedex, tél. 01.60.76.40.40, Web : www.telecom-sudparis.eu

Statut : public • **Frais d'inscription :** 70 € • **Frais de scolarité :** 2 150 € par an.

■ **Ingénieur diplômé** de Télécom SudParis de l'institut Mines-Télécom (CTI) • **Durée des études :** 3 ans.

Admission en 1re année du cycle ingénieur • Maths spé MP, PC, PSI ; concours Mines-Télécom • Maths spé PT ; concours Mines-Télécom sur banque filière PT • Maths spé TSI ; concours Mines-Télécom sur concours Centrale-Supélec filière TSI • Maths spé ATS ; concours ATS • Licence scientifique ou diplôme équivalent, étudiants de Télécom St-Étienne ou Lille 1 ayant validé 120 ECTS ; dossier, entretien.

Admission parallèle en 2e année du cycle ingénieur • M1 scientifique ou équivalent ; dossier, entretien.

Le concours commun polytechnique (CCP)

Trente-quatre écoles recrutent sur les concours communs polytechniques, au nombre de six : quatre pour les prépa MP, PC (physique), PC (chimie), PSI, TSI et TPC (deux filières évoquées plus loin dans cet ouvrage). On y retrouve tous les domaines de spécialité : physique, chimie, informatique, électronique, mécanique, etc.

34 écoles	Votre cursus			
	MP	PC PH	PC CH	PSI
ENSMM	44	25	–	54
Bordeaux INP-ENSC	6	6	–	6
Bordeaux INP ENSCBP	–	–	45	–

34 écoles	Votre cursus			
	MP	PC PH	PC CH	PSI
Bordeaux INP Enseirb-Matmeca	148	37	–	55
ENSI Caen	50	23	30	17
EISTI Pau	46	12	–	15
Sigma Clermont-Ferrand	–	–	36	–
ISIMA	40	8	–	12
Grenoble INP- ENSE3	70	60	–	80
Grenoble INP-Ensimag	120	10	–	10
Grenoble INP-ESISAR	11	6	–	12
Grenoble INP-Pagora	10	18	–	11
Grenoble INP-Phelma	96	101	–	77
ENSCL	2	–	40	–
CPE Lyon	12	8	45	12
ENSCM	–	–	60	–
ENSCMu	–	–	40	–
ENSEM	45	27	–	46
ENSG	5	10	–	5
ENSIC	7	–	45	7
Chimie ParisTech	3	–	65	–
Supméca Paris	45	20	–	45
ENSGTI	10	12	–	12
ENSIP Poitiers	23	17	21	27
ISAE-ENSMA	55	28	–	58
ENSCR	–	–	40	–
ECPM	–	–	47	–
ENGEES	13	15	–	15
Télécom Physique Strasbourg	31	31	[illegible]	28
SeaTech Toulon	20	16	–	27
INP-ENSEEIHT	133	43	–	104
INP-ENSIACET	28	27	97	26
ENAC	45	23	–	39
ENSIAME	35	25	–	49

Les écrits des CCP, et parfois les épreuves orales, servent aussi de banque de notes à 28 écoles, qui recrutent majoritairement en TSI (voir page 213).

Voici celles auxquelles vous avez accès après une prépa MP, PC ou PSI : ENSISA Mulhouse, ENSTIB Épinal, EOST Strasbourg, EEIGM Nancy, ENSIL-ENSCI Limoges, Grenoble INP-Génie industriel, ENSGSI Nancy – Groupe INP, l'École de l'air et l'ESM Saint-Cyr. Seule l'ENSAI Rennes n'ouvre ses portes qu'aux MP.

Pour qui ?

En 2017, 3 221 places ont été offertes *via* le CCP : 1 153 places en MP, 608 en PC-PH, 611 en PC-CH et 849 en PSI.

La sélection

En MP, vous passez des épreuves de : mathématiques (x 2), physique, physique-chimie, français-philosophie, langue vivante (une deuxième, facultative, est possible), et informatique ou sciences industrielles (au choix du candidat). En PC, vous passez des épreuves de : mathématiques, français-philosophie, physique, langue vivante (une deuxième, facultative, est possible), modélisation de systèmes physiques ou chimiques et chimie. En PSI, des épreuves de : mathématiques, français-philosophie, physique-chimie, langue vivante (une deuxième, facultative, est possible), modélisation et ingénierie numérique, sciences industrielles de l'ingénieur et informatique. Excepté les langues et l'informatique en PSI, toutes les épreuves durent 4 heures.

L'épreuve écrite de langue vivante (au choix parmi allemand, anglais, arabe, espagnol, italien, portugais ou russe) est une synthèse de documents. Pour l'épreuve écrite facultative (obligatoire à l'EEIGM Nancy), seuls les points au-dessus de 10 sont pris en compte. Elle doit être différente de la première, mais l'une ou l'autre doit être en anglais.

À l'oral, les candidats sont évalués en maths, physique et/ou chimie, langue vivante A (la même qu'à l'écrit), TIPE et sciences industrielles de l'ingénieur en PSI. En PC, un TP complète la série d'examens. À noter que si l'interrogation orale s'appuie sur la physique, le TP porte sur la chimie et inversement. L'oral est sensiblement différent à l'École de l'air qui ajoute à la sélection un entretien, une épreuve d'anglais (pas de LVA [langue vivante A] ici), et des épreuves sportives.

Les frais d'inscription

Comptez 170 € pour les écoles du CCP ; ajoutez de 10 à 85 € pour les écoles qui recrutent en banque d'épreuves, de 0 à 26 € pour les boursiers. Les élèves qui concourent pour l'École de l'air, l'ESM Saint-Cyr et l'ENSAI Rennes fonctionnaires sont exonérés de frais.

Renseignements

Service des CCP – CS 44410 - 31405 Toulouse Cedex 4 – Tél. : 05.62.47.33.43

Site : www.ccp.scei-concours.fr

Les écoles des concours CCP, en fiches

Ne sont pas présentées dans cette liste toutes les écoles déjà présentes dans la partie postbac.

EA Salon-de-Provence

École de l'air, base aérienne 701, 13661 Salon-de-Provence cedex, tél. 04.90.17.80.00, Web : www.ecole-air.fr

Statut : public • **Frais d'inscription :** aucun • Elèves militaires rémunérés.

Ingénieur diplômé de l'école de l'Air, corps des officiers de l'Air, corps des mécaniciens de l'Air, corps des officiers des bases de l'Air (CTI) • **Durée des études :** 3 ans internat obligatoire en 1re et 2e année.

Admission en 1re année du cycle ingénieur • Maths spé MP, PC, PSI, PT ; concours sur banque d'épreuves des concours communs polytechniques et banque PT + épreuves orales et sportives propres • Licence scientifique ou titre équivalent ; épreuves écrites, orales et sportives • Licence sciences politiques ou titre équivalent ; concours • Diplôme conférant le grade de master être âgé de 25 ans au plus ; épreuves écrites, orales et sportives.

ENAC Toulouse

École nationale de l'aviation civile, 7, av. Edouard-Belin, CS 54005, 31055 Toulouse cedex 4, tél. 05.62.17.40.00, Web : www.enac.fr

Statut : public • **Frais d'inscription :** 70 € • **Frais de scolarité :** 1 306 € par an. Elèves fonctionnaires rémunérés.

■ **Ingénieur diplômé** de l'ENAC (CTI) • **Durée des études :** 3 ans. **Fca possible :** 3 ans sur les sites de Toulouse et Montpellier (Aéroport de Montpellier à Mauguio).

Admission en 1re année du cycle ingénieur • Maths spé MP ; concours commun polytechnique MP • Maths spé PC ; concours commun polytechnique PC-Physique • Maths spé PSI ; concours commun polytechnique PSI • Maths spé PT ; concours commun polytechnique filière PT • Prépa des INP (CPP) ; dossier • Pour le cursus en apprentissage: BTS aéronautique, DUT GEII, GIM, GMP, GTE, informatique, MPh, SGM, L2 sciences et technologies ; dossier, entretien.

Admission parallèle en 2e année du cycle ingénieur • M1 scientifique ; dossier.

ENGEES Strasbourg

École nationale du génie de l'eau et de l'environnement de Strasbourg, 1, quai Koch, BP 61039, 67070 Strasbourg cedex, tél. 03.88.24.82.82, Web : engees.unistra.fr

Statut : public • **Frais d'inscription :** aucun • **Frais de scolarité :** 1 601 € par an. Elèves fonctionnaires rémunérés.

■ **Ingénieur diplômé** de l'ENGEES (CTI) • **Durée des études :** 3 ans. Fca possible. **Année de césure :** 1 an possible entre la 2e et la 3e année et acceptée sur la base d'un projet professionnel.

Admission en 1re année du cycle ingénieur • Maths spé BCPST ; concours sur banque d'épreuves G2E • Maths spé MP ; concours commun polytechnique MP • Maths spé PC ; concours commun polytechnique PC-Physique • Maths spé PSI ; concours commun polytechnique PSI • Maths spé TB ; concours A TB bio ; épreuves écrites et orales, entretien • Maths spé TSI ; concours commun polytechnique TSI • Licence ou licence professionnelle dans les domaines sciences de la vie, de la Terre ou de la matière ; concours B bio ; épreuves écrites et orales, entretien • BTS, DUT, prépa ATS, licence scientifique ; dossier, entretien, tests.

Admission parallèle en 2e année du cycle ingénieur • M1 ou M2 scientifique mention AB ; concours D sur dossier.

ENSAI Bruz

École nationale de la statistique et de l'analyse de l'information, rue Blaise-Pascal, campus de Ker-Lann, BP 37203, 35172 Bruz cedex, tél. 02.99.05.32.32, Web : www.ensai.fr

Statut : public • **Frais d'inscription :** 45 € • **Frais de scolarité :** 1 850 € en 1re année, 1 850 € en 2e année, 811 € en 3e année.

■ **Ingénieur diplômé** de l'ENSAI filières gestion des risques et ingénierie financière, marketing quantitatif et revenue management, statistiques pour les sciences de la vie, génie statistique, statistique et ingénierie des données, ingénierie statistique des territoires et de la santé (CTI) • **Durée des études :** 3 ans période obligatoire à l'étranger de 4 semaines minimum. **Année de césure :** 1 an entre la 2e et la 3e année.

Admission en 1re année du cycle ingénieur • Maths spé MP, MP* ; concours externe spécialité mathématiques sur banque d'épreuves du concours commun polytechnique • Première sup ENS B/L (khâgne), L2 économie-gestion, MASS ; concours externe économie et sciences sociales • ENS Cachan D2 ; concours externe économie et gestion • DUT informatique ou STID, licence mathématiques, MASS, sciences économiques, MIAGE ou équivalent ; dossier, entretien.

Admission parallèle en 2e année du cycle ingénieur • Bac+3 ou 4 en mathématiques, MASS, sciences économiques, MIAGE, diplôme d'ingénieur habilité, diplôme d'une école membre de la CGE ou diplôme étranger équivalent ; dossier, entretien.

ENSEIRB-MATMECA Talence

École nationale supérieure d'électronique, informatique, télécommunications, mathématique et mécanique de Bordeaux, Domaine universitaire, 1, av. du Docteur-Albert-Schweitzer, BP 99, 33402 Talence cedex, tél. 05.56.84.65.00, Web : enseirb-matmeca.bordeaux-inp.fr

Statut : public • **Frais d'inscription :** aucun • **Frais de scolarité :** 633 € par an.

■ **Ingénieur diplômé** de l'institut polytechnique de Bordeaux - ENSEIRB-MATMECA, spécialités : électronique options automatique et mécatronique, automobile, aéronautique et spatial ; circuits et systèmes intégrés ; systèmes de radio et télécommunications, systèmes embarqués ; traitement du signal et de l'image ; achat industriel des composantes électroniques • informatique options génie logiciel ; cybersécurité, systèmes et réseaux ; parallélisme, régulation et calcul distribué ; technologies multimédia et jeux vidéo ; robotique et apprentissage ; European Studies in Software Verification • mathématiques appliquées et mécanique options matériaux et structures, fluide et énergétique, calcul haute performance pour la mécanique • télécommunications options génie logiciel des réseaux et télécommunications ; ingénierie des systèmes numériques de communication, réseaux ; sécurité et objets connectés ; technologies multimédia et jeux vidéo (CTI) • **Durée des études :** 3 ans.

Admission en 1re année du cycle ingénieur • Maths spé MP ; concours commun polytechnique MP • Maths spé PSI ; concours commun polytechnique PSI

• Maths spé PC ; concours commun polytechnique PC-Physique • Maths spé TSI ; concours commun polytechnique TSI • Maths spé PT ; concours commun polytechnique filière PT • Cycle préparatoire intégré de Bordeaux (CPBx), prépa des INP ; dossier, entretien • Licence, DUT, BTS, maths spé ATS ; dossier.

Admission parallèle en 2e année du cycle ingénieur • M1; dossier, entretien.

ENSEM Vandœuvre-lès-Nancy

École nationale supérieure d'électricité et de mécanique, 2, av. de la Forêt-de-Haye, BP 90161, 54505 Vandœuvre-lès-Nancy, tél. 03.83.59.55.43, Web : www.ensem.univ-lorraine.fr

Statut : public • **Frais d'inscription :** aucun • **Frais de scolarité :** 615 € par an.

■ **Ingénieur diplômé** de l'ENSEM de l'université de Lorraine majeures énergie mécanique - système structures, gestion de l'énergie électrique et des systèmes électromécaniques, systèmes information et énergie • spécialité systèmes numériques parcours informatique, ingénierie des systèmes complexes, ingénierie mathématique et outils informatiques possibles (CTI) • **Durée des études :** 3 ans.

Admission en 1re année du cycle ingénieur • Maths spé MP ; concours commun polytechnique MP • Maths spé PC ; concours commun polytechnique PC-Physique • Maths spé PSI ; concours commun polytechnique PSI • Maths spé PT ; concours commun polytechnique filière PT • Maths spé TSI ; concours commun polytechnique TSI • Prépa des INP (CPP) ; contrôle continu • DUT scientifique, BTS scientifique + maths spé ATS, licence scientifique ; dossier, entretien, tests.

Admission parallèle en 2e année du cycle ingénieur • M1 scientifique ; dossier, entretien, test d'anglais.

ENSG Nancy Vandœuvre-lès-Nancy

École nationale supérieure de géologie, 2 rue du doyen Marcel Roubault, TSA 70605, 54518 Vandœuvre-lès-Nancy cedex, tél. 03.83.59.64.15, Web : www.ensg.univ-lorraine.fr

Statut : public • **Frais d'inscription :** aucun • **Frais de scolarité :** 611 € par an.

■ **Ingénieur diplômé** de l'ENSG de l'université de Lorraine options géosciences pétrolières, géologie numérique, génie et gestion des matières premières minérales, géotechnique, sciences et technologies de l'environnement, ressources aménagement et gestion des eaux, ingénierie et hydrodynamique des réservoirs, géophysique (CTI) • **Durée des études :** 3 ans. **Année de césure :** 1 an entre la 2e et la 3e année.

Admission en 1re année du cycle ingénieur • Maths spé BCPST ; concours sur banque d'épreuves G2E • Maths spé PC ; concours commun polytechnique PC-Physique • Maths spé MP ; concours commun polytechnique MP • Maths spé PSI ; concours commun polytechnique PSI • Prépa des INP (CPP) ; contrôle continu • Licence scientifique ; épreuves écrites et orales d'anglais.

Admission parallèle en 2e année du cycle ingénieur • M1 ; dossier, entretien.

Admission parallèle en 3e année du cycle ingénieur • Diplôme d'ingénieur de grandes écoles ; dossier.

ENSGTI Pau

École nationale supérieure en génie des technologies industrielles, rue Jules-Ferry, BP 7511, 64075 Pau cedex, tél. 05.59.40.78.00, Web : ensgti.univ-pau.fr

Statut : public • **Frais d'inscription :** aucun • **Frais de scolarité :** 615 € par an.

■ **Ingénieur diplômé** de l'ENSGTI de l'université de Pau, spécialités : énergétique parcours énergétique du bâtiment, énergétique industrielle • génie des procédés parcours procédés pour l'environnement, conception assistée par ordinateur (CTI) • **Durée des études :** 3 ans.

Admission en 1re année du cycle ingénieur • Maths spé MP ; concours commun polytechnique MP • Maths spé PC ; concours commun polytechnique PC-Physique • Maths spé PSI ; concours commun polytechnique PSI • Cycle préparatoire de Bordeaux ou de Pau, cycle préparatoire (CPI) de la fédération Gay Lussac ; contrôle continu • Maths spé TPC ; concours commun polytechnique TPC • DUT GCGP, GTE ou MPh, licence ; dossier, entretien.

Admission parallèle en 2e année du cycle ingénieur • M1 scientifique ; dossier, entretien.

ENSIAME Valenciennes

École nationale supérieure d'ingénieurs en informatique, automatique, mécanique, énergétique et électronique, Le Mont-Houy, 59313 Valenciennes cedex 9, tél. 03.27.51.12.02, Web : www.univ-valenciennes.fr/ensiame

Statut : public • **Frais d'inscription :** aucun • **Frais de scolarité :** 615 € par an.

■ **Ingénieur diplômé** de l'ENSIAME de l'université de Valenciennes, spécialités : informatique et génie industriel • mécanique et énergétique options mécanique des fluides et énergétique, conception intégrée en mécanique • mécatronique options macro-mécatronique, micro-mécatronique (CTI) • **Durée des études :** 3 ans.

Admission en 1re année du cycle ingénieur • Maths spé MP ; concours commun polytechnique MP • Maths spé PSI ; concours commun polytechnique PSI • Maths spé PT ; concours commun polytechnique filière PT • Maths spé TSI ; concours commun polytechnique TSI • Maths spé TPC ; concours commun polytechnique TPC • DUT GMP, GIM, GTE, MPh, GEII, informatique, QLIO, maths spé ATS, licence scientifique ou technique ; dossier, entretien • Cycle préparatoire intégré ; contrôle continu.

Admission parallèle en 2e année du cycle ingénieur • M1 scientifique ou technique ; dossier

ENSICAEN Caen

École nationale supérieure d'ingénieurs de Caen, 6, bd Maréchal-Juin, CS 45053, 14050 Caen cedex 4, tél. 02.31.45.27.50, Web : www.ensicaen.fr

Statut : public • **Frais d'inscription :** aucun • **Frais de scolarité :** 610 € par an.

■ **Ingénieur diplômé** de l'ENSICAEN, spécialités : électronique et physique appliquée parcours signal automatique pour les télécommunications et l'embarqué, génie nucléaire, instrumentation avancée • informatique parcours image et multimédia, monétique et sécurité informatique • matériaux-chimie parcours énergie et matériaux structuraux, chimie (CTI) • **Durée des études :** 3 ans possibilité de passer la 3e année dans une université à l'étranger. **Fca possible :** 3 ans. **Année de césure :** 1 an.

Admission en 1re année du cycle ingénieur • Maths spé MP ; concours commun polytechnique MP • Maths spé PC ; concours commun polytechnique PC-Physique • Maths spé PSI ; concours commun polytechnique PSI • Maths spé PT ; concours commun polytechnique filière PT • Maths spé TPC ; concours commun polytechnique TPC • Maths spé TSI ; concours commun polytechnique TSI • DUT, BTS + maths spé ATS, licence ou diplôme étranger équivalent ; dossier, entretien, test d'anglais • Classes préparatoires intégrées de la Fédération Gay-Lussac.

Admission parallèle en 2e année du cycle ingénieur • Bac+4 scientifique, M1 ou diplôme étranger équivalent ; dossier, entretien, test d'anglais.

ENSI Poitiers

École nationale supérieure d'ingénieurs de Poitiers, 1, rue Marcel-Doré, bât. B1, TSA 41105, 86073 Poitiers cedex 9, tél. 05.49.45.37.19, Web : ensip.univ-poitiers.fr

Statut : public • **Frais d'inscription :** aucun • **Frais de scolarité :** 615 € par an.

■ **Ingénieur diplômé** de l'ENSIP de l'université de Poitiers, spécialités : énergie parcours éclairage acoustique thermique, énergétique industrielle, maîtrise de l'énergie électrique • génie de l'eau et génie civil parcours construction et géotechnique, traitement des eaux et des nuisances (CTI) • **Durée des études :** 3 ans.

Admission en 1re année du cycle ingénieur • Maths spé MP ; concours commun polytechnique MP • Maths spé PC ; concours commun polytechnique PC-Physique • Maths spé PSI ; concours commun polytechnique PSI • Maths spé PT ; concours commun polytechnique filière PT • Maths spé TSI ; concours commun polytechnique TSI • Maths spé BCPST ; concours sur banque d'épreuves G2E • Maths spé TB ; concours A TB bio ; épreuves écrites et orales, entretien • Maths spé TPC ; concours commun polytechnique TPC • L2 renforcée de l'université de Poitiers, licence scientifique, DUT, prépa ATS ; dossier, entretien, tests.

Admission parallèle en 2e année du cycle ingénieur • M1 ou équivalent ; dossier, entretien.

ENSISA Mulhouse

École nationale supérieure d'ingénieurs sud Alsace, 12, rue des Frères-Lumière, 68093 Mulhouse cedex, tél. 03.89.33.69.00, Web : www.ensisa.uha.fr

Statut : public • **Frais d'inscription :** aucun • **Frais de scolarité :** 615 € par an.

■ **Ingénieur diplômé** de l'ENSISA de l'université de Mulhouse, spécialités : automatique et systèmes embarqués • informatique et réseaux • mécanique • textile et fibres (CTI) • **Durée des études :** 3 ans. Fcp possible : 1 an en dernière année.

Admission en 1re année du cycle ingénieur • Maths spé MP, PC, PSI, TSI ; sur banque d'épreuves écrites concours communs polytechnique • Maths spé PT ; concours sur banque filière PT • Cycle post-bac intégré ENSCMu-ENSISA • Maths spé ATS ; concours ATS • L2 ou L3 sciences et technologies, DUT ; dossier, entretien.

Admission parallèle en 2e année du cycle ingénieur • M1 ; dossier, entretien.

ENSMM Besançon

École nationale supérieure de mécanique et des microtechniques, 26, rue de l'Epitaphe, CS 51813, 25030 Besançon cedex, tél. 03.81.40.27.00, Web : www.ens2m.fr

Statut : public • **Frais d'inscription :** aucun • **Frais de scolarité :** 610 € par an.

■ **Ingénieur diplômé** de l'ENSMM options mécanique ingénierie et environnement, mécanique des matériaux et procédés pour l'industrie, matériaux et surfaces, énergie et transports, mécatronique, microtechniques et systèmes embarqués, microsystèmes et santé, ingénierie des systèmes de production, ingénierie de l'innovation (CTI) • **Durée des études :** 3 ans.

Admission en 1re année du cycle ingénieur • Maths spé PSI ; concours commun polytechnique PSI • Maths spé MP ; concours commun polytechnique MP • Maths spé PC ; concours commun polytechnique PC-Physique • Maths spé TSI ; concours commun polytechnique TSI • Maths spé PT ; concours commun polytechnique filière PT • DUT GMP, GIM, MPh, GEII, chimie option matériaux, prépa ATS après BTS CIRA, CRSA, ATI, CPI ou conception et industrialisation en microtechniques, industrialisation des produits mécaniques, moteurs à combustion interne, licence ; dossier.

Admission parallèle en 2e année du cycle ingénieur • M1 de mécanique, physique, mathématiques appliquées, EEEA, technologie de construction, sciences des matériaux ; dossier.

ENSTIB Épinal

École nationale supérieure des technologies et industries du bois, 27, rue Philippe-Séguin, CS 60036, 88026 Épinal cedex, tél. 03.29.29.61.00, Web : www.enstib.univ-lorraine.fr

Statut : public • **Frais d'inscription :** aucun • **Frais de scolarité :** 625 € par an.

■ **Ingénieur diplômé** de l'ENSTIB de l'université de Lorraine (CTI) • **Durée des études :** 3 ans. Fca possible.

Admission en 1re année du cycle ingénieur • Maths spé MP, PC, PSI, TSI ; concours sur banque d'épreuves écrites des concours communs polytechniques, entretien propre • Maths spé BCPST ; concours A bio, oral propre • Maths spé TB ; concours A TB bio ; épreuves écrites et orales, entretien • Maths spé PT ; concours sur banque filière PT • BTS, BTSA, DUT, L2 ou L3 sciences de la matière, sciences de la vie, prépa ATS, prépa des INP ; dossier, entretien.

Admission parallèle en 2e année du cycle ingénieur • M1 sciences de la matière ou équivalent ; dossier, entretien.

EOST Strasbourg

École et observatoire des sciences de la Terre, 5, rue René-Descartes, 67084 Strasbourg cedex, tél. 03.68.85.03.53, Web : eost.unistra.fr

Statut : public • **Frais d'inscription :** aucun • **Frais de scolarité :** 610 € par an.

■ **Ingénieur diplômé** de l'école et observatoire des sciences de la Terre (EOST) (CTI) • **Durée des études :** 3 ans.

Admission en 1re année du cycle ingénieur • Maths spé MP, PC, PSI ; concours sur banque d'épreuves des concours communs polytechniques, oral propre • Maths spé BCPST ; concours sur banque d'épreuves G2E • DUT MPh, maths spé ATS, L2 ou L3 physique, mathématiques et informatique, sciences de la Terre ou équivalent ; dossier.

Admission parallèle en 2e année du cycle ingénieur • M1 de physique, mathématiques et informatique, sciences de la Terre ou équivalent ; dossier.

ESM Saint-Cyr Guer

École spéciale militaire de Saint-Cyr, Saint-Cyr-Coëtquidan, 56381 Guer cedex, tél. 02.97.70.72.13, Web : st-cyr.terre.defense.gouv.fr

Statut : public • **Frais d'inscription :** aucun • Elèves militaires rémunérés.

■ **Ingénieur diplômé** de l'ESM Saint-Cyr, filière sciences de l'ingénieur options mécanique et énergétique, informatique et simulation, électronique-optronique (CTI) • **Durée des études :** 3 ans.

Admission en 1re année du cycle ingénieur • Maths spé MP, PC, PSI, avoir moins de 22 ans ; admission sur banques de notes des concours communs polytechniques, épreuves orales et sportives propres.

Grenoble INP-Ense3 Grenoble

École nationale supérieure de l'énergie, l'eau et l'environnement, 21, rue des Martyrs, CS 90624, 38031 Grenoble cedex, tél. 04.76.82.62.00, Web : ense3.grenoble-inp.fr

Statut : public • **Frais d'inscription :** aucun • **Frais de scolarité :** 615 € par an.

■ **Ingénieur diplômé** de Grenoble INP - Ense3 filières ingénierie de l'énergie électrique, mécanique et énergétique, ingénierie de l'énergie nucléaire, systèmes énergétiques et marchés, hydraulique ouvrages et environnement, automatique systèmes et information, signal image communication multimédia (commune avec Phelma), ingénierie de produits (commune avec Génie industriel) (CTI) • **Durée des études :** 3 ans.

Admission en 1re année du cycle ingénieur • Maths spé MP ; concours commun polytechnique MP • Maths spé PC ; concours commun polytechnique PC-Physique • Maths spé PSI ; concours commun polytechnique PSI • Maths spé PT ; concours commun polytechnique filière PT • Maths spé TSI ; concours commun polytechnique TSI • Prépa des INP (CCP) ; contrôle continu • DUT GCCD, GEII, GMP, GTE, MPh, BTS + maths spé ATS, L2 ou L3, diplôme étranger équivalent ; dossier.

Admission parallèle en 2e année du cycle ingénieur • Licence, M1 ou équivalent ; dossier.

Grenoble INP-Ensimag Saint-Martin-d'Hères

École nationale supérieure d'informatique et de mathématiques appliquées, domaine universitaire, 681, rue de la Passerelle, BP 72, 38402 Saint-Martin-d'Hères cedex, tél. 04.76.82.72.00, Web : ensimag.grenoble-inp.fr

Statut : public • **Frais d'inscription :** 100 € • **Frais de scolarité :** 615 € par an.

■ **Ingénieur diplômé** de Grenoble INP - Ensimag filières ingénierie pour la finance, ingénierie des systèmes d'information, modélisation mathématique-images-simulation, systèmes embarqués et objets connectés (commune avec Phelma) (CTI) • **Durée des études :** 3 ans. **Année de césure :** 1 an.

Admission en 1re année du cycle ingénieur • Maths spé MP ; concours commun polytechnique MP • Maths spé PC ; concours commun polytechnique PC-Physique • Maths spé PSI ; concours commun polytechnique PSI • Maths spé PT ; concours commun polytechnique filière PT • DUT d'informatique, réseaux et télécommunications, L2 ou L3 d'informatique, BTS SIO SLAM, systèmes numériques option informatique et réseaux ; dossier • Prépa INP (CPP).

Admission parallèle en 2e année du cycle ingénieur • Licence ou M1 d'informatique ; dossier.

Admission parallèle en 3e année du cycle ingénieur • Élèves de l'École polytechnique ; dossier.

Grenoble INP-Génie industriel Grenoble

École nationale supérieure de génie industriel, 46, av. Félix-Viallet, 38031 Grenoble cedex 1, tél. 04.76.57.46.01, Web : genie-industriel.grenoble-inp.fr

Statut : public • **Frais d'inscription :** aucun • **Frais de scolarité :** 615 € par an.

■ **Ingénieur diplômé** de Grenoble INP - école nationale supérieure de génie industriel filières ingénierie de produits (IDP, commune avec Ense3), ingénierie de la chaîne logistique (ICL) (CTI) • **Durée des études :** 3 ans. **Année de césure :** 10 mois entre la 2e et la 3e année.

Admission en 1re année du cycle ingénieur • Maths spé MP, PC, PSI ; sur banque d'épreuves écrites des concours communs polytechniques, entretien spécifique à l'école avec jury d'enseignants et d'industriels • Maths spé PT ; concours sur banque filière PT • Prépa des INP ; dossier • DUT QLIO, GMP, informatique, GEII, GIM, MPh, SGM, L2 ou L3 économie, gestion, sciences pour l'ingénieur, informatique, mécanique, mathématiques, MIASHS, EEEA, BTS systèmes numériques option informatique et réseaux, CRSA, CPI, ATI, SIO, diplôme étranger équivalent ; dossier, épreuve orale.

Admission parallèle en 2e année du cycle ingénieur • Licence ou M1 EEEA, génie des systèmes industriels, informatique, mécanique, génie mécanique, MIAGE, MASS, MIASHS, sciences économiques et de gestion, mathématiques, mathématiques appliquées, diplôme étranger équivalent ; dossier, épreuve orale.

Grenoble INP-Pagora Saint-Martin-d'Hères

École internationale du papier, de la communication imprimée et des biomatériaux, 461, rue de la Papeterie, CS 10065, 38402 Saint-Martin-d'Hères cedex, tél. 04.76.82.69.00, Web : pagora.grenoble-inp.fr

Statut : public • **Frais d'inscription :** aucun • **Frais de scolarité :** 615 € par an.

■ **Ingénieur diplômé** de Grenoble INP - Pagora options ingénierie de la communication imprimée, ingénierie de la fibre et des biomatériaux (CTI) • **Durée des études :** 3 ans. **Fca possible :** de 2 à 3 ans en 2e et 3e année ou sur la totalité du cycle.

Admission en 1re année du cycle ingénieur • Maths spé PC ; concours commun polytechnique PC-Physique • Maths spé MP ; concours commun polytechnique MP • Maths spé PSI ; concours commun polytechnique PSI • Maths spé TPC ; concours commun polytechnique TPC • Maths spé PT ; concours commun polytechnique filière PT • Maths spé TSI ; concours commun polytechnique TSI • Prépa des INP (CPP) ; dossier • L2 ou L3 sciences et technologies, DUT ou BTS + maths spé ATS ; dossier, entretien.

Admission parallèle en 2e année du cycle ingénieur • M1 scientifique ou diplôme étranger équivalent ; dossier.

Grenoble INP-Phelma Grenoble

École nationale supérieure de physique, électronique, matériaux, Minatec, 3, parvis Louis-Néel, CS 50257, 38016 Grenoble cedex 1, tél. 04.56.52.91.00, Web : phelma.grenoble-inp.fr

Statut : public • **Frais d'inscription :** aucun • **Frais de scolarité :** 615 € par an.

■ **Ingénieur diplômé** de Grenoble INP - Phelma filières électrochimie et procédés pour l'énergie et l'environnement, science et ingénierie des matériaux, génie énergétique et nucléaire, Biomedical Engineering, physique-nanosciences, systèmes électroniques intégrés, signal image communication multimédia (commune avec Ense3), systèmes embarqués et objets connectés (commune avec Ensimag) (CTI) • **Durée des études :** 3 ans.

Admission en 1re année du cycle ingénieur • Maths spé MP ; concours commun polytechnique MP • Maths spé PSI ; concours commun polytechnique PSI • Maths spé PC ; concours commun polytechnique PC-Physique • Maths spé PT ; concours commun polytechnique filière PT • Maths spé TSI ; concours commun polytechnique TSI • Maths spé BCPST ; concours A PC bio • Prépa des INP (CPP) ; dossier, entretien • L2 ou L3, DUT, BTS + maths spé ATS ; dossier.

Admission parallèle en 2e année du cycle ingénieur • M1, licence, diplôme étranger équivalent ; dossier.

INP-ENSEEIHT Toulouse

École nationale supérieure d'électrotechnique, d'électronique, d'informatique, d'hydraulique et des télécommunications, 2, rue Charles-Camichel, BP 7122, 31071 Toulouse cedex 7, tél. 05.34.32.20.00, Web : www.enseeiht.fr

Statut : public • **Frais d'inscription :** aucun • **Frais de scolarité :** 615 € par an.

■ **Ingénieur diplômé** de l'ENSEEIHT de l'INP Toulouse, spécialités : électronique • génie électrique et automatique • informatique et mathématiques appliquées • mécanique des fluides • télécommunications et réseaux (CTI) • **Durée des études :** 3 ans. Fca possible.

Admission en 1re année du cycle ingénieur • Maths spé MP ; concours commun polytechnique MP • Maths spé PSI ; concours commun polytechnique PSI • Maths spé PC ; concours commun polytechnique PC-Physique • Maths spé TSI ; concours commun polytechnique TSI • Maths spé PT ; concours commun polytechnique filière PT • Prépa des INP (CPP) ; contrôle continu • L2 ou L3 sciences et technologies, DUT, BTS, maths spé ATS ; dossier.

Admission parallèle en 2e année du cycle ingénieur • M1 ; dossier.

INP-ENSIACET Toulouse

École nationale supérieure des ingénieurs en arts chimiques et technologiques, 4, allée Emile-Monso, CS 44362, 31030 Toulouse cedex 4, tél. 05.34.32.33.00, Web : www.ensiacet.fr

Statut : public • **Frais d'inscription :** aucun • **Frais de scolarité :** 615 € par an.

■ **Ingénieur diplômé** de l'ENSIACET de l'INP Toulouse, spécialités : génie des procédés • génie industriel (CTI) • **Durée des études :** 3 ans. Fca possible.

Admission en 1re année du cycle ingénieur • Maths spé MP ; concours commun polytechnique MP • Maths spé PC ; concours commun polytechnique PC-Physique • Maths spé PSI ; concours commun polytechnique PSI • Prépa des INP (CPP), cycle préparatoire intégré de l'université de Pau, préparation aux formations d'ingénieurs de Toulouse ingénierie (PACES-TI) de l'UPS • DUT, BTS ; dossier, entretien.

Admission parallèle en 2e année du cycle ingénieur • Diplôme d'ingénieur, M1 ; dossier, entretien.

Institut d'informatique d'Auvergne Aubière

1, rue de la Chebarde, TSA 60125, 63178 Aubière cedex, tél. 04.73.40.50.00, Web : www.isima.fr

Statut : public • **Frais d'inscription :** aucun • **Frais de scolarité :** 610 € par an.

■ **Ingénieur diplômé** de l'institut d'informatique d'Auvergne de l'université Clermont Auvergne options informatique des systèmes embarqués, génie logiciel et systèmes informatiques, systèmes d'information et d'aide à la décision, calcul et modélisation scientifiques, réseaux et télécommunications (CTI) • **Durée des études :** 3 ans. Fcp possible : 1 an en 3e année.

Admission en 1re année du cycle ingénieur • Maths spé MP ; concours commun polytechnique MP • Maths spé PSI ; concours commun polytechnique PSI • Maths spé TSI ; concours commun polytechnique TSI • Maths spé PC ; concours commun polytechnique PC-Physique • Maths spé PT ; concours commun polytechnique filière PT • L2 ou L3 informatique, mathématiques, DUT informatique, réseaux et télécommunications, MMI ; dossier • CUPGE de l'université Clermont-Auvergne ; contrôle continu.

Admission parallèle en 2e année du cycle ingénieur • M1 ; dossier.

ISAE-ENSMA Chasseneuil-du-Poitou

École nationale supérieure de mécanique et d'aérotechnique, Téléport 2, 1, av. Clément-Ader, BP 40109, 86961 Chasseneuil-du-Poitou cedex, tél. 05.49.49.80.80, Web : www.ensma.fr

Statut : public • **Frais d'inscription :** aucun • **Frais de scolarité :** 610 € par an.

■ **Ingénieur diplômé** de l'ENSMA options aérodynamique, énergétique, thermique, matériaux avancés, structures, informatique-avionique (CTI) • **Durée des études :** 3 ans.

Admission en 1re année du cycle ingénieur • Maths spé MP ; concours commun polytechnique MP • Maths spé PSI ; concours commun polytechnique PSI • Maths spé PC ; concours commun polytechnique PC-Physique • Maths spé PT ; concours commun polytechnique filière PT • Maths spé TSI ; concours commun polytechnique TSI • Maths spé ATS ; concours ATS • DUT GMP, GTE, GIM, GEII, SGM, MPh, licence de mécanique, mathématiques appliquées, physique ou EEEA, L2 renforcée sciences et technologies de l'université de Poitiers ; dossier.

Admission parallèle en 2e année du cycle ingénieur • M1 mécanique, génie mécanique, physique, technologie mécanique, génie des matériaux ; dossier.

SeaTech Toulon

École d'ingénieurs de l'université de Toulon, CS 60584, 83041 Toulon cedex 9, tél. 04.83.16.66.60, Web : www.seatech.fr

Statut : public • **Frais d'inscription :** aucun • **Frais de scolarité :** 615 € par an.

■ **Ingénieur diplômé** de l'école d'ingénieurs de l'université de Toulon parcours génie maritime, modélisation et calculs fluides et structures, ingénierie et sciences des données information systèmes, systèmes mécatroniques et robotiques, innovation mécanique pour des systèmes durables, matériaux durabilité et environnement (CTI) • **Durée des études :** 3 ans.

Admission en 1re année du cycle ingénieur • Maths spé PSI ; concours commun polytechnique PSI • Maths spé MP ; concours commun polytechnique MP • Maths spé PC ; concours commun polytechnique PC-Physique • Maths spé PT ; concours commun polytechnique filière PT • Maths spé TPC ; concours commun polytechnique TPC • Maths spé TSI ; concours commun polytechnique TSI • L2 renforcée en mathématiques, physique-chimie ou sciences de l'ingénieur de l'UFR sciences et techniques de Toulon, bac+2, licence, maths spé ATS ; dossier, entretien.

Admission parallèle en 2e année du cycle ingénieur • M1 ; dossier, entretien.

Supméca Saint-Ouen

Institut supérieur de mécanique de Paris, 3, rue Fernand-Hainaut, 93407 Saint-Ouen cedex, tél. 01.49.45.29.00, Web : www.supmeca.fr

Statut : public • **Frais d'inscription :** aucun • **Frais de scolarité :** 610 € par an.

■ **Ingénieur diplômé** de Supméca options matériaux procédés et simulation, simulation en conception mécanique, modélisation en ingénierie mécanique, mécatronique et systèmes complexes, systèmes de production et logistique (CTI) • **Durée des études :** 3 ans.

Admission en 1re année du cycle ingénieur • Maths spé MP ; concours commun polytechnique MP • Maths spé PSI ; concours commun polytechnique PSI • Maths spé PC ; concours commun polytechnique PC-Physique • Maths spé TSI ; concours commun polytechnique TSI • Maths spé PT ; concours commun polytechnique filière PT • DUT GMP ou MPh, maths spé ATS, licence de sciences, BTS CPI, assistant technique d'ingénieur, moteur à combustion interne ; dossier, entretien.

Admission parallèle en 2e année du cycle ingénieur • M1 scientifique ; dossier, entretien.

Télécom Physique Strasbourg Illkirch-Graffenstaden

Parc d'innovation, 300 bd Sébastien-Brant, BP 10413, 67412 Illkirch-Graffenstaden cedex, tél. 03.68.85.45.10, Web : www.telecom-physique.fr

Statut : public • **Frais d'inscription :** aucun • **Frais de scolarité :** 610 € par an.

■ **Ingénieur diplômé** de Télécom physique Strasbourg de l'université de Strasbourg options images signaux et science des données, ingénierie des systèmes-automatique et vision, micro et nanoélectronique, ingénierie et sciences physiques du vivant, photonique, physique et modélisation (CTI) • **Durée des études :** 3 ans.

Admission en 1re année du cycle ingénieur • Maths spé MP ; concours commun polytechnique MP • Maths spé PC ; concours commun polytechnique PC-Physique • Maths spé PSI ; concours commun polytechnique PSI • Maths spé TSI ; concours commun polytechnique TSI • DUT, BTS, prépa ATS, L2 ou L3 sciences et technologies ou diplôme équivalent à 120 ECTS ; sur titre, dossier, entretien.

Admission parallèle en 2e année du cycle ingénieur • M1 physique, électronique, automatique, ou autre diplôme équivalent à 240 ECTS ; dossier, entretien.

La banque de notes E3A

Le concours E3A rassemble trois concours partenaires : Arts et Métiers, ESTP (École spéciale des travaux publics, du bâtiment et de l'industrie), et le concours Polytech (réseau Polytech + une trentaine d'écoles).

Il sert également de banques de notes à 42 écoles : ECE Paris – Efrei – EIDD Paris – EIGSI La Rochelle/EIGSI Casablanca – EIL Côte d'Opale – Elisa Aerospace – EME – ENSAIT – ENSIL-ENSCI – EPF – ESB – ESIEA Paris/Laval – ESIEE Amiens – ESIEE Paris – Esigelec – Esigetel – ESILV Paris – ESITC Caen – ESME Sudria Paris – ESTACA Paris-Saclay/Laval – ESTIA – Sigma Clermont – INP-ENI Tarbes – INSA Centre-Val de Loire – Ismans-Groupe CESI – Mines Douai-ISPA – Itech Lyon – 3iL Ingénieurs – Paoli Tech – concours FESIC prépa (ECAM Lyon – ECAM Rennes – ECAM Strasbourg-Europe – ECAM-EPMI Cergy-Pontoise – ESAIP Angers-Grasse – ESCOM Compiègne – ESEO Angers – HEI Lille – ISEN Ouest – ISEN Lille – ISEN Méditerranée – ISEP Paris – UniLaSalle).

Pour qui ?

Les élèves de MP, PC et PSI peuvent passer le concours E3A. En 2017, 1 527 places ont été ouvertes.

CONCOURS	34 écoles	Votre cursus		
		MP	PC	PSI
Arts et Métiers	ENSAM	40	20	257
	ENSIM	–	–	4
ESTP Paris	ESTP	162	170	158
Concours Polytech	ENSIBS Lorient	10		
	ENSIM Le Mans	6		
	ESBS Strasbourg	3		
	ESIPE Créteil	25		
	ESIR Rennes	20		
	ESI Reims	10		
	ESIREM Dijon	5		
	ESIAB Brest	3		
	ESIROI La Réunion	4		
	ESIX Normandie	5		
	ESSTIN Nancy	20		
	ISAT Nevers	21		
	ISEL Le Havre	5		
	ISIFC Besançon	6		
	ISIS Castres	8		
	ISTIA Angers	4		
	ISTY Vélizy	5		
	Sup Galilée Villetaneuse	15		
Concours Polytech	Polytech Annecy-Chambéry	545		
	Polytech Clermont-Ferrand			
	Polytech Grenoble			
	Polytech Lille			
	Polytech Lyon			
	Polytech Marseille			
	Polytech Montpellier			
	Polytech Nantes			
	Polytech Nice-Sophia			
	Polytech Orléans			
	Polytech Paris-Sud			
	Polytech Paris-UPMC			
	Polytech Tours			

BANQUE DE NOTES

	Votre cursus		
	MP	PC	PSI
CONCOURS FESIC	191	168	227
ECAM Lyon	20	0	25
ECAM Strasbourg-Europe	10	15	10
ECAM Rennes	12	12	18
ECAM-EPMI Cergy	20	10	25
ESAIP Angers Grasse	15	18	15
ESCOM Compiègne	0	12	0
ESEO Angers	15	15	15
HEI Lille	25	25	25
ISEN Lille	15	15	15
ISEN Méditérranée	15	15	20
ISEN Ouest	10	5	15
ISEP Paris	30	20	40
UniLaSalle	4	6	4
ECE PARIS	35	35	40
Efrei	35	20	30
EIDD Paris	15	15	15
EIGSI La Rochelle	10	10	30
EIGSI Casablanca	5	0	10
EIL Côte d'Opale	30	8	45
ELISA Aerospace	10	10	20
EME	12	22	18
ENSAIT	12 (dont 2 en apprentissage)	46 (dont 4 en apprentissage)	20 (dont 2 en apprentissage)
ENSIL-ENSCI	30	36	28
EPF Sceaux-Troyes-Monpellier	15	22	23
ESB	8	10	14
ESIEA Paris/Laval	35	15	30
ESIEE Amiens	10	10	0

	Votre cursus		
	MP	PC	PSI
ESIEE Paris	20	20	25
ESIGELEC	40	20	40
ESIGETEL	20	10	20
ESILV	50	25	50
ESITC Caen	14	14	18
ESME Sudria-Paris	20	20	30
ESTACA Paris/Laval	12	11	9
ESTIA	20	20	40
Sigma Clermont	16	0	60
INP-ENI Tarbes	2	2	6
INSA Centre-Val de Loire	24	16	22
Ismans gpe Cesi	10	10	20
Mines Douai IPSA	10	12	8
ITECH Lyon	5	35	0
3iL Ingénieurs	15	6	12
Paoli Tech	4	2	4

La sélection

Trois épreuves sont communes aux filières MP, PC et PSI : français-philosophie (une dissertation de 3 h), langue vivante (une synthèse de documents de 3 h, dans la langue choisie par le candidat : anglais, allemand, arabe, espagnol, italien, portugais) et un QCM d'anglais de 1 h. Les candidats des filières MP, PC et PSI passent deux épreuves de mathématiques (de 4 h et 3 h) aux contenus différents. Les candidats de MP planchent également sur une épreuve de PC (de 4 h) et une épreuve de sciences industrielles ou d'informatique de 3 h. Les candidats de la filière PC, sur une épreuve de physique-modélisation et une épreuve de chimie. Les candidats de la filière PSI, sur une épreuve de physique-modélisation, une épreuve de PC et une épreuve de sciences industrielles.

Les coefficients sont propres à chaque école ou groupement. Si l'ESTP, les écoles du réseau Polytech et la plupart de celles de la banque de notes se contentent du TIPE ou d'une épreuve orale de français et d'un entretien, d'autres, à l'instar d'Arts et Métiers ou de l'ENSAIT Rennes, font passer de deux à cinq épreuves orales aux admissibles ajoutant ainsi des mathématiques, des sciences industrielles, une épreuve de langue vivante…

Les frais d'inscription

En 2017, le coût d'inscription au concours E3A était de 85 € (gratuit pour les boursiers) auquel il faut ajouter : 49 € pour Arts et Métiers (gratuit pour les boursiers), 49 € pour l'ESTP (15 € pour les boursiers), 85 € pour les 31 écoles du réseau Polytech (gratuit pour les boursiers). Pour les écoles en banque de notes, comptez entre 20 et 55 € (de 0 à 25 € pour les boursiers).

Renseignements

Arts et Métiers – SCEI – service des concours – Banque PT – E3A - 24, rue Pinel – 75013 Paris – Tél. : 01.44.06.93.30/31/34/36 – Fax : 01.44.06.93.39 – Mail : contact@e3a.fr
Site : www.e3a.fr

Les écoles, en fiches

À noter : les écoles qui recrutent également à bac ne sont pas répétées dans les fiches qui suivent.

École d'ingénieurs Paoli Tech Corte

Faculté des sciences et techniques, campus Grimaldi, BP 52, 20250 Corte, tél. 04.95.45.02.48, Web : paolitech.universita.corsica

Statut : public • **Frais d'inscription :** aucun • **Frais de scolarité :** 615 € par an.

■ **Ingénieur diplômé** de l'école d'ingénieurs Paoli Tech de l'université de Corse, spécialité énergétique options gestion des réseaux électriques et énergies renouvelables, génie de l'habitat et qualité environnementale (CTI) • **Durée des études :** 3 ans.

Admission en 1re année du cycle ingénieur • Maths spé MP, PC, PSI ; concours sur banque de notes e3a • BTS, DUT, L2 ou L3 scientifique ; dossier, épreuves orales • Parcours Paoli Tech de la L2 sciences pour l'ingénieur de l'université de Corse avec une moyenne supérieure ou égale à 12/20 ; sur titre.

Admission parallèle en 2e année du cycle ingénieur • Bac+3 ou 4 ; dossier, épreuves orales.

EIDD Paris

École d'ingénieurs Denis-Diderot de l'université Paris 7, Bât. Olympe de Gouges, 2e étage, place Paul-Ricoeur, 75013 Paris, tél. 01.57.27.57.27, Web : eidd.univ-paris-diderot.fr

Statut : public • **Frais d'inscription :** aucun • **Frais de scolarité :** 615 € par an.

■ **Ingénieur diplômé** de l'EIDD de l'université Paris 7, spécialités : architecture de systèmes physiques • informatique • matériaux et nanotechnologies (CTI) • **Durée des études :** 3 ans.

Admission en 1re année du cycle ingénieur • Maths spé MP, PC, PSI ; concours sur banque de notes e3a • DUT, L2, cycle préparatoire de l'université Paris Diderot ; dossier, entretien.

Admission parallèle en 2e année du cycle ingénieur • Licence ou équivalent ; dossier, entretien.

ENSAIT Roubaix

École nationale supérieure des arts et industries textiles, 2, allée Louise-et-Victor-Champier, BP 30329, 59056 Roubaix cedex 1, tél. 03.20.25.64.64, Web : www.ensait.fr

Statut : public • **Frais d'inscription :** aucun • **Frais de scolarité :** 610 € par an.

■ **Ingénieur diplômé** de l'ENSAIT options textiles techniques et matériaux avancés, conception et management de la distribution (CTI) • **Durée des études :** 3 ans semestre 4 à l'étranger. **Fca possible :** 3 ans.

Admission en 1re année du cycle ingénieur • Maths spé MP, PC, PSI ; concours sur banque de notes e3a • Maths spé PT ; concours sur banque filière PT • Maths spé TSI ; concours sur banque d'épreuves écrites du concours commun polytechnique TSI, oral propre • L2 sciences et technologies, DUT GMP, chimie, GEII, MPh, QLIO, GIM, SGM, GCGP, BTS ATI, chimiste, CPI, MAI, design de mode textile et environnement, CRSA, productique textile, traitement des matériaux, industries des matériaux souples, prépa ATS ; concours • Bac+2 étranger ; dossier.

Admission parallèle en 2e année du cycle ingénieur • M1 scientifique ou technique ; dossier • Bac+4 étranger ; dossier.

ENSIL-ENSCI Limoges

16, rue Atlantis, parc Ester technopole, 87068 Limoges cedex, tél. 05.55.42.36.70, Web : www.ensil.unilim.fr

Statut : public • **Frais d'inscription :** aucun • **Frais de scolarité :** 610 € par an.

■ **Ingénieur diplômé** de l'ENSIL ENSCI de l'université de Limoges, spécialités : électronique et télécommunications • génie de l'eau et environnement • matériaux • mécatronique (CTI) • **Durée des études :** 3 ans. **Année de césure :** 1 an entre la 2e et la 3e année.

Admission en 1re année du cycle ingénieur • Maths spé MP, PC, PSI ; concours sur banque de notes e3a • Maths spé PT ; concours sur banque filière PT • DUT, BTS, maths spé ATS, TSI, L2 ou L3 ; dossier, entretien.

Admission parallèle en 2e année du cycle ingénieur • M1 ou équivalent ; dossier, entretien.

ESB Nantes

École supérieure du bois, Atlanpôle, rue Christian-Pauc, BP 10605, 44306 Nantes cedex 3, tél. 02.40.18.12.12, Web : www.ecoledubois.fr

Statut : association loi 1901 • **Frais d'inscription :** aucun • **Frais de scolarité :** 4 800 € par an.

■ **Ingénieur diplômé** de l'école supérieure du bois (CTI) • **Durée des études :** 3 ans. Fca possible. **Année de césure :** 1 an entre la 2e et la 3e année.

Admission en 1re année du cycle ingénieur • Maths spé MP, PC, PSI ; concours sur banque de notes e3a • Maths spé TSI ; concours sur banque d'épreuves du concours commun polytechnique • Maths spé PT ; concours sur banque filière PT • Maths spé BCPST et être admissible à un concours d'entrée en école d'ingénieurs habilitée par la CTI et membre de la CGE ; concours • Maths spé ATS ; concours ATS • L2 ou L3 scientifique ou technique, BTS, DUT ; concours, dossier.

Admission parallèle en 2e année du cycle ingénieur • M1 ou M2 ingénierie mécanique, mathématiques et applications fondamentales, mécanique physique appliquée, physique, diplôme d'ingénieur ; dossier, entretien.

ESTIA Bidart

École supérieure des technologies industrielles avancées, 92, allée Théodore-Monod, technopôle Izarbel, 64210 Bidart, tél. 05.59.43.84.00, Web : www.estia.fr

Statut : consulaire • **Frais d'inscription :** aucun • **Frais de scolarité :** 5 800 € en 1re année, 6 200 € en 2e année, 6 600 € en 3e année.

■ **Ingénieur diplômé** de l'ESTIA options conception innovation, mécatronique systèmes embarqués, organisation et gestion industrielle (uniquement en apprentissage) (CTI) • **Durée des études :** 3 ans. Fca possible.

Admission en 1re année du cycle ingénieur • Maths spé MP, PC, PSI ; concours sur banque de notes e3a • Maths spé PT ; concours sur banque filière PT • Maths spé TSI ; concours sur banque d'épreuves du concours commun polytechnique, oral propre • Cycle préparatoire intégré de Bordeaux (CPBx) ; dossier • Maths spé ATS ; concours ATS • DUT, BTS ; banque d'épreuves DUT-BTS • Licence de physique, électronique, mécanique ; dossier, entretien, tests • BTS, DUT pour le cursus en apprentissage ; dossier, épreuve écrite.

Admission parallèle en 2e année du cycle ingénieur • M1 ; dossier, entretien, tests.

ESTP Paris Cachan

École spéciale des travaux publics, du bâtiment et de l'industrie, 28, av. du Président-Wilson, 94234 Cachan cedex, tél. 01.49.08.56.50, Web : www.estp.fr

Statut : privé • **Frais d'inscription :** 150 € • **Frais de scolarité :** 7 725 € par an.

■ **Ingénieur diplômé** de l'ESTP, spécialités : bâtiment • génie mécanique et électrique • topographie • travaux publics (CTI) • **Durée des études :** 3 ans.

Admission en 1re année du cycle ingénieur • Maths spé MP, PC, PSI ; concours sur banque de notes e3a • Maths spé PT ; concours sur banque filière PT • Maths spé TSI ; concours sur banque d'épreuves du concours commun polytechnique • Maths spé ATS ; concours ATS • DUT, BTS ; banque d'épreuves DUT-BTS • Licence scientifique, diplôme de conducteur de travaux de l'ESTP ; dossier, entretien.

Admission parallèle en 2e année du cycle ingénieur • M1 en mathématiques et applications fondamentales, mathématiques, informatique, génie civil, mécanique, électronique, électrotechnique et automatique, physique, sciences et techniques, sciences production industrielle, diplôme d'ingénieur ; dossier, entretien, tests.

ESTP Troyes Rosières-près-Troyes

École spéciale des travaux publics, du bâtiment et de l'industrie, 2, rue Gustave-Eiffel, 10430 Rosières-près-Troyes, tél. 09.50.56.36.11, Web : www.estp.fr

Statut : privé • **Frais d'inscription :** 150 € • **Frais de scolarité :** 7 725 € par an.

■ **Ingénieur diplômé** de l'ESTP, spécialité bâtiment (CTI) • **Durée des études :** 3 ans.

Admission en 1re année du cycle ingénieur • Maths spé MP, PC, PSI ; concours sur banque de notes e3a • Maths spé PT ; concours sur banque filière PT • Maths spé TSI ; concours sur banque d'épreuves du concours commun polytechnique • Maths spé ATS ; concours ATS • DUT, BTS ; banque d'épreuves DUT-BTS • Licence scientifique, diplôme de conducteur de travaux de l'ESTP ; dossier, entretien.

Admission parallèle en 2e année du cycle ingénieur • M1 en mathématiques et applications fondamentales, mathématiques, informatique, génie civil, mécanique, électronique, électrotechnique et automatique, physique, sciences et techniques, sciences production industrielle, diplôme d'ingénieur ; dossier, entretien, tests.

IMT Lille Douai

École nationale supérieure Mines-Télécom Lille Douai, 941, rue Charles-Bourseul, CS 10838, 59508 Douai cedex, tél. 03.27.71.22.22, Web : www.mines-douai.fr

Statut : public

■ **Ingénieur diplômé** de l'école nationale supérieure des mines de Douai, spécialité plasturgie et matériaux composites industriels, en partenariat avec l'ISPA (CTI) • **Fca :** 3 ans.

Admission en 1re année du cycle ingénieur • Maths spé MP, PC, PSI ; concours sur banque de notes e3a • Maths spé PT ; concours sur banque filière PT • L2, BTS, DUT, licence pro scientifique ou technique ; dossier, entretiens, tests.

ISPA Alençon

École d'ingénieurs de l'institut supérieur de plasturgie d'Alençon, Pôle universitaire de Montfoulon, BP 823, 61041 Alençon cedex, tél. 02.33.81.26.00, Web : www.ispa.asso.fr

Statut : privé • **Frais d'inscription :** 50 € • **Frais de scolarité :** 4 100 € par an.

■ **Ingénieur diplômé** de l'école nationale supérieure des mines de Douai, spécialité plasturgie et matériaux composites industriels, en partenariat avec l'ISPA (CTI) • **Fca :** 3 ans.

Admission en 1re année du cycle ingénieur • Maths spé MP, PC, PSI ; concours sur banque de notes e3a • Maths spé PT ; concours sur banque filière PT • L2 scientifique, DUT, BTS, licence pro scientifique ou technique ; dossier, entretiens, tests.

ITECH Lyon - École d'ingénieurs Écully

87, chemin des Mouilles, 69134 Écully cedex, tél. 04.72.18.04.80, Web : www.itech.fr

Statut : privé • **Frais d'inscription :** 61 € • **Frais de scolarité :** 6 500 € par an.

■ **Ingénieur diplômé** de l'institut textile et chimique (ITECH) majeures matériaux plastiques, matériaux textiles, cuir, chimie des formulations (CTI) • **Durée des études :** 3 ans possibilité de suivre le cursus en anglais. **Fca possible :** 3 ans. **Année de césure :** 1 an possible sous statut étudiant.

Admission en 1re année du cycle ingénieur • Maths spé MP, PC, PSI ; concours sur banque de notes e3a • Maths spé PT ; concours sur banque filière PT • Maths spé TPC ; concours commun polytechnique TPC • Maths spé PC du lycée Assomption Bellevue, DUT chimie, GMP, GCGP, MPh, SGM, BTS domaine de la chimie ou plasturgie, L2 ou L3 sciences et technologies ; dossier, entretien.

Admission parallèle en 2e année du cycle ingénieur • M1 chimie ou équivalent ; dossier, entretien.

SIGMA Clermont Aubière

campus des Cézeaux, CS 20265, 63178 Aubière cedex, tél. 04.73.40.71.46, Web : www.sigma-clermont.fr

Statut : public • **Frais d'inscription :** aucun • **Frais de scolarité :** 610 € par an.

■ **Ingénieur diplômé** de l'école d'ingénieurs SIGMA Clermont, spécialité mécanique avancée options machines mécanismes et systèmes, systèmes industriels et logistiques, structures et mécanique des matériaux (CTI) • **Durée des études :** 3 ans. **Année de césure :** 1 an entre la 2e et la 3e année.

Admission en 1re année du cycle ingénieur • Maths spé MP, PSI ; concours sur banque de notes e3a • Maths spé PT ; concours sur banque filière PT • Maths spé TSI ; concours sur banque de notes Centrale-Supélec filière TSI • Maths spé ATS ; concours ATS • Licence mécanique ; dossier, entretien.

Admission parallèle en 2e année du cycle ingénieur • M1 de mécanique, technologie mécanique, BSc ou diplôme étranger équivalent ; dossier, entretien.

Les concours de l'X

Selon votre filière, vous ne passez pas le même concours pour entrer à l'École polytechnique, aussi appelé l'X. Il existe ainsi une sélection pour les élèves issus de prépa MP (divisée en deux options : MP-I [MP-informatique] et MP-P&SI [MP-physique et sciences de l'ingénieur]) ; pour les candidats de PC (l'ESPCI recrute également par l'intermédiaire de ce concours, géré par l'X) ; et pour les élèves de prépa PSI. Le recrutement de ces derniers se fait *via* une banque d'épreuves écrites et orales commune à l'École polytechnique et à l'ENS de Cachan.

Pour qui ?

En 2017, 415 places ont été offertes à l'École polytechnique. Parmi elles, 102 places ont été ouvertes aux étudiants de MP-I et 80 aux candidats de MP-P&SI ; 130 places ont été réservées aux élèves issus de la filière PC et 57, aux candidats de PSI, *via* la banque d'épreuves X-ENS Cachan.

La sélection pour les candidats issus de la filière MP

Si vous êtes inscrit aux épreuves d'admissibilité, vous passez deux épreuves de mathématiques de 4 heures chacune, coefficient 7 et 8 ; une épreuve de physique de 4 heures, coefficient 6 ; une épreuve de français de 4 heures, coefficient 6 ; une épreuve de PSI ou d'informatique (selon l'option choisie) de 4 heures, coefficient 6 ; une épreuve de langue vivante de 4 heures, coefficient 6. Pour cette dernière, vous devez rédiger une synthèse de documents et un texte d'opinion, dans la langue de votre choix : allemand, anglais, arabe, chinois ou espagnol.

Si vous êtes retenu, vous passez les épreuves d'admission. L'X est un des rares établissements à proposer encore à cette étape des examens écrits. Une épreuve d'informatique de 4 heures ou 2 heures selon votre filière (coefficient 4) est ainsi proposée.

À l'oral, vous planchez sur deux épreuves de mathématiques, coefficient 16 ; une épreuve de physique, coefficient 20 ; une épreuve de chimie, coefficient 9 ; une analyse de documents scientifiques, coefficient 15 et des épreuves de français et de langue vivante, coefficient 8. Vous pouvez passer une deuxième langue mais elle doit être différente de celle choisie à l'écrit (parmi : allemand, anglais, arabe, chinois, espagnol, italien, portugais et russe).
Une épreuve d'éducation physique et sportive (course ou natation), coefficient 5, complète la sélection.

La sélection pour les candidats issus de la filière PC

À l'écrit, préparez-vous à plancher sur une épreuve de mathématiques de 4 heures, coefficient 9 ; deux épreuves de physique de 4 heures chacune, coefficient 6 ; une épreuve de chimie de 4 heures, coefficient 6 ; une épreuve de français de 4 heures, coefficient 6 ; et une épreuve de langue vivante de 4 heures, coefficient 6.

Si vous êtes admissible, vous passez une épreuve écrite d'informatique de 2 heures, coefficient 4. À l'oral, vous vous pliez à une épreuve de mathématiques de 50 minutes, coefficient 20 ; une épreuve de physique de 50 minutes, coefficient 16 ; une épreuve de chimie de 50 minutes, coefficient 9 ; une épreuve d'ADS de 40 minutes, coefficient 15 ; une épreuve de français de 30 minutes, coefficient 8 ; une épreuve de langue vivante de 20 minutes, coefficient 8 ; une épreuve de sport, au choix parmi course ou natation, coefficient 5, et deux TP de physique et chimie de 3 heures et 3 h 30, coefficient 8. Libre à vous d'opter pour une seconde langue. Elle doit être différente de celle choisie à l'écrit, parmi : allemand, anglais, arabe, chinois, espagnol, italien, portugais et russe.

Les épreuves et coefficients rapportés ci-dessus sont celles et ceux appliqués à l'École polytechnique uniquement.

La sélection pour les candidats issus de la filière PSI

À l'écrit, vous planchez sur : une épreuve de mathématiques de 4 heures, coefficient 10 ; une épreuve de modélisation de 5 heures, coefficient 5 ; une épreuve de physique de 4 heures, coefficient 6 ; une épreuve de sciences industrielles de 5 heures, coefficient 6 et une épreuve de français de 4 heures, coefficient 6.

Les épreuves écrites d'admission consistent en une épreuve d'informatique de 2 heures, coefficient 4 et une épreuve de langue vivante de 4 heures, coefficient 6.

Les épreuves pratiques et orales d'admission sont les suivantes : mathématiques, coefficient 18 ; physique, coefficient 12 ; manipulation – manipulation et interrogation de sciences industrielles – langue vivante, coefficient 6 ; ADS, coefficient 10 et sport, coefficient 4. La durée de ces épreuves est fixée par le jury.

Les frais d'inscription

En 2017, ils étaient de 100 €, toutes filières confondues, pour les épreuves écrites. L'inscription est gratuite pour les candidats boursiers. Si vous êtes admissible vous devez verser 100 € supplémentaires avant de passer les oraux.

Renseignements

École polytechnique - 91128 Palaiseau Cedex – Tél. : 01.69.33.32.22

Site : www.admission.polytechnique.edu

Les écoles du concours de l'X, en fiches

École polytechnique Palaiseau

route de Saclay, 91128 Palaiseau cedex, tél. 01.69.33.33.33, Web : www.polytechnique.edu

Statut : public • **Frais d'inscription :** 100 € • **Frais de scolarité :** aucun.

■ **Ingénieur diplômé** de l'école polytechnique (CTI) • **Durée des études :** 4 ans.

Admission en 1re année du cycle ingénieur • Maths spé MP, être âgé de 17 à 23 ans (ou moins de 25 ans pour les candidats étrangers), aptitudes physiques reconnues ; concours option informatique et option physique et sciences de l'ingénieur sur banque commune d'épreuves X-ENS • Maths spé PC, être âgé de 17 à 23 ans (ou moins de 25 ans pour les candidats étrangers), aptitudes physiques reconnues ; concours commun X-ESPCI • Maths spé PSI, être âgé de 17 à 23 ans (ou moins de 25 ans pour les candidats étrangers), aptitudes physiques reconnues ; concours sur banque commune d'épreuves X-ENS Cachan, Rennes et Paris • Maths spé PT ; concours sur banque filière PT • Maths spé BCPST ; concours A bio, oral propre • Maths spé TSI ; concours Mines-Ponts sur concours Centrale-Supélec filière TSI • Licence scientifique ; admission universitaire grandes écoles d'ingénieurs ; dossier, épreuves écrites et orales et/ou entretien • Bac+3 étranger en sciences ou ingénierie, être âgé de moins de 25 ans, une seule présentation possible, aptitudes physiques reconnues ; concours filière universitaire - candidats internationaux.

ESPCI Paris

École supérieure de physique et de chimie industrielles de la ville de Paris, 10, rue Vauquelin, 75231 Paris cedex 5, tél. 01.40.79.44.00, Web : www.espci.fr

Statut : public • **Frais d'inscription :** 150 € • **Frais de scolarité :** 700 € par an.

■ **Ingénieur diplômé** de l'ESPCI dominantes chimie, physico-chimie, physique (CTI) • **Durée des études :** 4 ans.

Admission en 1re année du cycle ingénieur • Maths spé PC, diplôme étranger équivalent ; concours commun X-ESPCI-ENS • Maths spé BCPST ; concours A PC bio • Cycle préparatoire ingénieur chimiste (CPI) de la fédération Gay-Lussac ; dossier, entretien • Maths spé MP, PSI, DUT, L2 physique, chimie ; dossier, entretien, épreuves orales • Licence scientifique ; admission universitaire grandes écoles d'ingénieurs ; dossier, épreuves écrites et orales et/ou entretien.

Admission parallèle en 2e année du cycle ingénieur • Bac+4 physique, chimie, diplôme étranger équivalent ; dossier, entretien, épreuves orales.

Admission parallèle en 3e année du cycle ingénieur • Fin de cycle ingénieur SupOptique ou AgroParisTech, de certaines écoles de la fédération Gay-Lussac ou d'universités étrangères ; dossier, entretien.

Le concours EPITA/IPSA

Ces deux établissements, membres du groupe Ionis, se sont réunis pour proposer un concours commun.

Pour qui ?

Les élèves de prépa scientifique, toutes sections, peuvent se présenter au concours. En 2017, 45 places ont été ouvertes à l'EPITA, 50 à l'IPSA.

La sélection

À l'écrit, vous passez une épreuve de mathématiques de 3 heures, coefficient 5 ; une épreuve de culture générale de 2 h 30, coefficient 5, et une épreuve d'option de 2 heures, coefficient 5, au choix parmi : mathématiques, physique (électronique ou mécanique), sciences industrielles, ou informatique. Choisissez la discipline dans laquelle vous vous sentez le plus à l'aise, histoire de gagner quelques points facilement.

L'oral se déroule en deux temps : une épreuve collective de créativité et d'innovation (3 heures de préparation, 30 minutes de présentation et d'échange avec le jury, en français et en anglais ; coefficient 7) ; et un entretien individuel (en français et/ou en anglais), de 30 minutes, coefficient 8.

Les frais d'inscription

Ils s'élevaient à 70 € pour les candidats de toutes spécialités en 2017. Gratuits pour les boursiers.

Renseignements

EPITA - 14/16 rue Voltaire – 94270 Le Kremlin-Bicêtre – Tél. : 01.44.08.01.01 – Fax : 01.44.08.1.99
Site : www.epita.fr

IPSA - 7/9 rue Maurice-Grandcoing – 94200 Ivry-sur-Seine – Tél. : 01.56.20.62.60 – Fax : 01.46.70.25.85
Site : www.ipsa.fr

LA SÉLECTION APRÈS UNE PRÉPA TSI

La prépa TSI est ouverte aux bacheliers technologiques. Deux grands concours, rassemblant les écoles les plus prestigieuses, recrutent en TSI : le concours CentraleSupélec, filière TSI, qui a ouvert 242 places en 2017 et le concours commun polytechnique (CCP), filière TSI, qui a proposé 87 places et 315 en banque de notes. Un effectif réduit, comparé aux places offertes en MP, PC ou PSI.

Le concours CentraleSupélec, filière TSI

Le concours Centrale-Supélec, filière TSI, se distingue sur le fond et sur la forme de celui proposé aux filières MP, PC et PSI. Il rassemble plusieurs sélections et ouvre les portes de 36 formations : les écoles Centrale de Lille, Lyon, Nantes, Marseille et Casablanca, CentraleSupélec, l'Institut d'optique Graduate School d'Orsay et l'université de Technologie de Troyes ; huit écoles du concours Mines-Ponts : l'École des ponts ParisTech, l'ISAE-Supaero, l'ENSTA ParisTech, Télécom ParisTech (campus de Paris et de Sophia-Antipolis), Mines ParisTech, Mines Saint-Étienne, Mines Nancy, l'IMT Atlantique + Polytechnique ; les Arts et Métiers auxquels se sont raccrochés l'ENSEA et l'ESIEE Amiens et Paris pour le recrutement ; 13 écoles du concours Mines-Télécom : ENSG Géomatique, ENSIIE Évry, ENSSAT Lannion, ENSTA Bretagne (étudiant), Mines Saint-Étienne-ISMIN, Mines Albi, Mines d'Alès, IMT Lille-Douai (ingénieur Mines-Douai), IMT Atlantique (ingénieur Mines Nantes), Télécom Nancy, Télécom Saint-Étienne, Télécom SudParis ; Et l'Esix Normandie ; Sigma Clermont-Ferrand et l'Ismans.

Pour qui ?

Le concours est accessible aux élèves issus d'une classe préparatoire TSI. 242 places ont été offertes en 2017. C'est Arts et Métiers et l'ESIX Normandie qui recrutent le plus d'élèves de TSI parmi les établissements répertoriés ci-dessus, avec respectivement 35 et 40 places proposées. Aucune condition d'admission particulière n'est exigée si ce n'est d'être issu d'une classe prépa TSI. Cependant, certaines écoles se montrent plus exigeantes, nous vous conseillons alors de consulter le règlement propre à chacune.

Concours	36 écoles	Nombre de places pour les candidats issus de TSI
ECP	CentraleSupélec, cursus centralien	10
Supélec	CentraleSupélec, cursus Supélec	12
ECL	École centrale de Lyon	5
SupOptique	Institut d'optique Graduate School	2
EC Lille	École centrale de Lille	5
ECN	École centrale de Nantes	10
ECM	École centrale de Marseille	5
ECC	École centrale de Casablanca	3
UTT	Université de technologie de Troyes	5
Mines Ponts	École des Ponts ParisTech	1
	ISAE-SUPAERO	4
	ENSTA ParisTech	2
	Télécom ParisTech	3
	Mines ParisTech	3
	Mines de Saint-Étienne	2
	Mines Nancy	3
	IMT Atlantique	1
	Polytechnique	2
CC Arts et Métiers	Arts et Métiers	35
	ENSER	10
	ESIEE Amiens	5
	ESIEE Engineering (Paris)	5

Concours	36 écoles	Nombre de places pour les candidats issus de TSI
ESIX Normandie	ESIX Normandie	40
SIGMA Clérmond-Ferrand	Sigma Clermont	8
Ismans	Ismans	20
Concours Mines-Télécom	ENSG Géomatique	1
	ENSIIE	5
	ENSSAT Lannion	3
	ENSTA Bretagne (étudiant)	2
	Mines Saint-Étienne – ISMIN	4
Concours Mines-Télécom	Mines Albi	2
	Mines Alès	2
	IMT Lille Douai (ingénieur Mines Douai)	2
	IMT Atlantique (ingénieur Mines Nantes)	2
	Télécom Nancy	3
	Télécom Saint-Étienne	9
	Télécom SudParis	5

La sélection

Les épreuves écrites se déroulent sur quatre jours. Au programme : deux épreuves de mathématiques de 4 heures ; deux épreuves de PC de 4 heures ; une épreuve de français (rédaction) de 4 heures ; une épreuve de sciences industrielles de l'ingénieur de 4 heures ; une épreuve d'informatique de 3 heures et une épreuve de langue vivante de 4 heures (au choix parmi : allemand, anglais, arabe, chinois, espagnol, italien, portugais, russe).

Sachez que les coefficients varient d'un concours ou d'une école à l'autre. Les épreuves de mathématiques comptent par exemple pour 12 au concours Centrale-Supélec, quand elles ne sont que de coefficient 5 et 3 pour les écoles du concours Mines-Télécom et Mines-Ponts. Sachez également que Polytechnique s'étant rapprochée de Mines-Ponts pour effectuer son recrutement, il applique les mêmes coefficients que le concours. *Idem* pour l'ENSAM, l'ESIEE Amiens-Paris et l'ENSEA.

À l'oral, les écoles Centrale, CentraleSupélec, l'Institut d'optique Graduate School, l'UTT, les écoles du concours Mines-Ponts et celles de Mines-Télécom proposent huit épreuves : deux épreuves de mathématiques, deux épreuves de PC, une épreuve de LVA (la même que celle choisie à l'écrit, obligatoirement l'anglais à l'ECC), un TP de PC, un TP de sciences industrielles de l'ingénieur et une épreuve de TIPE. Vous avez aussi la possibilité de choisir une seconde langue, différente de celle exploitée à l'écrit. Seuls les points au-dessus de la moyenne sont pris en compte.

Sachez que le concours Arts et Métiers ParisTech et les écoles qui se sont rattachées au concours, l'Esix Normandie, Sigma Clermont et l'Ismans, proposent leurs propres épreuves orales. À l'Ismans par exemple, la sélection se fait uniquement sur entretien.

Les frais d'inscription

En 2017, il fallait compter 110 € pour les écoles du concours CentraleSupélec (10 € pour les boursiers candidatant à l'UTT) ; 290 € pour l'ensemble des écoles du concours Mines-Ponts ; 111 € pour l'ensemble du concours commun Arts et Métiers ParisTech ; 185 € pour l'ensemble des écoles du concours Mines-Télécom ; 50 € pour l'Esix Normandie ; 69 € pour Sigma Clermont (23 € pour les boursiers) ; 35 € pour l'Ismans (15 € pour les boursiers). Sauf si indiqué ci-dessus, les boursiers sont exonérés de frais d'inscription.

Renseignements

Service du concours CentraleSupélec
CentraleSupélec – Grande Voie des Vignes - 92295 Châtenay-Malabry Cedex – Tél. : 01.41.13.11.31 – Fax : 01.41.13.15.13
Site : www.concours-centrale-supelec.fr

Le concours commun polytechnique, filière TSI

Dix-sept écoles des concours communs polytechniques (CCP) recrutent dans la filière TSI : ENGEES, ENSMM Besançon, Enseirb-Matmeca, ENSICAEN, ISIMA Clermont-Ferrand, Grenoble INP-ENSE3, Grenoble INP-Pagora, Grenoble INP-Phelma, CPE Lyon, ENSEM Nancy, Supméca Paris, ENSIP Poitiers, ISAE-ENSMA, Télécom physique Strasbourg, SeaTech Toulon, Toulouse INP-ENSEEIHT, ENSIAME.

Trente-quatre écoles recrutent en banque de notes : EEIGM Nancy, ECAM Rennes, EIL Côte d'Opale, EIVP Paris, INP-ENI Tarbes, ENS Cachan, ENS Rennes, ENSAIT Roubaix, ENSGSI Nancy, ENSISA Mulhouse, ENSTIB Épinal, ENTPE Lyon, ESB Nantes, Esigelec Rouen, ESIREM Dijon, ESTIA Bidart, ESTP Paris, ISAT Nevers, ISEP Paris, ISIS Castres, 3Il ingénieurs et les 13 écoles du réseau Polytech.
Quelques élèves sont recrutés *via* ce CCP pour des établissements du concours Mines-Ponts.

Pour qui ?
Les élèves issus d'une classe préparatoire TSI peuvent candidater. Au total, 87 places ont été offertes au CCP et 315 en banques d'épreuves, en 2017.

Avec la prépa TPC, la prépa TSI est celle qui ouvre le moins de portes en école d'ingénieurs. La majorité des places est offerte aux candidats issus des filières MP, PC et PSI. Les plus gourmandes ouvrent jusqu'à une trentaine de places (pour les écoles en banque), mais certains établissements ne proposent qu'une seule place.

17 écoles	Nombre de places offertes aux étudiants issus de la filière TSI
ENSMM	19
Enseirb-Matmeca	8
ENSICAEN	2
ISIMA	5
Grenoble INP-ENSE3	3
Grenoble INP-Pagora	1
Grenoble INP-Phelma	4
CPE Lyon	2
ENSEM	5
Supméca Paris	3
ENSIP Poitiers	4
ISAE-ENSMA	2
ENGEES	2
Télécom Physique Strasbourg	6
SeaTech Toulon	3
INP-ENSEEIHT	2
ENSIAME	16

La sélection

Vous êtes convoqué à une série d'examens écrits étalée sur quatre jours : une épreuve de français-philosophie de 4 heures ; une épreuve de mathématiques de 4 heures ; une épreuve de PC de 4 heures ; une épreuve de langue vivante de 3 heures ; une épreuve de modélisation de 3 heures ; une épreuve d'informatique de 3 heures ; et une épreuve de sciences industrielles de l'ingénieur de 6 heures. Vous pouvez choisir une épreuve facultative de langue vivante de 1 heure, pour gagner quelques points.

À l'oral, les candidats inscrits au CCP passent : une épreuve de mathématiques, une épreuve de PC, une épreuve de langue vivante, une épreuve de TIPE et un TP de sciences industrielles de l'ingénieur. Si vous êtes admissible aux ENS, vos notes de français et de langue vivante sont prises en compte à l'oral, coefficients 4 et 2.

L'EIVP, l'ESTP, l'ISAT et le réseau Polytech ne reposent la sélection orale que sur l'épreuve de TIPE. Tous les autres établissements qui recrutent en banque de notes organisent leurs propres examens, souvent dans leurs locaux.

Les frais d'inscription

En 2017, ils s'élevaient à 170 € que vous prétendiez à une ou plusieurs écoles du CCP. En revanche, si vous souhaitez candidater à l'une des écoles utilisant la banque de notes du concours, vous devrez payer, en sus, une somme propre à l'école qui varie de 10 à 85 € selon les établissements ; de 0 à 26 € pour les boursiers.

Renseignements

Service des CCP - 31405 Toulouse Cedex 4 – CS 44410 – Tél. : 05.62.47.33.43
Site : www.ccp.scei-concours.fr

LA SÉLECTION APRÈS UNE PRÉPA PT

Une prépa PT vous ouvre les portes d'un seul concours : la banque PT.

La banque PT

Mise en œuvre par sept concours partenaires, elle rassemble ainsi une centaine d'écoles (détaillées dans le tableau ci-après). C'est la seule voie qui vous est proposée si vous êtes issu d'une prépa PT. Le concours, géré par l'ENSAM ParisTech, ouvre près de 2 000 places chaque année.

Pour qui ?

Le concours est ouvert à tous les élèves issus d'une classe préparatoire PT. Près de 2 000 places sont ouvertes chaque année *via* la banque. Attention, les écoles ou concours ne recrutent que très peu dans cette filière : le concours Mines-Ponts ouvre par exemple plus de 500 places en MP, et seulement une trentaine en PT. Même chose à Centrale-Supélec qui ouvre 964 places en MP et une centaine en PT. Seuls les Arts et Métiers se détachent en proposant 541 places.

Concours	Écoles	Nombre de places
Concours Centrale-Supélec	CentraleSupélec cursus Centrale	10
	CentraleSupélec cursus Supélec	24
	école Centrale Lille	12
	école Centrale Lyon	24
	école Centrale Nantes	20
	école Centrale Marseille	10
	SupOptique	5
	école Centrale de Casablanca	2
CCMP	Ponts ParisTech	2
	ISAE-Supaero	6
	ENSTA ParisTech	8
	Télécom ParisTech	2
	Mines ParisTech	5
	Mines Saint-Étienne	2
	Mines Nancy	4
	IMT Atlantique	2
Concours commun Arts et Métiers	Arts et Métiers	541
	ENSIM	8
	ENSEA	20
Polytechnique	École polytechnique	11

Concours	Écoles	Nombre de places
CCP	ENS Cachan Paris Saclay	37
	ENS Rennes	6
	ENSMM Besançon	47
	Enseirb-Matmeca	8
	ENSICAEN	8
	EISTI Cergy-Pau	5
	ISIMA Clermont-Ferrand	5
	Grenoble INP-Phelma	6
	Grenoble INP-Ensimag	10
	Grenoble INP-ENSE3	15
	Grenoble INP-Pagora	1
	Grenoble INP-ESISAR	3
	ENSIL-ENSCI Limoges	2
	CPE Lyon	2
	ENSEM Nancy – Pluriscientifique	5
	Supméca Paris	12
	ISAE-ENSMA	5
	ENSIP Poitiers	8
	SeaTech Toulon	8
	ENAC	3
	ENSEEIHT Toulouse	10
	ENSIAME Valenciennes	16
Concours Mines-Télécom	ENSG Géomatique	2
	ENSSAT	5
	ENSTA Bretagne (civil)	13
	ENSTA Bretagne (Militaire)	3
	Mines Alès	20
	Mines Albi	8
	IMT Lille Douai (ingénieur)	20
	IMT Atlantique	3

Concours	Écoles	Nombre de places
Concours Mines-Télécom	Mines Saint-Étienne – ISMIN (Ingénieur spécialisé en microélectronique et informatique)	4
	Télécom Nancy	12
	Télécom physique Strasbourg	2
	Télécom Saint-Étienne	11 (dont 4 en apprentissage)
	Télécom SudParis	7
Concours Polytech	ENSIM	2
	ESIPE Créteil	5
	Esireims	3
	ESIR Rennes	3
	ESIROI	1
	Esix Normandie	4
	ESSTIN	6
	ISAT	15
	ISIFC	2
	ISIS	2
	ISTIA	4
	ISTY	3
	Sup Galilée	5
	Réseau Polytech	122
Concours FESIC prépa	ECAM Lyon	30
	ECAM Rennes	18
	ECAM Strasbourg-Europe	30
	ECAM-EPMI	15
	ESAIP Angers-Grasse	8
	ESEO Angers	15
	HEI Lille	25
	ISEN Méditérranée	15
	ISEN Lille	15
	ISEN Ouest	5

Concours	Écoles	Nombre de places
Concours FESIC prépa	UniLaSalle	3
	ISEP Paris	25
Recrutement propre	3Il ingénieurs	8
	ECE Paris	20
	École de l'Air	3
	Efrei Villejuif	20
	EIGSI	20
	EIL	30
	Elisa Aerospace	10
	ENSAIT Roubaix	18 (dont 2 en apprentissage)
Recrutement propre	ENSIL-ENSCI	4
	ENSISA	25
	ENSTIB	18
	EPF	15
	ESB Nantes	10
	ESFF	7
	ESIEA Paris/Laval	20
	ESIEE Amiens/Paris	25
	Esigelec	40
	Esigetel	10
	ESILV	25
	ESITC	8
	ESME Sudria	20
	ESTACA	16
	ESTIA Bidart	35
	ESTP	34
	Grenoble INP-Génie industriel	8
	Sigma	68
	INP-ENI Tarbes	6
	INSA Centre-Val de Loire	20
	Ismans-gpe Cesi	20

Concours	Écoles	Nombre de places
Recrutement propre	Mines Douai/ISPA Bençon	10
	Itech Lyon	5

La sélection

Les épreuves écrites se déroulent sur plus d'une semaine, début mai. Vous passez trois épreuves de mathématiques de 4 heures chacune (algèbre, géométrie, probabilités, analyse) et deux épreuves de physique, dont une scindée en deux sous-épreuves mêlant chimie et thermodynamie. Vous planchez également sur trois épreuves de sciences industrielles, de 5 heures et deux fois 6 heures (au programme : modélisation évaluation, raisonnement, analyse…) ; deux épreuves de français de 4 heures (dissertation et résumé de texte) ; deux épreuves de langue vivante de 3 heures chacune (une synthèse de document rédigée dans la langue de votre choix : allemand, anglais, arabe, espagnol, et italien ; une contraction de texte et un essai) ; et une épreuve d'informatique et modélisation de 4 heures. Les coefficients sont propres à chaque concours ou école.

Les oraux sont de deux types. On trouve ainsi des interrogations : en sciences industrielles (50 min de préparation, 1 h de présentation), mathématiques (30 min de présentation) et mathématiques et algorithmique (1 h dont 30 min de préparation), PC (1 h dont 30 min de préparation), langue vivante (20 min de préparation, 20 min d'interrogation) et TIPE ; puis place aux manipulations, autrement dit, des TP, en sciences industrielles (4 h) et en physique (3 h).

Vous avez la possibilité de choisir une seconde épreuve de langue vivante. Seuls les points au-dessus de 10 comptent. Vous devez respecter deux critères : que la langue B, soit différente de la langue A, obligatoire, et travaillée à l'écrit et à l'oral ; que l'anglais soit l'un ou l'autre de vos choix.

Certains concours ajustent à leur manière la série d'épreuves orales : pour les candidats au CCMP, la note de français attribuée à l'écrit est reprise à l'oral et affectée d'un coefficient 3. Il en est de même à Arts et Métiers et dans les ENS qui tiennent également compte de la note de langue écrite. À l'École polytechnique, les élèves admissibles passent une épreuve écrite d'informatique et un examen de sport avant la série d'épreuves orales. Notez que l'épreuve de langue à l'X ne compte que pour l'oral et qu'à la place du TIPE vous passez une épreuve d'ADS.

Les oraux se déroulent à l'ENS Cachan, à l'ENSAM ParisTech ou à l'IUT Paris XVIe (TIPE).

Les frais d'inscription

Ils diffèrent selon les concours et écoles. En 2017, ils étaient de 180 € pour les écoles du concours Centrale-Supélec ; 290 € pour les écoles du CCMP ; 150 € pour les écoles du concours commun Arts et Métiers : 170 € pour les écoles des concours communs polytechniques ; 100 € pour l'X ; 85 € pour l'ensemble des écoles du concours Polytech ; 55 € pour les 11 écoles du concours FESIC prépa ; 275 € pour l'ensemble des écoles du concours Mines-Télécom. Comptez entre 20 et 72 € pour les autres écoles, entre 0 et 25 € pour les élèves boursiers. Pour l'École de l'Air et les ENS Cachan et de Rennes, écoles de la fonction publique, les frais de dossier sont gratuits pour tous.

Renseignements

Arts et Métiers – Scei – services des concours – Banque PT – E3A - 24, rue Pinel – 75013 Paris

Tél. : 01.44.06.93.30/31/34 ou 36 – Fax : 01.44.06.93.39 – Mail : contact@banquept.fr

Site : www.banquept.fr

Seuls les Arts et métiers figurent dans cette liste car les autres écoles et groupes sont déjà présentés au fil du livre.

Arts et Métiers, campus d'Aix-en-Provence

2, cours des Arts-et-Métiers, 13617 Aix-en-Provence, tél. 04.42.93.81.81, Web : www.artsetmetiers.fr

Statut : public • **Frais d'inscription :** aucun • **Frais de scolarité :** 610 € par an.

■ **Ingénieur diplômé** d'Arts et Métiers ParisTech (CTI) • **Durée des études :** 3 ans.

Admission en 1re année du cycle ingénieur • Maths spé MP, PC, PSI ; concours Arts et métiers ParisTech sur concours e3a • Maths spé PT ; concours Arts et métiers ParisTech sur banque filière PT • Maths spé TSI ; concours Arts et métiers ParisTech sur concours commun Centrale-Supélec option TSI • DUT, BTS ; banque d'épreuves DUT-BTS • Maths spé ATS ; concours ATS • Licence scientifique ; admission universitaire grandes écoles d'ingénieurs ; dossier, épreuves écrites et orales et/ou entretien.

Admission parallèle en 2e année du cycle ingénieur • M1 scientifique ; admission universitaire grandes écoles d'ingénieurs ; dossier, épreuves écrites et orales et/ou entretien.

Arts et Métiers, campus d'Angers

2, bd du Ronceray, BP 93525, 49035 Angers cedex 1, tél. 02.41.20.73.73, Web : www.artsetmetiers.fr

Statut : public • **Frais d'inscription :** aucun • **Frais de scolarité :** 610 € par an. Elèves militaires rémunérés.

■ **Ingénieur diplômé** d'Arts et Métiers ParisTech (CTI) • **Durée des études :** 3 ans formation en 4 ans avec un an de formation militaire avant le cursus pour les élèves officier de l'ENSIM (école nationale supérieure des ingénieurs de l'infrastructure militaire) qui suivent le parcours d'ingénieur militaire d'infrastructures en partenariat avec le ministère de la Défense avec une dominante travaux publics et génie civil.

Admission en 1re année du cycle ingénieur • Maths spé MP, PC, PSI ; concours Arts et métiers ParisTech sur concours e3a • Maths spé PT ; concours Arts et métiers ParisTech sur banque filière PT • Maths spé TSI ; concours Arts et métiers ParisTech sur concours commun Centrale-Supélec option TSI • DUT, BTS ; banque d'épreuves DUT-BTS • Maths spé ATS ; concours ATS • Licence scientifique ; admission universitaire grandes écoles d'ingénieurs ; dossier, épreuves écrites et orales et/ou entretien.

Admission parallèle en 2e année du cycle ingénieur • M1 scientifique ; admission universitaire grandes écoles d'ingénieurs ; dossier, épreuves écrites et orales et/ou entretien.

Arts et Métiers, campus de Bordeaux-Talence

Esplanade des Arts-et-Métiers, 33405 Talence cedex, tél. 05.56.84.53.33, Web : www.artsetmetiers.fr

Statut : public • **Frais d'inscription :** aucun • **Frais de scolarité :** 610 € par an.

■ **Ingénieur diplômé** d'Arts et Métiers ParisTech (CTI) • **Durée des études :** 3 ans.

Admission en 1re année du cycle ingénieur • Maths spé MP, PC, PSI ; concours Arts et métiers ParisTech sur concours e3a • Maths spé PT ; concours Arts et métiers ParisTech sur banque filière PT • Maths spé TSI ; concours Arts et métiers ParisTech sur concours commun Centrale-Supélec option TSI • DUT, BTS ; banque d'épreuves DUT-BTS • Maths spé ATS ; concours ATS • Licence scientifique ; admission universitaire grandes écoles d'ingénieurs ; dossier, épreuves écrites et orales et/ou entretien.

Admission parallèle en 2e année du cycle ingénieur • M1 scientifique ; admission universitaire grandes écoles d'ingénieurs ; dossier, épreuves écrites et orales et/ou entretien.

Arts et Métiers, campus de Châlons-en-Champagne

rue Saint-Dominique, BP 508, 51006 Châlons-en-Champagne cedex, tél. 03.26.69.26.89, Web : www.artsetmetiers.fr

Statut : public • **Frais d'inscription :** aucun • **Frais de scolarité :** 610 € par an.

■ **Ingénieur diplômé** d'Arts et Métiers ParisTech (CTI) • **Durée des études :** 3 ans.

Admission en 1re année du cycle ingénieur • Maths spé MP, PC, PSI ; concours Arts et métiers ParisTech sur concours e3a • Maths spé PT ; concours Arts et métiers ParisTech sur banque filière PT • Maths spé TSI ; concours Arts et métiers ParisTech sur concours commun Centrale-Supélec option TSI • DUT, BTS ; banque d'épreuves DUT-BTS • Maths spé ATS ; concours ATS • Licence scientifique ; admission universitaire grandes écoles d'ingénieurs ; dossier, épreuves écrites et orales et/ou entretien.

Admission parallèle en 2e année du cycle ingénieur • M1 scientifique ; admission universitaire grandes écoles d'ingénieurs ; dossier, épreuves écrites et orales et/ou entretien.

Arts et Métiers, campus de Cluny

rue Porte-de-Paris, 71250 Cluny, tél. 03.85.59.53.53, Web : www.artsetmetiers.fr

Statut : public • **Frais d'inscription :** aucun • **Frais de scolarité :** 610 € par an.

■ **Ingénieur diplômé** d'Arts et Métiers ParisTech (CTI) • **Durée des études :** 3 ans.

Admission en 1re année du cycle ingénieur • Maths spé MP, PC, PSI ; concours Arts et métiers ParisTech sur concours e3a • Maths spé PT ; concours Arts et métiers ParisTech sur banque filière PT • Maths spé TSI ; concours Arts et métiers ParisTech sur concours commun Centrale-Supélec option TSI • DUT, BTS ; banque d'épreuves DUT-BTS • Maths spé ATS ; concours ATS • Licence scientifique ; admission universitaire grandes écoles d'ingénieurs ; dossier, épreuves écrites et orales et/ou entretien.

Admission parallèle en 2e année du cycle ingénieur • M1 scientifique ; admission universitaire grandes écoles d'ingénieurs ; dossier, épreuves écrites et orales et/ou entretien.

Arts et métiers, campus de Lille

8, bd Louis-XIV, 59046 Lille cedex, tél. 03.20.62.22.10, Web : www.artsetmetiers.fr

Statut : public • **Frais d'inscription :** aucun • **Frais de scolarité :** 610 € par an.

■ **Ingénieur diplômé** d'Arts et Métiers ParisTech (CTI) • **Durée des études :** 3 ans.

Admission en 1re année du cycle ingénieur • Maths spé MP, PC, PSI ; concours Arts et métiers ParisTech sur concours e3a • Maths spé PT ; concours Arts et métiers ParisTech sur banque filière PT • Maths spé TSI ; concours Arts et métiers ParisTech sur concours commun Centrale-Supélec option TSI • DUT, BTS ; banque d'épreuves DUT-BTS • Maths spé ATS ; concours ATS • Licence scientifique ; admission universitaire grandes écoles d'ingénieurs ; dossier, épreuves écrites et orales et/ou entretien.

Admission parallèle en 2e année du cycle ingénieur • M1 scientifique ; admission universitaire grandes écoles d'ingénieurs ; dossier, épreuves écrites et orales et/ou entretien.

Arts et Métiers, campus de Metz

Metz Technopôle, 4, rue Augustin-Fresnel, 57078 Metz cedex 3, tél. 03.87.37.54.30, Web : www.artsetmetiers.fr

Statut : public • **Frais d'inscription :** aucun • **Frais de scolarité :** 610 € par an.

■ **Ingénieur diplômé** d'Arts et Métiers ParisTech (CTI) • **Durée des études :** 3 ans.

Admission en 1re année du cycle ingénieur • Maths spé MP, PC, PSI ; concours Arts et métiers ParisTech sur concours e3a • Maths spé PT ; concours Arts et métiers ParisTech sur banque filière PT • Maths spé TSI ; concours Arts et métiers ParisTech sur concours commun Centrale-Supélec option TSI • DUT, BTS ; banque d'épreuves DUT-BTS • Maths spé ATS ; concours ATS • Licence scientifique ; admission universitaire grandes écoles d'ingénieurs ; dossier, épreuves écrites et orales et/ou entretien.

Admission parallèle en 2e année du cycle ingénieur • M1 scientifique ; admission universitaire grandes écoles d'ingénieurs ; dossier, épreuves écrites et orales et/ou entretien.

Arts et Métiers, campus de Paris

151, bd de l'Hôpital, 75013 Paris, tél. 01.44.24.62.99, Web : www.artsetmetiers.fr

Statut : public • **Frais d'inscription :** aucun • **Frais de scolarité :** 610 € par an.

■ **Ingénieur diplômé** d'Arts et Métiers ParisTech (CTI) • **Durée des études :** 3 ans.

Admission en 1re année du cycle ingénieur • Maths spé MP, PC, PSI ; concours Arts et métiers ParisTech sur concours e3a • Maths spé PT ; concours Arts et métiers ParisTech sur banque filière PT • Maths spé TSI ; concours Arts et métiers ParisTech sur concours commun Centrale-Supélec option TSI • DUT, BTS ; banque d'épreuves DUT-BTS • Maths spé ATS ; concours ATS • Licence scientifique ; admission universitaire grandes écoles d'ingénieurs ; dossier, épreuves écrites et orales et/ou entretien.

Admission parallèle en 2e année du cycle ingénieur • M1 scientifique ; admission universitaire grandes écoles d'ingénieurs ; dossier, épreuves écrites et orales et/ou entretien.

LA SÉLECTION APRÈS UNE PRÉPA BCPST, TB OU TPC

Si vous sortez d'une prépa BCPST, deux concours s'offrent à vous. Selon votre projet professionnel, vous pouvez vous inscrire au concours G2E, qui fédère 19 écoles spécialisées dans les domaines de l'environnement, ou au concours A de la banque Agro-Véto qui rassemble des établissements œuvrant dans l'agroalimentaire, la chimie, les sciences du vivant, les matériaux. Cette dernière propose également quelques places aux candidats issus d'une filière TB.

Si vous venez d'une prépa TPC, vous ne pouvez prétendre qu'à un seul concours : le CCP filière TPC, qui réunit majoritairement des écoles de chimie de la FGL.

Le concours G2E

Le concours G2E permet d'intégrer 19 écoles : l'ESGT, l'ENSG, l'ENSEGID Bordeaux, l'ENTPE, l'ENGEES, l'ENSG, l'EOST, l'ENSIL, l'ENSIP, les Mines Albi, Alès et Douai, Polytech Annecy, Grenoble, Montpellier, Nice, Orléans, Paris et Tours. Sachez que le concours ouvre également des places par la voie de l'apprentissage à l'ENGEES.

Pour qui ?

Le concours est uniquement ouvert aux élèves de prépa BCPST. Quelque 234 places ont été ouvertes en 2017. En 2016, 1 532 candidats étaient inscrits au concours.

19 écoles	Nombre de places offertes aux candidats de la filière BCPST
ENSG	64
ENGEES (fonctionnaires et civils)	29 (dont 2 en apprentissage)
ENSEGID	17
ENTPE (fonctionnaires et civils)	45
ENSIL	6
EOST	9
ENS Géomatique	5
ESGT	5
ENSI Poitiers	15
Mines Albi	5
Mines Alès	3
Mines Douai	3
Polytech Annecy-Chambéry	5
Polytech Grenoble	3
Polytech Montpellier	5
Polytech Nice	3
Polytech Orléans	4
Polytech Paris-UPMC	7
Polytech Tours	0

La sélection

Le programme du concours colle au programme d'enseignement des deux années de prépa BCPST. Les candidats passent d'abord une série d'épreuves écrites, sur trois jours, généralement début mai : une épreuve de chimie de 3 h, coefficient 4 ; une épreuve de français de 3 h 30 (culture générale et expression écrite), coefficient 5 ; une épreuve de biologie de 3 h, coefficient 3 ; une épreuve de physique de 3 h 30, coefficient 4 ; une épreuve de mathématiques de 4 h, coefficient 5 ; une épreuve de géologie de 3 h, coefficient 3.

L'épreuve de biologie est divisée en deux sous-parties indépendantes. Les candidats peuvent avoir à traiter de biochimie, de biologie cellulaire et moléculaire ou de biologie des organismes et du développement.

À l'oral, les candidats passent six ou sept épreuves : un examen de mathématiques ; une épreuve de physique ; une épreuve d'informatique ou de chimie (à choisir lors de l'inscription sur « scei ») ; une épreuve de géologie pratique ; une ou deux épreuves de langue vivante. La deuxième épreuve de langue est facultative, seulement si la LV1 choisie est l'anglais, obligatoire. Vous choisissez alors entre espagnol et allemand. Elle vous permet de gagner quelques points puisque seuls ceux au-dessus de 10 sont pris en compte.

Excepté pour le TIPE, où vous n'avez pas de temps de préparation, vous disposez pour chaque épreuve de 20 min de préparation et de 20 min d'interrogation (25/25 si vous choisissez l'épreuve d'informatique). Les coefficients varient d'une école ou d'un groupement à l'autre.

Les frais d'inscription

Les frais de concours G2E s'élevaient à 250 € (100 € pour les boursiers) en 2017. Pour l'ENTPE (concours fonctionnaire), comptez 25 € (0 € pour les boursiers), en sus du premier ou indépendamment.

Renseignements

Concours G2E - 2, rue du Doyen-Marcel-Roubault – TSA 70605 – 54518 Vandœuvre-lès-Nancy -Tél. : 03.83.59.64.07 – Fax : 03.83.59.64.65

Site : www.concoursg2e.org

Les écoles du concours G2E, en fiches

ENGEES Strasbourg

École nationale du génie de l'eau et de l'environnement de Strasbourg, 1, quai Koch, BP 61039, 67070 Strasbourg cedex, tél. 03.88.24.82.82, Web : engees.unistra.fr

Statut : public • **Frais d'inscription :** aucun • **Frais de scolarité :** 1 601 € par an. Elèves fonctionnaires rémunérés

Ingénieur diplômé de l'ENGEES (CTI) • **Durée des études :** 3 ans. Fca possible. **Année de césure :** 1 an possible entre la 2e et la 3e année et acceptée sur la base d'un projet professionnel.

ENSEGID Pessac

École nationale supérieure en environnement, géoressources et ingénierie du développement durable, 1, allée Fernand-Daguin, 33607 Pessac cedex, tél. 05.56.84.69.00, Web : ensegid.bordeaux-inp.fr

Statut : public • **Frais d'inscription :** aucun • **Frais de scolarité :** 629 € par an.

Ingénieur diplômé de l'institut polytechnique de Bordeaux - ENSEGID options géoressources, ressources en eau, gestion de l'environnement (CTI) • **Durée des études :** 3 ans.

ENSG Marne-la-Vallée

École nationale des sciences géographiques, 6-8, av. Blaise-Pascal, Cité Descartes, Champs-sur-Marne, 77455 Marne-la-Vallée cedex 2, tél. 01 64.15.30.01, Web : www.ensg.eu

Statut : public • **Frais d'inscription :** aucun • **Frais de scolarité :** 705 € par an Elèves fonctionnaires rémunérés.

Ingénieur diplômé de l'ENSG (CTI) • **Durée des études :** 3 ans les élèves fonctionnaires sont recrutés sur le concours TPE/EIVP uniquement. Les étudiants peuvent effectuer leur 3e année dans une école partenaire (ENTPE, EIVP, ENM, ENGEES, ENSG Nancy, ESGT, ESTP, EOST, Agrosup Dijon).

ENSG Nancy Vandœuvre-lès-Nancy

École nationale supérieure de géologie, 2 rue du doyen Marcel Roubault, TSA 70605, 54518 Vandœuvre-lès-Nancy cedex, tél. 03.83.59.64.15, Web : www.ensg.univ-lorraine.fr

Statut : public • **Frais d'inscription :** aucun • **Frais de scolarité :** 611 € par an.

■ **Ingénieur diplômé** de l'ENSG de l'université de Lorraine options géosciences pétrolières, géologie numérique, génie et gestion des matières premières minérales, géotechnique, sciences et technologies de l'environnement, ressources aménagement et gestion des eaux, ingénierie et hydrodynamique des réservoirs, géophysique (CTI) • **Durée des études :** 3 ans. **Année de césure :** 1 an entre la 2e et la 3e année.

ENSIL-ENSCI Limoges

16, rue Atlantis, parc Ester technopole, 87068 Limoges cedex, tél. 05.55.42.36.70, Web : www.ensil.unilim.fr

Statut : public • **Frais d'inscription :** aucun • **Frais de scolarité :** 610 € par an.

■ **Ingénieur diplômé** de l'ENSIL ENSCI de l'université de Limoges, spécialité génie de l'eau et environnement (CTI) • **Durée des études :** 3 ans. **Année de césure :** 1 an entre la 2e et la 3e année.

ENSI Poitiers

École nationale supérieure d'ingénieurs de Poitiers, 1, rue Marcel-Doré, bât. B1, TSA 41105, 86073 Poitiers cedex 9, tél. 05.49.45.37.19, Web : ensip.univ-poitiers.fr

Statut : public • **Frais d'inscription :** aucun • **Frais de scolarité :** 615 € par an.

■ **Ingénieur diplômé** de l'ENSIP de l'université de Poitiers, spécialité génie de l'eau et génie civil parcours construction et géotechnique, traitement des eaux et des nuisances (CTI) • **Durée des études :** 3 ans.

ENTPE Lyon Vaulx-en-Velin

École nationale des travaux publics de l'Etat, 3, rue Maurice-Audin, 69518 Vaulx-en-Velin cedex, tél. 04.72.04.70.70, Web : www.entpe.fr

Statut : public • **Frais d'inscription :** aucun • **Frais de scolarité :** 610 € par an. Elèves fonctionnaires rémunérés.

■ **Ingénieur diplômé** de l'ENTPE voies d'approfondissements risques pollutions et nuisances, aménagement et politiques urbaines, bâtiment, transports et territoires, exploitation et infrastructures, génie civil, gestion des cours d'eau et du littoral (CTI) • **Durée des études :** 3 ans. **Année de césure :** 1 an entre la 2e et la 3e année.

EOST Strasbourg

École et observatoire des sciences de la Terre, 5, rue René-Descartes, 67084 Strasbourg cedex, tél. 03.68.85.03.53, Web : eost.unistra.fr

Statut : public • **Frais d'inscription :** aucun • **Frais de scolarité :** 610 € par an.

■ **Ingénieur diplômé** de l'école et observatoire des sciences de la Terre (EOST) (CTI) • **Durée des études :** 3 ans.

Admission en 1re année du cycle ingénieur • Maths spé BCPST ; concours sur banque d'épreuves G2E.

IMT Lille Douai

École nationale supérieure Mines-Télécom Lille Douai, 941, rue Charles-Bourseul, CS 10838, 59508 Douai cedex, tél. 03.27.71.22.22, Web : www.mines-douai.fr

Statut : public • **Frais d'inscription :** aucun • **Frais de scolarité :** 2 150 € par an.

■ **Ingénieur diplômé** de l'école nationale supérieure des mines de Douai (CTI) • **Durée des études :** 3 ans. Fcp possible : 1 an en 3e année.

Mines Albi

École nationale supérieure des mines d'Albi-Carmaux, campus Jarlard, route de Teillet, 81013 Albi cedex 9, tél. 05.63.49.30.00, Web : www.mines-albi.fr

Statut : public • **Frais d'inscription :** 70 € • **Frais de scolarité :** 2 150 € par an.

■ **Ingénieur diplômé** de l'école nationale supérieure des mines d'Albi de l'institut Mines-Télécom options génie industriel processus et systèmes d'information, éco-activité et énergie, ingénierie des matériaux avancés et des structures, bio-santé-ingénierie (CTI) • **Durée des études :** 3 ans. Fca possible.

Mines Alès

École nationale supérieure des mines d'Alès, 6, av. de Clavières, 30319 Alès cedex, tél. 04.66.78.50.00, Web : www.mines-ales.fr

Statut : public • **Frais d'inscription :** aucun • **Frais de scolarité :** 2 150 € par an.

■ **Ingénieur diplômé** de l'école nationale supérieure des mines d'Alès de l'institut Mines-Télécom options génie civil, ressources minérales, bâtiment et énergie, mécanique/mécatronique, matériaux avancés, environnement et énergie, sécurité industrielle, systèmes de production, risques majeurs, systèmes d'information, ingénierie système, industries nucléaires, mécatronique/commande de système (CTI) • **Durée des études :** 3 ans. Fcp possible : 1 an en dernière année à raison de 500 h de formation et 30 semaines en entreprise. **Année de césure :** 1 an entre la 2e et la 3e année.

Polytech Annecy-Chambéry Annecy-le-Vieux

École polytechnique universitaire d'Annecy-Chambéry, campus universitaire d'Annecy-le-Vieux, BP 80439, 74944 Annecy-le-Vieux cedex, tél. 04.50.09.66.00, Web : www.polytech.univ-savoie.fr

Statut : public • **Frais d'inscription :** aucun • **Frais de scolarité :** 610 € par an.

■ **Ingénieur diplômé** de Polytech Annecy-Chambéry, spécialité environnement bâtiment énergie parcours génie de l'environnement, ingénierie du bâtiment, énergie (CTI) • **Durée des études :** 5 ans.

Polytech Grenoble Saint-Martin-d'Hères

École polytechnique de l'université Grenoble Alpes, 14, place du Conseil national de la Résistance, 38400 Saint-Martin-d'Hères, tél. 04.76.82.79.02, Web : www.polytech-grenoble.fr

Statut : public • **Frais d'inscription :** aucun • **Frais de scolarité :** 184 € en 1re année, 184 € en 2e année, 611 € en 3e année, 611 € en 4e année, 611 € en 5e année.

■ **Ingénieur diplômé** de Polytech Grenoble, spécialité géotechnique et génie civil (CTI) • **Durée des études :** 5 ans.

Polytech Montpellier

École polytechnique universitaire de Montpellier, place Eugène-Bataillon, 34095 Montpellier cedex 5, tél. 04.67.14.31.60, Web : www.polytech-montpellier.fr

Statut : public • **Frais d'inscription :** aucun • **Frais de scolarité :** 611 € par an.

■ **Ingénieur diplômé** de Polytech Montpellier, spécialité génie de l'eau (CTI) • **Durée des études :** 5 ans. **Fca possible :** 3 ans en cycle ingénieur pour l'option eau et génie civil. Fcp possible : 1 an en dernière année.

Polytech Nice Sophia-Antipolis

École polytechnique de l'université Nice Sophia-Antipolis, 930, route des Colles, BP 145, 06903 Sophia-Antipolis cedex, tél. 04.92.96.50.50, Web : www.polytech.unice.fr

Statut : public • **Frais d'inscription :** aucun • **Frais de scolarité :** 610 € par an.

■ **Ingénieur diplômé** de Polytech Nice Sophia-Antipolis, spécialité génie de l'eau (CTI) • **Durée des études :** 5 ans.

Polytech Orléans

École polytechnique de l'université d'Orléans, 8, rue Léonard-de-Vinci, 45072 Orléans cedex 2, tél. 02.38.41.70.50, Web : www.polytech-orleans.fr

Statut : public • **Frais d'inscription :** aucun • **Frais de scolarité :** 615 € par an.

■ **Ingénieur diplômé** de Polytech Orléans, spécialité génie civil et environnement (CTI) • **Durée des études :** 5 ans.

Polytech Paris-UPMC

École polytechnique universitaire Pierre-et-Marie-Curie, 4, place Jussieu, bât. Esclangon, case courrier 135, 75252 Paris cedex 5, tél. 01.44.27.73.13, Web : www.polytech.upmc.fr

Statut : public • **Frais d'inscription :** aucun • **Frais de scolarité :** 184 € en 1re année, 184 € en 2e année, 610 € en 3e année, 610 € en 4e année, 610 € en 5e année.

■ **Ingénieur diplômé** de Polytech Paris-UPMC, spécialité sciences de la Terre options géotechnique pour la construction, géosciences environnementales, gestion des ressources (CTI) • **Durée des études :** 5 ans.

Polytech Tours

École polytechnique de l'université de Tours, 64, av. Jean-Portalis, 37200 Tours, tél. 02.47.36.14.14, Web : www.polytech.univ-tours.fr

Statut : public • **Frais d'inscription :** aucun • **Frais de scolarité :** 189 € en 1re année, 189 € en 2e année, 610 € en 3e année, 610 € en 4e année, 610 € en 5e année.

■ **Ingénieur diplômé** de Polytech Tours, spécialité génie de l'aménagement et de l'environnement options urbanisme et ingénierie territoriale, ingénierie des milieux aquatiques (CTI) • **Durée des études :** 5 ans.

La banque Agro-Véto

Plusieurs concours s'offrent aux élèves issus de prépa bio : BCPST (biologie, chimie, physique, sciences de la terre) et TB (technologies et biologie). Vous trouverez ci-dessous les écoles répertoriées par concours.

Le concours commun A bio se scinde en deux : le A BCPST et le A TB, tous deux réservés aux candidats des prépas des mêmes noms. Ils rassemblent dix écoles qui forment essentiellement des ingénieurs agronomes : Agrocampus Ouest, AgroParisTech, AgroSup Dijon, Bordeaux sciences agro, ENSAIA, ENSAT, Montpellier SupAgro, Oniris (cursus ingénieur), VetAgro Sup (cursus ingénieur), ENSTIB (cette dernière recrute *via* ce concours mais propose ses propres oraux). L'ENGEES et l'ENSIP recrute aussi *via* le concours A TB BIO.

Les écoles	Votre cursus	
	A BIO (BCPST)	A TB
Agrocampus Ouest	137	8
AgroParisTech	250	10
AgroSup	95	7
Bordeaux Sciences Agro	80	2
ENGEES	–	3
ENSAIA	93	6
ENSAT	91	3
ENSIP	–	2
Montpellier SupAgro	102	4
Oniris	50	6
VetAgro Sup	52	6
ENSTIB	13	2

Le concours commun A PC bio fédère sept écoles de chimie : ENSCL, ENSCM, ENSIC, Chimie ParisTech, ESPCI-ParisTech, ENSCBP et Grenoble INP Phelma. 31 places étaient offertes en 2017.

Le concours Polytech A bio fédère neuf écoles du réseau Polytech (Clermont-Ferrand, Grenoble, Lille, Marseille, Montpellier, Nantes, Nice-Sophia, Orléans, Paris UMPC) mais aussi neuf établissements du groupe Archimède à dominante agroalimentaire, biotechnologies, génie biomédical, etc. : ESBS, ESIAB, ESIR, ESIROI, Esix Normandie, ENSTBB, ISBS, ISIFC et ISTIA. 135 places ont été ouvertes en 2017 pour le concours Polytech A bio.

Le concours Polytech A TB propose une vingtaine de places à l'ESIX Normandie, l'ESBS Strasbourg, l'ESIAB Brest, l'ENSTBB, l'ISIFC Besançon, l'ESIPE, l'ISTIA Angers, et les Polytech (sauf Montpellier, Marseille et Paris UPMC).

Les écoles	Votre cursus	
	Polytech A BIO	Polytech A TB
ESBS Strasbourg	13	2
ESIAB Brest	8	1
ESIR Rennes	3	–
ESIROI la Réunion	4	–
ESIX Normandie	6	3
ENSTBB Bordeaux	25	2
ISIFC Besançon	14	2
ESIPE	4	2
ISTIA Angers	4	2
Polytech Clermont-Ferrand	8	1
Polytech Grenoble	3	1
Polytech Lille	5	1
Polytech Marseille	11	–
Polytech Montpellier	7	–
Polytech Nice-Sophia	10	1
Polytech Nantes	2	1
Polytech Orléans	3	1
Polytech Paris UPMC	5	–

Le concours d'admission X bio permet d'intégrer l'École polytechnique après une prépa BCPST. Dix places ont été ouvertes en 2017.

Pour qui ?

Les élèves de prépa BCPST et les élèves de prépa TB.

La sélection

Pour les candidats issus de la filière BCPST, les épreuves **écrites** pour les concours A bio et A PC bio sont les suivantes : une épreuve de biologie (une synthèse) de 3 heures ; une épreuve de SVT (une épreuve sur support de documents) de 4 heures ; une épreuve de PC (une résolution de problème) de 3 heures ; une épreuve de PC (une ADS) de 3 heures ; une épreuve de mathématiques (méthode de calcul et raisonnement) de 2 h 30 ; une épreuve de modélisation mathématique et informatique de 3 h 30 ; une épreuve de français (une composition) de 3 heures et une épreuve obligatoire d'anglais, de 2 heures. La note de cette dernière compte pour l'admission dans les concours A bio et A PC bio ; pour l'admissibilité dans le concours Polytech A bio, ENSTIB et X bio.

Si vous prétendez justement au concours Polytech A bio, vous ne passerez que les épreuves de biologie, de PC (résolution de problème), de modélisation mathématique et informatique, de français et de langue vivante. Pour l'X bio, vous passez les mêmes épreuves qu'A bio ou A PC, sans l'épreuve d'ADS en physique-chimie.

Attention : les coefficients affectés diffèrent selon les concours et les écoles.

À l'oral, vous passez une épreuve et un TP de biologie, une épreuve et un TP de PC, une épreuve de mathématiques et informatique, un oral de géographie, une épreuve d'anglais et une épreuve commune de TIPE. Si vous êtes inscrit au concours A PC bio, vous ne passez pas de géographie ni de biologie. Pour le concours Polytech A bio, seul le TIPE compte. L'École polytechnique organise ses propres oraux.

Pour les candidats issus de la filière TB et se présentant aux concours A TB bio ou Polytech A TB, vous passez à l'écrit une épreuve de français (une composition) de 3 heures ; deux épreuves de mathématiques :

algorithmique et informatique (45 minutes) et méthode de calcul et raisonnement (3 heures) ; une épreuve de science de la vie et de la terre de 3 heures ; une épreuve de PC (une résolution de problème) de 3 heures ; une épreuve de biotechnologie de 3 heures et une épreuve d'anglais de 2 heures. Les coefficients sont identiques sauf pour l'ENSTIB.

À l'oral, vous passez des épreuves d'anglais, de mathématiques, de SVT, de PC (entretien + activité expérimentale), de biotechnologies, de TIPE, de géographie, et des TP de SVT et de biotechnologies. Les coefficients sont les mêmes pour tous les concours.

Les frais d'inscription

Pour les candidats issus de la filière BCPST, comptez 285 € pour le concours commun A bio ; 105 € pour le concours commun A PC bio ; 85 € pour le concours Polytech A bio et 100 € pour l'X (un droit d'inscription supplémentaire de 100 € est demandé aux candidats admissibles au concours de l'X qui souhaitent passer les épreuves orales). La gratuité est de mise pour les boursiers. Sachez que l'ENSTIB gère seule son oral et demande 30 €, 15 € pour les boursiers. Le montant maximal de l'inscription (cinq concours et frais spécifiques) s'élève à 1 080 € (15 € boursiers).

Pour les candidats issus de la filière TB, comptez 210 € pour le concours A TB bio et 85 € pour le concours Polytech A TB. La gratuité est de mise pour les boursiers. Notez que l'ENSTIB gère seule son oral et demande 30 €, 15 € pour les boursiers.

Renseignements

SCAV (service des concours agronomiques et vétérinaires) - 16, rue Claude-Bernard – 75231 Paris Cedex 05

Tél. : 01.44.08.16.29 – Fax : 01.44.08.18.51 – Mail : contact@concours-agro-veto.net

Site : www.concours-agro-veto.net

AGROCAMPUS OUEST, centre de Rennes

65, rue de Saint-Brieuc, CS 84215, 35042 Rennes cedex, tél. 02.23.48.50.00, Web : www.agrocampus-ouest.fr

Statut : public • **Frais d'inscription :** 50 € • **Frais de scolarité :** 1 601 € par an.

■ **Ingénieur diplômé** d'AGROCAMPUS OUEST, spécialité agronomie spécialisations Agroecology, génie de l'environnement, politiques et marchés de l'agriculture et des ressources, protection des plantes et environnement, sciences de l'alimentation et management des entreprises, sciences et ingénierie du végétal, sciences et ingénierie en productions animales, sciences halieutiques et aquacoles, statistiques appliquées science des données et six spécialisations couplées à des masters (CTI) • **Durée des études :** 3 ans. **Année de césure :** 1 an entre le M1 et le M2.

Admission en 1re année du cycle ingénieur • Maths spé BCPST ; concours A bio ; épreuves écrites et orales • Maths spé TB ; concours A TB bio ; épreuves écrites et orales, entretien • Licence ou licence professionnelle dans les domaines sciences de la vie, de la Terre ou de la matière ; concours B bio ; épreuves écrites et orales, entretien • BTSA toutes options, BTS ou DUT dans les spécialités appropriées ; concours C bio ; épreuves écrites et orales • DUT chimie, génie biologique, GCGP, HSE ; concours C2 ; dossier, épreuves orales.

Admission parallèle en 2e année du cycle ingénieur • Diplôme étranger de niveau bac + 4 minimum dans un cursus à dominante agronomique ; concours DE (réservé aux candidats étrangers) sur dossier et entretien.

Admission parallèle en 3e année du cycle ingénieur • Élèves ingénieurs ENSA ou ENITA ayant validé leur M1 ; dossier.

AgroParisTech Paris

16, rue Claude-Bernard, 75231 Paris cedex 5, tél. 01.44.08.18.43, Web : www.agroparistech.fr

Statut : public • **Frais d'inscription :** aucun • **Frais de scolarité :** 1 601 € par an.

■ **Ingénieur diplômé** d'AgroParisTech (CTI) • **Durée des études :** 3 ans la 1re année se déroule à Grignon. **Fca possible :** de 2 à 3 ans. **Année de césure :** 1 an entre la 2e et la 3e année.

Admission en 1re année du cycle ingénieur • Maths spé BCPST ; concours A bio ; épreuves écrites et orales • Maths spé TB ; concours A TB bio ; épreuves écrites et orales, entretien • Licence ou licence professionnelle dans les domaines sciences de la vie, de la Terre ou de la matière ; concours B bio ; épreuves écrites et orales, entretien • BTSA toutes options, BTS ou DUT dans les spécialités appropriées ; concours C bio ; épreuves écrites et orales • DUT chimie, génie biologique, GCGP, HSE ; concours C2 ; dossier, épreuves orales • BTSA toutes options, BTS, DUT ou licence pro dans les spécialités appropriées ; concours agro voie apprentissage ; dossier, épreuves écrites et orales.

Admission parallèle en 2e année du cycle ingénieur • Élèves d'écoles en convention de double diplôme avec AgroParisTech ; concours D sur dossier • Diplôme étranger de niveau bac + 4 ou 5 ; concours DE sur dossier réservé aux candidats étrangers.

Admission parallèle en 3e année du cycle ingénieur • Diplôme de l'École Polytechnique ; sur titre.

AgroParisTech - centre de Massy

1, av. des Olympiades, 91744 Massy cedex, tél. 01.69.93.50.50, Web : www.agroparistech.fr

Statut : public • **Frais d'inscription :** aucun • **Frais de scolarité :** 1 601 € par an.

■ **Ingénieur diplômé** d'AgroParisTech dominantes biotech, conception et développement produit, management des entreprises agroalimentaires, management de la qualité sécurité sanitaire et prévention des risques, génie des procédés et production (CTI) • **Durée des études :** 3 ans la 1re année se déroule à Grignon. **Fca possible :** de 2 à 3 ans.

Admission en 1re année du cycle ingénieur • Maths spé BCPST ; concours A bio ; épreuves écrites et orales • Maths spé TB ; concours A TB bio ; épreuves écrites et orales, entretien • Licence ou licence professionnelle dans les domaines sciences de la vie, de la Terre ou de la matière ; concours B bio ; épreuves écrites et orales, entretien • BTSA toutes options, BTS ou DUT dans les spécialités appropriées ; concours C bio ; épreuves écrites et orales • DUT chimie, génie biologique, GCGP, HSE ; concours C2 ; dossier, épreuves orales • Pour le cursus en apprentissage : BUT, BTS, BTSA ou licence pro dans les sciences du vivant ; dossier, épreuves écrites et orales.

Admission parallèle en 2e année du cycle ingénieur • M1 scientifique, diplôme d'ingénieur ou équivalent ; concours D sur dossier.

AgroParisTech - centre de Nancy

14, rue Girardet, CS 14216, 54042 Nancy cedex, tél. 03.83.39.68.00, Web : www.agroparistech.fr

Statut : public • **Frais d'inscription :** aucun • **Frais de scolarité :** 1 601 € par an. Elèves fonctionnaires rémunérés.

■ **Ingénieur diplômé** d'AgroParisTech dominantes ingénierie des espaces végétalisés en ville option foresterie urbaine, ressources forestières et filière bois, gestion des milieux naturels, gestion forestière (CTI) • **Durée des études :** 3 ans la 1re année se déroule à Grignon. **Fca possible :** de 2 à 3 ans.

Admission en 1re année du cycle ingénieur • Maths spé BCPST ; concours A bio ; épreuves écrites et orales • Maths spé TB ; concours A TB bio ; épreuves écrites et orales, entretien • Licence ou licence professionnelle dans les domaines sciences de la vie, de la Terre ou de la matière ; concours B bio ; épreuves écrites et orales, entretien • BTSA toutes options, BTS ou DUT dans les spécialités appropriées ; concours C bio ; épreuves écrites et orales • DUT chimie, génie biologique, GCGP, HSE ; concours C2 ; dossier, épreuves orales.

Admission parallèle en 2e année du cycle ingénieur • Élèves d'écoles en convention de double diplôme avec AgroParisTech ; concours D sur dossier et entretien • Bac+4 étranger ; concours DE sur dossier.

AgroSup Dijon

Institut national supérieur des sciences agronomiques, de l'alimentation et de l'environnement, 26, bd du Docteur-Petitjean, BP 87999, 21079 Dijon cedex, tél. 03.80.77.25.25, Web : www.agrosupdijon.fr

Statut : public • **Frais d'inscription :** aucun • **Frais de scolarité :** 1 601 € par an. Elèves fonctionnaires rémunérés.

■ **Ingénieur diplômé** d'Agrosup Dijon, spécialité agronomie options agriculture territoire développement, agronomie environnement, ingénierie de l'élevage, sciences et techniques des équipements agricoles, stratégies et organisation des filières et entreprises agricoles et agroalimentaires (CTI) • **Durée des études :** 3 ans. Fcp possible : 1 an possible en dernière année. **Année de césure :** 1 an non obligatoire et motivée par le projet professionnel (stage en entreprise ou mobilité académique).

Admission en 1re année du cycle ingénieur • Maths spé BCPST ; concours A bio ; épreuves écrites et orales • Maths spé TB ; concours A TB bio ; épreuves écrites et orales, entretien • Licence ou licence professionnelle dans les domaines sciences de la vie, de la Terre ou de la matière ; concours B bio ; épreuves écrites et orales, entretien • BTSA toutes options, BTS ou DUT dans les spécialités appropriées ; concours C bio ; épreuves écrites et orales • DUT chimie, génie biologique, GCGP, HSE ; concours C2 ; dossier, épreuves orales.

Admission parallèle en 2e année du cycle ingénieur • Bac+4 étranger ; concours DE sur dossier et entretien.

Bordeaux Sciences Agro Gradignan

1, cours du Général-de-Gaulle, CS 40201, 33175 Gradignan cedex, tél. 05.57.35.07.07, Web : www.agro-bordeaux.fr

Statut : public • **Frais d'inscription :** aucun • **Frais de scolarité :** 1 601 € par an.

■ **Ingénieur diplômé** de Bordeaux Sciences Agro spécialisations management forestier et logistique d'approvisionnement en bois, viticulture-oenologie, management des entreprises agricoles, gestion des espaces agricoles, agroTIC, management des systèmes d'information, filières animales durables, management QSE des filières alimentaires, alimentation et nutrition-santé, agro-écologie et gestion des ressources, gestion des territoires ruraux, vitimanager (CTI) • **Durée des études :** 3 ans. Fca possible. Fcp possible : 1 an en 3e année. **Année de césure :** 1 an possible entre la 1re et la 2e année ou entre la 2e et la 3e année.

Admission en 1re année du cycle ingénieur • Maths spé BCPST ; concours A bio ; épreuves écrites et orales • Licence ou licence professionnelle dans les domaines sciences de la vie, de la Terre ou de la matière ; concours B bio ; épreuves écrites et orales, entretien • Maths spé TB ; concours A TB bio ; épreuves écrites et orales, entretien • BTSA toutes options, BTS ou DUT dans les spécialités appropriées ; concours C bio ; épreuves écrites et orales • DUT chimie, génie biologique, GCGP, HSE ; concours C2 ; dossier, épreuves orales • Cycle préparatoire de Bordeaux (CPBx), prépa des INP ; dossier • BTSA toutes options, BTS, DUT ou licence pro dans les spécialités appropriées ; concours agro voie apprentissage ; dossier, épreuves écrites et orales.

ENSAIA Vandœuvre-lès-Nancy

École nationale supérieure d'agronomie et des industries alimentaires de Nancy, 2, av. de la Forêt-de-Haye, TSA 40602, 54518 Vandœuvre-lès-Nancy cedex, tél. 03.83.59.58.51, Web : www.ensaia.univ-lorraine.fr

Statut : public • **Frais d'inscription :** aucun • **Frais de scolarité :** 625 € par an.

■ **Ingénieur diplômé** de l'ENSAIA de l'université de Lorraine, spécialités : agronomie spécialisations agricultures et développement des territoires, développement durable des filières agricoles, protection des cultures, biotechnologies, sciences et génie de l'environnement, sciences et technologies de l'environnement, management de la Supply Chain et des activités logistiques, innovation et entrepreneuriat • industries alimentaires spécialisations formulation alimentaire, produits laitiers et qualité, packaging et conditionnement, biotechnologies, développement industriel, management de la Supply Chain et des activités logistiques, sciences et génie de l'environnement, sciences et technologies de l'environnement, innovation et entrepreneuriat • production agroalimentaire (CTI) • **Durée des études :** 3 ans les élèves de 3e année peuvent préparer en parallèle le master administration des entreprises de l'IAE de Nancy ou le master management de la chaîne logistique de l'IAE de Metz. **Fca :** 3 ans pour les spécialités industries alimentaires et production alimentaire. **Année de césure :** 1 an possible entre la 2e et l.

Admission en 1re année du cycle ingénieur • Maths spé BCPST ; concours A bio ; épreuves écrites et orales • Maths spé TB ; concours A TB bio ; épreuves écrites et orales, entretien • Licence ou licence professionnelle dans les domaines sciences de la vie, de la Terre ou de la matière ; concours B bio ; épreuves écrites et orales, entretien • BTSA toutes options, BTS ou DUT dans les spécialités appropriées ; concours C bio ; épreuves écrites et orales • DUT chimie, génie biologique, GCGP, HSE ; concours C2 ; dossier, épreuves orales • Prépa des INP (CPP) ; dossier, entretien • BTSA toutes options, BTS, DUT ou licence pro dans les spécialités appropriées ; concours agro voie apprentissage ; dossier, épreuves écrites et orales.

Admission parallèle en 2e année du cycle ingénieur • Bac+4 scientifique ; dossier, entretien.

INP-ENSAT Castanet-Tolosan

École nationale supérieure agronomique de Toulouse, av. de l'Agrobiopole, BP 32607, Auzeville-Tolosane, 31326 Castanet-Tolosan cedex, tél. 05.34.32.39.00, Web : www.ensat.fr

Statut : public • **Frais d'inscription :** aucun • **Frais de scolarité :** 615 € par an.

■ **Ingénieur diplômé** de l'ENSAT de l'INP Toulouse spé. agrobiosciences végétales, systèmes et produits de l'élevage, biologie computationnelle appliquée aux biotechnologies vertes et blanches, agrogéomatique, génie de l'environnement, qualité de l'environnement gestion des ressources, agromanagement, ingénierie des développements durables, agroécologie du système de production au territoire, industries agroalimentaires (CTI) • **Durée des études :** 3 ans. Fca possible. Fcp possible : 1 an en dernière année. **Année de césure :** 1 an entre la 2e et la 3e année.

Admission en 1re année du cycle ingénieur • Maths spé BCPST ; concours A bio ; épreuves écrites et orales • Maths spé TB ; concours A TB bio ; épreuves écrites et orales, entretien • Licence ou licence professionnelle dans les domaines sciences de la vie, de la Terre ou de la matière ; concours B bio ; épreuves écrites et orales, entretien • BTSA toutes options, BTS ou DUT dans les spécialités appropriées ; concours C bio ; épreuves écrites et orales • DUT chimie, génie biologique, GCGP, HSE ; concours C2 ; dossier, épreuves orales • Prépa des INP, CUPGE • BTSA toutes options, BTS, DUT ou licence pro dans les spécialités appropriées ; concours agro voie apprentissage ; dossier, épreuves écrites et orales.

Admission parallèle en 2e année du cycle ingénieur • Étudiant étranger titulaire d'un M1 biologie, agronomie, vétérinaire ou équivalent ; dossier, entretien.

Montpellier SupAgro

2, place Pierre-Viala, 34060 Montpellier cedex 2, tél. 04.99.61.22.00, Web : www.supagro.fr

Statut : public • **Frais d'inscription :** aucun • **Frais de scolarité :** 1 601 € par an.

■ **Ingénieur diplômé** de Montpellier SupAgro, spécialités : agronome à vocation générale options agroalimentaire et agro-industrie, agro-manager, techno de l'info-com, amélioration des plantes et ingénierie végétale méditerranéennes et tropicales, chimie et bioprocédés pour un développement durable, systèmes d'élevage, gestion de l'eau des milieux cultivés et de l'environnement, production végétale durable, protection des plantes et environnement territoires et ressources : politiques publiques et acteurs, viticulture-oenologie, data sciences pour l'agronomie et l'agroalimentaire • systèmes agricoles et agroalimentaires durables au Sud options ressources systèmes agricoles et développement dans le monde, marchés organisations qualité services en appui aux agricultures du Sud, industries agroalimentaires au Sud (CTI) • **Durée des études :** 3 ans. Fca possible. Fcp possible : 1 an en 3e année. **Année de césure :** 1 an entre la 2e et 3e année.

Admission en 1re année du cycle ingénieur • Maths spé BCPST ; concours A bio ; épreuves écrites et orales • Maths spé TB ; concours A TB bio ; épreuves écrites et orales, entretien • Licence ou licence professionnelle dans les domaines sciences de la vie, de la Terre ou de la matière ; concours B bio ; épreuves écrites et orales, entretien • BTSA toutes options, BTS ou DUT dans les spécialités appropriées ; concours C bio ; épreuves écrites et orales • DUT chimie, génie biologique, GCGP, HSE ; concours C2 ; dossier, épreuves orales • BTSA toutes options, BTS, DUT ou licence pro dans les spécialités appropriées ; concours agro voie apprentissage ; dossier, épreuves écrites et orales.

Admission parallèle en 2e année du cycle ingénieur • Diplôme étranger validé équivalent à un M1 en sciences biologiques ; dossier, entretien.

Oniris cursus ingénieur Nantes

École nationale vétérinaire, agroalimentaire et de l'alimentation Nantes-Atlantique, rue de la Géraudière, CS 82225, 44322 Nantes cedex 3, tél. 02.51.78.54.54, Web : www.oniris-nantes.fr

Statut : public • **Frais d'inscription :** aucun • **Frais de scolarité :** 1 601 € par an. Elèves fonctionnaires rémunérés.

■ **Ingénieur diplômé** d'Oniris Nantes filières alimentation-agroalimentaire, biotechnologies de la santé (CTI) • **Durée des études :** 3 ans. **Fca possible :** 3 ans pour la filière alimentation-agroalimentaire ; 4 semaines minimum à l'étranger.

Admission en 1re année du cycle ingénieur • Maths spé BCPST ; concours A bio ; épreuves écrites et orales • Maths spé TB ; concours A TB bio ; épreuves écrites et orales, entretien • Licence ou licence professionnelle dans les domaines sciences de la vie, de la Terre ou de la matière ; concours B bio ; épreuves écrites et orales, entretien • BTSA toutes options, BTS ou DUT dans les spécialités appropriées ; concours C bio ; épreuves écrites et orales • DUT chimie, génie biologique, GCGP, HSE ; concours C2 ; dossier, épreuves orales • Élèves du BTSA sciences et technologies des aliments ayant suivi le cycle de préparation à la formation d'ingénieur et n'ayant pas postulé à un autre concours la même année ; dossier, entretien • BTSA toutes options, BTS, DUT ou licence pro dans les spécialités appropriées ; concours agro voie apprentissage ; dossier, épreuves écrites et orales.

Admission parallèle en 2e année du cycle ingénieur • M1 ou M2 scientifique ou équivalent à 240 ECTS ; concours D bio ; dossier, épreuves orales • Bac+4 étranger ; dossier.

VetAgro Sup Lempdes

Institut d'enseignement supérieur et de recherche en alimentation, santé animale, sciences agronomiques et de l'environnement - campus agronomique, 89, av. de l'Europe, BP 35, 63370 Lempdes, tél. 04.73.98.13.13, Web : www.vetagrosup.fr

Statut : public • **Frais d'inscription :** aucun • **Frais de scolarité :** 1 601 € par an.

■ **Ingénieur diplômé** de VetAgro Sup options combiner sciences animales et vétérinaire pour raisonner la durabilité des systèmes d'élevage, concevoir et accompagner l'innov'action en agronomie, management commercial et marketing agricoles et alimentaires, ingénierie de l'agriculture et de l'environnement pour une approche globale de la santé dans les territoires, ingénierie et stratégie du développement éco-territorial, sciences agroalimentaires pour l'innovation et la performance (CTI) • **Durée des études :** 3 ans. Fca possible.

Admission en 1re année du cycle ingénieur • Maths spé BCPST ; concours A bio ; épreuves écrites et orales • Maths spé TB ; concours A TB bio ; épreuves écrites et orales, entretien • Licence ou licence professionnelle dans les domaines sciences de la vie, de la Terre ou de la matière ; concours B bio ; épreuves écrites et orales, entretien • BTSA toutes options, BTS ou DUT dans les spécialités appropriées ; concours C bio ; épreuves écrites et orales • DUT chimie, génie biologique, GCGP, HSE ; concours C2 ; dossier, épreuves orales • BTSA toutes options, BTS, DUT ou licence pro dans les spécialités appropriées ; concours agro voie apprentissage ; dossier, épreuves écrites et orales.

Admission parallèle en 2e année du cycle ingénieur • M1 ou M2 scientifique ou équivalent à 240 ECTS ; concours D bio ; dossier, épreuves orales.

Le concours commun polytechnique (CCP), filière TPC

Dix-huit écoles d'ingénieurs recrutent des candidats issus de filière TPC, par le biais de ce CCP. Parmi elles, on retrouve logiquement une majorité d'écoles de chimie, membres de la FGL : ENSCBP Bordeaux, ENSICAEN, Sigma Clermont-Ferrand, ESCOM Compiègne, Grenoble INP-Pagora, ENSCL, CPE Lyon, Itech Lyon, ENSCM, ENSCMu, ENSEM, Chimie ParisTech, ENSGTI, ENSIP Poitiers, ECPM, SeaTech Toulon, INP-ENSIACET, ENSIAME Valenciennes.

Pour qui ?

Le concours est ouvert uniquement aux élèves de classes préparatoires TPC. 48 places ont été offertes en 2017. Ce sont souvent les écoles qui ouvrent leurs portes aux élèves de PC chimie qui recrutent également des profils TPC, mais dans une moindre mesure.

Écoles	Nombre de places TPC
INP-ENSCBP	1
ENSICAEN	2

Écoles	Nombre de places TPC
Sigma Clermont-Ferrand	2
ESCOM	3
Grenoble INP-Pagora	5
ENSCL	2
CPE Lyon	3
Itech	4
ENSCM	4
ENSCMu	3
ENSEM	2
Chimie ParisTech	2
ENSGTI	3
ENSIP Poitiers	2
ECPM	3
SeaTech Toulon	3
INP-ENSIACET	2
ENSIAME	2

La sélection

À l'écrit, les candidats passent une épreuve de français-philosophie de 4 heures, coefficient 9 ; une épreuve de mathématiques de 4 heures, coefficient 12 ; une épreuve de langue vivante de 3 heures, coefficient 4 (au choix parmi : allemand, anglais, arabe, espagnol, italien, portugais et russe) ; une épreuve de modélisation de 4 heures, coefficient 7 ; une épreuve de chimie de 4 heures, coefficient 13. Vous pouvez choisir de passer une seconde épreuve de langue vivante, différente de la première (seuls les points au-dessus de 10 comptent). L'une des deux doit obligatoirement être l'anglais. Les épreuves écrites s'étalent sur trois jours, généralement début mai.

À l'oral, les candidats passent cinq épreuves : mathématiques, coefficient 8 ; physique ou chimie, coefficient 9 ; un TP de physique ou de chimie, coefficient 9 ; langue vivante, coefficient 6 et TIPE, coefficient 8. Si vous êtes interrogé à l'oral en physique, le TP portera sur la chimie, et inversement.

Les frais d'inscription

Ils s'élevaient à 170 € en 2017. Gratuit pour les boursiers.

Renseignements

Service des CCP - 31405 Toulouse Cedex 4 – CS 44410 – Tél. : 05.62.47.33.43
Site : www.ccp.scei-concours.fr

LES CONCOURS, MODE D'EMPLOI

Passer un concours postprépa vous semble être un véritable parcours du combattant ? Rassurez-vous, nous vous détaillons ci-après toutes les étapes à connaître, de votre inscription au concours à votre intégration dans une école.

L'inscription

Pour tous les concours, l'inscription se fait sur www.scei-concours.fr et ouvre en général au début du mois de décembre pour un mois. Lors de votre première connexion, un numéro d'inscription unique et un code confidentiel vous sont remis. Vous devez impérativement les retenir, car ils vous seront nécessaires à chaque connexion et ce jusqu'à votre intégration dans une école. Vous devez, dans un premier temps, fournir des pièces justificatives et vous acquitter de frais de concours (souvent à régler par carte bancaire) propres à chaque organisation. Si vous n'êtes pas retenu à l'admissibilité ou aux épreuves d'admission, ces frais ne vous sont pas remboursés.

Les épreuves écrites

C'est sur la plateforme en ligne « SCEI » que vous prenez connaissance de votre convocation aux épreuves écrites. On compte entre cinq et huit épreuves selon les concours. Lors de votre inscription, vous devez choisir un centre d'examen parmi plusieurs dizaines de propositions.

À l'écrit, les plus forts coefficients vont aux matières scientifiques. Il en est de même à l'oral. Vous passez régulièrement deux épreuves dans chacune de ces disciplines, mêlant mathématiques appliquées, modélisation, étude d'un phénomène ou d'un appareil... Cependant, ne laissez pas de côté le français. Les correcteurs prêtent une attention particulière à cette matière afin de vérifier votre rédaction, votre syntaxe, votre orthographe...

Une fois les épreuves écrites terminées, votre nombre de points est calculé à l'aide des coefficients d'admissibilité. Si vous passez le concours Mines-Ponts, deux sommes de points sont calculées : celle de toutes les épreuves, et celles uniquement des épreuves de mathématiques et de physique. Les candidats de deuxième année de prépa qui s'inscrivent à un ou plusieurs concours bénéficient, pour le calcul du premier minimum de points d'admissibilité, d'une majoration de 30 points. Sont déclarés admissibles les candidats qui ont obtenu un nombre de points supérieur ou égal au nombre de points fixé par le jury pour ce concours. Le calcul est le même à l'oral.

L'épreuve de TIPE

Le TIPE, c'est quoi au juste ? **L'épreuve de TIPE, pour Travaux d'initiative personnel encadré, est organisée en commun par le concours E3A, CentraleSupélec, les CCP, le CCMP et la banque filière PT. Rien n'empêche d'autres écoles de l'utiliser.**

Comment ça se passe ? Depuis 2017, l'épreuve se concentre uniquement sur votre TIPE réalisé durant vos deux années de classe préparatoire.

L'interrogation dure 30 minutes et se décompose en deux temps : 15 minutes de présentation de votre travail et 15 minutes d'échange avec deux examinateurs. Votre TIPE doit respecter un thème national imposé. En 2016-2017, il s'agissait d'« Optimalité : choix, contraintes, hasard ».

Avant la mi-mars, vous devez déposer, sur le serveur national, un « état de l'art » de votre travail. Dans ce document, vous devez développer la problématique envisagée en 800 mots, comprenant cinq mots-clés en français, cinq mots-clés en anglais et cinq à dix références bibliographiques principales. Quelques jours avant votre passage à l'oral, vous devez déposer une présentation et un rapport de 1 000 mots, dont 100 mots en anglais, afin d'informer les examinateurs de votre objet d'étude. Durant votre présentation, vous avez accès à ce texte *via* un ordinateur ou une tablette. Vous pouvez également présenter une partie expérimentale, si celle-ci s'avère cohérente et efficace. Ne vous engagez pas dans une démonstration si celle-ci n'apporte aucune plus-value. Enfin, si votre TIPE peut-être mené collectivement durant l'année, l'interrogation est individuelle.

Où ça se passe ? Pour passer le TIPE, vous êtes le plus souvent convoqué à Paris. Si vous optez pour plusieurs concours, vous ne passerez cette épreuve qu'une seule fois et n'aurez donc qu'une note.

À savoir. Certaines écoles, comme l'École polytechnique, ne prennent pas en compte le TIPE dans leurs épreuves d'admission. C'est sur un examen oral d'ADS que travaillent les candidats. Un ou plusieurs textes (physiques, technologiques...) leur sont remis en amont de l'épreuve. Ils ont 2 h pour préparer un exposé de synthèse de 15 min. L'épreuve se termine par un entretien de 25 min avec un examinateur. Il y est question du contenu scientifique du dossier, mais aussi de culture générale. Les sujets des dossiers soumis aux candidats sont choisis sans référence aux thèmes inscrits au programme des activités TIPE des classes préparatoires.

Les épreuves orales

Si vous êtes déclaré admissible, vous devez vous rendre sur votre espace personnel pour connaître votre date de passage. Si les épreuves sont individuelles, les écoles classent généralement les convocations par ordre alphabétique et convoquent les élèves par petits groupes, bien souvent à Paris ou en région parisienne. Si votre nom commence par un A, vous passerez rapidement après la publication des résultats. Si votre nom commence par un W, il vous faudra attendre quelques semaines ! Mais rassurez-vous les épreuves orales ne s'étendent jamais sur plus d'un mois. Les résultats sont publiés sur le site quelques jours, voire quelques semaines, après votre passage. Seuls les candidats classés sont susceptibles d'intégrer une école. Le classement tient compte du rang du candidat dans chaque concours, du classement préférentiel des vœux exprimés et du nombre de places offertes au concours pour chaque école.

L'intégration

Entre janvier et juillet, vous devez établir une liste de vœux sur la plateforme www.scei-concours.fr, c'est-à-dire classer les écoles que vous souhaitez intégrer par ordre de préférence. La première proposition d'intégration (faite en fonction de votre liste de vœux) tombe une dizaine de jours après la fin des épreuves orales. Vous pouvez avoir plusieurs propositions auxquelles il vous faut répondre très rapidement : deux à trois jours après la publication au maximum. Toute non-réponse entraîne votre démission automatique ! Pour répondre, trois possibilités s'offrent à vous : le « Oui définitif » : aucune autre école ne vous est proposée ; le « Oui, mais » : vous acceptez cette proposition mais restez ouvert aux suivantes en espérant qu'une école mieux classée dans votre liste de vœux vous soit proposée (veillez à vous connecter régulièrement pour suivre l'avancement de vos propositions) ; le « Non, mais » : c'est le plus audacieux des choix ! Vous renoncez à l'école proposée, en espérant qu'une école mieux classée dans votre liste de vœux vous ouvre les portes. Vous prenez le risque qu'aucune autre proposition ne vous soit faite, et faites alors un trait sur votre intégration en école d'ingénieurs… Lors du processus d'intégration vous pouvez renoncer à une ou plusieurs écoles. Un conseil : vérifiez bien que les établissements que vous avez placés en tête n'ont pas déjà pourvu leur nombre de places avant de faire votre choix.

Intégrer une école d'ingénieurs après un bac+2

Vous n'avez pas souhaité rejoindre une école d'ingénieurs après le baccalauréat, et n'êtes pas passé par une prépa ? Vous pouvez tout de même rejoindre une école. Certaines d'entre elles recrutent exclusivement des candidats après un BTS, un DUT ou une deuxième année de licence ; d'autres, qui sélectionnent postbac ou postprépa, réservent quelques places à ces profils, histoire de diversifier leurs effectifs.

LA SÉLECTION APRÈS UN BAC+2

Exit les élèves de classe prépa. Titulaires d'un DUT, d'un BTS ou d'une licence, vous avez vos propres voies d'admission : principale ou parallèle. La première vous intéressera notamment si vous choisissez une formation par alternance ou si vous visez une école qui a décidé de gérer seule son recrutement. Les admissions parallèles concernent aujourd'hui quasiment tous les établissements. C'est un mode de recrutement attractif, qui leur permet de varier leurs effectifs.

Les admissions principales

Quelques écoles organisent leur propre recrutement sur admission principale, après un bac+2. Nous vous les listons ci-dessous. C'est aussi dans ce chapitre que vous trouverez, sous forme détaillée, les formations en partenariat, de plus en plus nombreuses, dans le paysage des écoles d'ingénieurs.

Les formations en partenariat

En admission principale, c'est surtout de formation en partenariat dont il est question. Plus d'une centaine d'écoles (parmi lesquelles douze écoles universitaires) proposent des parcours en apprentissage accessibles après un diplôme de premier cycle, type DUT, BTS ou après une deuxième ou troisième année de licence. Veillez à ce que votre spécialité soit bien acceptée par l'école que vous visez. Les DUT GMP (génie mécanique et productique), GE2I, Mph (mesures physiques), informatique ou réseaux et télécommunications ont facilement accès au titre d'ingénieur, de même que les BTS informatique ou électronique, mais ils ne sont pas acceptés partout. Une licence scientifique ou technique vous ouvre facilement des portes.

D'ailleurs, pas besoin d'avoir suivi votre parcours postbac en alternance pour espérer intégrer une école d'ingénieurs. Si c'est un point qui peut faire pencher la balance, vous passerez quoi qu'il en soit une sélection. Elle se fait en général sur dossier, entretien et tests écrits ou oraux. À l'ENI Metz ou à Polytech Lille, vous passez par exemple un test d'anglais.

Nous avons choisi de vous lister ci-dessous toutes les formations en partenariat accessible après un bac+2. Elles durent trois ans et sont rythmées entre des semaines à l'école et des semaines en entreprise. La plupart d'entre elles proposent des parcours en alternance et des formations sous statut étudiant, accessibles *via* des concours communs postbac ou post-prépa. C'est le cas des INSA, des écoles du réseau Polytech, de l'UTT, etc.

Les formations en partenariat, en fiches

3iL Rodez

Institut d'ingénierie informatique de Rodez, 17, rue Aristide-Briand, BP 3349, 12033 Rodez cedex 9, tél. 05.55.31.67.24, Web : www.3ilrodez.fr

Statut : consulaire

Ingénieur diplômé de 3iL en partenariat avec l'ITII Midi-Pyrénées (CTI) • **Fca :** 3 ans.

Admission principale • Bac+2 à dominante informatique ; entretien ou banque d'épreuves DUT-BTS.

AGROCAMPUS OUEST, centre de Rennes

65, rue de Saint-Brieuc, CS 84215, 35042 Rennes cedex, tél. 02.23.48.50.00, Web : www.agrocampus-ouest.fr

Statut : public

Ingénieur diplômé d'AGROCAMPUS OUEST, spécialité agroalimentaire, en partenariat avec l'IFRIA Bretagne spécialisations sciences de l'alimentation et management des entreprises, statistiques appliquées science des données (CTI) • **Fca :** 3 ans stage de 12 semaines à l'étranger en 2e année, mission d'ingénieur de 30 semaines en 3e année.

Admission en 1re année du cycle ingénieur • BTSA toutes options, BTS, DUT ou licence pro dans les spécialités appropriées ; concours agro voie apprentissage ; dossier, épreuves écrites et orales.

Arts et Métiers, campus d'Aix-en-Provence

2, cours des Arts-et-Métiers, 13617 Aix-en-Provence, tél. 04.42.93.81.81, Web : www.artsetmetiers.fr

Statut : public

Ingénieur diplômé d'Arts et Métiers ParisTech, spécialité mécanique, en partenariat avec l'ITII PACA (CTI) • **Fca :** 3 ans.

Admission principale • Bac+2 scientifique ou technique ; dossier, entretien, tests.

Ingénieur diplômé d'Arts et Métiers ParisTech, spécialité systèmes électriques, en partenariat avec l'ITII PACA (CTI) • **Fca :** 3 ans.

Admission principale • Bac+2 ; dossier, entretien, tests.

Ingénieur diplômé d'Arts et Métiers ParisTech, spécialité travaux publics, en partenariat avec l'AFITP PACA (CTI) • **Fca :** 3 ans.

Admission principale • Bac+2 scientifique ou technique ; dossier, entretien, tests.

Arts et Métiers, campus de Bordeaux-Talence

Esplanade des Arts-et-Métiers, 33405 Talence cedex, tél. 05.56.84.53.33, Web : www.artsetmetiers.fr

Statut : public

Ingénieur diplômé d'Arts et Métiers ParisTech, spécialité mécanique, en partenariat avec l'ITII Aquitaine option production-maintenance (CTI) • **Fca :** 3 ans.

Admission principale • Bac+2 ; dossier, entretien, tests.

Arts et Métiers, campus de Châlons-en-Champagne

rue Saint-Dominique, BP 508, 51006 Châlons-en-Champagne cedex, tél. 03.26.69.26.89, Web : www.artsetmetiers.fr

Statut : public

■ **Ingénieur diplômé** d'Arts et Métiers ParisTech en convention avec l'université de Reims Champagne-Ardenne, spécialité mécanique, en partenariat avec l'ITII Champagne-Ardenne parcours production, ingénierie mécanique, maintenance fiabilité (CTI) • **Fca :** 3 ans.

Admission principale • Bac+2 scientifique ou technique ; dossier, entretien.

Arts et Métiers, campus de Metz

Metz Technopôle, 4, rue Augustin-Fresnel, 57078 Metz cedex 3, tél. 03.87.37.54.30, Web : www.artsetmetiers.fr

Statut : public

■ **Ingénieur diplômé** d'Arts et métiers ParisTech, spécialité mécatronique et génie industriel, en partenariat avec l'ITII Lorraine (CTI) • **Fca :** 3 ans.

Admission principale • Bac+2 ; dossier, entretien.

Arts et Métiers, campus de Paris

151, bd de l'Hôpital, 75013 Paris, tél. 01.44.24.62.99, Web : www.artsetmetiers.fr

Statut : public

■ **Ingénieur diplômé** d'Arts et Métiers ParisTech, spécialité génie énergétique, en partenariat avec le CFA Ingénieurs 2000 (CTI) • **Fca :** 3 ans.

Admission principale • Bac+2 ; dossier, entretien, tests.

■ **Ingénieur diplômé** d'Arts et Métiers ParisTech, spécialité génie industriel, en partenariat avec le CFA Ingénieurs 2000 (CTI) • **Fca :** 3 ans.

Admission principale • BTS ou DUT disciplines technologiques ; dossier, entretien, tests.

Arts et Métiers, institut de Chambéry Le Bourget-du-Lac

Savoie Technolac, 4 rue du Lac-Majeur, BP 50295, 73375 Le Bourget-du-Lac cedex, tél. 04.79.25.36.55, Web : www.artsetmetiers.fr

Statut : public

■ **Ingénieur diplômé** d'Arts et Métiers ParisTech, spécialité gestion et prévention des risques, en partenariat avec l'ITII des 2-Savoies (CTI) • **Fca :** 3 ans.

Admission principale • BTS ou DUT technologique ; dossier, entretien.

Centrale Lyon Écully

École centrale de Lyon, 36, av. Guy-de-Collongue, 69134 Écully cedex, tél. 04.72.18.60.00, Web : www.ec-lyon.fr

Statut : public

■ **Ingénieur diplômé** de l'école centrale de Lyon, spécialité énergie, en partenariat avec l'ITII de Lyon option conception des installations (CTI) • **Fca :** 3 ans mission à l'étranger de deux mois minimum.

Admission principale • DUT GEII, GCCD, GMP, GTE, MPh, SGM ou BTS ATI, CPI, CRSA, CIRA, électrotechnique, FED, maintenance des systèmes option systèmes éoliens ; dossier, entretien, test.

Centrale Nantes

École centrale de Nantes, 1, rue de la Noë, BP 92101, 44321 Nantes cedex 3, tél. 02.40.37.16.00, Web : www.ec-nantes.fr

Statut : public

■ **Ingénieur diplômé** de l'école centrale de Nantes, spécialité bâtiment et travaux publics, en partenariat avec l'ITII Pays de la Loire (CTI) • **Fca :** 3 ans.

Admission principale • DUT GCCD, GTE, BTS bâtiment, constructions métalliques, géomètre-topographe, travaux publics ; dossier, tests, entretien.

■ **Ingénieur diplômé** de l'école centrale de Nantes, spécialité mécanique, en partenariat avec l'ITII Pays de la Loire (CTI) • **Fca :** 3 ans.

Admission principale • BTS CPI, CRSA, construction navale, industrialisation des produits mécaniques, maintenance des systèmes option systèmes de production, DUT GMP, GIM, QLIO, SGM, MPh ; dossier, tests, entretien.

Cnam ENJMIN Angoulîme

École nationale du jeu et des médias interactifs numériques, 138, rue de Bordeaux, 10000 Angoulême, tél. 05.45.68.06.78, Web : www.enjmin.fr

Statut : public

■ **Ingénieur diplômé** du Cnam, spécialité informatique (CTI) • **Fca :** 3 ans.

Admission principale • Bac+2 ; dossier, entretien, tests.

CPE Lyon Villeurbanne

École supérieure de chimie physique électronique de Lyon, 43, bd du 11-Novembre-1918, bât. Hubert-Curien BP 82077, 69616 Villeurbanne cedex, tél. 04.72.43.17.00, Web : www.cpe.fr

Statut : privé

■ **Ingénieur diplômé** de CPE Lyon, spécialité informatique et réseaux de communication, en partenariat avec l'ITII de Lyon (CTI) • **Fca :** 3 ans 1 800 h en formation, 2 800 h en entreprise.

Admission principale • DUT informatique, réseaux et télécommunications, GEII, MPh, BTS systèmes numériques, SIO ; dossier, entretien, tests.

ECAM Lyon

40, montée Saint-Barthélemy, 69321 Lyon cedex 5, tél. 04.72.77.06.00, Web : www.ecam.fr

Statut : privé

■ **Ingénieur diplômé** de l'école catholique d'arts et métiers de la fondation ECAM, spécialité bois (CTI) • **Fca :** 3 ans mission de 2 mois à l'étranger au cours du dernier semestre.

Admission principale • DUT GMP, GIM, MPh, GCi, BTS MI, industrialisation des produits mécaniques, charpente-couverture, systèmes constructifs bois et habitat, licence pro bois ou construction ; dossier, entretien.

■ **Ingénieur diplômé** de l'école catholique d'arts et métiers de la fondation ECAM, spécialité énergie, en partenariat avec l'ITII de Lyon (CTI) • **Fca :** 3 ans dernier semestre à temps plein en entreprise dont 2 mois à l'étranger.

Admission principale • DUT GEII, GIM, GMP, GTE, MPh, SGM, BTS conception et industrialisation en microtechniques, CIRA, CPI, CRSA, électrotechnique, ATI, maintenance des systèmes ; dossier, entretien, tests.

■ **Ingénieur diplômé** de l'école catholique d'arts et métiers de la fondation ECAM, spécialité génie industriel et mécanique, en partenariat avec l'ITII de Lyon (CTI) • **Fca :** 3 ans dernier semestre à temps plein en entreprise dont 2 mois à l'étranger.

Admission principale • DUT GIM, GMP, MPh, BTS conception et industrialisation en microtechniques, CPI, conception et réalisation de carrosseries, conception et réalisation en chaudronnerie industrielle, CRSA, études et réalisation d'outillages de mise en forme des matériaux, industrialisation des produits mécaniques, moteur à combustion interne, ATI, après-vente automobile ; dossier, entretien, tests.

ECAM Rennes-Louis-de-Broglie

Campus de Ker-Lann - Bruz, CS 29128, 35091 Rennes cedex 9, tél. 02.99.05.84.00, Web : www.ecam-rennes.fr

Statut : association loi 1901

■ **Ingénieur diplômé** de l'ECAM Rennes Louis-de-Broglie, spécialité génie industriel, en partenariat avec l'ITII Bretagne (CTI) • **Fca :** 3 ans.

Admission principale • DUT MPh, GEII, GMP, SGM, GTE, QLIO, GIM avec bac S, maths spé ATS, TSI, MP, PC, PSI et PT, BTS, L2 ou L3 scientifique ; dossier, entretien.

ei.Cesi La Couronne

École d'ingénieurs du Cesi - centre d'Angoulême, 40, route de la Croix-du-milieu, 16400 La Couronne, tél. 05.45.67.05.92, Web : www.eicesi.fr

Statut : association loi 1901

■ **Ingénieur diplômé** Cesi, spécialité bâtiment et travaux publics, en partenariat avec SUP BTP (CTI) • **Fca :** 3 ans.

Admission principale • DUT, BTS secteur génie civil, BTP ; dossier, épreuves.

ei.Cesi Montpellier

École d'ingénieurs du Cesi - centre de Montpellier, ZAC de Tournezy, 169, rue Georges-Auric, 34070 Montpellier, tél. 04.99.51.21.30, Web : www.eicesi.fr

Statut : association loi 1901

■ **Ingénieur diplômé** Cesi, spécialité bâtiment et travaux publics, en partenariat avec l'ITC-BTP en convention avec le Cnam (CTI) • **Fca :** 3 ans séjour à l'étranger de 3 mois.

Admission principale • DUT GCi, BTS bâtiment, travaux publics, diplôme professionnel de conducteur de travaux ; dossier, épreuves écrite et orales.

ei.Cesi Nanterre

École d'ingénieurs du Cesi - centre de Paris, 93, bd de la Seine, BP 602, 92006 Nanterre cedex, tél. 01.55.17.80.00, Web : www.eicesi.fr

Statut : association loi 1901

■ **Ingénieur diplômé** Cesi, spécialité bâtiment et travaux publics, en partenariat avec l'ITII Ile-de-France options bâtiment, collectivités territoriales, entrepreneuriat du bâtiment, ingénierie de projets, économie de la construction, travaux ferroviaires, travaux publics (CTI) • **Fca :** 3 ans.

Admission principale • DUT GCi, BTS bâtiment, travaux publics, EEC ou équivalent ; dossier, entretien, tests.

ei.Cesi Assat

École d'ingénieurs du Cesi - centre de Pau, Pôle Aéropolis, Centre de formation de l'industrie, 64510 Assat, tél. 05.59.32.90.23, Web : www.eicesi.fr

Statut : association loi 1901

■ **Ingénieur diplômé** Cesi, spécialité génie industriel, en partenariat avec l'ITII Aquitaine options management production logistique, innovation et développement technologique, chargé d'affaires (CTI) • **Fca :** 3 ans.

Admission principale • BTS, DUT scientifique ou technique, cycle préparatoire technologique ; dossier, entretien, tests.

ei.Cesi Lingolsheim

École d'ingénieurs du Cesi - centre de Strasbourg, parc Club-des-Tanneries, 2, allée des Foulons, BP 15, 67831 Lingolsheim, tél. 03.88.10.35.60, Web : www.eicesi.fr

Statut : association loi 1901

■ **Ingénieur diplômé** Cesi, spécialité bâtiment et travaux publics, en convention avec l'INSA Strasbourg, en partenariat avec UM BTP (CTI) • **Fca :** 3 ans.

Admission principale • BTS, DUT secteur BTP ; dossier, épreuves écrites et orales.

ei.Cesi Labège

École d'ingénieurs du Cesi - centre de Toulouse, 16, rue Magellan, 31670 Labège, tél. 05.61.00.38.38, Web : www.eicesi.fr

Statut : association loi 1901

■ **Ingénieur diplômé** Cesi, spécialité systèmes électriques et électroniques embarqués en partenariat avec l'ITII Midi-Pyrénées (CTI) • **Fca :** 3 ans.

Admission principale • DUT, BTS scientifique ou technique ; dossier, épreuves écrites et orales.

ei.Cesi Saint-Pierre

Formation ingénieurs Cesi par apprentissage de La Réunion, 65, rue du Père-Lafosse, Campus professionnel de l'océan Indien, 97410 Saint-Pierre, tél. 02.62.70.02.35, Web : www.eibtp.re

Statut : association loi 1901

■ **Ingénieur diplômé** Cesi, spécialité bâtiment et travaux publics, en partenariat avec l'ITC BTP-OI (CTI) • **Fca :** 3 ans.

Admission principale • BTS, DUT scientifique ou technique ; dossier, épreuves écrites et orales.

EiCnam Paris

École d'ingénieurs du Cnam, 292, rue Saint-Martin, 75141 Paris cedex 3, tél. 01.40.27.24.71, Web : eicnam.cnam.fr

Statut : public

■ **Ingénieur diplômé** du Cnam, spécialité aéronautique et spatial en convention avec l'ENSMA, en partenariat avec Aéroteam (CTI) • **Fca :** 3 ans formation à Poitiers et Toulouse.

Admission principale • Bac+2 ; dossier, entretien.

■ **Ingénieur diplômé** du Cnam, spécialité aéronautique et spatial en convention avec l'ISAE, en partenariat avec Ingénieurs 2000 (CTI) • **Fca :** 3 ans.

Admission principale • Bac+2 ; dossier, entretien.

■ **Ingénieur diplômé** du Cnam, spécialité construction et aménagement, en convention avec l'université de Limoges (CTI) • **Fca :** 3 ans la formation se déroule sur le site de Limoges.

Admission principale • DUT, BTS ou équivalent secteur BTP ; dossier, entretien, tests.

■ **Ingénieur diplômé** du Cnam, spécialité construction et aménagement en convention avec l'université de Reims, en partenariat avec l'IIT BTP Champagne-Ardenne (CTI) • **Fca :** 3 ans la formation se déroule au centre de Reims.

Admission principale • DUT, BTS ou équivalent secteur BTP ; dossier, entretien, tests.

■ **Ingénieur diplômé** du Cnam, spécialité construction et aménagement, en partenariat avec l'IST-BTP Picardie (CTI) • **Fca :** 3 ans la formation se déroule au centre d'Amiens.

Admission principale • Bac+2 dans le domaine du BTP ; dossier, entretien, tests.

■ **Ingénieur diplômé** du Cnam, spécialité énergétique, en partenariat avec l'IF3E (CTI) • **Fca :** 3 ans.

Admission principale • BTS, DUT.

■ **Ingénieur diplômé** du Cnam, spécialité énergétique, en partenariat avec l'ITII Haute-Normandie (CTI) • **Fca :** 3 ans la formation se déroule au centre de Mont-Saint-Aignan.

Admission principale • Bac+2 scientifique ou technique, filières génie thermique, énergie et mesures physiques en priorité ; dossier, entretien, tests.

■ **Ingénieur diplômé** du Cnam, spécialité exploitation ferroviaire (CTI) • **Fca :** 3 ans.

Admission principale • BTS, DUT ; dossier, tests, entretien.

■ **Ingénieur diplômé** du Cnam, spécialité génie industriel, en partenariat avec IF3E parcours éco-conception des produits ou démantèlement d'installations (CTI) • **Fca :** 3 ans.

Admission principale • Bac+2 mécanique, matériaux, génie civil, assistant technique ingénieur ; dossier, entretien.

■ **Ingénieur diplômé** du Cnam, spécialité génie industriel en partenariat avec l'association Rhône-Sud pour la formation des ingénieurs (ARSFI) options automatique industrielle, électrotechnique, mécanique production automatisée (CTI) • **Fca :** 3 ans la formation se déroule au centre d'Avignon.

Admission principale • BTS MI, électrotechnique, MAI, CRCA, CIRA, CPI, étude et réalisation d'outillages de mise en forme des matériaux, électronique, DUT GEII, GIM, GMP, MPh.

■ **Ingénieur diplômé** du Cnam, spécialité génie industriel, en partenariat avec l'ITII Haute-Normandie parcours performance industrielle (CTI) • **Fca :** 3 ans la formation se déroule au centre de Mont-Saint-Aignan.

Admission principale • Bac+2 scientifique ou technique ; dossier, tests, entretien.

■ **Ingénieur diplômé** du Cnam, spécialité génie industriel, en partenariat avec l'ITII Ile-de-France (CTI) • **Fca :** 3 ans.

Admission principale • BTS ou DUT industriel, L2 scientifique, maths spé ou équivalent ; dossier, entretien, tests.

■ **Ingénieur diplômé** du Cnam, spécialité génie industriel, en partenariat avec l'ITII Poitou-Charentes (CTI) • **Fca :** 3 ans la formation se déroule au centre de Chasseneuil Futuroscope.

Admission principale • Bac+2 ; dossier, entretien.

■ **Ingénieur diplômé** du Cnam, spécialité informatique en convention avec l'université de Reims option systèmes d'information (CTI) • **Fca :** 3 ans la formation se déroule sur le site de Reims.

Admission principale • Bac+2 ; dossier, entretien, tests.

■ **Ingénieur diplômé** du Cnam, spécialité informatique, en partenariat avec l'AFIA (CTI) • **Fca :** 3 ans.

Admission principale • Bac+2 informatique ou scientifique.

■ **Ingénieur diplômé** du Cnam, spécialité informatique, en partenariat avec l'ITII Alsace (CTI) • **Fca :** 3 ans la formation se déroule au centre de Mulhouse.

Admission principale • Bac+2 scientifique ; dossier, tests.

■ **Ingénieur diplômé** du Cnam, spécialité informatique en partenariat avec l'ITII Picardie (CTI) • **Fca :** 3 ans la formation se déroule au centre d'Amiens.

Admission principale • BTS, DUT technique ; dossier, entretien, tests.

■ **Ingénieur diplômé** du Cnam, spécialité informatique option sciences et technologies des médias numériques (CTI) • **Fca :** 3 ans.

Admission principale • Bac+2 ; dossier, entretien, tests.

■ **Ingénieur diplômé** du Cnam, spécialité matériaux, en partenariat avec l'institut supérieur d'ingénierie packaging (ISIP) option emballage et packaging (CTI) • **Fca :** 3 ans la formation se déroule au centre du Futuroscope Chasseneuil-du-Poitou.

Admission principale • DUT SGM, PEC, BTS industries plastiques, CPI ; dossier, entretien, tests.

■ **Ingénieur diplômé** du Cnam, spécialité mécanique, en partenariat avec l'ITII Ile-de-France (CTI) • **Fca :** 3 ans.

Admission principale • BTS ATI, CPI, CRSA, conception et industrialisation en microtechniques, industrialisation des produits mécaniques, DUT GMP, SGM ; dossier, tests, entretien.

■ **Ingénieur diplômé** du Cnam, spécialité mécanique en partenariat avec l'ITII Picardie (CTI) • **Fca :** 3 ans la formation se déroule au centre d'Amiens.

Admission principale • Bac+2 ; dossier, entretien, tests.

■ **Ingénieur diplômé** du Cnam, spécialité mécatronique, en convention avec l'université de Poitiers (CTI) • **Fca :** 3 ans formation à Angoulême ou à Poitiers.

Admission principale • DUT GMP, GEII, MPh, GIM, GTE, BTS en génie mécanique, automatique, électronique, informatique industrielle ; dossier, entretien, tests.

■ **Ingénieur diplômé** du Cnam, spécialité mécatronique, en partenariat avec l'AFISA (CTI) • **Fca :** 3 ans.

Admission principale • DUT GIM, GMP, BTS moteurs à combustion interne, MI, électrotechnique, après-vente automobile, L2 sciences techniques de production industrielle, scientifique ; dossier, entretien, tests.

■ **Ingénieur diplômé** du Cnam, spécialité métrologie qualité, en partenariat avec l'ITII Ile-de-France (CTI) • **Fca :** 3 ans formation sur le site de Saint-Denis.

Admission principale • Bac+2 ou bac + 3 scientifique ou technique ; dossier, tests.

■ **Ingénieur diplômé** du Cnam, spécialité prévention des risques, en partenariat avec l'ISP Picardie (CTI) • **Fca :** 3 ans la formation se déroule au centre d'Amiens.

Admission principale • BTS bioanalyses et contrôles, biophysicien de laboratoire, chimiste, contrôle des rayonnements ionisants et application des techniques de protection, métiers des services à l'environnement, DUT HSE ; dossier, entretien, tests.

■ **Ingénieur diplômé** du Cnam, spécialité sciences et technologies nucléaires en convention avec le Cesi, en partenariat avec l'ITII Ile-de-France (CTI) • **Fca :** 3 ans.

Admission principale • BTS ATI, chimiste, construction navale, CIRA, FED, MI, physico-métallographie de laboratoire, techniques physiques pour l'industrie et le laboratoire, traitement des matériaux, DUT GCi, chimie, GCGP, GIM, HSE, MPh, SGM, licence scientifiques ou techniques, maths spé ; dossier, entretien, tests.

■ **Ingénieur diplômé** du Cnam, spécialité systèmes électriques, en partenariat avec Ingénieurs 2000 parcours électronique de puissance, réseaux et motorisation (CTI) • **Fca :** 3 ans.

Admission principale • Bac+2.

■ **Ingénieur diplômé** du Cnam, spécialité systèmes électriques, en partenariat avec l'ATEE (CTI) • **Fca :** 3 ans la formation se déroule au centre de La Roche-sur-Yon.

Admission principale • Bac+2 ; dossier, entretien, tests.

■ **Ingénieur diplômé** du Cnam, spécialité systèmes électriques, en partenariat avec l'ITII Ile-de-France parcours installation, distribution énergie, éclairage (CTI) • **Fca :** 3 ans.

Admission principale • DUT MPh, GIM, GEII, GMP, BTS électrotechnique, CIRA, systèmes numériques option électronique et communications, maintenance des systèmes option systèmes de production, FED option domotique et bâtiments communicants, L2 techniques ou scientifique, maths spé.

■ **Ingénieur diplômé** du Cnam, spécialité systèmes électriques, en partenariat avec l'ITII Picardie (CTI) • **Fca :** 3 ans la formation se déroule au centre d'Amiens.

Admission principale • Bac+2 ; dossier, entretien, tests.

■ **Ingénieur diplômé** du Cnam, spécialité systèmes électroniques, en partenariat avec l'ITII Ile-de-France parcours télécommunications, embarqué et durable (CTI) • **Fca :** 3 ans.

Admission principale • BTS systèmes électroniques, techniques physiques pour l'industrie et le laboratoire, DUT GEII, GTR, MPh ou équivalent.

■ **Ingénieur diplômé** du Cnam, spécialité systèmes électroniques parcours signalisation ferroviaire (CTI) • **Fca :** 3 ans.

Admission principale • BTS systèmes électroniques, DUT GTR, GEII, MPh ou équivalent.

ENIM Metz

École nationale d'ingénieurs de Metz, 1, route d'Ars-Laquenexy, CS 65820, 57078 Metz cedex 3, tél. 03.87.34.69.00, Web : www.enim.fr

Statut : public

■ **Ingénieur diplômé** de l'ENIM de l'université de Lorraine, spécialité mécanique et production, en convention avec l'université de Lorraine, en partenariat avec l'ITII Lorraine (CTI) • **Fca :** 3 ans.

Admission principale • DUT, BTS en mécanique, productique ; dossier, entretien, test d'anglais.

ENISE Saint-Étienne

École nationale d'ingénieurs de Saint-Étienne, 58, rue Jean-Parot, 42023 Saint-Étienne cedex 2, tél. 04.77.43.84.84, Web : www.enise.fr

Statut : public

■ **Ingénieur diplômé** de l'ENISE, spécialité génie civil, en partenariat avec Sup BTP Rhône-Alpes et Auvergne parcours construction bois ou bâtiments et travaux publics (CTI) • **Fca :** 3 ans.

Admission principale • DUT GCCD, BTS bâtiment, travaux publics, SCBH ; dossier, entretien.

■ **Ingénieur diplômé** de l'ENISE, spécialité génie mécanique, en partenariat avec l'ITII Loire parcours concevoir des systèmes innovants, industrialisation des produits mécaniques ou ergodesign (CTI) • **Fca :** 3 ans.

Admission principale • DUT GMP, GIM, SGM, BTS CPI, industrialisation des produits mécaniques, conception et industrialisation en microtechniques, CRSA, conception et réalisation de carrosserie, maths spé ATS, TSI ; dossier, entretien.

ENSCBP Pessac

École nationale supérieure de chimie, de biologie et de physique, 16, av. Pey-Berland, 33607 Pessac cedex, tél. 05.40.00.65.65, Web : www.enscbp.fr

Statut : public

■ **Ingénieur diplômé** de l'institut polytechnique de Bordeaux - ENSCBP, spécialité agroalimentaire et génie industriel, en partenariat avec l'IFRIA Aquitaine (CTI) • **Fca :** 3 ans.

Admission principale • Bac+2 scientifique ou technique ; dossier, entretien.

■ **Ingénieur diplômé** de l'institut polytechnique de Bordeaux - ENSCBP, spécialité matériaux composites et mécanique, en partenariat avec l'ITII Aquitaine (CTI) • **Fca :** 3 ans.

Admission principale • BTS, DUT scientifique ou diplôme équivalent ; dossier, entretiens.

■ **Ingénieur diplômé** de l'institut polytechnique de Bordeaux - ENSCBP, spécialité matériaux, en partenariat avec l'ITII Aquitaine (CTI) • **Fca :** 3 ans 1 800 h au centre de formation, 3 000 h en entreprise.

Admission principale • BTS, DUT ou L2 scientifique ; dossier, entretien.

ENSEA Cergy-Pontoise

École nationale supérieure de l'électronique et de ses applications, 6, av. du Ponceau, CS 20707, 95014 Cergy-Pontoise cedex, tél. 01.30.73.66.66, Web : www.ensea.fr

Statut : public

■ **Ingénieur diplômé** de l'ENSEA, spécialité électronique et informatique industrielle en partenariat avec l'ITII Ile-de-France options systèmes numériques, réseaux et télécommunications (CTI) • **Fca :** 3 ans.

Admission principale • Bac+2 génie électrique, informatique industriel ; dossier, tests, entretien.

ENSEIRB-MATMECA Talence

École nationale supérieure d'électronique, informatique, télécommunications, mathématique et mécanique de Bordeaux, Domaine universitaire, 1, av. du Docteur-Albert-Schweitzer, BP 99, 33402 Talence cedex, tél. 05.56.84.65.00, Web : enseirb-matmeca.bordeaux-inp.fr

Statut : public

■ **Ingénieur diplômé** de l'institut polytechnique de Bordeaux - ENSEIRB-MATMECA, spécialité réseaux et systèmes d'information, en partenariat avec l'ITII Aquitaine (CTI) • **Fca :** 3 ans.

Admission principale • BTS, DUT informatique, électronique, génie industriel ; dossier, tests, entretien.

■ **Ingénieur diplômé** de l'institut polytechnique de Bordeaux - ENSEIRB-MATMECA, spécialité systèmes électroniques embarqués en partenariat avec l'ITII Aquitaine (CTI) • **Fca :** 3 ans.

Admission principale • BTS, DUT secteur électronique ; dossier, tests, entretien.

ENSEM Vandœuvre-lès-Nancy

École nationale supérieure d'électricité et de mécanique, 2, av. de la Forêt-de-Haye, BP 90161, 54505 Vandœuvre-lès-Nancy, tél. 03.83.59.55.43, Web : www.ensem.univ-lorraine.fr

Statut : public

■ **Ingénieur diplômé** de l'ENSEM de l'université de Lorraine, en partenariat avec l'ITII Lorraine (CTI) • **Fca :** 3 ans.

Admission principale • BTS, DUT scientifique, maths spé, L2 ou L3 scientifique ; dossier, entretien, tests.

ENSIAME Valenciennes

École nationale supérieure d'ingénieurs en informatique, automatique, mécanique, énergétique et électronique, Le Mont-Houy, 59313 Valenciennes cedex 9, tél. 03.27.51.12.02, Web : www.univ-valenciennes.fr/ensiame

Statut : public

■ **Ingénieur diplômé** de l'ENSIAME de l'université de Valenciennes, spécialité génie électrique et informatique industrielle, en partenariat avec l'ITII Nord-Pas-de-Calais options maintenance et e-maintenance des systèmes électriques, informatique industrielle avancée et objets communicants, énergies durables et gestion optimisée de l'énergie (CTI) • **Fca :** 3 ans 3 mois à l'étranger en fin de 2e année.

Admission principale • DUT GMP, GIM, GEII, MPh, BTS CPI, CRSA, CIRA, SIO-SISR, industrialisation des produits mécaniques, L2 ou L3 scientifique ou technique, maths spé ; dossier, entretien, tests.

■ **Ingénieur diplômé** de l'ENSIAME de l'université de Valenciennes, spécialité génie industriel, en partenariat avec l'ITII Nord-Pas-de-Calais options industrialisation, production logistique, qualité sécurité environnement, maintenance (CTI) • **Fca :** 3 ans 3 mois à l'étranger en fin de 2e année.

Admission principale • DUT GMP, GIM, GEII, MPh, BTS CPI, CRSA, CIRA, SIO-SISR, industrialisation des produits mécaniques, L2 scientifique ou technique, maths spé ; dossier, entretien, tests.

ENSIBS Lorient

École nationale supérieure d'ingénieurs de Bretagne-Sud, 17, bd Flandres-Dunkerque, BP 92116, 56321 Lorient cedex, tél. 02.97.88.05.59, Web : www.ensibs.fr

Statut : public

■ **Ingénieur diplômé** de l'ENSIBS de l'université de Bretagne-Sud, spécialité sécurité des systèmes d'information, en partenariat avec l'ITII Bretagne (CTI) • Fca ou Fcp : 3 ans la formation se déroule à Vannes.

Admission principale en 1re année • DUT informatique, GEII, réseaux et télécommunications, BTS systèmes numériques option informatique et réseaux et prépa ATS conseillé, licence, maths spé ; dossier, entretien.

Admission parallèle en 2e année • M1 ; dossier, entretien.

ENSIIE Évry

École nationale supérieure d'informatique pour l'industrie et l'entreprise, 1, square de la Résistance, 91025 Évry cedex, tél. 01.69.36.73.50, Web : www.ensiie.fr

Statut : public

■ **Ingénieur diplômé** de l'ENSIIE, spécialité informatique en partenariat avec l'ITII Ile-de-France (CTI) • **Fca :** 3 ans.

Admission principale • Bac+2 informatique ; dossier, entretien.

ENSISA Mulhouse

École nationale supérieure d'ingénieurs sud Alsace, 12, rue des Frères-Lumière, 68093 Mulhouse cedex, tél. 03.89.33.69.00, Web : www.ensisa.uha.fr

Statut : public

■ **Ingénieur diplômé** de l'ENSISA de l'université de Mulhouse, spécialité génie industriel, en partenariat avec l'ITII Alsace (CTI) • **Fca :** 3 ans.

Admission principale • BTS, DUT, L2, licence mécanique, systèmes de production ; dossier, entretien, tests.

ENSMM Besançon

École nationale supérieure de mécanique et des microtechniques, 26, rue de l'Epitaphe, CS 51813, 25030 Besançon cedex, tél. 03.81.40.27.00, Web : www.ens2m.fr

Statut : public

■ **Ingénieur diplômé** de l'ENSMM, spécialité mécanique, en partenariat avec l'ITII Franche-Comté (CTI) • **Fca :** 3 ans.

Admission principale • DUT GMP, GIM, BTS ATI, CPI, conception et industrialisation en microtechniques, industrialisation des produits mécaniques, industries plastiques, licence pro ; dossier, entretien, tests.

■ **Ingénieur diplômé** de l'ENSMM, spécialité microtechniques et design, en partenariat avec l'ITII Franche-Comté options luxe et précision, microtechniques et santé (CTI) • **Fca :** 3 ans.

Admission principale • DUT GMP, GIM, BTS ATI, CPI, conception et industrialisation en microtechniques, industrialisation des produits mécaniques, industries plastiques, licence pro ; dossier, entretien, tests.

Enssat Lannion

École nationale supérieure des sciences appliquées et de technologie, 6, rue de Kerampont, CS 80518, 22305 Lannion cedex, tél. 02.96.46.90.00, Web : www.enssat.fr

Statut : public

■ **Ingénieur diplômé** de l'Enssat de l'université Rennes 1, spécialité informatique multimédia et réseaux, en partenariat avec l'ITII Bretagne (CTI) • **Fca :** 3 ans.

Admission principale • BTS systèmes numériques option informatique et réseaux, DUT informatique, réseaux et télécommunications, GEII, MMI, L2 ou L3 en informatique ; dossier, entretiens.

ENSTA Bretagne Brest

École nationale supérieure de techniques avancées Bretagne, 2, rue François-Verny, 29806 Brest cedex 9, tél. 02.98.34.88.00, Web : www.ensta-bretagne.fr

Statut : public

■ **Ingénieur diplômé** de l'ENSTA Bretagne, spécialité mécanique et électronique, en partenariat avec l'ITII Bretagne options systèmes embarqués, plate-forme navale, architecture des véhicules (CTI) • **Fca :** 3 ans.

Admission principale • BTS, DUT filière mécanique ou électronique ; dossier, entretien.

EPF École d'ingénieurs Montpellier

21, bd Berthelot, 34000 Montpellier, tél. 04.99.65.41.81, Web : www.epf.fr

Statut : privé sous contrat

■ **Ingénieur diplômé** de l'EPF, spécialité systèmes informatiques et industriels (CTI) • **Fca :** 3 ans.

Admission principale • Bac+2 scientifique ou technique ; dossier, épreuves écrites, épreuves orales.

EPF École d'ingénieurs Sceaux

3 bis, rue Lakanal, 92330 Sceaux, tél. 01.41.13.01.51, Web : www.epf.fr

Statut : privé sous contrat

■ **Ingénieur diplômé** de l'EPF, spécialité systèmes informatiques et industriels, en partenariat avec l'ITII Ile-de-France (CTI) • **Fca :** 3 ans.

Admission principale • Bac+2 scientifique ou technique ; dossier, entretien, tests.

ESAIP Angers-Aix-en-Provence Saint-Barthélemy-d'Anjou

ESAIP École d'ingénieurs, 18, rue du 8-Mai-1945, CS 80022, 49180 Saint-Barthélemy-d'Anjou cedex, tél. 02.41.96.65.10, Web : www.esaip.org

Statut : association loi 1901

■ **Ingénieur diplômé** de l'ESAIP, spécialité sécurité et prévention des risques, en partenariat avec l'ITII Pays de la Loire (CTI) • **Fca :** 3 ans parcours international : 1 stage en entreprise à l'étranger de 9 semaines.

Admission principale • DUT HSE, génie biologique, chimie, GTE, MPh, QLIO, GIM, BTS chimiste, hygiène propreté environnement, fluides énergie environnement, métiers de l'eau, bioanalyses et contrôles, techniques physiques pour l'industrie et le laboratoire, ATI, CIRA, biochimie, électrotechnique, gestion et protection de la nature ; dossier, entretiens.

ESEO. Grande école d'ingénieurs généralistes Angers

10, bd Jeanneteau, CS 90717, 49107 Angers cedex 2, tél. 02.41.86.07.67, Web : www.eseo.fr

Statut : association loi 1901

■ **Ingénieur diplômé** de l'ESEO, spécialité informatique industrielle, en partenariat avec l'ITII Pays de la Loire (CTI) • **Fca :** 3 ans séjour de 3 mois d'avril à juillet en Grande-Bretagne en 1re année.

Admission principale • DUT GEII, QLIO, réseaux et télécommunications, GIM, BTS IRIS, systèmes électroniques, électrotechnique, CIRA ; tests scientifiques et linguistiques.

ESIPE-MLV Marne-la-Vallée

École supérieure d'ingénieurs Paris-Est Marne-la-Vallée, 5, bd Descartes, Champs-sur-Marne, 77454 Marne-la-Vallée cedex 2, tél. 01.60.95.76.49, Web : esipe.u-pem.fr

Statut : public

■ **Ingénieur diplômé** de l'université Paris-Est Marne-la-Vallée, spécialité électronique et informatique option systèmes communicants (CTI) • **Fca :** 3 ans.

Admission principale • DUT GEII, MPh, réseaux et télécommunications, BTS systèmes numériques, L2 électronique, énergie électrique et automatique ; dossier, entretien, tests.

■ **Ingénieur diplômé** de l'université Paris-Est Marne-la-Vallée, spécialité génie civil (CTI) • **Fca :** 3 ans.

Admission principale • L2 ou DUT GC, BTS bâtiment, travaux publics, EEC, constructions métalliques ; dossier, entretien, tests.

■ **Ingénieur diplômé** de l'université Paris-Est Marne-la-Vallée, spécialité informatique options géomatique, logiciel, réseaux (CTI) • **Fca :** 3 ans.

Admission principale • DUT d'informatique, réseaux et télécommunications, GEII, SRC, BTS systèmes numériques, SIO, L2 ou L3 mathématiques informatique ; dossier, entretien, tests.

■ **Ingénieur diplômé** de l'université Paris-Est Marne-la-Vallée, spécialité maintenance et fiabilité des processus industriels (CTI) • **Fca :** 3 ans.

Admission principale • BTS CIRA, électrotechnique, maintenance des véhicules, aéronautique, CRSA, maintenance des systèmes, conception des processus de réalisation de produits, DUT GIM, GTE, QLIO, SGM, MPh, GMP, GEII ; dossier, entretien, tests.

■ **Ingénieur diplômé** de l'université Paris-Est Marne-la-Vallée, spécialité mécanique (CTI) • **Fca :** 3 ans.

Admission principale • BTS ATI, CPI, conception et industrialisation en microtechnique, CRSA, conception des processus de réalisation de produits, DUT GMP, SGM, MPh, L2 mécanique, sciences pour l'ingénieur ; dossier, entretien, tests.

ESTP Paris Cachan

École spéciale des travaux publics, du bâtiment et de l'industrie, 28, av. du Président-Wilson, 94234 Cachan cedex, tél. 01.49.08.56.50, Web : www.estp.fr

Statut : privé

■ **Ingénieur diplômé** de l'ESTP, spécialité énergétique de la construction, en partenariat avec le CFA Ingénieurs 2000 (CTI) • **Fca :** 3 ans.

Admission principale • DUT GCi, GEII, GMP, GTE, MPh, BTS fluides énergies environnements, fluides énergies domotique ou diplôme équivalent ; dossier, entretien.

FIP ESIAB-IFRIA Quimper

École supérieure d'ingénieurs en agroalimentaire de Bretagne atlantique parcours procédés industriels, 2, rue de l'Université, 29334 Quimper cedex, tél. 02.98.64.19.49, Web : www.univ-brest.fr/esiab

Statut : public

■ **Ingénieur diplômé** de l'ESIAB de l'université de Brest, spécialité procédés industriels en partenariat avec l'IFRIA (CTI) • **Fca :** 3 ans 1 800 h en formation, 2 835 h en entreprise, mission de 2 mois à l'étranger en 2e année et un mois en pays anglophone en 3e année.

Admission principale • Bac+2 scientifique ou technique ; dossier, entretien, tests.

Grenoble INP-Ense3 Grenoble

École nationale supérieure de l'énergie, l'eau et l'environnement, 21, rue des Martyrs, CS 90624, 38031 Grenoble cedex, tél. 04.76.82.62.00, Web : ense3.grenoble-inp.fr

Statut : public

■ **Ingénieur diplômé** de Grenoble INP - Ense3, spécialité génie électrique et énergétique, en partenariat avec l'ITII Dauphiné-Vivarais (CTI) • **Fca :** 3 ans.

Admission principale • DUT, BTS + ATS ou licence à dominante physique, génie électrique ; dossier, tests, entretien.

Grenoble INP-Ensimag Saint-Martin-d'Hères

École nationale supérieure d'informatique et de mathématiques appliquées, domaine universitaire, 681, rue de la Passerelle, BP 72, 38402 Saint-Martin-d'Hères cedex, tél. 04.76.82.72.00, Web : ensimag.grenoble-inp.fr

Statut : public

■ **Ingénieur diplômé** de Grenoble INP - Ensimag, en partenariat avec l'ITII Dauphiné-Vivarais spécialité informatique et systèmes d'information (CTI) • **Fca :** 3 ans.

Admission principale • DUT d'informatique, réseaux et télécommunications, L2 d'informatique, BTS SIO SLAM, systèmes numériques option informatique et réseaux ; dossier, entretien.

Grenoble INP-Esisar Valence

École nationale supérieure en systèmes avancés et réseaux, 50, rue Barthélemy-de-Laffemas, BP 54, 26902 Valence cedex 9, tél. 04.75.75.94.00, Web : esisar.grenoble-inp.fr

Statut : public

■ **Ingénieur diplômé** de Grenoble INP - Esisar, en partenariat avec l'ITII Dauphiné-Vivarais filière électronique informatique et systèmes (EIS) (CTI) • **Fca :** 3 ans.

Admission principale • DUT GEII, MPh, GIM, MMI, réseaux et télécommunications, licence électronique, automatique, informatique et réseaux, mathématiques, mathématiques appliquées, MIASHS, maths spé ATS, PT, TSI ; dossier, entretien.

Grenoble INP-Génie industriel Grenoble

École nationale supérieure de génie industriel, 46, av. Félix-Viallet, 38031 Grenoble cedex 1, tél. 04.76.57.46.01, Web : genie-industriel.grenoble-inp.fr

Statut : public

■ **Ingénieur diplômé** de Grenoble INP - école nationale supérieure de génie industriel, en partenariat avec l'ITII Dauphiné-Vivarais filière ingénierie de la performance industrielle durable (CTI) • **Fca :** 3 ans.

Admission principale • DUT GEII, GMP, GIM, informatique, MPh, BTS + prépa ATS, L2 ou L3 EEEA, sciences pour l'ingénieur, informatique, mathématiques, mécanique, MIASHS, économie et gestion, diplôme étranger équivalent ; dossier, entretien.

Grenoble INP-Phelma Grenoble

École nationale supérieure de physique, électronique, matériaux, Minatec, 3, parvis Louis-Néel, CS 50257, 38016 Grenoble cedex 1, tél. 04.56.52.91.00, Web : phelma.grenoble-inp.fr

Statut : public

■ **Ingénieur diplômé** de Grenoble INP - Phelma, spécialité conception des systèmes intégrés, en partenariat avec l'ITII Dauphiné-Vivarais (CTI) • **Fca :** 3 ans.

Admission principale • DUT GEII, réseaux et télécommunications, MPh, maths spé ATS, licence EEEA ou équivalent ; dossier, entretien.

Icam Paris-Sénart Lieusaint

Institut catholique d'arts et métiers, 2, allée des Savoirs, Carré Sénart, 77127 Lieusaint, tél. 01.49.31.20.00, Web : www.icam.fr

Statut : association loi 1901 • **Frais d'inscription :** 140 € • **Frais de scolarité :** 2 980 € par an.

■ **Ingénieur diplômé** de l'Icam, spécialité mécanique et automatique, en partenariat avec l'ITII Ile-de-France (CTI) • **Fca :** 3 ans.

Admission principale • BTS, DUT industriel ; dossier, tests, entretien.

IMT Atlantique Brest

École nationale supérieure Mines-Télécom Atlantique Bretagne-Pays de la Loire, Technopole Brest Iroise, CS 83818, 29238 Brest cedex 3, tél. 02.29.00.11.11, Web : www.imt-atlantique.fr

Statut : public

■ **Ingénieur diplômé** de Télécom Bretagne de l'institut Mines-Télécom, spécialité réseaux et télécommunications, en partenariat avec l'ITII Bretagne (CTI) • **Fca :** 3 ans.

Admission principale • DUT réseaux et télécommunications, informatique, GEII ou MPh, BTS systèmes numériques, prépa ATS, TSI ou PT, licence de mathématiques, physique, électronique, informatique ou sciences de l'ingénieur ; dossier, entretiens.

IMT Atlantique Nantes

École nationale supérieure Mines-Télécom Atlantique Bretagne-Pays de la Loire, La Chantrerie, 4, rue Alfred-Kastler, CS 20722, 44307 Nantes cedex 3, tél. 02.51.85.81.00, Web : www.imt-atlantique.fr

Statut : public

■ **Ingénieur diplômé** de l'école nationale supérieure des mines de Nantes de l'institut Mines-Télécom, spécialité ingénierie logicielle, en partenariat avec l'ITII Pays de la Loire (CTI) • **Fca :** 3 ans.

Admission principale • BTS ou DUT secteur informatique ; dossier, entretien, épreuves écrites.

IMT Lille Douai

École nationale supérieure Mines-Télécom Lille Douai, 941, rue Charles-Bourseul, CS 10838, 59508 Douai cedex, tél. 03.27.71.22.22, Web : www.mines-douai.fr

Statut : public

■ **Ingénieur diplômé** de l'école nationale supérieure des mines de Douai, spécialité génie civil et systèmes ferroviaires, en partenariat avec InGHenia (CTI) • **Fca :** 3 ans.

Admission principale • DUT, BTS, L2, maths spé ; dossier, entretien, tests.

■ **Ingénieur diplômé** de l'école nationale supérieure des mines de Douai, spécialité génie industriel, en partenariat avec InGHenia (CTI) • **Fca :** 3 ans.

Admission principale • DUT, BTS, L2, maths spé ; dossier, entretien, tests.

InGHenia Aulnoy-lez-Valenciennes

Tertia 3000, 10 av. Matisse, 59300 Aulnoy-lez-Valenciennes, tél. 03.27.51.35.16, Web : inghenia.fr

Statut : consulaire

■ **Ingénieur diplômé** de l'école nationale supérieure des mines de Douai, spécialité génie civil et systèmes ferroviaires, en partenariat avec InGHenia (CTI) • **Fca :** 3 ans stage à l'étranger de 8 à 12 semaines en fin de 2e année.

Admission principale • DUT, BTS, L2 filière technique, maths spé ; dossier, entretien, tests.

■ **Ingénieur diplômé** de l'école nationale supérieure des mines de Douai, spécialité génie industriel, en partenariat avec InGHenia (CTI) • **Fca :** 3 ans stage à l'étranger de 8 à 12 semaines en fin de 2e année.

Admission principale • DUT, BTS, L2 filière technique, maths spé ; dossier, entretien, tests.

INSA Centre-Val de Loire Bourges

Institut national des sciences appliquées Centre-Val-de-Loire, 88, bd Lahitolle, Technopôle Lahitolle, CS 60013, 18022 Bourges cedex, tél. 02.48.48.40.00, Web : www.insa-centrevaldeloire.fr

Statut : public

■ **Ingénieur diplômé** de l'INSA Centre Val de Loire, spécialité énergie, risques et environnement options ingénierie et gouvernance des risques, ingénierie de la qualité, maîtrise de l'efficacité énergétique (CTI) • **Fca :** 3 ans.

Admission en 1re année du cycle ingénieur • Bac+2 scientifique ou technique ; dossier, entretien, test d'anglais.

INSA Lyon Villeurbanne

Institut national des sciences appliquées de Lyon, 20, av. Albert-Einstein, 69621 Villeurbanne cedex, tél. 04.72.43.83.83, Web : www.insa-lyon.fr

Statut : public

■ **Ingénieur diplômé** de l'INSA de Lyon, spécialité génie électrique, en partenariat avec l'ITII de Lyon (CTI) • **Fca :** 3 ans dernier semestre à temps plein en entreprise dont 2 mois à l'étranger.

Admission principale • DUT GEII, GIM, MPH, réseaux et télécommunications, BTS CIRA, électrotechnique, systèmes numériques ; dossier, entretien, tests.

■ **Ingénieur diplômé** de l'INSA de Lyon, spécialité génie mécanique, en partenariat avec l'ITII de Lyon option conception et innovation de produits (CTI) • **Fca :** 3 ans dernier semestre à temps plein en entreprise dont 2 mois à l'étranger.

Admission principale • DUT GMP ou BTS conception et industrialisation en microtechniques, CPI, conception et réalisation de carrosseries, CRSA, étude et réalisation d'ouvrages de mise en forme des matériaux, Industrialisation des produits mécaniques, moteurs à combustion interne ; dossier, entretien, tests.

INSA Rennes

Institut national des sciences appliquées de Rennes, 20, av. des Buttes-de-Coësmes, CS 70839, 35708 Rennes cedex 7, tél. 02.23.23.82.00, Web : www.insa-rennes.fr

Statut : public

■ **Ingénieur diplômé** de l'INSA de Rennes, spécialité électronique en convention avec le Cesi, en partenariat avec l'ITII Bretagne (CTI) • **Fca :** 3 ans.

Admission principale • Bac+2 scientifique ou technique ; dossier, épreuves écrites.

INSA Rouen Normandie Saint-Étienne-du-Rouvray

Institut national des sciences appliquées de Rouen Normandie, 685 av. de l'Université, BP 08, 76801 Saint-Étienne-du-Rouvray cedex, tél. 02.32.95.97.00, Web : www.insa-rouen.fr

Statut : public

■ **Ingénieur diplômé** de l'INSA de Rouen, spécialité génie industriel en convention avec le Cesi (CTI) • **Fca :** 3 ans.

Admission principale • Bac+2 ; dossier, entretien.

INSA Strasbourg

Institut national des sciences appliquées de Strasbourg, 24, bd de la Victoire, 67084 Strasbourg cedex, tél. 03.88.14.47.00, Web : www.insa-strasbourg.fr

Statut : public

■ **Ingénieur diplômé** de l'INSA de Strasbourg, spécialité génie électrique, en partenariat avec l'ITII Alsace (CTI) • **Fca :** 3 ans.

Admission principale •

DUT, BTS ou équivalent ; dossier, tests.

■ **Ingénieur diplômé** de l'INSA de Strasbourg, spécialité génie énergétique, en partenariat avec l'ITII Alsace (CTI) • **Fca :** 3 ans projet de fin d'études de 600 h en entreprise.

Admission principale • BTS MI, fluides énergie environnement, DUT GC, MPh, GTE, GIM, L2 dans le domaine des énergies ; dossier, tests.

■ **Ingénieur diplômé** de l'INSA de Strasbourg, spécialité mécanique, en partenariat avec l'ITII Alsace (CTI) • **Fca :** 3 ans.

Admission principale • BTS CPI, MAI, MI, conception et industrialisation en microtechniques, DUT GMP, GIM, MPh ou diplôme équivalent ; dossier, tests.

■ **Ingénieur diplômé** de l'INSA de Strasbourg, spécialité mécatronique, en partenariat avec l'ITII Alsace (CTI) • **Fca :** 3 ans.

Admission principale • DUT, BTS ou équivalent ; dossier, tests.

INSIC Saint-Dié-des-Vosges

Institut supérieur d'ingénierie de la conception, 27, rue d'Hellieule, 88100 Saint-Dié-des-Vosges, tél. 03.29.42.18.21, Web : www.insic.fr

Statut : public • **Frais d'inscription :** aucun • **Frais de scolarité :** 615 € par an.

■ **Ingénieur diplômé** de l'école nationale supérieure des Mines de Nancy de l'université de Lorraine, spécialité génie mécanique, en partenariat avec l'ITII Lorraine (CTI) • **Fca :** 3 ans.

Admission principale en 1re année • BTS, DUT, maths spé PT, ATS ; dossier, entretien.

Admission parallèle en 2e année • DEST, M1 ; dossier, entretien.

ISAE-ENSMA Chasseneuil-du-Poitou

École nationale supérieure de mécanique et d'aérotechnique, Téléport 2, 1, av. Clément-Ader, BP 40109, 86961 Chasseneuil-du-Poitou cedex, tél. 05.49.49.80.80, Web : www.ensma.fr

Statut : public

■ **Ingénieur diplômé** du Cnam, spécialité aéronautique et spatial en convention avec l'ENSMA, en partenariat avec Aéroteam (CTI) • **Fca :** 3 ans formation à Poitiers et Toulouse.

Admission principale • Bac+2 ; dossier, entretien.

ISAE-SUPAERO Toulouse

Institut supérieur de l'aéronautique et de l'espace, 10, av. Edouard-Belin, BP 54032, 31055 Toulouse cedex 4, tél. 05.61.33.80.80, Web : www.isae-supaero.fr

Statut : public

■ **Ingénieur diplômé** du Cnam, spécialité aéronautique et spatial en convention avec l'ISAE, en partenariat avec Ingénieurs 2000 (CTI) • **Fca :** 3 ans la formation se déroule en partie au CNAM, Paris.

Admission principale • BTS CPI, CRSA, aéronautique, DUT GMP, GEII, MPh, SGM, licence ; dossier, entretien, tests.

ISA Lille

48, bd Vauban, 59046 Lille cedex, tél. 03.28.38.48.01, 03.28.38.48.48, Web : www.isa-lille.fr

Statut : privé

■ **Ingénieur diplômé** de l'ISA Yncréa Hauts-de-France, spécialité paysage (CTI) • **Fca :** 3 ans une partie de la promotion suit le cursus de formation au CFPPA Vert-d'Azur, Antibes.

Admission principale • BTSA production horticole, aménagements paysagers, agronomie : productions végétales, anabiotec, DUT génie biologique, L2 ou L3, maths spé BCPST ; dossier, entretien, test d'anglais, tests.

ISAT Nevers

Institut supérieur de l'automobile et des transports, 49, rue Mademoiselle-Bourgeois, BP 31, 58027 Nevers cedex, tél. 03.86.71.50.00, Web : www.isat.fr

Statut : public

■ **Ingénieur diplômé** de l'ISAT, spécialité génie mécanique, en partenariat avec l'ITII Bourgogne options achats techniques et reconception, ergonomie et biomécanique (CTI) • **Fca :** 3 ans.

Admission principale • DUT GMP, GIM, SGM, BTS CPI, conception et réalisation de carrosseries, CRSA, conception et industrialisation en microtechniques, industrialisation des produits mécaniques, prépas PT, ATS, TSI, licence et licence pro à dominante mécanique ou thermodynamique ; dossier, entretien.

ISEL Le Havre

Institut supérieur d'études logistiques, quai Frissard, BP 1137, 76063 Le Havre cedex, tél. 02.32.74.49.00, Web : www.isel-logistique.fr

Statut : public

■ **Ingénieur diplômé** de l'ISEL de l'université du Havre, spécialité mécanique et production, en partenariat avec l'ITII Haute-Normandie (CTI) • **Fca :** 3 ans.

Admission principale • Bac+2 scientifique ou technique ; dossier, entretien, tests.

ISEN Brest

Institut supérieur de l'électronique et du numérique de Brest, 20, rue Cuirassé-Bretagne, CS 42807, 29228 Brest cedex 2, tél. 02.98.03.84.00, Web : isen-brest.fr

Statut : association loi 1901

■ **Ingénieur diplômé** de l'ISEN Yncréa Ouest, spécialité électronique et informatique industrielle, en partenariat avec l'ITII Bretagne options génie logiciel Big Data et Cloud Computing, ingénierie des systèmes électroniques, énergie et environnement (CTI) • **Fca :** 3 ans.

Admission principale • DUT GEII, MPh, réseaux et télécommunications, BTS systèmes numériques, électrotechnique ; dossier, entretien.

ISEN Toulon

Institut supérieur de l'électronique et du numérique de Toulon, Maison du numérique et de l'innovation, place Georges-Pompidou, 83000 Toulon, tél. 04.94.03.89.50, Web : www.isen.fr

Statut : privé sous contrat

■ **Ingénieur diplômé** de l'ISEN Yncréa Méditerranée, spécialité électronique et informatique industrielle, en partenariat avec l'ITII PACA option génie logiciel (CTI) • **Fca :** 3 ans.

Admission principale • DUT GEII, MPh, informatique, SRC, BTS SIO, IRIS ; dossier, entretien, tests.

ISP Amiens

Institut supérieur des préventeurs, av. des Facultés, 80000 Amiens, tél. 03.22.33.65.50, Web : www.cnam-hauts-de-france.fr

Statut : privé

■ **Ingénieur diplômé** du Cnam, spécialité prévention des risques, en partenariat avec l'ISP Picardie (CTI) • **Fca :** 3 ans.

Admission principale • DUT HSE, BTS bioanalyses et contrôles, biophysicien de laboratoire, chimiste, contrôle des rayonnements ionisants et application des techniques de protection, métiers des services à l'environnement ; dossier, entretien, tests.

IST BTP Amiens

Institut supérieur des techniques du bâtiment et des travaux publics de Picardie, av. des Facultés, 80000 Amiens, tél. 03.22.33.65.50, Web : www.cnam-hauts-de-france.fr

Statut : privé

■ **Ingénieur diplômé** du Cnam, spécialité construction et aménagement, en partenariat avec l'IST-BTP Picardie options bâtiment, travaux publics (CTI) • **Fca :** 3 ans.

Admission principale • Bac+2 secteur bâtiment, travaux publics ; dossier, entretien, tests.

ISTP Saint-Étienne

Institut supérieur des techniques de la performance, Campus industriel, BP 20332, 42015 Saint-Étienne cedex 2, tél. 04.77.91.16.30, Web : www.istp-france.com

Statut : association loi 1901

■ **Ingénieur diplômé** de l'école nationale supérieure des mines de Saint-Étienne de l'institut Mines-Télécom, spécialité énergétique (CTI) • **Fca :** 3 ans.

Admission principale • BTS, DUT secteur industriel et scientifique, L2 sciences et technologies ; dossier, entretien, tests.

■ **Ingénieur diplômé** de l'école nationale supérieure des mines de Saint-Étienne de l'institut Mines-Télécom, spécialité génie des installations nucléaires, en convention avec l'INSTN (CTI) • **Fca :** 3 ans.

Admission principale • BTS, DUT secteur industriel et scientifique, L2 sciences et technologies ; dossier, entretien, tests.

■ **Ingénieur diplômé** de l'école nationale supérieure des mines de Saint-Étienne de l'institut Mines-Télécom, spécialité génie industriel (CTI) • **Fca :** 3 ans mission de 2 mois à l'étranger ; cinq domaines d'application complémentaires dès la 2e année : procédés de production, management de la chaîne logistique, systèmes d'information, sûreté et maîtrise des risques, développement durable.

Admission principale • BTS, DUT secteur industriel et scientifique, L2 sciences et technologies ; dossier, entretien, tests.

■ **Ingénieur diplômé** de l'école nationale supérieure des mines de Saint-Étienne de l'institut Mines-Télécom, spécialité systèmes électroniques embarqués (CTI) • **Fca :** 3 ans.

Admission principale • Bac+2 industriel, scientifique, technologique ; dossier, entretien, tests.

ISTY Vélizy-Villacoublay

Institut des sciences et techniques des Yvelines, 10-12, av. de l'Europe, bât. Mermoz, 78140 Vélizy-Villacoublay, tél. 01.39.25.38.50, Web : www.isty.uvsq.fr

Statut : public

■ **Ingénieur diplômé** de l'ISTY de l'université de Versailles-Saint-Quentin-en-Yvelines, spécialité mécatronique en partenariat avec le CFA Ingénieurs 2000 (CTI) • **Fca :** 3 ans.

Admission principale • DUT GIM, GMP, GEII, MPh, BTS CRSA, CPI, CIRA, ATI, IRIS, systèmes électroniques, électrotechnique, conception et industrialisation en microtechniques ; dossier, entretien, tests.

■ **Ingénieur diplômé** de l'ISTY de l'université de Versailles-Saint-Quentin-en-Yvelines, spécialité systèmes électroniques en partenariat avec l'ITII Ile-de-France (CTI) • **Fca :** 3 ans une partie de la formation a lieu au CFA Mecavenir Mantes-la-Ville.

Admission principale • Bac+2 scientifique ou technique ; dossier, tests, entretien.

ISUPFERE-Mines ParisTech

Centre énergétique de l'École des mines de Paris, 60, bd Saint-Michel, 75272 Paris cedex 6, tél. 01.40.51.91.84, Web : isupfere.ensmp.fr

Statut : privé

■ **Ingénieur diplômé** de Mines ParisTech, spécialité énergétique, en convention avec le Cnam et en partenariat avec l'ISUPFERE - délivré par Mines ParisTech) - (CTI) • **Fca :** 3 ans.

Admission principale • DUT GTE, GIM GEII, GCi, MPh, BTS FED, électronique, maintenance des systèmes, maths spé ou équivalent ; dossier, tests, entretien.

ITII Alsace Mulhouse

Institut des techniques d'ingénieur de l'industrie d'Alsace, 8, rue de la Bourse, BP 1283, 68055 Mulhouse cedex, tél. 03.89.46.89.92, Web : www.itii-alsace.fr

Statut : privé

■ **Ingénieur diplômé** de l'ENSISA de l'université de Mulhouse, spécialité génie industriel, en partenariat avec l'ITII Alsace (CTI) • **Fca :** 3 ans.

Admission principale • DUT GMP, GIM, MPh, QLIO, BTS ATI, CPI, conception et industrialisation en microtechniques, électrotechnique, étude et réalisation d'outillages de mise en forme des matériaux, industrialisation des produits mécaniques, maintenance des systèmes option systèmes de production, CRSA, conception et réalisation en chaudronnerie industriel ; dossier, tests.

■ **Ingénieur diplômé** de l'INSA de Strasbourg, spécialité génie électrique, en partenariat avec l'ITII Alsace (CTI) • **Fca :** 3 ans.

Admission principale • DUT MPh, GIM, GEII, BTS systèmes électroniques, électrotechnique, CIRA, prépa ATS ; dossier.

■ **Ingénieur diplômé** de l'INSA de Strasbourg, spécialité génie énergétique, en partenariat avec l'ITII Alsace (CTI) • **Fca :** 3 ans.

Admission principale • BTS fluides énergies domotique, techniques physiques pour l'industrie et le laboratoire, CIRA, DUT GCi, MPh, GTE, prépa ATS ; dossier, tests.

■ **Ingénieur diplômé** de l'INSA de Strasbourg, spécialité mécanique, en partenariat avec l'ITII Alsace (CTI) • **Fca :** 3 ans.

Admission principale • BTS CPI, CRSA, maintenance des systèmes option systèmes de production, conception et industrialisation en microtechniques, industrialisation des produits mécaniques, étude et réalisation d'outillages de mise en forme des matériaux, DUT GMP, GIM, MPh ou diplôme équivalent ; dossier, tests.

■ **Ingénieur diplômé** de l'INSA de Strasbourg, spécialité mécatronique, en partenariat avec l'ITII Alsace (CTI) • **Fca :** 3 ans.

Admission principale • DUT GMP, GIM, MPh, BTS CPI, CRSA, maintenance des systèmes option systèmes de production, étude et réalisation d'outillages de mise en forme des matériaux, industrialisation des produits mécaniques ; dossier, tests.

■ **Ingénieur diplômé** de Télécom physique Strasbourg de l'université de Strasbourg, spécialité électronique et informatique industrielle, en partenariat avec l'ITII Alsace parcours réseaux informatiques et télécommunications, électronique et systèmes (CTI) • **Fca :** 3 ans.

Admission principale • BTS électrotechnique, CIRA, maintenance des systèmes option systèmes de production, CRSA, systèmes numériques option informatique et réseaux ou électronique et communication, DUT GEII, GIM, MPh, informatique, DUT réseaux et télécommunications, SRC ou diplôme équivalent ; dossier, tests.

■ **Ingénieur diplômé** de Télécom physique Strasbourg de l'université de Strasbourg, spécialité technologies de l'information pour la santé, en partenariat avec l'ITII Alsace (CTI) • **Fca :** 3 ans.

Admission principale • DUT MPh, informatique, GEII, réseaux et télécommunications, BTS techniques physiques pour l'industrie et le laboratoire, systèmes numériques option informatique et réseaux ou électronique et communication, génie optique, L2 orientée physique et informatique, prépa ATS, DTS imagerie médicale ; dossier, tests.

■ **Ingénieur diplômé** du Cnam, spécialité informatique, en partenariat avec l'ITII Alsace (CTI) • **Fca :** 3 ans.

Admission principale • BTS ATI, électrotechnique, systèmes numériques option informatique et réseaux, maintenance des systèmes option systèmes de production, CRSA, systèmes électroniques, DUT GIM, GEII, réseaux et télécommunications, SRC, informatique, MPh, L2 ou licence professionnelle informatique ou scientifique ; dossier, tests.

ITII Aquitaine Bruges

Institut des techniques d'ingénieur de l'industrie d'Aquitaine, maison de l'Industrie, 40, av. Maryse-Bastié, BP 75, 33523 Bruges cedex, tél. 05.56.57.44.44, Web : www.itii-aquitaine.com

Statut : privé

■ **Ingénieur diplômé** Cesi, spécialité génie industriel, en partenariat avec l'ITII Aquitaine - délivré par ei.Cesi Pau) - (CTI) • **Fca :** 3 ans.

Admission principale • Bac+2 scientifique ou technique ; dossier, entretien.

■ **Ingénieur diplômé** d'Arts et Métiers ParisTech, spécialité mécanique, en partenariat avec l'ITII Aquitaine option production-maintenance (CTI) • **Fca :** 3 ans.

Admission principale • DUT ou L2 scientifique et technique ; dossier, entretien, tests.

■ **Ingénieur diplômé** de l'institut polytechnique de Bordeaux - ENSCBP, spécialité matériaux composites et mécanique, en partenariat avec l'ITII Aquitaine (CTI) • **Fca :** 3 ans.

Admission principale • BTS, DUT scientifique ; dossier, entretiens.

■ **Ingénieur diplômé** de l'institut polytechnique de Bordeaux - ENSCBP, spécialité matériaux, en partenariat avec l'ITII Aquitaine (CTI) • **Fca :** 3 ans.

Admission principale • BTS, DUT ou L2 scientifique ; dossier, entretien, tests.

■ **Ingénieur diplômé** de l'institut polytechnique de Bordeaux - ENSEIRB-MATMECA, spécialité réseaux et systèmes d'information, en partenariat avec l'ITII Aquitaine (CTI) • **Fca :** 3 ans.

Admission principale • BTS, DUT informatique, électronique, génie industriel ; dossier, tests, entretien.

■ **Ingénieur diplômé** de l'institut polytechnique de Bordeaux - ENSEIRB-MATMECA, spécialité systèmes électroniques embarqués en partenariat avec l'ITII Aquitaine (CTI) • **Fca :** 3 ans.

Admission principale • BTS, DUT secteur électronique ; dossier, tests, entretien.

ITII Auvergne Désertines

Institut des techniques d'ingénieur de l'industrie d'Auvergne, 62, rue Henri-Barbusse, 03630 Désertines, tél. 04.70.28.23.12, Web : www.itii-auvergne.com

Statut : privé

■ **Ingénieur diplômé** de l'école d'ingénieurs SIGMA Clermont, spécialité mécanique et génie industriel, en partenariat avec l'ITII Auvergne (CTI) • **Fca :** 3 ans.

Admission principale • Bac+2 mécanique ; dossier, tests, entretien.

■ **Ingénieur diplômé** de Polytech Clermont-Ferrand, spécialité génie des systèmes de production, en partenariat avec l'ITII Auvergne (CTI) • **Fca :** 3 ans.

Admission principale • Bac+2 technologique, maths spé ; dossier, entretien.

ITII Bourgogne Auxerre

Institut des techniques d'ingénieur de l'industrie de Bourgogne, Pôle formation 58-89, 6, route de Monéteau, BP 303, 89005 Auxerre cedex, tél. 03.86.49.26.18, Web : www.itiibourgogne.com

Statut : privé

■ **Ingénieur diplômé** de l'ISAT, spécialité génie mécanique, en partenariat avec l'ITII Bourgogne options achats techniques et reconception, ergonomie et biomécanique (CTI) • **Fca :** 3 ans.

Admission principale • DUT GMP, GIM, SGM, BTS CPI, conception et réalisation de carrosseries, CRSA, conception et industrialisation en microtechniques, industrialisation des produits mécaniques, prépas PT, ATS, TSI, licence et licences pro à dominantes mécanique ou thermodynamique ; dossier, entretien.

■ **Ingénieur diplômé** de l'université de Bourgogne, spécialité génie industriel, en partenariat avec l'ITII Bourgogne options sûreté des process et maintenance, industrialisation, logistique (CTI) • **Fca :** 3 ans.

Admission principale • BTS, DUT du secteur industriel, L2 sciences et technologies, maths spé filière technologique, ATS ; dossier, entretien.

ITII Bretagne Plérin

Institut des techniques d'ingénieur de l'industrie de Bretagne, 7, rue du Bignon, BP 211, 22192 Plérin cedex, tél. 02.96.74.73.13, Web : www.itiibretagne.fr

Statut : association loi 1901

■ **Ingénieur diplômé** de l'ECAM Rennes Louis-de-Broglie, spécialité génie industriel, en partenariat avec l'ITII Bretagne (CTI) • **Fca :** 3 ans.

Admission principale • DUT MPh, GEII, GMP, GIM avec bac S, GTE, SGM, réseaux et télécommunications, L2 ou L3 scientifique, maths spé ATS ou TSI ; dossier, entretien.

■ **Ingénieur diplômé** de l'ENSIBS de l'université de Bretagne-Sud, spécialité sécurité des systèmes d'information, en partenariat avec l'ITII Bretagne (CTI) • **Fca :** 3 ans la formation se déroule à Vannes.

Admission principale en 1re année • DUT informatique, GEII, réseaux et télécommunications, BTS systèmes numériques option informatique et réseaux et prépa ATS conseillé, licence, maths spé ATS, TSI ; dossier, entretien.

Admission parallèle en 2e année • M1 ; dossier, entretien.

■ **Ingénieur diplômé** de l'Enssat de l'université Rennes 1, spécialité informatique multimédia et réseaux, en partenariat avec l'ITII Bretagne (CTI) • **Fca :** 3 ans.

Admission principale en 1re année • BTS systèmes numériques option informatique et réseaux, DUT informatique, réseaux et télécommunications, GEII, MMI, L2 ou L3 en informatique ; dossier, entretien.

Admission parallèle en 2e année • M1 informatique ; dossier, entretien.

■ **Ingénieur diplômé** de l'ENSTA Bretagne, spécialité mécanique et électronique, en partenariat avec l'ITII Bretagne options systèmes embarqués, plate-forme navale, architecture des véhicules (CTI) • **Fca :** 3 ans.

Admission principale • DUT ou BTS scientifiques ou techniques ou diplôme équivalent, maths spé ATS ; dossier, entretien.

■ **Ingénieur diplômé** de l'Icam, spécialité mécanique et automatique (CTI) • **Fca :** 3 ans

Admission principale • BTS ou DUT scientifique ou technique ou équivalent, bac S ou STI2D et maths spé ATS, PT et TSI ; dossier, entretien.

■ **Ingénieur diplômé** de l'INSA de Rennes, spécialité électronique en convention avec le Cesi, en partenariat avec l'ITII Bretagne option conception et développement de technologies innovantes (CTI) • **Fca :** 3 ans.

Admission principale • DUT GEII, réseaux et télécommunications, informatique, BTS CRSA, systèmes numériques, licence EEEA, maths spé ATS et ATI ; dossier, entretien.

■ **Ingénieur diplômé** de l'ISEN Yncréa Ouest, spécialité électronique et informatique industrielle, en partenariat avec l'ITII Bretagne options génie logiciel Big Data et Cloud Computing, ingénierie des systèmes électroniques, énergie et environnement (CTI) • **Fca :** 3 ans.

Admission principale • DUT GEII, MPh, BTS systèmes numériques, électrotechnique, bac S ou STI2D et cycle préparatoire à l'ISEN ; dossier, entretien.

■ **Ingénieur diplômé** de Télécom Bretagne de l'institut Mines-Télécom, spécialité réseaux et télécommunications, en partenariat avec l'ITII Bretagne option informatique réseaux ou réseaux télécommunications (CTI) • **Fca :** 3 ans.

Admission principale • BTS ou DUT scientifique ou technique, maths spé ATS ou TSI, licence scientifique ; dossier, entretien.

ITII Centre Val de Loire La Chapelle-Saint-Mesmin

Institut des techniques d'ingénieur de l'industrie de la région Centre-Val de Loire, 74, route nationale, 45380 La Chapelle-Saint-Mesmin, tél. 02.38.22.00.88, Web : www.itii-centre.fr

Statut : privé

■ **Ingénieur diplômé** de Polytech Orléans, spécialité génie mécanique et production, en partenariat avec l'ITII Centre-Val de Loire (CTI) • **Fca :** 3 ans.

Admission principale • Bac+2 scientifique ou technique ; dossier, entretien, test.

■ **Ingénieur diplômé** de Polytech Orléans, spécialité système d'information pour le bâtiment, en partenariat avec l'ITII Centre Val de Loire (CTI) • **Fca :** 3 ans la formation se déroule à l'IUT de Châteauroux.

Admission principale • Bac+2 scientifique ou technique ; dossier, entretien, tests.

■ **Ingénieur diplômé** de Polytech Tours, spécialité informatique industrielle, en partenariat avec l'ITII Centre-Val de Loire (CTI) • **Fca :** 3 ans.

Admission principale • Bac+2 scientifique ou technique ; dossier.

ITII Champagne-Ardenne Châlons-en-Champagne

Institut des techniques d'ingénieur de l'industrie de Champagne-Ardenne, rue Saint-Dominique, BP 508, 51006 Châlons-en-Champagne, tél. 03.26.69.26.51, Web : www.itii-ca.fr

Statut : public

■ **Ingénieur diplômé** d'Arts et Métiers ParisTech en convention avec l'université de Reims Champagne-Ardenne, spécialité mécanique, en partenariat avec l'ITII Champagne-Ardenne options ingénierie mécanique, production, maintenance fiabilité (CTI) • **Fca :** 3 ans.

Admission principale • DUT ou BTS du secteur industriel ou diplôme équivalent ; dossier, entretien, test de langue.

■ **Ingénieur diplômé** de l'UTT, spécialité matériaux et mécanique, en partenariat avec l'ITII Champagne-Ardenne (CTI) • **Fca :** 3 ans.

Admission en 1re année du cycle ingénieur • Bac+2.

ITII Dauphiné-Vivarais Valence

Institut des techniques d'ingénieur de l'industrie du Dauphiné-Vivarais, 21, rue Pierre-Méchain, BP 10028, 26901 Valence cedex 9, tél. 04.75.41.85.54, Web : www.itii-dauphine-vivarais.com

Statut : privé

■ **Ingénieur diplômé** de Grenoble INP - école nationale supérieure de génie industriel, en partenariat avec l'ITII Dauphiné-Vivarais spécialité ingénierie de la performance industrielle durable (CTI) • **Fca :** 3 ans.

Admission principale • Bac+2, licence ; dossier, entretien.

■ **Ingénieur diplômé** de Grenoble INP - Ense3, spécialité génie électrique et énergétique, en partenariat avec l'ITII Dauphiné-Vivarais spécialité ingénierie de la production et de la fourniture d'énergie (CTI) • **Fca :** 3 ans.

Admission principale • DUT, BTS + ATS ou licence à dominante physique, génie électrique ; dossier, entretien.

■ **Ingénieur diplômé** de Grenoble INP - Ensimag, en partenariat avec l'ITII Dauphiné-Vivarais spécialité informatique et systèmes d'information (CTI) • **Fca :** 3 ans.

Admission principale • DUT informatique, réseaux et télécommunications, BTS IRIS + maths spé ATS ; dossier, entretien.

■ **Ingénieur diplômé** de Grenoble INP - Esisar, en partenariat avec l'ITII Dauphiné-Vivarais spécialité électronique, informatique et systèmes (CTI) • **Fca :** 3 ans.

Admission principale • Bac+2 en électronique ou informatique ; dossier, entretien, test de langue.

■ **Ingénieur diplômé** de Grenoble INP - Phelma, spécialité conception des systèmes intégrés, en partenariat avec l'ITII Dauphiné-Vivarais (CTI) • **Fca :** 3 ans.

Admission principale • DUT GEII, réseaux et télécommunications, MPh, BTS et maths spé ATS, licence EEA, électronique et télécommunications ; dossier, entretien.

ITII des 2-Savoies Annecy-le-Vieux

Institut des techniques d'ingénieur de l'industrie des 2-Savoies, 5, chemin de Bellevue, BP 80439, 74944 Annecy-le-Vieux cedex, tél. 04.50.09.65.06, Web : www.itii2savoies.com

Statut : privé

■ **Ingénieur diplômé** d'Arts et Métiers ParisTech, spécialité gestion et prévention des risques, en partenariat avec l'ITII des 2-Savoies (CTI) • **Fca :** 3 ans la formation se déroule à l'institut Arts et Métiers, Le Bourget-du-Lac.

Admission principale • DUT ou BTS technologique ; dossier, entretien.

■ **Ingénieur diplômé** de Polytech Annecy-Chambéry, spécialité mécanique-productique, en partenariat avec l'ITII des 2-Savoies parcours génie industriel, conception et mécatronique (CTI) • **Fca :** 3 ans la formation se déroule à Polytech Annecy-Chambéry.

Admission principale • BTS, DUT à dominante technique ; dossier, entretien, tests.

ITII Franche-Comté Besançon

Institut des techniques d'ingénieur de l'industrie de Franche-Comté, 8, av. des Montboucons, 25000 Besançon, tél. 03.81.41.39.83, Web : www.itii-franche-comte.org

Statut : privé

■ **Ingénieur diplômé** de l'ENSMM, spécialité mécanique, en partenariat avec l'ITII Franche-Comté (CTI) • **Fca :** 3 ans.

Admission principale • DUT GMP, GIM, BTS ATI, CPI, conception et industrialisation en microtechniques, industrialisation des produits mécaniques, industries plastiques, licence pro ; dossier, entretien, tests.

■ **Ingénieur diplômé** de l'ENSMM, spécialité microtechniques et design, en partenariat avec l'ITII Franche-Comté options luxe et précision, microtechniques et santé (CTI) • **Fca :** 3 ans.

Admission principale • DUT GMP, MPh, BTS ATI, CPI, conception et industrialisation en microtechniques, industrialisation des produits mécaniques, industries plastiques, licence pro ; dossier, entretien, tests.

■ **Ingénieur diplômé** de l'UTBM, spécialité génie électrique, en partenariat avec l'ITII Franche-Comté (CTI) • **Fca :** 3 ans.

Admission principale • DUT GEII, GIM, MPh, informatique, BTS ATI, CRSA, CIRA, électrotechnique, FED, maintenance des systèmes option systèmes de production, systèmes numériques, L2 ou L3, maths spé ; dossier, tests, entretien.

■ **Ingénieur diplômé** de l'UTBM, spécialité informatique, en partenariat avec l'ITII Franche-Comté (CTI) • **Fca :** 3 ans.

Admission principale • DUT GEII, informatique, MPh, MMI, réseaux et télécommunications, STID, BTS SIO, systèmes numériques option informatique et réseaux, L2 ou L3, maths spé ; dossier, entretien.

■ **Ingénieur diplômé** de l'UTBM, spécialité logistique industrielle, en partenariat avec l'ITII Franche-Comté (CTI) • **Fca :** 3 ans.

Admission principale • DUT GEII, GIM, GMP, GTE, GLT, MPh, PEC, QLIO, STID, BTS ATI, CPI, maintenance des systèmes option systèmes de production, L2 ou L3, maths spé ; dossier, entretien, tests.

■ **Ingénieur diplômé** de l'UTBM, spécialité mécanique, en partenariat avec l'ITII Franche-Comté parcours conception mécanique pour l'énergie et les transports (CTI) • **Fca :** 3 ans.

Admission principale • BTS industriels, DUT chimie, GIM, GMP, GTE, MPh, SGM, L2 ou L3, maths spé ; dossier, entretien, tests.

ITII Ile-de-France Neuilly-sur-Seine

Institut des techniques d'ingénieur de l'industrie d'Ile-de-France, 34, av. du Général-de-Gaulle, 92523 Neuilly-sur-Seine cedex, tél. 01.41.92.36.73, Web : www.itii-iledefrance.fr:8080

Statut : association loi 1901

■ **Ingénieur diplômé** Cesi, spécialité bâtiment et travaux publics, en partenariat avec l'ITII Ile-de-France options bâtiment, collectivités territoriales, entrepreneuriat du bâtiment, ingénierie de projets, économie de la construction, travaux ferroviaires, travaux publics (CTI) • **Fca :** 3 ans.

Admission principale • DUT GCi, BTS bâtiment, EEC, travaux publics ou équivalent ; dossier, entretien, tests.

■ **Ingénieur diplômé** de l'ENSEA, spécialité électronique et informatique industrielle en partenariat avec l'ITII Ile-de-France options systèmes numériques, réseaux et télécommunications (CTI) • **Fca :** 3 ans.

Admission principale • Bac+2 génie électrique, informatique industriel ; dossier, tests, entretien.

■ **Ingénieur diplômé** de l'ENSIIE, spécialité informatique en partenariat avec l'ITII Ile-de-France (CTI) • **Fca :** 3 ans.

Admission principale • Bac+2 à dominante informatique ; dossier, entretien.

■ **Ingénieur diplômé** de l'EPF, spécialité systèmes informatiques et industriels, en partenariat avec l'ITII Ile de France (CTI) • **Fca :** 3 ans.

Admission principale • Bac+2 scientifique ou technique ; dossier, entretien, tests.

■ **Ingénieur diplômé** de l'Icam, spécialité mécanique et automatique, en partenariat avec l'ITII Ile-de-France (CTI) • **Fca :** 3 ans.

Admission principale • Bac+2, maths spé ; dossier, entretien.

■ **Ingénieur diplômé** de l'ISTY de l'université de Versailles-Saint-Quentin-en-Yvelines, spécialité systèmes électroniques en partenariat avec l'ITII Ile-de-France (CTI) • **Fca :** 3 ans.

Admission principale • Bac+2 scientifique ou technologique, maths spé ; dossier, tests, entretien.

■ **Ingénieur diplômé** de Mines ParisTech, spécialité énergétique, en convention avec le Cnam et en partenariat avec l'ISUPFERE (CTI) • **Fca :** 3 ans.

Admission principale • DUT GTE, GIM GEII, GCi, MPh, BTS FED, électronique, maintenance des systèmes, maths spé ou équivalent ; dossier, entretien, tests.

■ **Ingénieur diplômé** de Polytech Paris-Sud, spécialité électronique, en partenariat avec l'ITII Ile-de-France (CTI) • **Fca :** 3 ans.

Admission principale • BTS systèmes numériques, électrotechnique, DUT GEII, MPh ; dossier, tests, entretien.

■ **Ingénieur diplômé** de Polytech Paris-Sud, spécialité informatique, en partenariat avec l'ITII Ile-de-France (CTI) • **Fca :** 3 ans.

Admission principale • DUT informatique, GEII, BTS systèmes numériques, SIO ; dossier, tests, entretien.

■ **Ingénieur diplômé** de Polytech Paris-Sud, spécialité matériaux, en partenariat avec l'ITII Ile-de-France (CTI) • **Fca :** 3 ans.

Admission principale • Bac+2 ; dossier, tests, entretien.

■ **Ingénieur diplômé** de Polytech Paris-Sud, spécialité photonique, en partenariat avec l'ITII Ile-de-France (CTI) • **Fca :** 3 ans.

Admission principale • DUT GEII, MPh, BTS systèmes photoniques ; dossier, tests, entretien.

■ **Ingénieur diplômé** de Polytech Paris-UPMC, spécialité électronique et informatique, en partenariat avec l'ITII Ile-de-France parcours informatique industrielle (CTI) • **Fca :** 3 ans.

Admission principale • Bac+2 électronique ou équivalent ; dossier, tests, entretien.

■ **Ingénieur diplômé** de Polytech Paris-UPMC, spécialité génie mécanique, en partenariat avec l'ITII Ile-de-France (CTI) • **Fca :** 3 ans.

Admission principale • L2 scientifique, BTS, DUT industriels, maths spé ou équivalent ; dossier, entretien.

■ **Ingénieur diplômé** de Supméca, spécialité génie industriel, en partenariat avec l'ITII Ile-de-France options mécatronique, systèmes de production (CTI) • **Fca :** 3 ans.

Admission principale • Bac+2 ou 3 scientifique ou technologique ; dossier, entretien, tests.

■ **Ingénieur diplômé** du Cnam, spécialité génie industriel, en partenariat avec l'ITII Ile-de-France options électrotechnique, production automatisée, robotique industrielle (CTI) • **Fca :** 3 ans.

Admission principale • BTS ou DUT industriel, L2 scientifique, maths spé ou équivalent ; dossier, entretien, tests.

■ **Ingénieur diplômé** du Cnam, spécialité mécanique, en partenariat avec l'ITII Ile-de-France (CTI) • **Fca :** 3 ans.

Admission principale • BTS ATI, CPI, CRSA, conception et industrialisation en microtechniques, industrialisation des produits mécaniques, DUT GMP, SGM ; entretien, tests, dossier.

■ **Ingénieur diplômé** du Cnam, spécialité métrologie qualité, en partenariat avec l'ITII Ile-de-France (CTI) • **Fca :** 3 ans.

Admission principale • DUT MPh, GIM, QLIO, L2 sciences techniques de production industrielle ou scientifique, BTS ATI, techniques physiques pour l'industrie et le laboratoire, maintenance des systèmes option systèmes de production, CPI ; dossier, tests, entretien.

■ **Ingénieur diplômé** du Cnam, spécialité sciences et technologies nucléaires en convention avec le Cesi, en partenariat avec l'ITII Ile-de-France parcours construction-déconstruction, maintenance des installations nucléaires (CTI) • **Fca :** 3 ans.

Admission principale • BTS ATI, chimiste, construction navale, CIRA, FED, MI, physico-métallographe de laboratoire, techniques physiques pour l'industrie et le laboratoire, traitement des matériaux, DUT GCi, chimie, GCGP, GIM, HSE, MPh, SGM, licence scientifiques ou techniques, maths spé ; dossier, entretien, tests.

■ **Ingénieur diplômé** du Cnam, spécialité systèmes électriques, en partenariat avec l'ITII Ile-de-France parcours installation et distribution d'énergie, réseaux et énergies renouvelables, conception de procédés industriels (CTI) • **Fca :** 3 ans.

Admission principale • DUT MPh, GIM, GEII, GMP, BTS électrotechnique, CIRA, systèmes numériques option électronique et communications, maintenance des systèmes option systèmes de production, FED option domotique et bâtiments communicants, L2 techniques ou scientifique, maths spé ; entretien, tests, dossier.

■ **Ingénieur diplômé** du Cnam, spécialité systèmes électroniques, en partenariat avec l'ITII Ile-de-France options télécommunications, embarqué et durable (CTI) • **Fca :** 3 ans.

Admission principale • BTS systèmes électroniques, techniques physiques pour l'industrie et le laboratoire, DUT GEII, GTR, MPh ou équivalent ; dossier, tests, entretien.

ITII Loire Saint-Étienne

Institut des techniques d'ingénieur de l'industrie de la Loire, 16, bd de l'Estivallière, BP 789, 42951 Saint-Étienne cedex 9, tél. 04.77.92.80.80.

Statut : privé

■ **Ingénieur diplômé** de l'ENISE, spécialité génie mécanique, en partenariat avec l'ITII Loire parcours concevoir des systèmes innovants, industrialisation des produits mécaniques ou ergodesign (CTI) • **Fca :** 3 ans.

Admission principale • DUT GMP, GIM, SGM, BTS CPI, industrialisation des produits mécaniques, conception et industrialisation en microtechniques, CRSA, conception et réalisation de carrosserie, maths spé ATS, TSI ; dossier, entretien.

■ **Ingénieur diplômé** de Télécom Saint-Étienne de l'université de Saint-Étienne, spécialité optique en partenariat avec l'ITII Loire (CTI) • **Fca :** 3 ans.

Admission principale • Maths spé PT, TSI, L3 scientifique, DUT GEII, MPh, réseaux et télécommunications, BTS des secteurs optique et EEEA ; dossier, entretien.

ITII Lorraine Maxéville

Institut des techniques d'ingénieur de l'industrie de Lorraine, Site technologique Saint-Jacques 2, 10, rue Alfred-Kastler, 54320 Maxéville, tél. 03.83.95.35.10.

Statut : public

■ **Ingénieur diplômé** de l'école nationale supérieure des Mines de Nancy de l'université de Lorraine, spécialité génie mécanique, en partenariat avec l'ITII Lorraine (CTI) • **Fca :** 3 ans la formation se déroule à St-Dié des Vosges.

Admission principale • BTS, DUT conception, mécanique, plasturgie ou équivalent ; dossier, entretien.

■ **Ingénieur diplômé** de l'ENIM de l'université de Lorraine, spécialité mécanique et production, en convention avec l'université de Lorraine, en partenariat avec l'ITII Lorraine options fabrication usinage, conduite de systèmes intégrés de production, chef de projet, logistique, maintenance industrielle, soudage (CTI) • **Fca :** 3 ans 1 828 h, la formation se déroule à l'ENI Metz.

Admission principale • DUT, BTS en mécanique, productique, électronique ; dossier, entretien.

■ **Ingénieur diplômé** de l'ENSEM de l'université de Lorraine, en partenariat avec l'ITII Lorraine (CTI) • **Fca :** 3 ans.

Admission principale • BTS, DUT scientifique, prépa ATS, CPGE, cycle préparatoire, L2 ou L3 scientifique ; dossier, tests, entretien.

■ **Ingénieur diplômé** de Télécom Nancy de l'université de Lorraine, en partenariat avec l'ITII Lorraine spécialité ingénierie du numérique (CTI) • **Fca :** 3 ans.

Admission principale • BTS, DUT informatique ou équivalent ; dossier, entretien.

ITII Lyon

Institut des techniques d'ingénieur de l'industrie de Lyon, 60, av. Jean-Mermoz, 69372 Lyon cedex 8, tél. 04.78.77.07.57, Web : www.itii-lyon.fr

Statut : privé

■ **Ingénieur diplômé** de CPE Lyon, spécialité informatique et réseaux de communication, en partenariat avec l'ITII de Lyon (CTI) • **Fca :** 3 ans mission à l'étranger de 2 mois en 2e année, dernier semestre à temps plein en entreprise.

Admission principale • DUT informatique, réseaux et télécommunications, GEII, MPh, BTS systèmes numériques, SIO ; dossier, entretien, tests.

■ **Ingénieur diplômé** de l'école catholique d'arts et métiers de la fondation ECAM, spécialité énergie, en partenariat avec l'ITII de Lyon option énergie, exploitation et maintenance (CTI) • **Fca :** 3 ans dernier semestre à temps plein en entreprise dont 2 mois à l'étranger.

Admission principale • DUT GEII, GIM, GMP, GTE, MPh, SGM, BTS CPI, CIRA, conception et industrialisation en microtechniques, CRSA, électrotechnique, ATI, maintenance des systèmes ; dossier, entretien, tests.

■ **Ingénieur diplômé** de l'école catholique d'arts et métiers de la fondation ECAM, spécialité génie industriel et mécanique, en partenariat avec l'ITII de Lyon (CTI) • **Fca :** 3 ans dernier semestre à temps plein en entreprise dont 2 mois à l'étranger.

Admission principale • DUT GIM, GMP, MPh, BTS conception et industrialisation en microtechniques, CPI, conception et réalisation de carrosseries, conception et réalisation en chaudronnerie industrielle, CRSA, études et réalisation d'outillages de mise en forme des matériaux, industrialisation des produits mécaniques, moteur à combustion interne, ATI, après-vente automobile ; dossier, entretien, tests.

■ **Ingénieur diplômé** de l'école centrale de Lyon, spécialité énergie, en partenariat avec l'ITII de Lyon option conception des installations (CTI) • **Fca :** 3 ans mission à l'étranger de deux mois minimum.

Admission principale • DUT GEII, GCCD, GMP, GTE, MPh, SGM ou BTS ATI, CPI, CRSA, CIRA, électrotechnique, FED, maintenance des systèmes option systèmes éoliens ; dossier, entretien, test.

■ **Ingénieur diplômé** de l'INSA de Lyon, spécialité génie électrique, en partenariat avec l'ITII de Lyon (CTI) • **Fca :** 3 ans dernier semestre à temps plein en entreprise dont 2 mois à l'étranger.

Admission principale • DUT GEII, GIM, MPH, réseaux et télécommunications, BTS CIRA, électrotechnique, systèmes numériques ; dossier, entretiens, test.

■ **Ingénieur diplômé** de l'INSA de Lyon, spécialité génie mécanique, en partenariat avec l'ITII de Lyon option conception innovation de produits (CTI) • **Fca :** 3 ans dernier semestre à temps plein en entreprise dont 2 mois à l'étranger.

Admission principale • DUT GMP ou BTS conception et industrialisation en microtechniques, CPI, conception et réalisation de carrosseries, CRSA, étude et réalisation d'ouvrages de mise en forme des matériaux, industrialisation des produits mécaniques, moteurs à combustion interne ; dossier, entretien, tests.

ITII Midi-Pyrénées Beauzelle

Institut des techniques d'ingénieur de l'industrie Midi-Pyrénées, rue du Mont-Canigou, ZAC Andromède, 31700 Beauzelle, tél. 05.61.58.86.88, Web : www.cfaimp.com

Statut : association loi 1901

■ **Ingénieur diplômé** Cesi, spécialité systèmes électriques et électroniques embarqués en partenariat avec l'ITII Midi-Pyrénées (CTI) • **Fca :** 3 ans.

Admission principale • Bac+2 scientifique ou technique ; dossier, entretien, tests.

■ **Ingénieur diplômé** de 3iL en partenariat avec l'ITII Midi-Pyrénées (CTI) • **Fca :** 3 ans la formation se déroule à Rodez.

Admission principale • BTS, DUT, licence pro informatique ; concours 3iL ou banque d'épreuves DUT-BTS.

■ **Ingénieur diplômé** de l'Icam, spécialité mécanique et automatique (CTI) • **Fca :** 3 ans la formation se déroule à Toulouse.

Admission principale • BTS, DUT industriel, maths spé PT, TSI ou ATS ; dossier, entretiens.

ITII Nord-Pas-de-Calais Hénin-Beaumont

Institut des techniques d'ingénieur de l'industrie du Nord-Pas-de-Calais, ZAC du Bord-des-Eaux, BP 79, 62252 Hénin-Beaumont cedex, tél. 03.21.75.04.04.

Statut : privé

■ **Ingénieur diplômé** de l'ENSIAME de l'université de Valenciennes, spécialité génie électrique et informatique industrielle, en partenariat avec l'ITII Nord-Pas-de-Calais options maintenance des systèmes électriques, informatique industrielle avancée, gestion des énergies (CTI) • **Fca :** 3 ans.

Admission principale • Bac+2 ; dossier, entretien, tests.

■ **Ingénieur diplômé** de l'ENSIAME de l'université de Valenciennes, spécialité génie industriel, en partenariat avec l'ITII Nord-Pas-de-Calais options industrialisation, production logistique, qualité sécurité environnement, maintenance (CTI) • **Fca :** 3 ans.

Admission principale • Bac+2 ; dossier, entretien, tests.

■ **Ingénieur diplômé** de l'Icam, spécialité mécanique et automatique (CTI) • **Fca :** 3 ans.

Admission principale • BTS ou DUT industriel, cycle préparatoire Icam ; dossier, entretiens.

■ **Ingénieur diplômé** de Polytech Lille, spécialité génie industriel, en partenariat avec l'ITII Nord-Pas-de-Calais (CTI) • **Fca :** 3 ans.

Admission principale • Bac+2 ; dossier, entretien, test d'anglais.

ITII Normandie Évreux

Institut des techniques d'ingénieur de l'industrie Normandie, parc d'activités de la forêt, 422, rue Henri-Becquerel, CS 13530, 27035 Évreux cedex, tél. 02.32.28.75.55, Web : www.itii-normandie.fr

Statut : association loi 1901

■ **Ingénieur diplômé** de l'ISEL de l'université du Havre, spécialité mécanique et production, en partenariat avec l'ITII Haute-Normandie (CTI) • **Fca :** 3 ans.

Admission principale • Bac+2 scientifique ou technique ; dossier, entretien, tests.

■ **Ingénieur diplômé** du Cnam, spécialité énergétique, en partenariat avec l'ITII Haute-Normandie parcours efficacité énergétique (CTI) • **Fca :** 3 ans.

Admission principale • Bac+2 scientifique ou technique, filières génie thermique, énergie et mesures physiques en priorité ; dossier, entretien, tests.

■ **Ingénieur diplômé** du Cnam, spécialité génie industriel, en partenariat avec l'ITII Haute-Normandie parcours performance industrielle (CTI) • **Fca :** 3 ans.

Admission principale • Bac+2 scientifique ou technique ; dossier, entretien, test.

ITII PACA Istres

Institut des techniques d'ingénieur de l'industrie Provence-Alpes Côte d'Azur, ZAC de Trigance, 8, chemin de Capeau, 13800 Istres, tél. 04.42.11.44.68, Web : www.itii-paca.com

Statut : privé

■ **Ingénieur diplômé** d'Arts et Métiers ParisTech, spécialité mécanique, en partenariat avec l'ITII PACA (CTI) • **Fca :** 3 ans.

Admission principale • Bac+2 ; dossier, entretien, tests.

■ **Ingénieur diplômé** d'Arts et Métiers ParisTech, spécialité systèmes électriques, en partenariat avec l'ITII PACA (CTI) • **Fca :** 3 ans.

Admission principale • Bac+2 ; dossier, entretien, tests.

■ **Ingénieur diplômé** de l'ISEN Yncréa Méditerranée, spécialité électronique et informatique industrielle, en partenariat avec l'ITII PACA (CTI) • **Fca :** 3 ans la formation se déroule sur les sites de l'ISEN à Toulon et Marseille.

Admission principale • Bac+2 dans la spécialité ; dossier, entretien, tests.

■ **Ingénieur diplômé** de Polytech Nice Sophia-Antipolis, spécialité électronique et informatique industrielle, en partenariat avec l'ITII PACA (CTI) • **Fca :** 3 ans.

Admission principale • Bac+2 ; dossier, entretien, tests.

ITII Pays de la Loire Saint-Herblain

Institut des techniques d'ingénieur de l'industrie des Pays de la Loire, 10, chemin du Vigneau, Parc Solaris, bât. Arkam, BP 40282, 44803 Saint-Herblain cedex 3, tél. 02.28.03.69.06, Web : www.itii-pdl.com

Statut : privé

■ **Ingénieur diplômé** de l'école centrale de Nantes, spécialité bâtiment et travaux publics, en partenariat avec l'ITII Pays de la Loire (CTI) • **Fca :** 3 ans.

Admission principale • DUT, BTS secteur bâtiment ou travaux publics ; dossier, tests, entretien.

■ **Ingénieur diplômé** de l'école centrale de Nantes, spécialité mécanique, en partenariat avec l'ITII Pays de la Loire (CTI) • **Fca :** 3 ans.

Admission principale • BTS CPI, CRSA, construction navale, industrialisation des produits mécaniques, maintenance des systèmes option systèmes de production, DUT GMP, GIM, QLIO, SGM, MPh ; dossier, tests, entretien.

■ **Ingénieur diplômé** de l'école nationale supérieure des mines de Nantes de l'institut Mines-Télécom, spécialité ingénierie logicielle, en partenariat avec l'ITII Pays de la Loire (CTI) • **Fca :** 3 ans.

Admission principale • DUT informatique, SRC, réseaux et télécommunications, statistique et informatique décisionnelle ou BTS IRIS, SIO ; dossier, tests.

■ **Ingénieur diplômé** de l'ESAIP, spécialité sécurité et prévention des risques, en partenariat avec l'ITII Pays de la Loire (CTI) • **Fca :** 3 ans.

Admission principale • DUT ou BTS dans les spécialités appropriées ; dossier, tests.

■ **Ingénieur diplômé** de l'ESEO, spécialité informatique industrielle, en partenariat avec l'ITII Pays de la Loire (CTI) • **Fca :** 3 ans.

Admission principale • DUT GEII, QLIO, réseaux et télécommunications, GIM, BTS IRIS, systèmes électroniques, électrotechnique, CIRA ; dossier, tests.

■ **Ingénieur diplômé** de Polytech Nantes, spécialité génie électrique et énergétique, en partenariat avec l'ITII Pays de la Loire (CTI) • **Fca :** 3 ans.

Admission principale • Bac+2 génie thermique, GEII, électrotechnique ; dossier, tests.

■ **Ingénieur diplômé** de Polytech Nantes, spécialité systèmes réseaux et télécommunications, en partenariat avec l'ITII Pays de la Loire (CTI) • **Fca :** 3 ans.

Admission principale • Bac+2 ; dossier, entretien, tests.

ITII Picardie Amiens

Institut des techniques d'ingénieur de l'industrie de Picardie, av. des Facultés, 80000 Amiens, tél. 03.22.33.65.50, Web : www.itii-picardie.fr

Statut : association loi 1901

■ **Ingénieur diplômé** du Cnam, spécialité informatique en partenariat avec l'ITII Picardie (CTI) • **Fca :** 3 ans la formation se déroule sur le site de Beauvais.

Admission principale • Bac+2 informatique ou technique ; dossier, entretien, tests.

■ **Ingénieur diplômé** du Cnam, spécialité mécanique en partenariat avec l'ITII Picardie options production, maintenance (CTI) • **Fca :** 3 ans la formation se déroule sur le site de Beauvais.

Admission principale • Bac+2 ; dossier, entretien, tests.

■ **Ingénieur diplômé** du Cnam, spécialité systèmes électriques, en partenariat avec l'ITII Picardie (CTI) • **Fca :** 3 ans la formation se déroule sur le site de Beauvais.

Admission principale • Bac+2 ; dossier, entretien, tests.

ITII Poitou-Charentes Châtellerault

Institut des techniques d'ingénieur de l'industrie Poitou-Charentes, Formapôle, ZI du Sanital, 26, rue Bernard-Palissy, 86100 Châtellerault, tél. 05.49.86.79.90, Web : www.itii-chatellerault.fr

Statut : association loi 1901

■ **Ingénieur diplômé** du Cnam, spécialité génie industriel, en partenariat avec l'ITII Poitou-Charentes (CTI) • **Fca :** 3 ans.

Admission principale • Bac+2 à dominante scientifique ; dossier, entretien.

Polytech Annecy-Chambéry Annecy-le-Vieux

École polytechnique universitaire d'Annecy-Chambéry, campus universitaire d'Annecy-le-Vieux, BP 80439, 74944 Annecy-le-Vieux cedex, tél. 04.50.09.66.00, Web : www.polytech.univ-savoie.fr

Statut : public

■ **Ingénieur diplômé** de Polytech Annecy-Chambéry, spécialité mécanique-productique, en partenariat avec l'ITII des 2-Savoies parcours génie industriel, conception et mécatronique (CTI) • **Fca :** 3 ans.

Admission principale • BTS, DUT à dominante technique ; dossier, entretien, tests.

Polytech Clermont-Ferrand Aubière

École polytechnique de l'université Clermont Auvergne - Collegium technologies, sciences pour l'ingénieur, campus universitaire les Cézeaux, 2, av. Blaise-Pascal, TSA 60206, CS 20206, 63178 Aubière cedex, tél. 04.73.40.75.00, Web : polytech.univ-bpclermont.fr

Statut : public

■ **Ingénieur diplômé** de Polytech Clermont-Ferrand, spécialité génie des systèmes de production, en partenariat avec l'ITII Auvergne (CTI) • **Fca :** 3 ans.

Admission principale • Bac+2 technologique, maths spé ; dossier, entretien.

Polytech Grenoble Saint-Martin-d'Hères

École polytechnique de l'université Grenoble Alpes, 14, place du Conseil national de la Résistance, 38400 Saint-Martin-d'Hères, tél. 04.76.82.79.02, Web : www.polytech-grenoble.fr

Statut : public

■ **Ingénieur diplômé** de Polytech Grenoble, spécialité électronique et informatique industrielle (CTI) • **Fca :** 3 ans.

Admission principale en 1re année • Bac+2 industriel de la spécialité, maths spé ATS ; dossier, entretien, tests.

Admission parallèle en 2e année • Bac+4, 1re année validée d'école d'ingénieurs ; dossier, entretien.

Polytech Lille Villeneuve-d'Ascq

École polytechnique universitaire de Lille, Cité scientifique, av. Paul-Langevin, 59655 Villeneuve-d'Ascq cedex, tél. 03.28.76.73.00, Web : www.polytech-lille.fr

Statut : public

■ **Ingénieur diplômé** de Polytech Lille, spécialité génie industriel, en partenariat avec l'ITII Nord-Pas-de-Calais (CTI) • **Fca :** 3 ans.

Admission principale • BTS, DUT systèmes de production, L2, maths spé PT, PSI ; dossier, entretien, test d'anglais.

Polytech Nantes

École polytechnique de l'université de Nantes, site de la Chantrerie, rue Christian-Pauc, CS 50609, 44306 Nantes cedex 3, tél. 02.40.68.32.00, Web : www.polytech.univ-nantes.fr

Statut : public

■ **Ingénieur diplômé** de Polytech Nantes, spécialité génie électrique et énergétique, en partenariat avec l'ITII Pays de la Loire (CTI) • **Fca :** 3 ans stage obligatoire de 2 mois à l'étranger.

Admission principale • L2 à dominante mathématiques, physique chimie ou physique et technologie, DUT génie biologique, GCCD, GEII, GIM, GMP, MPh, GTE ou MPh, BTS FEE, électrotechnique, CIRA ; dossier, entretien, tests.

■ **Ingénieur diplômé** de Polytech Nantes, spécialité systèmes réseaux et télécommunications, en partenariat avec l'ITII Pays de la Loire (CTI) • **Fca :** 3 ans.

Admission principale • Bac+2 ; dossier, entretien, tests.

Polytech Nice Sophia-Antipolis

École polytechnique de l'université Nice Sophia-Antipolis, 930, route des Colles, BP 145, 06903 Sophia-Antipolis cedex, tél. 04.92.96.50.50, Web : www.polytech.unice.fr

Statut : public

■ **Ingénieur diplômé** de Polytech Nice Sophia-Antipolis, spécialité électronique et informatique industrielle, en partenariat avec l'ITII PACA options télécommunications, réseaux, microélectronique systèmes embarqués, génie logiciel (CTI) • **Fca :** 3 ans.

Admission principale • Bac+2 ; dossier, entretien, tests.

Polytech Orléans

École polytechnique de l'université d'Orléans, 8, rue Léonard-de-Vinci, 45072 Orléans cedex 2, tél. 02.38.41.70.50, Web : www.polytech-orleans.fr

Statut : public

■ **Ingénieur diplômé** de Polytech Orléans, spécialité génie mécanique et production, en partenariat avec l'ITII Centre-Val de Loire (CTI) • **Fca :** 3 ans.

Admission principale • Bac+2 secteur technique ; dossier, entretien, tests.

■ **Ingénieur diplômé** de Polytech Orléans, spécialité système d'information pour le bâtiment, en partenariat avec l'ITII Centre Val de Loire (CTI) • **Fca :** 3 ans la formation se déroule sur le site de Châteauroux.

Admission principale • Bac+2 secteur technique ; dossier, entretien, tests.

Polytech Paris-Sud Orsay

École polytechnique universitaire de l'université Paris-Sud, rue Louis-de-Broglie, Maison de l'ingénieur, plateau de Moulon, bât. 620, 91405 Orsay cedex, tél. 01.69.33.86.00, Web : www.polytech.u-psud.fr

Statut : public

■ **Ingénieur diplômé** de Polytech Paris-Sud, spécialité électronique, en partenariat avec l'ITII Ile-de-France (CTI) • **Fca :** 3 ans.

Admission principale • BTS systèmes numériques, électrotechnique, DUT GEII, MPh ; dossier, tests, entretien.

■ **Ingénieur diplômé** de Polytech Paris-Sud, spécialité informatique, en partenariat avec l'ITII Ile-de-France (CTI) • **Fca :** 3 ans.

Admission principale • DUT informatique, GEII, BTS systèmes numériques, SIO ; dossier, tests, entretien.

■ **Ingénieur diplômé** de Polytech Paris-Sud, spécialité matériaux, en partenariat avec l'ITII Ile-de-France (CTI) • **Fca :** 3 ans.

Admission principale • Bac+2 ; dossier, tests, entretien.

■ **Ingénieur diplômé** de Polytech Paris-Sud, spécialité photonique, en partenariat avec l'ITII Ile-de-France (CTI) • **Fca :** 3 ans.

Admission principale • DUT GEII, MPh, BTS systèmes photoniques ; dossier, tests, entretien.

Polytech Paris-UPMC Paris

École polytechnique universitaire Pierre-et-Marie-Curie, 4, place Jussieu, bât. Esclangon, case courrier 135, 75252 Paris cedex 5, tél. 01.44.27.73.13, Web : www.polytech.upmc.fr

Statut : public

■ **Ingénieur diplômé** de Polytech Paris-UPMC, spécialité électronique et informatique, en partenariat avec l'ITII Ile-de-France parours informatique industrielle (CTI) • **Fca :** 3 ans.

Admission principale • Bac+2 électronique ou équivalent ; dossier, tests, entretien.

■ **Ingénieur diplômé** de Polytech Paris-UPMC, spécialité génie mécanique, en partenariat avec l'ITII Ile-de-France (CTI) • **Fca :** 3 ans.

Admission principale • L2 scientifique, BTS, DUT industriels, maths spé ou équivalent ; dossier, entretien.

Polytech Tours

École polytechnique de l'université de Tours, 64, av. Jean-Portalis, 37200 Tours, tél. 02.47.36.14.14, Web : www.polytech.univ-tours.fr

Statut : public

■ **Ingénieur diplômé** de Polytech Tours, spécialité informatique industrielle, en partenariat avec l'ITII Centre-Val de Loire (CTI) • **Fca :** 3 ans.

Admission principale • Bac+2 scientifique ou technique ; dossier, entretien.

SIGMA Clermont Aubière

campus des Cézeaux, CS 20265, 63178 Aubière cedex, tél. 04.73.40.71.46, Web : www.sigma-clermont.fr

Statut : public

■ **Ingénieur diplômé** de l'école d'ingénieurs SIGMA Clermont, spécialité mécanique et génie industriel, en partenariat avec l'ITII Auvergne (CTI) • **Fca :** 3 ans.

Admission principale • Bac+2 mécanique ; dossier, tests, entretien.

Supméca Saint-Ouen

Institut supérieur de mécanique de Paris, 3, rue Fernand-Hainaut, 93407 Saint-Ouen cedex, tél. 01.49.45.29.00, Web : www.supmeca.fr

Statut : public

■ **Ingénieur diplômé** de Supméca, spécialité génie industriel, en partenariat avec l'ITII Ile-de-France (CTI) • **Fca :** 3 ans.

Admission principale • Bac+2 ou 3 scientifique ou technologique ; dossier, entretien, tests.

Télécom Nancy Villers-lès-Nancy

193, av. Paul-Muller, CS 90172, 54602 Villers-lès-Nancy, tél. 03.83.68.26.00, Web : www.telecomnancy.eu

Statut : public

■ **Ingénieur diplômé** de Télécom Nancy de l'université de Lorraine, en partenariat avec l'ITII Lorraine spécialité ingénierie du numérique (CTI) • **Fca :** 3 ans.

Admission principale • DUT, BTS informatique ou équivalent ; dossier, entretien.

Télécom Physique Strasbourg Illkirch-Graffenstaden

Parc d'innovation, 300 bd Sébastien-Brant, BP 10413, 67412 Illkirch-Graffenstaden cedex, tél. 03.68.85.45.10, Web : www.telecom-physique.fr

Statut : public

■ **Ingénieur diplômé** de Télécom physique Strasbourg de l'université de Strasbourg, spécialité électronique et informatique industrielle, en partenariat avec l'ITII Alsace (CTI) • **Fca :** 3 ans.

Admission principale • DUT GEII, réseaux et télécommunications, informatique, MPh, BTS électrotechnique, systèmes numériques, maintenance des systèmes option systèmes de production, CIRA, prépa ATS, L2 orientée électronique, L3, licence professionnelle ; dossier, tests, entretien.

■ **Ingénieur diplômé** de Télécom physique Strasbourg de l'université de Strasbourg, spécialité technologies de l'information pour la santé, en partenariat avec l'ITII Alsace (CTI) • **Fca :** 3 ans.

Admission principale • DUT MPh, informatique, GEII, réseaux et télécommunications, BTS techniques physiques pour l'industrie et le laboratoire, systèmes numériques, systèmes photoniques, CIRA, maths spé, L2 à dominante physique, informatique, DTS imagerie médicale et radiologie thérapeutique ; dossier, tests, entretien.

Télécom Saint-Étienne

25, rue du Docteur Rémy-Annino, 42000 Saint-Étienne, tél. 04.77.91.58.88, Web : www.telecom-st-etienne.fr

Statut : public

■ **Ingénieur diplômé** de Télécom Saint-Étienne de l'université de Saint-Étienne, spécialité optique en partenariat avec l'ITII Loire (CTI) • **Fca :** 3 ans.

Admission en 1re année du cycle ingénieur • Maths spé PT ; concours Mines-Télécom sur banque filière PT • Maths spé TSI ; concours Mines-Télécom sur concours Centrale-Supélec filière TSI • L3 scientifique, DUT GEII, MPh, réseaux et télécommunications, BTS des secteurs optique et EEEA ; dossier, entretien, test d'anglais, tests scientifiques.

Université de Bourgogne, antenne d'Auxerre

route des Plaines-de-l'Yonne, BP 16, 89010 Auxerre cedex, tél. 03.86.49.28.54, Web : sciences-techniques.u-bourgogne.fr

Statut : public

■ **Ingénieur diplômé** de l'université de Bourgogne, spécialité génie industriel, en partenariat avec l'ITII Bourgogne options sûreté des process et maintenance, industrialisation, logistique (CTI) • **Fca :** 3 ans.

Admission principale • BTS, DUT du secteur industriel, L2 sciences et technologies, maths spé filière technologique, ATS ; dossier, entretien.

UTBM Sevenans

Université de technologie de Belfort-Montbéliard, 4, rue du Château (direction), 90400 Sevenans, tél. 03.84.58.30.00, Web : www.utbm.fr

Statut : public

■ **Ingénieur diplômé** de l'UTBM, spécialité génie électrique, en partenariat avec l'ITII Franche-Comté (CTI) • **Fca :** 3 ans.

Admission principale • DUT GEII, GIM, MPh, informatique, BTS ATI, CRSA, CIRA, électrotechnique, FED, maintenance des systèmes option systèmes de production, systèmes numériques, L2 ou L3, maths spé ; dossier, entretien, tests.

■ **Ingénieur diplômé** de l'UTBM, spécialité informatique, en partenariat avec l'ITII Franche-Comté (CTI) • **Fca :** 3 ans.

Admission principale • DUT GEII, informatique, MPh, MMI, réseaux et télécommunications, STID, BTS SIO, systèmes numériques option informatique et réseaux, L2 ou L3, maths spé ; dossier, entretien, tests.

■ **Ingénieur diplômé** de l'UTBM, spécialité logistique industrielle, en partenariat avec l'ITII Franche-Comté (CTI) • **Fca :** 3 ans.

Admission principale • DUT GEII, GIM, GMP, GTE, GLT, MPh, PEC, QLIO, STID, BTS ATI, CPI, maintenance des systèmes option systèmes de production, L2 ou L3, maths spé ; dossier, entretien, tests.

■ **Ingénieur diplômé** de l'UTBM, spécialité mécanique, en partenariat avec l'ITII Franche-Comté parcours conception mécanique pour l'énergie et les transports (CTI) • **Fca :** 3 ans.

Admission principale • BTS industriels, DUT chimie, GIM, GMP, GTE, MPh, SGM, L2 ou L3, maths spé ; dossier, entretien, tests.

UTT Troyes

Université de technologie de Troyes, 12, rue Marie-Curie, CS 42060, 10004 Troyes cedex, tél. 03.25.71.76.00, Web : www.utt.fr

Statut : public

■ **Ingénieur diplômé** de l'UTT, spécialité matériaux et mécanique, en partenariat avec l'ITII Champagne-Ardenne (CTI) • **Fca :** 3 ans.

Admission en 1re année du cycle ingénieur • Bac+2.

Les écoles universitaires, en fiches

Département d'ingénierie de la faculté des sciences exactes et naturelles Pointe-à-Pitre

campus de Fouillole, BP 250, 97157 Pointe-à-Pitre cedex, tél. 0590.48.34.38, Web : www.univ-ag.fr/ingenieur

Statut : public • **Frais d'inscription :** aucun • **Frais de scolarité :** 615 € par an.

■ **Ingénieur diplômé** de l'université des Antilles, spécialités : matériaux • systèmes énergétiques (CTI) • **Durée des études :** 3 ans la 1re année peut se dérouler à l'ENSIACET à Toulouse.

Admission en 1re année du cycle ingénieur • Licence ou diplôme étranger équivalent, DUT, BTS, maths spé ; dossier.

Admission parallèle en 2e année du cycle ingénieur • M1 ou diplôme étranger équivalent ; dossier.

Admission parallèle en 3e année du cycle ingénieur • Master ; dossier.

ECAM-EPMI Cergy-Pontoise

13, bd de l'Hautil, 95092 Cergy-Pontoise cedex, tél. 01.30.75.60.40, Web : www.ecam-epmi.fr

Statut : association loi 1901

■ **Ingénieur diplômé** ECAM-EPMI, spécialité génie énergétique et climatique (CTI) • **Fca :** 3 ans.

Admission en 1re année du cycle ingénieur • Bac+2 ou bac + 3 scientifique ou technologique, maths spé ; dossier, entretien.

ENSIC Nancy

École nationale supérieure des industries chimiques de Nancy, 1, rue Grandville, BP 20451, 54001 Nancy cedex, tél. 03.83.17.50.00, Web : ensic.univ-lorraine.fr

Statut : public • **Frais d'inscription :** aucun • **Frais de scolarité :** 615 € par an.

■ **Ingénieur diplômé** de l'ENSIC de l'université de Lorraine, spécialité génie chimique, en partenariat avec l'UIC (CTI) • **Durée des études :** 3 ans 2e année à la Hochschule Mannheim en Allemagne pour la formation binationale franco-allemande.

Admission en 1re année du cycle ingénieur • DUT chimie, GCGP, MPh, GTE, BTS chimiste, L2 de chimie, physique-chimie, sciences de la matière, génie des procédés, prépa ATS ; dossier, entretien.

ESIPE Créteil

École supérieure d'ingénieurs de Paris-Est Créteil, centre Saint-Simon, 71, rue Saint-Simon, 94017 Créteil cedex, tél. 01.56.72.62.55, Web : www.miage.u-pec.fr

Statut : public • **Frais d'inscription :** aucun • **Frais de scolarité :** 610 € par an.

■ **Ingénieur diplômé** de l'université Paris-Est Créteil, spécialité systèmes d'information (CTI) • **Durée des études :** 3 ans. Fca possible.

Admission principale • Bac+2 ou bac + 3 informatique ou scientifique ; dossier, entretien.

ESIPE-MLV Marne-la-Vallée

École supérieure d'ingénieurs Paris-Est Marne-la-Vallée, 5, bd Descartes, Champs-sur-Marne, 77454 Marne-la-Vallée cedex 2, tél. 01.60.95.76.49, Web : esipe.u-pem.fr

Statut : public • **Frais d'inscription :** aucun • **Frais de scolarité :** 610 € par an.

■ **Ingénieur diplômé** de l'université Paris-Est Marne-la-Vallée, spécialité image, multimédia, audiovisuel et communication (CTI) • **Durée des études :** 3 ans.

Admission en 1re année du cycle ingénieur • L2 ou L3 scientifique, BTS, DUT, classes préparatoires scientifiques ou littéraires, diplôme d'école d'art ; dossier, entretien éventuel.

ESITech Saint-Étienne-du-Rouvray

École supérieure d'ingénieurs en technologies innovantes, Campus d'ingénierie du Madrillet, CS 70012, 76801 Saint-Étienne-du-Rouvray cedex, tél. 02.32.95.51.00, Web : esitech.univ-rouen.fr

Statut : public • **Frais d'inscription :** aucun • **Frais de scolarité :** 606 € par an.

■ **Ingénieur diplômé** de l'ESITech de l'université de Rouen en convention avec l'INSA Rouen, spécialités : génie biologique options biotechnologie et bioproduction, outils innovants pour la santé et la cosmétique • génie physique en convention avec l'INSA Rouen options diagnostics pour les fluides et les systèmes énergétiques, fiabilité des matériaux pour le transport et l'énergie, modélisation numérique multiphysique (CTI) • **Durée des études :** 3 ans.

Admission en 1re année du cycle ingénieur • Maths spé, bac+2 ; dossier, entretien.

INP-ENSEEIHT Toulouse

École nationale supérieure d'électrotechnique, d'électronique, d'informatique, d'hydraulique et des télécommunications, 2, rue Charles-Camichel, BP 7122, 31071 Toulouse cedex 7, tél. 05.34.32.20.00, Web : www.enseeiht.fr

Statut : public

■ **Ingénieur diplômé** de l'ENSEEIHT de l'INP Toulouse, spécialité électronique-génie électrique • informatique et réseaux (CTI) • **Fca :** 3 ans.

Admission en 1re année du cycle ingénieur • DUT, BTS, licence ; dossier, entretien.

SeaTech Toulon

École d'ingénieurs de l'université de Toulon, CS 60584, 83041 Toulon cedex 9, tél. 04.83.16.66.60, Web : www.seatech.fr

Statut : public

■ **Ingénieur diplômé** de l'école d'ingénieurs de l'université de Toulon, spécialité matériaux (CTI) • **Fca :** 3 ans.

Admission en 1re année du cycle ingénieur • DUT, BTS ; dossier, entretien.

UPSSITECH - département de la faculté des sciences et d'ingénierie Toulouse

118, route de Narbonne, 31062 Toulouse cedex 9, tél. 05.61.55.75.46, Web : upssitech.ups-tlse.fr

Statut : public • **Frais d'inscription :** aucun • **Frais de scolarité :** 610 € par an.

■ **Ingénieur diplômé** de l'université Toulouse 3, spécialités : génie civil et géosciences • robotique • télécommunications et réseaux (CTI) • **Durée des études :** 3 ans.

Admission en 1re année du cycle ingénieur • Bac+2, préparation aux formations d'ingénieurs de Toulouse ingénierie (PACES-TI) de l'UPS ; dossier, entretien.

Admission parallèle en 2e année du cycle ingénieur • Bac+3 ; dossier, entretien.

UTT Troyes

Université de technologie de Troyes, 12, rue Marie-Curie, CS 42060, 10004 Troyes cedex, tél. 03.25.71.76.00, Web : www.utt.fr

Statut : public

■ **Ingénieur diplômé** de l'UTT, spécialité matériaux et mécanique option procédés et mise en œuvre des matériaux (CTI) • **Fca :** 3 ans la formation se déroule à l'antenne de Nogent, Haute-Marne.

Admission en 1re année du cycle ingénieur • Bac+2 scientifique ; dossier, entretien.

Les autres écoles

L'ENSICAEN, l'ESFF Sèvres (École supérieure de fonderie et de forge), HEI (campus Centre), les Mines Alès et Télécom SudParis Évry organisent leurs propres admissions en première année de cycle ingénieur. Sans passer par un concours commun ou une banque de notes. La sélection repose sur l'étude de votre dossier, un entretien et, pour certains établissements, un test d'anglais écrit.

Les autres écoles, en fiches

ei.Cesi La Couronne

École d'ingénieurs du Cesi - centre d'Angoulême, 40, route de la Croix-du-milieu, 16400 La Couronne, tél. 05.45.67.05.92, Web : www.eicesi.fr

Statut : association loi 1901

■ **Ingénieur diplômé** Cesi (CTI) • **Fca :** 3 ans mission à l'étranger de 3 mois minimum.

Admission en 1re année du cycle ingénieur • DUT, BTS scientifique ou technique ; dossier, épreuves écrites et orales.

---

ei.Cesi Arras

École d'ingénieurs du Cesi - centre d'Arras, 7, rue Diderot, 62000 Arras, tél. 03.21.51.67.18, Web : www.eicesi.fr

Statut : association loi 1901

■ **Ingénieur diplômé** Cesi (CTI) • **Fca :** 3 ans mission à l'étranger de 3 mois minimum.

Admission en 1re année du cycle ingénieur • BTS, DUT scientifique ou technique ; dossier, entretiens, tests.

---

ei.Cesi La Rochelle

École d'ingénieurs du Cesi - centre de La Rochelle, Maison des sciences de l'ingénieur, av. Michel-Crépeau, 17024 La Rochelle cedex, tél. 05.16.46.65.26, Web : www.eicesi.fr

Statut : association loi 1901

■ **Ingénieur diplômé** Cesi, spécialité bâtiment et travaux publics, en convention avec l'université de La Rochelle (CTI) • **Fca :** 3 ans.

Admission en 1re année du cycle ingénieur • DUT, BTS secteur génie civil, BTP ; dossier, épreuves écrites et orales.

ei.Cesi Écully

École d'ingénieurs du Cesi - centre de Lyon, 19, av. Guy-de-Collongue, 69134 Écully cedex, tél. 04.72.18.89.89, Web : www.eicesi.fr

Statut : association loi 1901

■ **Ingénieur diplômé** Cesi (CTI) • **Fca :** 3 ans mission à l'étranger de 3 mois minimum.

Admission en 1re année du cycle ingénieur • BTS, DUT technique ou scientifique ; dossier, épreuves écrites et orales.

ei.Cesi Villers-lès-Nancy

École d'ingénieurs du Cesi - centre de Nancy, 2 bis, rue de la Crédence, 54600 Villers-lès-Nancy, tél. 03.83.28.46.46, Web : www.eicesi.fr

Statut : association loi 1901

■ **Ingénieur diplômé** Cesi (CTI) • **Fca :** 3 ans mission à l'étranger de 3 mois minimum.

Admission en 1re année du cycle ingénieur • BTS, DUT technique ou scientifique ; dossier, entretiens, épreuves écrites.

ei.Cesi Sophia-Antipolis

École d'ingénieurs du Cesi - centre de Nice, 1240, route des Dolines, Buropolis 1, 06560 Sophia-Antipolis, tél. 04.72.18.54.70, Web : www.eicesi.fr

Statut : association loi 1901

■ **Ingénieur diplômé** Cesi (CTI) • **Fca :** 3 ans mission à l'étranger de 3 mois minimum.

Admission en 1re année du cycle ingénieur • BTS, DUT scientifique ou technique ; dossier, entretien, tests.

ei.Cesi Nanterre

École d'ingénieurs du Cesi - centre de Paris, 93, bd de la Seine, BP 602, 92006 Nanterre cedex, tél. 01.55.17.80.00, Web : www.eicesi.fr

Statut : association loi 1901

■ **Ingénieur diplômé** Cesi (CTI) • **Fca :** 3 ans mission à l'étranger de 3 mois minimum.

Admission en 1re année du cycle ingénieur • BTS, DUT scientifique ou technique ; dossier, entretien, tests.

ei.Cesi Assat

École d'ingénieurs du Cesi - centre de Pau, Pôle Aéropolis, Centre de formation de l'industrie, 64510 Assat, tél. 05.59.32.90.23, Web : www.eicesi.fr

Statut : association loi 1901

■ **Ingénieur diplômé** Cesi (CTI) • **Fca :** 3 ans mission à l'étranger de 3 mois minimum.

Admission en 1re année du cycle ingénieur • BTS, DUT scientifique ou technique ; dossier, épreuves écrites et orales.

ei.Cesi Mont-Saint-Aignan

École d'ingénieurs du Cesi - centre de Rouen-Mont-Saint-Aignan, 1, rue Marconi, Parc de la Vatine, 76130 Mont-Saint-Aignan, tél. 02.32.81.85.60, Web : www.eicesi.fr

Statut : association loi 1901

■ **Ingénieur diplômé** Cesi (CTI) • **Fca :** 3 ans mission à l'étranger de 3 mois minimum.

Admission en 1re année du cycle ingénieur • BTS, DUT scientifique ou technique, cycle préparatoire du Cesi ; dossier, épreuves écrites et orales.

ei.Cesi Saint-Nazaire

École d'ingénieurs du Cesi - centre de Saint-Nazaire, campus Gavy-Océanis, bd de l'Université, BP 152, 44603 Saint-Nazaire cedex, tél. 02.40.00.17.00, Web : www.eicesi.fr

Statut : association loi 1901

■ **Ingénieur diplômé** Cesi (CTI) • **Fca :** 3 ans mission à l'étranger de 3 mois minimum.

Admission en 1re année du cycle ingénieur • BTS, DUT scientifique ou technique ; dossier, épreuves écrites et orales.

ENISE Saint-Étienne

École nationale d'ingénieurs de Saint-Étienne, 58, rue Jean-Parot, 42023 Saint-Étienne cedex 2, tél. 04.77.43.84.84, Web : www.enise.fr

Statut : public • **Frais d'inscription :** 50 € • **Frais de scolarité :** 610 € par an.

■ **Ingénieur diplômé** de l'ENISE, spécialité génie physique parcours génie sensoriel (CTI) • **Durée des études :** 3 ans.

Admission en 1re année du cycle ingénieur • Maths spé, bac+2 ; dossier, entretien éventuel.

ENSEGID Pessac

École nationale supérieure en environnement, géoressources et ingénierie du développement durable, 1, allée Fernand-Daguin, 33607 Pessac cedex, tél. 05.56.84.69.00, Web : ensegid.bordeaux-inp.fr

Statut : public • **Frais d'inscription :** aucun • **Frais de scolarité :** 629 € par an.

■ **Ingénieur diplômé** de l'institut polytechnique de Bordeaux - ENSEGID options géoressources, ressources en eau, gestion de l'environnement (CTI) • **Durée des études :** 3 ans.

Admission en 1re année du cycle ingénieur • Maths spé BCPST ; concours sur banque d'épreuves G2E • Cycle préparatoire de Bordeaux (CPBx), prépa des INP ; dossier, entretien • Maths spé, DUT, licence SVTE ; dossier, entretien, épreuves écrites.

Admission parallèle en 2e année du cycle ingénieur • M1 ; dossier, entretien.

ENSICAEN Caen

École nationale supérieure d'ingénieurs de Caen, 6, bd Maréchal-Juin, CS 45053, 14050 Caen cedex 4, tél. 02.31.45.27.50, Web : www.ensicaen.fr

Statut : public

■ **Ingénieur diplômé** de l'ENSICAEN, spécialité matériaux et mécanique (CTI) • **Fca :** 3 ans.

Admission en 1re année du cycle ingénieur • DUT MPh, GMP, GIM, SGM, BTS secteur mécanique, matériaux+ maths spé ATS, licence secteur industriel ou à dominante matériaux ou diplôme étranger équivalent ; dossier, entretien, test d'anglais.

Admission parallèle en 2e année du cycle ingénieur • Bac+4 scientifique, M1 ou diplôme étranger équivalent ; dossier, entretien, test d'anglais.

ESFF Sèvres

École supérieure de fonderie et de forge, 44, av. de la Division-Leclerc, 92310 Sèvres, tél. 01.55.64.04.40, Web : www.esff.fr

Statut : privé

■ **Ingénieur diplômé** de l'école supérieure de fonderie et de forge en convention avec Arts et Métiers, en partenariat avec l'IESFF (CTI) • **Fca :** 3 ans.

Admission en 1re année du cycle ingénieur • BTS spécialisé en fonderie, forge, matériaux, DUT GMP, SGM, MPh, maths spé ; concours, dossier, entretien • Maths spé PT ; concours sur banque filière PT • L2 ou L3 scientifique ou technique ; dossier, entretien.

HEI campus Centre Châteauroux

Hautes études d'ingénieur, campus Centre, Site Balsan, 2, allée Jean-Vaillé, 36000 Châteauroux, tél. 02.54.53.52.90, Web : centre.hei.fr

Statut : privé

■ **Ingénieur diplômé** d'HEI Yncréa Hauts-de-France, domaine mécatronique et robotique (CTI) • **Fca :** 3 ans.

Admission en 1re année du cycle ingénieur • DUT, BTS, licence technique ou scientifique, licence pro, maths spé ; dossier, entretien, test d'anglais.

INSA Rouen Normandie Saint-Étienne-du-Rouvray

Institut national des sciences appliquées de Rouen Normandie, 685 av. de l'Université, BP 08, 76801 Saint-Étienne-du-Rouvray cedex, tél. 02.32.95.97.00, Web : www.insa-rouen.fr

Statut : public

■ **Ingénieur diplômé** de l'INSA de Rouen, spécialités : génie des procédés • génie énergétique (CTI) • **Fca :** 3 ans.

Admission en 1re année du cycle ingénieur • Bac+2 ; dossier, entretien.

INSIC Saint-Dié-des-Vosges

Institut supérieur d'ingénierie de la conception, 27, rue d'Hellieule, 88100 Saint-Dié-des-Vosges, tél. 03.29.42.18.21, Web : www.insic.fr

Statut : public • **Frais d'inscription :** aucun • **Frais de scolarité :** 615 € par an.

■ **Ingénieur diplômé** de l'école nationale supérieure des Mines de Nancy de l'université de Lorraine, spécialité génie mécanique (CTI) • **Durée des études :** 3 ans.

Admission en 1re année du cycle ingénieur • BTS, DUT, maths spé PT, ATS ; dossier, entretien.

Admission parallèle en 2e année du cycle ingénieur • DEST, M1 ; dossier, entretien.

Mines Alès

École nationale supérieure des mines d'Alès, 6, av. de Clavières, 30319 Alès cedex, tél. 04.66.78.50.00, Web : www.mines-ales.fr

Statut : public

■ **Ingénieur diplômé** de l'école nationale supérieure des mines d'Alès de l'institut Mines-Télécom, spécialités : conception et management de la construction • informatique et réseaux • mécatronique (CTI) • **Fca :** 3 ans.

Admission en 1re année du cycle ingénieur • Bac+2 ; concours, dossier, entretien.

Mines Nancy

École nationale supérieure des mines de Nancy, campus Artem, 92, rue du Sergent-Blandan, CS 14234, 54042 Nancy cedex, tél. 03.83.66.26.00, Web : www.mines-nancy.univ-lorraine.fr

Statut : public • **Frais d'inscription :** aucun • **Frais de scolarité :** 615 € par an.

■ **Ingénieur diplômé** de l'école nationale supérieure des mines de Nancy de l'université de Lorraine, spécialité génie industriel et matériaux (CTI) • **Durée des études :** 3 ans.

Admission principale en 1re année • BTS, DUT, maths spé ATS, PT, TSI, prépa des INP, licence professionnelle ; dossier, entretien.

Admission parallèle en 2e année • M1 ou équivalent ; dossier, entretien.

Polytech Montpellier

École polytechnique universitaire de Montpellier, place Eugène-Bataillon, 34095 Montpellier cedex 5, tél. 04.67.14.31.60, Web : www.polytech-montpellier.fr

Statut : public

■ **Ingénieur diplômé** de Polytech Montpellier, spécialité mécanique options fabrication et qualité des structures chaudronnées, énergie nucléaire et maintenance (CTI) • **Fca :** 3 ans la formation se déroule à Nîmes.

Admission en 1re année du cycle ingénieur • Bac+2 secteur chaudronnerie, mécanique, matériaux ou équivalent ; dossier, entretien, tests.

Polytech Nancy Vandœuvre-lès-Nancy

École polytechnique universitaire de Nancy, 2, rue Jean-Lamour, 54519 Vandœuvre-lès-Nancy cedex, tél. 03.83.68.50.00, Web : www.esstin.univ-lorraine.fr

Statut : public

■ **Ingénieur diplômé** de l'ESSTIN de l'université de Lorraine, spécialité informatique industrielle (CTI) • **Fca :** 3 ans.

Admission en 1re année du cycle ingénieur • Bac+2, maths spé ; dossier, entretien.

Télécom SudParis Évry

9, rue Charles-Fourier, 91011 Évry cedex, tél. 01.60.76.40.40, Web : www.telecom-sudparis.eu

Statut : public

■ **Ingénieur diplômé** de Télécom SudParis de l'institut Mines-Télécom, spécialité réseaux (CTI) • **Fca :** 3 ans.

Admission en 1re année du cycle ingénieur • DUT réseaux et télécommunications, GEII, BTS SIO SISR, prépa ATS ; dossier, entretien, test d'anglais.

Admission parallèle en 2e année du cycle ingénieur • Licence scientifique ou technologique en adéquation avec la spécialité ; concours.

Les admissions parallèles

L'admission parallèle est proposée aux élèves qui ont suivi une première formation dans le supérieur, autre qu'une classe prépa : BTS, DUT, L2... et qui souhaitent rejoindre une école d'ingénieurs.

Ce peut être un choix délibéré, mûri et stratégique avec la volonté de valider un premier diplôme dans le supérieur. Mais aussi une idée venue sur le tard, après avoir découvert un domaine, une spécialisation ou une formation bien particulière.

Quasiment toutes les écoles proposent ainsi une sélection *via* les admissions parallèles. La majorité à bac+2, mais certaines la proposent à bac+1. Les établissements veulent diversifier leur recrutement car les employeurs sont friands de profils variés, autres que des élèves issus de prépa.

Aujourd'hui, 30 % des élèves admis en écoles d'ingénieurs l'ont été par voies parallèles.

Pour structurer la sélection, les écoles se sont fédérées au sein de concours communs, comme pour la sélection postbac ou postprépa. Il en existe au moins neuf aujourd'hui (détaillées ci-après).

Si vous préférez une transition en douceur et voulez assurer vos chances d'être admis, vous pouvez intégrer une prépa ATS dont l'objectif est de préparer en un an les candidats aux écoles d'ingénieurs. Elle est ouverte aux BTS de 14 spécialités, aux DUT de 11 spécialités et aux BTSA (brevet de technicien supérieur agricole) toutes spécialités. Elle se divise en deux branches : la prépa ATS bio qui ouvre les portes du concours C de la banque Agro-Véto et la prépa ATS ingénierie industrielle, qui donne accès au concours ATS, à la banque d'épreuves DUT/BTS... Elle est proposée dans plus de 30 lycées.

LES CONCOURS COMMUNS D'ADMISSIONS PARALLÈLES

Nous vous détaillons ci-dessous les neuf concours communs de recrutement en admission parallèle.

Le concours DEUG ou concours national L2

Il ouvre les portes de 19 écoles : l'ENSMM, l'ESTIA Bidart, l'Enseirb- Matmeca, l'ENSICAEN, l'ENSEA Cergy, l'ENSIEE (Évry et Strasbourg), l'ENSIL-ENSCI, l'ENSIL, l'ENSG, l'ENSCM, l'ENSEM Nancy, l'ENSGSI, l'ENSGTI, l'ISAE-ENSMA, l'ECPM, Télécom physique Strasbourg, SeaTech Toulon, et ENSIACET.
Sachez que la quasi-totalité d'entre elles a également mis sur pied des procédures de recrutement qui leur sont propres pour recruter des élèves postbac+2. C'est d'ailleurs le cas des autres écoles des concours communs polytechniques qui n'ont pas rejoint le concours DEUG-L2.

À noter : ce concours sera supprimé à la rentrée 2018-2019.

Pour qui ?

Le concours est ouvert aux étudiants titulaires d'un DEUG dans les domaines des sciences et technologies, et à ceux ayant validé quatre semestres dans ce même champ. Il est décliné en trois options : mathématiques, physique et chimie. Libres aux étudiants de choisir une, deux ou les trois options. En 2017, 44 places ont été offertes pour l'option mathématiques, 36 en physique et 14 en chimie.

La sélection

L'inscription se fait sur www.ccp.scei-concours.fr entre janvier et mars. À l'écrit, vous passez cinq à six épreuves : mathématiques, physique, chimie, mécanique, français et langue vivante (au choix parmi : anglais, allemand et espagnol). Les quatre premières sont divisées en deux parties mais les deux ne comptent pas forcément, cela dépend de l'option choisie. Par exemple, seule la partie 1 de l'épreuve de mathématiques est prise en compte en chimie ; en mathématiques, vous ne passez pas de chimie. À l'oral, vous passez une épreuve de mathématiques, physique ou chimie selon votre option, un entretien et une épreuve de langue vivante (la même qu'à l'écrit).

Les frais d'inscription

En 2017, ils s'élevaient à 170 € que vous présentiez une, deux ou trois options. Gratuits pour les candidats boursiers.

Renseignements

Service des CCP - 31405 Toulouse Cedex 4 – CS 44410 – Tél. : 05.62.47.33.43
Site : http ://ccp.scei-concours.fr

La banque d'épreuves DUT-BTS

Quatorze écoles, publiques et privées, recrutent, *via* cette banque d'épreuves, des DUT ou BTS dans les domaines du génie électrique, du génie mécanique et du génie civil.

Les écoles qui recrutent sur écrit et oral communs sont : Arts et Métiers ParisTech, l'ENSEA, l'Esigelec, l'ESIREM, l'ESTP Paris et l'ISAT.
L'ECAM-EPMI et l'ESIEA Paris-Laval recrutent uniquement sur écrit commun.

Enfin, certaines écoles recrutent sur écrit commun mais ont un oral qui leur est propre : les ECAM Rennes et Strasbourg-Europe, l'ENS Cachan/Paris-Saclay, l'Esix Normandie, l'ESTIA Bidart et Supméca.

Pour qui ?

Le concours, géré par l'ENSEA, est ouvert aux étudiants titulaires d'un DUT ou d'un BTS. 218 places en génie électrique, 162 en génie mécanique et 24 en génie civil ont été ouvertes en 2017.

La sélection

L'inscription se fait sur www.concours.ensea.fr entre février et mars. À l'écrit, vous planchez sur trois QCM : mathématiques, anglais et électricité-électronique, mécanique ou génie civil selon l'option choisie (une seule par candidat). Sachez que l'Esigelec et l'ESTIA prennent en compte la note de dossier pour définir une liste de « grands admissibles » dispensés d'oral.

À l'oral justement, quelle que soit votre option, vous passez un entretien. Les candidats de génie électrique passent des épreuves de mathématiques et d'électricité-électronique ; les candidats de génie mécanique, des épreuves d'anglais et de mécanique ; les candidats de génie civil, des épreuves de mathématiques et de génie civil et construction. Une note de dossier est également comptabilisée à l'oral. Les coefficients diffèrent selon les écoles.

Les frais d'inscription

En 2017, ils étaient de 60 € auxquels vous deviez ajouter une somme variable selon les écoles. Les boursiers ne paient que la moitié de la somme totale.

Renseignements

Service concours – ENSEA – 6, avenue du Ponceau – CS 20707 Cergy – 95 014 Cergy-Pontoise Cedex – Tél. : 01.30.73.62.28
Site : http ://concours.ensea.fr

Le concours ATS

Comme la banque d'épreuves BTS/DUT, le concours est géré par le service concours de l'ENSEA. Il fédère une quarantaine d'écoles. Certaines ont choisi d'organiser leurs propres oraux.

Les écoles qui recrutent sur écrit et oral communs sont : Art et Métiers ParisTech, les écoles Centrale de Lille, Marseille et Nantes, l'ECAM Lyon, ECAM-EPMI, EIGSI La Rochelle, EIl Côte d'Opale, ENSEA, l'ENS de Rennes, l'ENGT, l'ENSIM, l'ENSSAT, l'Esigelec Rouen, l'ESIREM, l'ESTIA, l'ESTP Paris, IMT Lille Douai (ingénieur Mines Douai), l'INP-ENI Tarbes, l'ISAE-ENSMA, l'ISAT, les Mines d'Alès, Polytech Annecy-Chambéry, Clermont-Ferrand, Grenoble, Lille, Lyon, Marseille, Nantes, Nice-Sophia, Orléans, Paris-Sud, Tours, Supméca, Télécom Nancy et SudParis.

Les écoles qui recrutent sur écrit commun et oral spécifique sont : les ECAM Rennes et Strasbourg-Europe, l'ENSISA, l'ESB, l'ESFF, l'ESIEA, l'Esix, Mines ParisTech et Sigma Clermont-Ferrand.

Pour qui ?

Les élèves inscrits en prépa ATS sont les seuls à pouvoir s'inscrire à ce concours. 470 places ont été ouvertes en 2017.

La sélection

L'inscription se fait sur www.concours.ensea.fr entre février et mars. Cinq épreuves sont proposées à l'écrit : un QCM d'anglais, un résumé et un commentaire de français, trois problèmes de mathématiques, sciences industrielles et sciences physiques.
À l'oral, vous passez des épreuves de langues (au choix parmi anglais, espagnol ou allemand), mathématiques, sciences industrielles (deux interrogations en génie électrique et génie mécanique) et sciences physiques. Les coefficients sont les mêmes à l'écrit et à l'oral dans chaque établissement.

Les frais d'inscription

En 2017, ils étaient de 60 € auxquels vous deviez ajouter une somme variable selon l'école choisie. Les boursiers ne paient que la moitié de la somme totale.

Renseignements

Service Concours – ENSEA : 6, avenue du Ponceau – CS 20707 Cergy - 95014 Cergy-Pontoise Cedex – Tél. : 01.30.73.62.28
Site : http ://concours.ensea.fr

Le concours C

Le concours C se divise en deux voies. Le concours C bio qui ouvre les portes des écoles suivantes : Agrocampus Ouest (campus d'Angers et de Rennes), AgroParisTech, AgroSup Dijon, Bordeaux sciences agro, l'ENSAIA, l'ENSAT, Montpellier SupAgro, Oniris (cursus ingénieur) et VetAgro Sup Clermont-Ferrand (cursus ingénieur). Le concours C ENV fédère les quatre écoles nationales vétérinaires : l'ENVA, VetAgro Sup Lyon (cursus vétérinaire), Oniris (cursus vétérinaire) et l'ENVT. Nous ne détaillons ici que le premier concours C bio menant au métier d'ingénieur.

Pour qui ?

Vous pouvez vous inscrire si vous êtes titulaire d'un BTSA, toutes options ; d'un BTS (d'une de ces spécialités : agroéquipement, analyses de biologie médicale, bio analyses et contrôles, biotechnologie, chimiste, conception et réalisation de systèmes automatiques, contrôle industriel et régulation automatique, diététique, hygiène propreté-environnement, industries céréalières, informatique et réseaux pour l'industrie et les services techniques, maintenance industrielle, métiers de l'eau, qualité dans les industries alimentaires et les bio-industries, techniques physiques pour l'industrie et le laboratoire) ou d'un DUT (d'une de ces spécialités : génie biologique, génie du conditionnement et de l'emballage, chimie-génie chimique et génie des procédés, génie thermique et énergie, gestion logistique et transports, hygiène-sécurité-environnement, mesures physiques, qualité, logistique industrielle et organisation, science et génie des matériaux). Les candidats titulaires d'un DTSM (diplôme de technicien supérieur maritime) ou d'un BTSM (brevet de technicien supérieur maritime) peuvent aussi candidater.

Écoles	Nombre de places
Agrocampus Ouest	10
AgroParisTech	19
AgroSup Dijon	23
Bordeaux sciences agro	14
ENSAIA	5
ENSAT	5
Montpellier SupAgro	9
Oniris	9
VetAgro Sup	20

La sélection

L'inscription se fait en général durant les deux premiers mois de l'année sur www.concours-agro-veto.net.

Les épreuves écrites se déroulent durant deux jours. Vous passez une épreuve de biologie (synthèse et étude de documents) de 3 heures, coefficient 2 ; une épreuve de chimie de 2 heures, coefficient 1 ; une épreuve de physique de 2 heures, coefficient 1 ; une épreuve de français (résumé et essai) de 4 heures, coefficient 2 ; et une épreuve de mathématiques de 3 heures, coefficient 2. Une dizaine de centres d'écrits sont ouverts en France.

Les épreuves orales se déroulent à AgroParisTech à la fin du mois de juin. Au programme : un entretien de motivation, une épreuve d'anglais et un TP de biologie. Toutes durent 30 minutes (avec ou sans préparation) et sont affectées d'un coefficient 3.

Les frais d'inscription

En 2017, ils s'élevaient à 150 € pour le concours C bio. L'inscription est gratuite pour les boursiers.

Renseignements

SCAV : 16, rue Claude-Bernard – 75231 Paris Cedex 5 – Tel : 01.44.08.16.29 – Fax : 01.44.08.18.51
Site : http//www.concours-agro-veto.net

Le concours C2

Il permet d'intégrer Agrocampus Ouest (campus d'Angers et de Rennes), AgroParisTech (Grignon), AgroSup Dijon, Bordeaux sciences agro, l'ENSAIA, l'ENSAT, Montpellier SupAgro, Oniris (cursus ingénieur) et VetAgro Sup Clermont-Ferrand (cursus ingénieur). Si vous choisissez ce concours, vous ne pouvez pas tenter d'intégrer l'une de ces écoles par une autre voie d'accès.

Pour qui ?

Le concours est ouvert aux candidats inscrits en deuxième année de DUT dans les domaines suivants : chimie, génie biologique (agronomie, industries alimentaires et biologiques, génie de l'environnement, analyses biologiques et biochimiques, diététique), génie chimique-génie des procédés, hygiène-sécurité-environnement. Sachez que toutes les écoles ne recrutent pas dans toutes les spécialités. 123 places ont été offertes en 2017.

Écoles	Nombre de places
Agrocampus Ouest	10
AgroParisTech	9
AgroSup Dijon	30
Bordeaux sciences agro	5
ENSAIA	14
ENSAT	12
Montpellier SupAgro	12
Oniris	16
VetAgro Sup	15

La sélection

L'inscription se fait sur www.concours-agro-veto.net de janvier à avril. L'admissibilité repose uniquement sur votre dossier. Il se compose notamment d'une lettre de motivation manuscrite, de vos relevés de notes du baccalauréat ou d'un diplôme équivalent, de vos relevés de notes des trois premiers semestres de DUT… Vous devez également mettre en avant vos activités extrascolaires, les stages et travaux effectués… Pensez à ajouter quelques lettres de recommandation de vos professeurs. À l'oral, vous passez un entretien de motivation, coefficient 5 ; un entretien sur travaux ou mémoires de stages (un projet de votre choix mené durant vos études), coefficient 4, et une épreuve d'anglais, coefficient 3.

Les frais d'inscription

Ils s'élevaient à 150 € pour le concours C2 en 2017. L'inscription est gratuite pour les boursiers.

Renseignements

SCAV : 16, rue Claude-Bernard – 75231 Paris Cedex 05 – Tel : 01.44.08.16.29 – Fax : 01.44.08.18.51

Site : http//www.concours-agro-veto.net

Le concours Avenir +

Il donne accès aux mêmes écoles que le concours Avenir qui, lui, recrute postbac : ECE Paris, Esigelec, ESILV, EIGSI La Rochelle, EISTI, EPF et ESTACA, soit sept établissements et onze campus.

Pour qui ?

Il est ouvert aux élèves déjà titulaires du bac, de bac+1 à bac+4. Les diplômés de DUT, de DEUG, d'une licence, d'une licence professionnelle, d'une autre école d'ingénieurs... peuvent alors concourir.

La sélection

L'inscription se fait sur www.concoursavenir.fr à partir de la mi-décembre. L'admissibilité se fait uniquement après analyse des dossiers. Ceux-ci doivent contenir vos relevés de notes depuis la classe de première. Si vous êtes retenu, vous passez un oral d'admission dans chacune des écoles sélectionnées.

Les frais d'inscription

Ils étaient de 100 € en 2017, 40 € pour les boursiers, quel que soit le nombre d'écoles choisies.

Renseignements

Site : www.concoursavenir.fr

Le concours commun par la voie de l'apprentissage

C'est un des nombreux concours de la banque Agro-Véto. Il fédère huit établissements : Agrocampus Ouest, AgroParisTech, Bordeaux sciences agro, l'ENSAIA, l'ENSAT, Montpellier SupAgro, Oniris (cursus ingénieur) et VetAgro Sup Clermont-Ferrand (cursus ingénieur). Cette voie ne donne pas accès à toutes les spécialités de Bordeaux sciences agro. Renseignez-vous auprès de l'établissement.

Pour qui ?

Proposé depuis janvier 2015, le concours commun par la voie de l'apprentissage est ouvert aux étudiants titulaires ou inscrits en deuxième année de DUT ou de BTS. Il est également accessible aux étudiants préparant une licence professionnelle.

Écoles	Nombre de places
Agrocampus Ouest	27
AgroParisTech	30
Bordeaux sciences agro	25
ENSAIA	18
ENSAT	24
Montpellier SupAgro	18
Oniris	14
VetAgro Sup	10
TOTAL	**166**

La sélection

L'inscription se fait sur www.concours-agro-veto.net. Elle ouvre en général début janvier, pour un mois.

L'admissibilité repose d'abord sur votre dossier scolaire. Les examinateurs sont attentifs à votre profil (CV), votre parcours académique, votre parcours professionnel (stages, expériences, etc.) et à votre projet professionnel. Ils veulent évaluer la pertinence du candidat à devenir ingénieur par la voie de l'apprentissage.

Les candidats passent également des épreuves d'anglais (1 heure) et d'analyse et de synthèse de documents techniques et scientifiques (2 heures). Pour cette dernière, vous devez, lors de votre inscription, choisir une thématique. En 2017, les candidats devaient piocher parmi : agroalimentaire, paysage, environnement, productions animales ou productions végétales. Chaque épreuve est de coefficient 1. L'oral est construit uniquement autour d'un entretien de motivation de 30 minutes. Si vous êtes admissible, vous passez un entretien dans chaque école figurant sur votre liste de vœux. Auparavant, vous lui aurez fait parvenir une lettre de motivation qui peut être support de présentation à l'oral.

Les frais d'inscription

Ils s'élevaient à 50 € en 2017. Gratuits pour les boursiers.

Renseignements

SCAV : 16, rue Claude-Bernard – 75231 Paris Cedex 5 – Tel : 01.44.08.16.29 – Fax : 01.44.08.18.51
Site : http//www.concours-agro-veto.net

Les concours des ENI, INSA, UT et des groupes ECAM et ICAM

Plusieurs écoles postbac recrutent des élèves sur admissions parallèles après un bac+2. C'est le cas des quatre ENI de Brest, Metz, Saint-Étienne et Tarbes (316 places en 2017) qui organisent un recrutement commun postbac+2, mais aussi du groupe INSA, des UT, Compiègne et Belfort-Montbéliard (pour rejoindre une « branche »), et des écoles des groupes ICAM et ECAM.

Pour qui ?

Vous pouvez candidater si vous êtes en deuxième année de CPGE, DUT, BTS ou licence, sous réserve de décrocher votre diplôme à la fin de l'année ou d'attester de votre réussite scolaire. La plupart des établissements, comme l'ECAM Lyon (qui n'ouvre pas la porte aux BTS) recrutent uniquement dans certaines filières. Renseignez-vous auprès des écoles concernées.

La sélection

L'inscription se fait sur les sites propres à chaque groupement ou réseau, généralement entre janvier et mars. L'admissibilité repose exclusivement sur votre dossier scolaire (relevés de notes du bac à aujourd'hui, lettre de motivation, fiche d'appréciation, etc.). Si vous êtes retenu, vous êtes convoqué à un entretien. Si vous postulez à une ou plusieurs écoles du groupe ENI, vous pouvez être convoqué à un examen oral supplémentaire pour tester vos compétences techniques, scientifiques ou linguistiques.

Les frais d'inscription

Ils varient en général selon le nombre d'écoles choisies. En 2017, ils étaient de 80 € (pour une école) à 90 € (pour deux écoles ou plus) pour le concours ENI ; 95 € pour le concours INSA ou UT ; 140 € à l'ICAM…

Renseignements

Téléchargez les plaquettes des groupes INSA, ENI, ICAM, ECAM et UT ou rendez-vous sur les sites internet dédiés aux inscriptions. Tout y est !

Le concours Polytech sur titres

Après un bac+2, vous pouvez rejoindre l'une des 13 écoles du réseau Polytech : Lille, Paris UPMC, Paris-Sud, Nantes, Tours, Orléans, Clermont-Ferrand, Lyon, Annecy-Chambéry, Montpellier, Nice-Sophia, Grenoble, Marseille. Polytech Nancy organise son propre recrutement.

Pour qui ?

L'admission est ouverte aux titulaires d'un bac+2 (DUT, L2) et ouvre les portes de la première année du cycle ingénieur pour trois ans de formation. Les candidats issus de CPGE ne sont pas concernés par cette voie d'admission.

À la rentrée 2017, 1 100 places ont été ouvertes. Attention, vous ne pouvez pas tenter d'entrer dans le réseau Polytech sous statut étudiant *via* deux voies différentes.

À noter : quelques places sont aussi réservés aux BTS.

La sélection

L'inscription se fait sur www.polytech-admission.org entre janvier et avril. Le concours sur titres se divise en trois branches : une série DUT, une série L2 et une série diverse (DUT année spéciale, BTS, CPGE hors concours scei…). Vous devez constituer un dossier (résultats du bac, relevés de notes du supérieur) par spécialité choisie. Si vous êtes reçu, vous êtes convoqué à un entretien de motivation.

Les frais d'inscription

En 2017, ils s'élevaient à 95 €. Gratuits pour les étudiants boursiers.

Renseignements

Site : www.polytech-reseau.org

LES AUTRES ÉCOLES

On ne saurait trop vous conseiller de jeter un coup d'œil à l'admission sur titres (autre nom donné aux admissions parallèles) proposée par chaque établissement. Aujourd'hui, quasiment toutes les écoles d'ingénieurs ont opté pour ce mode de recrutement, mais les modalités de sélection (spécialités acceptées, épreuves, etc.) sont propres à chacune et varient d'une école à l'autre.

Sachez également que certaines écoles du concours CentraleSupélec recrutent des bac+2 selon des modalités qui leur sont propres. C'est le cas, par exemple, de l'ENSIIE Évry, qui, en plus de recruter des L2 sciences et technologies *via* le concours DEUG-L2, propose une admission sur titres aux DUT (quatre spécialités), BTS (à dominante informatique) ou licences de mathématiques ou d'informatique. Enfin, sachez que les Mines Alès et Douai, réservent chaque année quelques places aux candidats inscrits en deuxième année de DUT, dans une dizaine de spécialités.

Intégrer une école d'ingénieurs après un bac+3 ou plus

On retrouve ici quelques écoles des concours communs détaillées plus haut, mais on ne parle plus que d'admissions parallèles. Comprenez alors que votre parcours doit être cohérent. Votre spécialité doit avoir un lien avec le diplôme d'ingénieur visé.

APRÈS UNE LICENCE OU UN MASTER

Après une licence, vous pouvez intégrer un cycle ingénieur en première ou deuxième année, selon les écoles. Si vous intégrez en première année, vous êtes logé à la même enseigne que les élèves de DUT, BTS, L2 et prépa.

Mais attention, vous ne pouvez pas candidater dans un même établissement, par deux voies différentes. Cependant, sachez qu'une école ne disant recruter que des bac+2 jettera forcément un œil à votre candidature si votre niveau est supérieur. C'est pourquoi, nous vous conseillons vivement de démarcher les écoles qui vous intéressent pour connaître leur marge de manœuvre sur leur recrutement.

À l'exception des formations en partenariat qui ne sont ouvertes qu'aux bac+2, avec 240 ECTS, vous pouvez intégrer plus facilement une deuxième année de cycle ingénieur. Ce recrutement concerne entre 5 % et 10 % des élèves inscrits en écoles d'ingénieurs. La sélection se fait soit *via* une procédure propre à l'établissement (sur dossier et entretien) soit *via* une sélection commune à plusieurs écoles (détaillée ci-après).

Aujourd'hui une poignée d'écoles intègrent les masters en dernière année de cycle ingénieur : l'ESPCI Paris, l'ENSG Nancy et les ENI (Brest, Metz, Saint-Étienne et Tarbes). Le profil de chaque candidat peut être étudié si l'étudiant envisage des études rallongées par un double diplôme français ou un doctorat.

LES CONCOURS COMMUNS

Trois concours sont accessibles après une licence : le concours B bio, le concours commun par la voie de l'apprentissage et le concours Casting (concours d'admission sur titre ingénieur du groupe des écoles Centrale). Les 13 écoles du CCMP et de ParisTech, et les Mines Albi, Alès, Douai et Nantes recrutent aussi à ce niveau.

Le concours B bio

Le concours B se scinde en deux branches. Le concours B bio réunit Agrocampus Ouest (cursus agronome à Rennes, horticulture et paysage à Angers), AgroParisTech, AgroSup Dijon, Bordeaux sciences agro, l'ENGEES , l'ENSAIA, l'ENSAT, Montpellier SupAgro, Oniris (cursus ingénieur) et VetAgro Sup Clermont-Ferrand (cursus ingénieur). Le concours B ENV fédère les quatre écoles nationales vétérinaires : l'ENVA, VetAgro Sup Lyon (cursus vétérinaire), Oniris (cursus vétérinaire) et l'ENVT. Nous ne détaillons donc ici que le premier concours B bio, menant au métier d'ingénieur.

Pour qui ?

Le concours B s'adresse aux étudiants titulaires ou inscrits en troisième année de licence ou de licence professionnelle dans les domaines des sciences, de la biologie, de l'environnement, de l'agroalimentaire… Il est né en 2016 de la fusion du concours B ENITA (Écoles nationales d'ingénieurs des travaux agricoles) et du concours B ENSA (Écoles nationales supérieures d'agronomie).

Écoles	Nombre de places
Agrocampus Ouest	19
AgroParisTech	40
AgroSup Dijon	26
Bordeaux sciences agro	15
ENGEES	3
ENSAIA	10
ENSAT	10
Montpellier SupAgro	10
Oniris	13
VetAgro Sup	20

La sélection

L'inscription se fait sur www.concours-agro-veto.net de début janvier à mi-février. L'admissibilité repose sur l'étude de votre dossier scolaire (résultats obtenus au bac et dans le supérieur, activités extrascolaires), coefficient 1 ; et sur une épreuve de mathématique-physique ou biologie, selon votre domaine de spécialité et le concours présenté, coefficient 1. Les épreuves orales se déroulent à AgroParisTech et sont communes à tous. Elles se divisent en un entretien de motivation de 20 min, coefficient 2, et une épreuve de sciences et société (ni plus ni moins qu'une épreuve de culture générale) préparée pendant 30 min, présentée pendant 20 min. Cette dernière est de coefficient 1.

Les frais d'inscription

Ils s'élevaient à 150 € en 2017, 300 € si vous passez également le concours B ENV. Gratuits pour les boursiers.

Renseignements

Service des Concours Agronomiques et Vétérinaires (SCAV) : 16, rue Claude-Bernard – 75231 Paris Cedex 5 -Tel : 01.44.08.16.29 – Fax : 01.44.08.18.51
Site : http//www.concours-agro-veto.net

Le concours commun par la voie apprentissage

Ce concours Agro-Véto est, en plus d'être ouvert aux DUT, accessible à 12 spécialités de licence et 18 de LP. Pour les modalités de recrutement, vous pouvez vous reporter au chapitre dédié aux bacs+2 car la sélection est la même.

Le concours Casting

Le concours Casting permet d'entrer en première année dans l'une des cinq écoles Centrale (Lille, Lyon, Nantes, Marseille et CentraleSupélec) après un parcours universitaire.

Une formation en apprentissage a été proposée à Marseille et Nantes en 2017. Les candidats peuvent concourir dans les deux voies.

Pour qui ?

Tout diplômé d'une licence de sciences peut s'inscrire au concours. 115 places ont été offertes en 2017 : 15 à Lille, 20 à Lyon, 20 à Marseille (dont 10 en apprentissage), 20 à Nantes (dont 5 en apprentissage) et 40 à CentraleSupélec (cursus centralien).

La sélection

En 2017, c'est l'École centrale de Lille qui centralisait les inscriptions. Elles se faisaient alors sur https://casting.centralelille.fr entre février et avril. L'admissibilité repose sur l'analyse du dossier scolaire. Si vous êtes retenu, vous passez une série d'épreuves scientifiques : une épreuve écrite majeure de 2 heures, au choix parmi mathématique, mécanique ou physique ; deux épreuves mineures (des QCM) dans les disciplines non choisies en majeure de 1 heure chacune ; une épreuve orale de 30 minutes portant sur l'une des deux disciplines passées en mineur ; et un entretien de 30 minutes.

Les frais d'inscription

En 2017, les frais d'inscription s'élevaient à 110 € quel que soit le nombre d'écoles Centrale choisies. Gratuits pour les boursiers.

Renseignements

Site : http://casting.ecolescentrales.fr

Admission par voie universitaire dans les écoles du concours commun Mines-Ponts et ParisTech pour les L3 et M1

Les 13 écoles du CCMP et de ParisTech proposent une admission sur titres aux étudiants qui ont suivi un parcours universitaire de trois ou quatre ans. Il s'agit de : l'École des ponts ParisTech, l'ISAE-Supaero, l'ENSTA ParisTech, Télécom ParisTech, Mines ParisTech, Mines Saint-Étienne, Mines Nancy, IMT Atlantique, l'ENSAE ParisTech, l'Institut d'optique Graduate School, Arts et Métiers ParisTech, l'ESPCI ParisTech et l'École polytechnique.

Pour qui ?

Le concours est ouvert aux candidats issus de L3 ou M1 dans les spécialités suivantes : mathématiques, physique, électronique-électricité-automatique, informatique, sciences de l'ingénieur, mécanique, génie civil et chimie. En 2017, l'École des ponts ParisTech, l'École polytechnique et l'ENSAE ParisTech n'ont pas ouvert de places aux M1.

13 écoles	Votre cursus	
	L3	M1
Arts et Métiers ParisTech	50	16
ENSTA ParisTech	15	10
ESPCI ParisTech	6	2
Institut d'optique Graduate School	5	5
ISAE-Supaero	10	5
Écoles des Ponts ParisTech	10	–
Mines ParisTech	10	20 à 25
ENSAE ParisTech	5	–
IMT Atlantique	30	15
Mines Nancy	5	5
Mines Saint-Étienne	5	6
Télécom Paritech	20	20
École Polytechnique	23	–

La sélection

Les inscriptions se font sur https://admission.gei-univ.fr entre janvier et mars. La sélection se fait d'abord sur dossier (CV, lettres de recommandation, de motivation, résultats du supérieur, diplômes, etc.). Les jurys de chaque école décident des candidats à convoquer aux épreuves écrites. Si vous êtes retenu, vous passez un test scientifique de 3 h 30 (mathématiques, physique et chimie) ainsi qu'un examen de français de 2 heures. Ces épreuves ne concernent pas l'École polytechnique qui a personnalisé sa sélection. Onze centres d'examen sont proposés en région. Vous pouvez choisir le vôtre lors de l'inscription. Les épreuves orales et/ou entretiens sont propres à chaque établissement.

Les frais d'inscription

Il n'y a pas de frais de dossier ou de candidature.

Renseignements

Site : https://admission.gei-univ.fr

Le concours des Mines Alès, Albi, Douai, Nantes pour les L3 et M1

Les Mines Albi, Alès, IMT Lille Douai (ingénieur Mines Douai) et IMT Atlantique (ingénieur Mines Nantes) ont instauré des procédures d'admission sur titres pour les étudiants titulaires d'une L3 ou d'un M1 (une dizaine de spécialités) pour une entrée en première ou deuxième année de cycle ingénieur.

Pour qui ?

Les candidats de licence dans un des domaines suivants peuvent s'inscrire : chimie ; biologie, biochimie ; informatique ; mathématiques et informatique ; mathématiques et physique ; électronique, électrotechnique, automatique ; mécanique, génie mécanique, génie civil ; matériaux ; physique ; sciences et techniques pour l'ingénieur. 29 places ont été ouvertes en 2017 pour les licences : 5 à Albi, 7 à Alès, 5 à Douai et 12 à Nantes.

Les candidats de master dans un des domaines suivants peuvent s'inscrire : mathématiques ; physique ; électronique, électrotechnique, automatique ; informatique ; SI ; mécanique ; matériaux ; génie des procédés ; génie civil ; sciences de l'environnement ; chimie ; biochimie, biologie ; géosciences. 25 places ont été ouvertes pour les masters en 2017 : 10 à Albi, 5 à Alès, 5 à Douai et 5 à Nantes.

La sélection

L'inscription se fait sur www.mines.net. Votre dossier de candidature (un seul que vous postuliez pour une ou plusieurs écoles) doit être validé avant le mois de mai. L'admissibilité se fait uniquement sur dossier. Ce dernier doit comporter vos relevés de notes des trois derniers semestres, les photocopies de vos diplômes depuis le baccalauréat, un synoptique détaillé de votre dernière année de formation, une lettre de motivation manuscrite, une fiche d'appréciation confidentielle, etc. Si vous êtes retenu, vous passez un entretien de présentation et de motivation de 25 min et un test d'anglais de 10 min à l'oral.

Les frais d'inscription

Ils s'élevaient à 76 € en 2017 quel que soit le nombre d'écoles choisies. Gratuits pour les boursiers.

Renseignements

Site : www.mines.net

APRÈS UN M1

Quasiment toutes les écoles proposent, sur admissions parallèles, un recrutement en deuxième année de cycle ingénieur. Cela concerne les titulaires d'un M1 (soit 240 ECTS), mais les écoles sélectionnent aussi les diplômés d'un M2 ou d'un cycle ingénieur. La sélection peut se faire sur concours commun (concours D bio, recrutement INSA, ECAM, etc.) ou *via* une procédure propre à chaque établissement.

Le concours D bio

Il permet aux candidats de rejoindre la deuxième année de cycle ingénieur de deux écoles : Oniris Nantes (6 places ouvertes en 2017) et VetAgro Sup Clermont-Ferrand (6 places ouvertes en 2017).

Pour qui ?

Le concours D bio est accessible aux candidats qui sont en train ou ont validé un parcours universitaire sanctionnant 240 ECTS.

La sélection

L'inscription se fait sur www.concours-agro-veto.net entre janvier et mars. Les candidats sont d'abord sélectionnés sur dossier (relevés de notes, diplômes, attestations de stage, lettre de motivation, etc.). Si vous êtes retenu, vous êtes convoqué à AgroParisTech pour passer un entretien de motivation de 30 min et un test d'anglais de 30 min.

Les frais d'inscription

En 2017, ils s'élevaient à 120 € pour les deux écoles. Gratuits pour les boursiers.

Renseignements

Service des concours agronomiques et vétérinaires (SCAV) – Concours Voie D bio - 16, rue Claude-Bernard –75231 Paris Cedex 5 – Tel : 01.44.08.16.29 – Fax : 01.44.08.18.51
Site : http//www.concours-agro-veto.net

LES AUTRES ÉCOLES

Nous terminons notre détail par quelques écoles membres de groupement ou rassemblées en concours communs : les INSA, les ENI, les ICAM, les ECAM et les écoles du concours Avenir +.

Les INSA, ENI, ECAM, ICAM

Les écoles du groupe INSA recrutent des M1 en deuxième année de cycle *via* une sélection propre à chaque établissement. La sélection se fait sur dossier (notes depuis le baccalauréat) et entretien de motivation. À Toulouse, le recrutement est ouvert aux étudiants justifiant de 180 ECTS en contrepartie d'une année supplémentaire de remise à niveau. Les ENI proposent sensiblement les mêmes modalités de recrutement. Il en est de même dans les ECAM et les ICAM

Les écoles du concours Avenir +

Les écoles du concours Avenir + (ECE Paris, EIGSI La Rochelle, EISTI Cergy-Pau, EPF, ESILV, ESTACA et Esigelec) proposent 55 places aux M1 ou diplômés d'autres écoles d'ingénieurs. La sélection se fait sur dossier et entretien dans les écoles sélectionnées.

Carnet d'adresses

Les établissements listés dans ce carnet d'adresses proposent des formations en ingénierie non habilitées par la CTI (Commission des titres d'ingénieurs).

LES ÉCOLES À BAC EN 5 ANS

06 Nice

L'école de l'innovation et de l'expertise informatique (EPITECH, Pr), www.nice.epitech.eu.

Expert en technologies de l'information. CE. Homologation de niveau I. Durée des études : 5 ans. Frais de scolarité : 6 200 € en 1re année, 6 200 € en 2e année, 8 100 € en 3e année, 8 100 € en 4e année, 8 100 € en 5e année.

06 Nice

SUPINFO International University, campus de Nice (Pr),

www.supinfo.com.

Expert en informatique et systèmes d'information. CE. Homologation de niveau I. Durée des études : 5 ans. Fcp possible : de 1 à 2 ans à partir de la 3e année. Formation à distance : de 2 à 5 ans. Frais de scolarité : 6 100 € par an pour le temps plein et la formation à distance.

10 Troyes

SUPINFO International University, campus de Troyes (Pr), www.supinfo.com.

Expert en informatique et systèmes d'information. CE. Homologation de niveau I. Durée des études : 5 ans. Fcp possible : de 1 à 2 ans à partir de la 3e année. Formation à distance : de 2 à 5 ans. Frais de scolarité : 6 100 € par an pour le temps plein et la formation à distance.

13 Aix-en-Provence

Ingésup Aix-en-Provence (Pr), www.ingesup.com.

Expert en informatique et systèmes d'information. CE. Homologation de niveau I. Durée des études : 5 ans obtention du Bachelor informatique en 3e année. Fcp possible : de 1 à 2 ans en cours de cursus. Frais de scolarité : 6 000 € en 1re année, 6 500 € en 2e année, 7 100 € en 3e année, 8 000 € en 4e année, 8 000 € en 5e année.

13 Marseille

Institut G4 (Pr), www.g-4.fr.

Chef de projet système d'information, options informatique, multimédia, sécurité des systèmes d'information. CE. Homologation de niveau I. Durée des études : 5 ans. Fcp possible : de 1 à 2 ans signature de deux contrats, en 3e, 4e ou 5e année. Frais de scolarité : 4 500 € en 1re année, 4 500 € en 2e année, 6 400 € en 3e année, 6 900 € en 4e année, 7 400 € en 5e année.

13 Marseille

L'école de l'innovation et de l'expertise informatique (EPITECH, Pr), www.marseille.epitech.eu.

Expert en technologies de l'information. CE. Homologation de niveau I. Durée des études : 5 ans. Frais de scolarité : 6 200 € en 1re année, 6 200 € en 2e année, 8 100 € en 3e année, 8 100 € en 4e année, 8 100 € en 5e année.

13 Marseille

SUPINFO International University, campus de Marseille (Pr), www.supinfo.com.

Expert en informatique et systèmes d'information. CE. Homologation de niveau I. Durée des études : 5 ans. Fcp possible : de 1 à 2 ans à partir de la 3e année. Formation à distance : de 2 à 5 ans. Frais de scolarité : 6 100 € par an pour le temps plein et la formation à distance.

14 Caen

SUPINFO International University, campus de Caen (Pr), www.supinfo.com.

Expert en informatique et systèmes d'information. CE. Homologation de niveau I. Durée des études : 5 ans. Fcp possible : de 1 à 2 ans en 4e et/ou 5e année. Formation à distance : de 2 à 5 ans. Frais de scolarité : 6 100 € par an pour le temps plein et la formation à distance.

31 Toulouse

Ingésup Toulouse (Pr), www.ingesup.com.

Expert en informatique et systèmes d'information. CE. Homologation de niveau I. Durée des études : 5 ans obtention du Bachelor informatique en 3e année. Fcp possible : de 1 à 2 ans en cours de cursus. Frais de scolarité : 6 000 € en 1re année, 6 500 € en 2e année, 7 100 € en 3e année, 8 000 € en 4e année, 8 000 € en 5e année.

31 Toulouse

L'école de l'innovation et de l'expertise informatique (EPITECH, Pr), www.toulouse.epitech.eu.

Expert en technologies de l'information. CE. Homologation de niveau I. Durée des études : 5 ans. Frais de scolarité : 6 200 € en 1re année, 6 200 € en 2e année, 8 100 € en 3e année, 8 100 € en 4e année, 8 100 € en 5e année.

31 Toulouse

SUPINFO International University, campus de Toulouse (Pr), www.supinfo.com.

Expert en informatique et systèmes d'information. CE. Homologation de niveau I. Durée des études : 5 ans. Fcp possible : de 1 à 2 ans à partir de la 3e année. Formation à distance : de 2 à 5 ans. Frais de scolarité : 6 100 € par an pour le temps plein et la formation à distance.

33 Bordeaux

Ingésup Bordeaux (Pr), www.ingesup.com.

Expert en informatique et systèmes d'information. CE. Homologation de niveau I. Durée des études : 5 ans obtention du Bachelor informatique en 3e année. Fcp possible : de 1 à 2 ans en cours de cursus. Frais de scolarité : 6 000 € en 1re année, 6 500 € en 2e année, 7 100 € en 3e année, 8 000 € en 4e année, 8 000 € en 5e année.

33 Bordeaux

L'école de l'innovation et de l'expertise informatique (EPITECH, Pr), www.bordeaux.epitech.eu.

Expert en technologies de l'information. CE. Homologation de niveau I. Durée des études : 5 ans. Frais de scolarité : 6 200 € en 1re année, 6 200 € en 2e année, 8 100 € en

3e année, 8 100 € en 4e année, 8 100 € en 5e année.

33 Bordeaux

SUPINFO International University, campus de Bordeaux (Pr), www.supinfo.com.

Expert en informatique et systèmes d'information. CE. Homologation de niveau I. Durée des études : 5 ans. Fcp possible : de 1 à 2 ans à partir de la 3e année. Formation à distance : de 2 à 5 ans. Frais de scolarité : 6 100 € par an pour le temps plein et la formation à distance.

34 Montpellier

L'école de l'innovation et de l'expertise informatique (EPITECH, Pr), www.montpellier.epitech.eu.

Expert en technologies de l'information. CE. Homologation de niveau I. Durée des études : 5 ans. Frais de scolarité : 6 200 € en 1re année, 6 200 € en 2e année, 8 100 € en 3e année, 8 100 € en 4e année, 8 100 € en 5e année.

34 Montpellier

SUPINFO International University, campus de Montpellier (Pr), www.supinfo.com.

Expert en informatique et systèmes d'information. CE. Homologation de niveau I. Durée des études : 5 ans. Fcp possible : de 1 à 2 ans à partir de la 3e année. Formation à distance : de 2 à 5 ans. Frais de scolarité : 6 100 € par an pour le temps plein et la formation à distance.

35 Cesson-Sévigné

SUPINFO International University, campus de Rennes (Pr), www.supinfo.com.

Expert en informatique et systèmes d'information. CE. Homologation de niveau I. Durée des études : 5 ans. Fcp possible : de 1 à 2 ans à partir de la 3e année. Formation à distance : de 2 à 5 ans. Frais de scolarité : 6 100 € par an pour le temps plein et la formation à distance.

35 Rennes

L'école de l'innovation et de l'expertise informatique (EPITECH, Pr), www.rennes.epitech.eu.

Expert en technologies de l'information. CE. Homologation de niveau I. Durée des études : 5 ans. Frais de scolarité : 6 200 € en 1re année, 6 200 € en 2e année, 8 100 € en 3e année, 8 100 € en 4e année, 8 100 € en 5e année.

37 Tours

SUPINFO International University, campus de Tours (Pr), www.supinfo.com.

Expert en informatique et systèmes d'information. CE. Homologation de niveau I. Durée des études : 5 ans. Fcp possible : de 1 à 2 ans à partir de la 3e année. Formation à distance : de 2 à 5 ans. Frais de scolarité : 6 100 € par an pour le temps plein et la formation à distance.

38 Grenoble

SUPINFO International University, campus de Grenoble (Pr), www.supinfo.com.

Expert en informatique et systèmes d'information. CE. Homologation de niveau I. Durée des études : 5 ans. Fcp possible : de 1 à 2 ans à partir de la 3e année. Formation à distance : de 2 à 5 ans. Frais de scolarité : 6 100 € par an pour le temps plein et la formation à distance.

44 Nantes

Ingésup Nantes (Pr), www.ingesup.com.

Expert en informatique et systèmes d'information. CE. Homologation de niveau I. Durée des études : 5 ans obtention du Bachelor informatique en 3e année. Fcp possible : de 1 à 2 ans en cours de cursus. Frais de scolarité : 6 000 € en 1re année, 6 500 € en 2e année, 7 100 € en 3e année, 8 000 € en 4e année, 8 000 € en 5e année.

44 Nantes

L'école de l'innovation et de l'expertise informatique (EPITECH, Pr), www.nantes.epitech.eu.

Expert en technologies de l'information. CE. Homologation de niveau I. Durée des études : 5 ans. Frais de scolarité : 6 200 € en 1re année, 6 200 € en 2e année, 8 100 € en 3e année, 8 100 € en 4e année, 8 100 € en 5e année.

44 Saint-Herblain

SUPINFO International University, campus de Nantes (Pr), www.supinfo.com.

Expert en informatique et systèmes d'information. CE. Homologation de niveau I. Durée des études : 5 ans. Fcp possible : de 1 à 2 ans à partir de la 3e année. Formation à distance : de 2 à 5 ans. Frais de scolarité : 6 100 € par an pour le temps plein et la formation à distance.

45 Orléans

SUPINFO International University, campus d'Orléans (Pr), www.supinfo.com.

Expert en informatique et systèmes d'information. CE. Homologation de niveau I. Durée des études : 5 ans. Fcp possible : de 1 à 2 ans à partir de la 3e année. Formation à distance : de 2 à 5 ans. Frais de scolarité : 6 100 € par an pour le temps plein et la formation à distance.

51 Reims

SUPINFO International University, campus de Reims (Pr), www.supinfo.com.

Expert en informatique et systèmes d'information. CE. Homologation de niveau I. Durée des études : 5 ans. Fcp possible : de 1 à 2 ans à partir de la 3e année. Cours du soir : de 2 à 5 ans. Frais de scolarité : 6 100 € par an pour le temps plein et les cours du soir.

54 Nancy

L'école de l'innovation et de l'expertise informatique (EPITECH, Pr), www.nancy.epitech.eu.

Expert en technologies de l'information. CE. Homologation de niveau I. Durée des études : 5 ans. Frais de scolarité : 6 200 € en 1re année, 6 200 € en 2e année, 8 100 € en 3e année, 8 100 € en 4e année, 8 100 € en 5e année.

57 Metz

SUPINFO International University, campus de Metz (Pr), www.supinfo.com.

Expert en informatique et systèmes d'information. CE. Homologation de niveau I. Durée des études : 5 ans. Fcp possible : de 1 à 2 ans à partir de la 3e année. Formation à distance : de 2 à 5 ans. Frais de scolarité : 6 100 € par an pour le temps plein et la formation à distance.

59 Lille

L'école de l'innovation et de l'expertise informatique (EPITECH, Pr), www.lille.epitech.eu.

Expert en technologies de l'information. CE. Homologation de niveau I. Durée des études : 5 ans. Frais de scolarité : 6 200 € en 1re année, 6 200 € en 2e année, 8 100 € en 3e année, 8 100 € en 4e année, 8 100 € en 5e année.

59 Lille

SUPINFO International University, campus de Lille (Pr), www.supinfo.com.

Expert en informatique et systèmes d'information. CE. Homologation de niveau I. Durée des études : 5 ans. Fcp possible : de 1 à 2 ans à partir de la 3e année. Formation à distance : de 2 à 5 ans. Frais de scolarité : 6 100 € par an pour le temps plein et la formation à distance.

59 Valenciennes

SUPINFO International University, campus de Valenciennes (Pr), www.supinfo.com.

Expert en informatique et systèmes d'information. CE. Homologation de niveau I. Durée des études : 5 ans. Fcp possible : de 1 à 2 ans à partir de la 3e année. Formation à distance : de 2 à 5 ans. Frais de scolarité : 6 100 € par an pour le temps plein et la formation à distance.

63 Clermont-Ferrand

SUPINFO International University, campus de Clermont-Ferrand (Pr), www.supinfo.com.

Expert en informatique et systèmes d'information. CE. Homologation de niveau I. Durée des études : 5 ans. Fcp possible : de 1 à 2 ans à partir de la 3e année. Formation à distance : de 2 à 5 ans. Frais de scolarité : 6 100 € par an pour le temps plein et la formation à distance.

67 Illkirch-Graffenstaden

SUPINFO International University, campus de Strasbourg (Pr), www.supinfo.com.

Expert en informatique et systèmes d'information. CE. Homologation de niveau I. Durée des études : 5 ans. Fcp possible : de 1 à 2 ans à partir de la 3e année. Formation à distance : de 2 à 5 ans. Frais de scolarité : 6 100 € par an pour le temps plein et la formation à distance.

67 Strasbourg

L'école de l'innovation et de l'expertise informatique (EPITECH, Pr), www.strasbourg.epitech.eu.

Expert en technologies de l'information. CE. Homologation de niveau I. Durée des études : 5 ans. Frais de scolarité : 6 200 € en 1re année, 6 200 € en 2e année, 8 100 € en 3e année, 8 100 € en 4e année, 8 100 € en 5e année.

69 Lyon

Ingésup Lyon (Pr), www.ingesup.com.

Expert en informatique et systèmes d'information. CE. Homologation de niveau I. Durée des études : 5 ans obtention du Bachelor informatique en 3e année. Fcp possible : de 1 à 2 ans en cours de cursus. Frais de scolarité : 6 000 € en 1re année, 6 500 € en 2e année, 7 100 € en 3e année, 8 000 € en 4e année, 8 000 € en 5e année.

69 Lyon

Institut G4 (Pr), www.g-4.fr.

Chef de projet système d'information, options informatique, multimédia, sécurité des systèmes d'information, réalité virtuelle et augmentée. CE. Homologation de niveau I. Durée des études : 5 ans. Fcp possible : de 1 à 2 ans signature de deux contrats, en 3e, 4e ou 5e année sauf pour l'option réalité virtuelle et augmentée. Frais de scolarité : 4 500 € en 1re année, 4 500 € en 2e année, 6 400 € en 3e année, 6 900 € en 4e année, 7 400 € en 5e année.

69 Lyon

L'école de l'innovation et de l'expertise informatique (EPITECH, Pr), www.lyon.epitech.eu.

Expert en technologies de l'information. CE. Homologation de niveau I. Durée des études : 5 ans. Frais de scolarité : 6 200 € en 1re année, 6 200 € en 2e année, 8 100 € en 3e année, 8 100 € en 4e année, 8 100 € en 5e année.

69 Lyon

SUPINFO International University, campus de Lyon (Pr), www.supinfo.com.

Expert en informatique et systèmes d'information. CE. Homologation de niveau I. Durée des études : 5 ans. Fcp possible : de 1 à 2 ans à partir de la 3e année. Formation à distance : de 2 à 5 ans. Frais de scolarité : 6 100 € par an pour le temps plein et la formation à distance.

75 Paris

Estiam (Pr), www.estiam.education.

Expert en système informatique, options Big Data et Business Intelligence, conception de solutions Web et mobiles, architecture Cloud, systèmes et réseaux. CE. Homologation de niveau I. Durée des études : 5 ans. Fcp possible : 2 ans en 4e et 5e année. Frais de scolarité : 6 800 € par an.

75 Paris

Ingésup Paris (Pr), www.ingesup.com.

Expert en informatique et systèmes d'information. CE. Homologation de niveau I. Durée des études : 5 ans obtention du Bachelor informatique en 3e année. Fcp possible : de 1 à 2 ans en cours de cursus. Frais de scolarité : 6 500 € en 1re année, 7 100 € en 2e année, 8 000 € en 3e année, 8 000 € en 4e année, 8 000 € en 5e année.

75 Paris

Institut G4 (Pr), www.g-4.fr.

Chef de projet système d'information, options informatique, multimédia, sécurité des systèmes d'information. CE. Homologation de niveau I. Durée des études : 5 ans. Fca ou Fcp possible : de 1 à 2 ans en 3e, 4e ou 5e année. Frais de scolarité : 4 500 € en 1re année, 4 500 € en 2e année, 6 400 € en 3e année, 6 900 € en 4e année, 7 400 € en 5e année.

75 Paris

SUPINFO International University, campus de Paris (Pr), www.supinfo.com.

Expert en informatique et systèmes d'information. CE. Homologation de niveau I. Durée des études : 5 ans. Fcp possible : de 1 à 2 ans à partir de la 3e année. Formation à distance : de 2 à 5 ans. Frais de scolarité : 6 100 € par an pour le temps plein et la formation à distance.

75 Paris

Web School Factory (Pr), www.webschoolfactory.fr.

Bac + 5 métiers du Web et management numérique. CE. Durée des études : 5 ans un semestre à l'étranger en 3e année, les élèves obtiennent le titre certifié niveau I au RNCP correspondant à la spécialité choisie. Fcp possible : 1 an en 5e année. Frais de scolarité : 7 650 € en 1re année, 7 625 € en 2e année, 7 425 € en 3e année, 7 575 € en 4e année.

Expert en ingénierie de la communication numérique. CE. Homologation de niveau I. Frais de scolarité : 7 650 € en 1re année, 7 625 € en 2e année, 7 425 € en 3e année, 7 575 € en 4e année.

83 La Valette-du-Var

Institut supérieur de simulation et d'ingénierie (IS2I, Pr), is2i-supsimu.fr.

Diplôme de l'institut supérieur de simulation et d'ingénierie. CE. Durée des études : 5 ans. Formation à distance : 5 ans télé-enseignement en temps réel. Frais de scolarité : 4 500 € par an tarif dégressif jusqu'à 2250 € selon le nombre d'inscrits pour le temps plein et la formation à distance.

92 Nanterre

ENSIATE (Pr), www.ensiate.fr.

Eco-énergéticien. CE. Homologation de niveau I. Durée des études : 5 ans obtention possible du bachelor ENSIATE en fin de 3e année. Fcp possible : 2 ans en 3e et 4e année ou en 4e et 5e année. Frais de scolarité : 4 500 € en 1re année, 4 500 € en 2e année, 6 400 € en 3e année, 6 400 € en 4e année, 6 400 € en 5e année.

93 Montreuil

HETIC, la grande école du Web (Pr), www.hetic.net.

Expert en ingénierie de la communication numérique. CE. Homologation de niveau I. Durée des études : 5 ans. Fcp possible : 1 an en 5e année. Frais de scolarité : 6 850 € en 1re année, 6 850 € en 2e année, 7 600 € en 3e année, 7 600 € en 4e année.

94 Ivry-sur-Seine

IN'TECH. Ecole supérieure d'ingénierie informatique (Pr), www.intechinfo.fr.

Expert en ingénierie des systèmes et réseaux. CE. Homologation de niveau I. Durée des études : 5 ans. Fca ou Fcp possible : 2 ans en 4e et 5e années. Frais de scolarité : 8 900 € par an.

Expert en ingénierie du logiciel. CE. Homologation de niveau I. Durée des études : 5 ans. Fca ou Fcp possible : 2 ans en 4e et 5e années. Frais de scolarité : 8 000 € par an.

94 Le Kremlin-Bicêtre

L'école de l'innovation et de l'expertise informatique (EPITECH, Pr), www.epitech.eu.

Expert en technologies de l'information. CE. Homologation de niveau I. Durée des études : 5 ans. Frais de scolarité : 6 200 € en 1re année, 6 200 € en 2e année, 8 100 € en 3e année, 8 100 € en 4e année, 8 100 € en 5e année.

971 Les Abymes

SUPINFO International University, campus de Guadeloupe (Pr), www.supinfo.com.

Expert en informatique et systèmes d'information. CE. Homologation de niveau I. Durée des études : 5 ans. Fcp possible : de 1 à 2 ans à partir de la 3e année. Formation à distance : de 2 à 5 ans. Frais de scolarité : 6 100 € par an pour le temps plein et la formation à distance.

972 Le Lamentin

SUPINFO International University, campus de Martinique (Pr), www.supinfo.com.

Expert en informatique et systèmes d'information. CE. Homologation de niveau I. Durée des études : 5 ans. Fcp possible : de 1 à 2 ans à partir de la 3e année. Formation à distance : de 2 à 5 ans. Frais de scolarité : 6 100 € par an pour le temps plein et la formation à distance.

974 Saint-Denis

SUPINFO International University, campus de la Réunion (Pr), www.supinfo.com.

Expert en informatique et systèmes d'information. CE. Homologation de niveau I. Durée des études : 5 ans. Fcp possible : de 1 à 2 ans à partir de la 3e année. Formation à distance : de 2 à

5 ans. Frais de scolarité : 6 100 € par an pour le temps plein et la formation à distance.

LES ÉCOLES À BAC+2 EN 3 ANS

31 Toulouse

Ecole nationale de l'aviation civile (ENAC, Pu), www.enac.fr.

Diplôme de management et contrôle du trafic aérien. DE. Durée des études : 3 ans 18 mois de formation théorique, 18 mois de formation pratique. Elèves fonctionnaires rémunérés.

Diplôme d'ingénierie des systèmes électroniques de la sécurité aérienne. DE. Durée des études : 3 ans. Elèves fonctionnaires rémunérés.

45 Orléans

Cesi alternance (Pr), www.cesi-alternance.fr.

Manager des systèmes d'information. CE. Homologation de niveau I. Fcp : 2 ans.

49 Saint-Barthélemy-d'Anjou

Institut supérieur Sup'ESAIP (Pr), www.esaip.org.

Chef de projet international en informatique et réseaux. CE. Homologation de niveau I. Durée des études : 3 ans possibilité d'effectuer un séjour d'études de 5 mois dans un pays anglophone. Fcp possible : 1 an. Frais de scolarité : 3 800 € en 1re année, 5 750 € en 2e année, 5 750 € en 3e année.

66 Perpignan

Institut méditerranéen d'étude et recherche en informatique et robotique (IMERIR, Pr), www.imerir.com.

Manager de systèmes informatique et robotique. CE. Homologation de niveau I. Durée des études : 3 ans. Fca ou Fcp possible : de 2 à 3 ans. Frais de scolarité : 4 500 € par an.

69 Lyon

ISITECH Partner formation (Pr), www.ecole-isitech.com.

Expert en systèmes d'information, options développement mobile et tactile, sécurité réseau, WebDesign. CE. Homologation de niveau I. Durée des études : 3 ans. Fcp possible : de 2 à 3 ans. Frais de scolarité : 5 350 € en 1re année, 5 850 € en 2e année, 5 850 € en 3e année.

91 Évry

Institut des technologies informatiques et des services aux entreprises (ITIS, Pr), itis-formation.com.

Expert en système informatique, spécialités développement, systèmes et réseaux. CE. Homologation de niveau I. Fcp : 3 ans signature de deux contrats.

92 Nanterre

Cesi alternance (Pr), www.cesi-entreprises.fr.

Manager des systèmes d'information. CE. Homologation de niveau I. Fca : 3 ans.

94 Ivry-sur-Seine

Ecole des technologies numériques avancées (ETNA, Pr), www.etna.io.

Architecte système réseau et sécurité. CE. Homologation de niveau I. Fcp possible. Formation à distance : de 2 à 3 ans. Frais de scolarité : 2 500 € par an.

94 Le Kremlin-Bicêtre

Ecole pour l'informatique et les techniques avancées (EPITA, Pr), www.epita.fr.

Expert en ingénierie informatique. CE. Homologation de niveau I. Fca : 3 ans.

94 Vincennes

Ecole supérieure de conduite de travaux (ESCT, Pr), esct.fr.

Directeur de travaux. CE. Homologation de niveau I. Fcp : de 2 à 3 ans signature de plusieurs contrats.

95 Cergy

Ecole supérieure d'économie et techniques de construction (ECOTEC, Pr), www.ecotec.org.

Certificat d'ingénieur économiste. CE. Fcp : de 1 à 2 ans signature de deux contrats : en 1re et 2e année puis en 3e année.

95 Pontoise

ITESCIA (Co), www.itescia.fr.

Manager en ingénierie de la qualité et du développement durable. Titre CCI. Homologation de niveau I. Fca ou Fcp : 1 an.

Manager en ingénierie informatique. Titre CCI. Homologation de niveau I. Fca : 3 ans la formation se déroule à Cergy.

Dictionnaire des sigles

Nous vous donnons ici le développé des sigles et abréviations utilisés au cours de l'ouvrage. Nous vous précisons entre parenthèses le type de diplôme (DUT, BTS) auquel se rapporte l'intitulé.

A

ADS • analyse de documents scientifiques
ATI • assistance technique d'ingénieurs (BTS)
ATS • adaptation technicien supérieur (classe prépa post-BTS-DUT)

B

BTS • brevet de technicien supérieur
BTSA • brevet de technicien supérieur agricole

C

CCI • chambre de commerce et d'industrie
CCP • concours communs polytechniques
CESI • centre d'études supérieures industrielles
CFA • centre de formation d'apprentis
CGE • Conférence des grandes écoles
CIRA • contrôle industriel et régulation automatique (BTS)
CNAM • Conservatoire national des arts et métiers
CPGE • classe préparatoire aux grandes écoles
CPI • conception de produits industriels (BTS)
CPI • cycle préparatoire intégré
CPP • cycle préparatoire polytechnique
CTI • Commission des titres d'ingénieur

D

DEST • diplôme d'études supérieures technologiques
DEUG • diplôme d'études universitaires générales
DEUST • diplôme d'études universitaires scientifiques et techniques
DNTS • diplôme national de technologie spécialisée
DTA • diplôme de technologie approfondie
DU • diplôme d'université
DUT • diplôme universitaire de technologie

E

ECTS • *European Credit Transfer System*
EEA • électronique, électrotechnique, automatique (licence)
ENS • école normale supérieure
ENSA • école normale supérieure d'agronomie

ENSI • école normale supérieure d'ingénieurs
ENV • école nationale vétérinaire

F

FESIC • Fédération des écoles supérieures d'ingénieurs et de cadres

G

GB • génie biologique (DUT)
GC ou **GCi** • génie civil (DUT)
GCh • génie chimique (DUT)
GEII ou **GE2I** • génie électrique et informatique industrielle (DUT)
GIM • génie industriel et maintenance (DUT)
GEIPI • Groupement d'écoles d'ingénieurs à préparation intégrée
GMP • génie mécanique et productique (DUT)
GTE • génie thermique et énergie (DUT)

I

INP • institut national polytechnique
IRIST • informatique et réseaux pour l'industrie et les services techniques (BTS)
ITII• institut des techniques d'ingénieur de l'industrie
IUT • institut universitaire de technologie

M

MAI • mécanique et automatismes industriels (BTS)
MASS • mathématiques appliquées et sciences sociales (DEUG)
MI • maintenance industrielle (BTS)
MIAGE • méthodes informatiques appliquées à la gestion des entreprises (maîtrise)
MIAS • mathématiques, informatique et applications aux sciences (DEUG)
MP ou MPH • mesures physiques (DUT)

Q - S

QCM • questionnaire à choix multiple
SGM • sciences et génie des matériaux (DUT)
STID • statistique et traitement informatique des données (DUT)

T - U

TOEFL • *Test of English as a foreign language*
UV • unité de valeur

Index des écoles

F

G

H

I

L

T

U

V

W

Index général

A - B

C

D - E

F - G

I

L - M

P

R - S

T - U

ECE PARIS
ÉCOLE D'INGÉNIEURS
PARIS • LYON • BORDEAUX • SAN FRANCISCO
là où tout devient possible
Nouvelles Énergies et Environnement
Finance et Ingénierie Quantitative
Santé et Technologie
Systèmes d'Information & Cybersécurité
Big Data & analytics
Systèmes embarqués aéronautique et automobile
Objets connectés, Réseaux et Services
Transports et Mobilité
Apprentissage possible en cycle ingénieur
Paris ▪ 01 84 14 03 99 ▪ admissions@ece.fr ece.fr
Etablissement d'enseignement supérieur privé reconnu par l'Etat. Habilité par la Commission des Titres d'Ingénieurs (CTI).

NOURRIR LES HOMMES ET LE MONDE
AUJOURD'HUI ET DEMAIN
ensaia
Devenez
ingénieur
ensaia
Agronomie / Industries alimentaires / Production agroalimentaire
1 centre de recherche et développement
en polyculture-élevage de 300 ha
Une vie étudiante
intense
11 spécialisations de 3e année
1er emploi au bout d'un mois
Formation par la recherche
et pour le développement
UNIVERSITÉ
DE LORRAINE
www.ensaia.univ-lorraine.fr
Lorraine
INP

79, rue Marcel-Dassault, les Patios bât. B, 92100 Boulogne-Billancourt
Dépôt légal : novembre 2017
Imprimé en France

Achevé d'imprimer par
Corlet Imprimeur
14110 Condé-sur-Noireau
n° d'impression : 192780

ISBN 978-2-8176-0590-6